荣昌非物质文化遗产传承人口述研究丛书

记忆留声
——重庆荣昌㊣非遗传承人访谈录

重庆市荣昌区文化和旅游发展委员会 编著

余强 刘强 主编

中国纺织出版社有限公司

内 容 提 要

本书通过口述历史的方法记录了国家级非物质文化遗产代表性项目陶器烧制技艺（荣昌陶器制作技艺）20位传承人的人生经历、回忆和感悟，制陶之路的传承与创新。记录整理时注重忠于原貌，把握其语言特点并保留相应元素。

这是一本谈手艺的书，更是一本谈文化的书。在手艺人的叙事中，你可以更真切、更深刻地了解传承人及他们所秉持的工匠精神，让读者心怀温情和敬意。

图书在版编目（CIP）数据

记忆留声：重庆荣昌陶非遗传承人访谈录 / 重庆市荣昌区文化和旅游发展委员会编著；余强，刘强主编. -- 北京：中国纺织出版社有限公司，2024.4
（荣昌非物质文化遗产传承人口述研究丛书）
ISBN 978-7-5229-1290-5

Ⅰ. ①记… Ⅱ. ①重… ②余… ③刘… Ⅲ. ①陶瓷艺术—手工艺—民间艺人—访问记—重庆 Ⅳ. ①K825.72

中国国家版本馆CIP数据核字（2023）第252726号

责任编辑：李春奕　责任校对：王蕙莹　责任印制：王艳丽

中国纺织出版社有限公司出版发行
地址：北京市朝阳区百子湾东里A407号楼　邮政编码：100124
销售电话：010—67004422　传真：010—87155801
http://www.c-textilep.com
中国纺织出版社天猫旗舰店
官方微博 http://weibo.com/2119887771
北京华联印刷有限公司印刷　各地新华书店经销
2024年4月第1版第1次印刷
开本：787×1092　1/16　印张：18
字数：352千字　定价：98.00元

凡购本书，如有缺页、倒页、脱页，由本社图书营销中心调换

编委会

顾　　问：刘菊华　刘友明　王媛媛　陈龙英

主　　编：余　强　刘　强

副 主 编：黎明鑫　蒋兴宇

编撰/校对：李　秋　陈玥晓　张力文　李文丽

　　　　　黄振宇　杨万豪　李佳怡　黎相君

　　　　　杨腾飞　唐　敏　李晓杰　陈昱曈

　　　　　陈德菊　李大权　罗勤舟

前言

"非遗"传承人口述"非遗"发展史作为一种文化遗产的田野实践方法，所采录的内容包括民间艺人身体"技艺"的经验知识和相关的民俗历史文化"记忆"。两者是"非遗"传承人口述史方法论形成的逻辑框架，也是构建"非遗"传承人口述史方法论的两个重要维度：即主体论维度的"技艺经验"和本体论维度的"文化记忆"。

本书选择了20位荣昌陶非遗代表性传承人的采访记录，他们中有的是国家级非遗传承人，有的是市级非遗传承人，还有的是市级工艺美术大师，大多仍在制陶领域辛勤耕耘，尤其是一些年事已高的传承人，仍在为荣昌陶的发展助力。他们丰富的人生经历，精进的技艺，对荣昌陶发展做出了不可磨灭的贡献。

我们知道，非物质文化遗产的载体是人，具有"艺在人身，艺随人走"的活态性特征。匠工们的工作之伟大，之有趣，反映在他们的手艺、人品和他们的言谈举止里。因此，本书所展示的文章、图片仅仅是一些缩影。传承人讲述的与文化遗产相关的人生经历、技术经验是活态遗产，他们的语言所代表的是养育他们的风土人情、匠人精神，是他们在常年的生活和劳动中练就的精华，如不加以抢救、保护和整理，就可能消逝在历史的长河中。

非遗作为一种"群体记忆"，在其传承过程中，大多由传承人以"口传身授"的形式代代传递延续，少有文字记录。20世纪初，著名文化学者冯骥才根据中国非遗保护和传承的实际情况，创造性地将口述史的理论与方法应用到民间文化遗产保护工作中，并于2006年从遗产学的角度提出了"传承人口述史"的全新概念。在他看来，非物质文化遗产是无形的、动态的、活动的，是不确定的，它保存在传承人的记忆和行为中，想要把非遗以确定的形式保存下来，口述史是最好的方式。因此，非物质文化遗产保护的关键是对传承人的保护，对传承人的保护分为活态保护和档案化保存。而口传资料作为"记忆档案"，是非遗保护的重要手段。我们也知道要完成《荣昌陶器》[1]的撰写，离不开传承人的生活经历，正是他们有"择一事，终一生"的执着与专注，用奋斗书写精彩人生，才有了荣昌陶的今天。为了给传承人的记忆留声，我们的研究生们不辞辛苦，多次到荣昌安富街道采访传承人，通过他们的回忆，我们做了录音，对传承人的口述资料进行整理，不仅较为详细地记录了技艺传承的历程，展现传承人在实践中的创造智慧，还体现了传承人对该门技艺的情感，以及由此产生的人生思考。我们所做的记录工作，既是把荣昌陶传承人持有的与项目相关的技艺和记忆记录下来，也是理解荣昌陶传统文化的一条路径，让活的文化能够以文献的方式留存，可有效弥补已有文献、档案之不足，也可为民间文化保护者和研究者提供一份宝贵的资料。

这里需要说明的是，我们在撰写重庆国家级非物质文化遗产项目《荣昌陶器》一书时，考虑到传承人口述史研究一章里传承人口述史字数太多，便把这部分内容从书中抽出来，单独编辑出版，这一想法得到了荣昌区文化旅游委和非遗保护中心的大力支持，使《记忆留声——荣昌陶非遗传承人访谈录》得以付梓，同时也得到中国纺织出版社李春奕编辑的支持，在此表示诚挚的谢意！

余强
2023 年 7 月 20 日

---

[1] 《荣昌陶器》另由重庆出版社 2023 年出版。

目 录

- 001 罗天锡
- 015 梁先才
- 031 钟德江
- 047 刘吉芬
- 065 向新华
- 081 张俊德
- 095 肖文桓、肖亚岑
- 111 钟鸣
- 125 肖祥洪
- 139 周光建
- 153 刁显超
- 165 郭绍全
- 179 袁心权
- 193 梁大
- 207 张海文
- 223 熊宁
- 237 李加兴
- 257 梁洪萍
- 269 范鸣

罗天锡

罗天锡

国家级非物质文化遗产代表性项目陶器烧制技艺（荣昌陶器制作技艺）国家级代表性传承人、四川省工艺美术大师、高级工艺美术师、四川省工业设计协会理事、四川省工美雕塑专业委员会委员、重庆雕塑研究会理事。

采访人：李秋
受访人：罗天锡
时　间：2021年3月24日上午
地　点：荣昌区安富街道安陶路199号向家窑陶艺工作室

李 罗老师是什么时候开始学习制陶的？为什么会想到从事这项工作呢？

　　罗 我1948年出生于荣昌县❶。我不像其他传承人是世代做陶的，我家里没有人是做陶的。父亲的专业是摄影，也爱好美术，家里有这方面的资料，可以经常翻看，耳濡

---

❶ 自唐乾元元年（公元758年）始建县以来，至2021年已有1263年历史。2015年6月18日荣昌撤县设区。

目染，对我产生了很大的影响，我就是在这样的环境下长大的。1965年的7月中旬，荣昌县安富陶器厂❶在城关镇招收工人，我那时17岁中学毕业就遇到这个机会，顺利地进入荣昌县安富陶器厂当学徒工，被厂里分配到成型❷车间。从那时起，我迷上了陶器，以前从未见过这么多漂亮的陶器，每件造型都很好看，确实很吸引人，我当时就想，不管有多苦，也要好好学会这门手艺。1966年，四川美术学院❸的罗明遥❹、毛超群❺老师带学生来厂里实习，当时我在成型车间做注浆❻工，工余时间，我经常在厂里捡些废弃的泥料，喜欢自己琢磨捏泥麻雀、泥老虎之类的动物雕塑，厂里的老工人知道后，就向两位老师介绍我，罗老师问我："这些动物雕塑是你做的吗？"我说："是我做的。"毛老师问："是跟哪个师傅学的？怎么会雕出动物的结构？"然后让学生来看我的作品。罗老师和毛老师发现我很有专业才能，对我很好，之后每带一届学生来厂，都要让学生来看我的作品，说我是无师自通，希望我能协助他们指导学生做陶。有了两位老师的肯定，我对美术陶雕的创作产生了浓厚的兴趣。可以说，我从事这项工作，与四川美术学院老师的鼓励和帮助有很大的关系。

李 您是怎么从一个注浆工调到技研组去从事设计工作的呢？

罗 1968年底，厂里的生产任务比较重，每年都要拿出新产品去参加广交会，厂领导发现我有这方面的才能，把我从成型车间调到了技研组，专事工艺陶的设计工作。进技研组之前，还有段小插曲，我经常捏一些小动物，有一天偷偷塞了几件进窑里，想烧成后看看自己的作品变成了啥样。结果没想到，因为那批产品要送到广交会，厂里大大小小的领导都在窑边守着，我不敢去取自己的作品，眼睁睁地看着销售科的人将成品都打包送到广州交易会去了。幸好领导不知道是我烧的私活，如果查出来，按厂里的规定要扣工资，一件罚5元，那时一个月工资才20多元，有7件作品，要罚起

---

❶ 荣昌县安富陶器厂：1956年组建，一个以政府为主导的社会主义企业。1958年，厂、社合并，成立地方国营荣昌县安富陶器厂。直到21世纪初，这个企业正式倒闭。

❷ 成型：荣昌陶传统意义上的成型制作工序，包括揉泥、绞车、拉坯、注浆及晾坯。

❸ 四川美术学院，简称"川美"，位于重庆市，是西南地区唯一一所高等美术院校。

❹ 罗明遥（1927—1989）男，汉族，四川平昌人。四川美术学院工艺美术系陶瓷美术设计专业教授，在任教期间曾多次带学生到荣昌陶器厂实习和创作。

❺ 毛超群（1931—）男，汉族，四川成都人。1955年毕业于西南美术专科学校雕塑系，并留校任教于四川美术学院工艺美术系，四川省文物管理委员会雕塑组副研究员。

❻ 注浆：注浆成型是基于多空石膏模能够吸收水分的物理特性，将陶瓷粉料配成具有流动性的泥浆，然后注入多孔石膏模具内，水分被模具（石膏）吸入后，便形成了具有一定厚度的均匀泥层，脱水干燥过程中就可以形成具有一定强度的坯体。

来遭不住，我心里很紧张。过了一段时间，有外商打电话来询问购买小物件的事，管生产的副厂长刘乾龙一打听，才晓得是我的作品。于是，把我叫到办公室，问我是如何偷偷做陶器的？没办法，我只好说明了情况，没想到领导不但没有罚我，还把我调到技研组工作。后来才知道，我偷做的几件东西，在广交会上引起了外商的兴趣，省轻工业厅的领导看到展品后，对厂领导说："你们厂里有人才，怎么还向上面要人呢？如果能重视自己培养的人才不是更好吗。"就这样，歪打正着，我才进了技研组。当然，我调到技研组，还有另外一个原因，就是罗明遥和毛超群老师的极力推荐，不然像我这样的注浆工，是不可能进入技研组的。可以说，这一工作调动是我从事工艺陶器研发的一个转折点。

李 技研组的主要任务是什么？您在里面做哪些设计呢？

罗 进了技研组，我才发现厂里的新产品设计、研发都靠这个部门来完成，工作任务自然很重。每年春、秋两季的广交会，厂里都要拿出新产品去打开市场。20世纪70年代初，我设计出一匹奔腾的马，经过1200℃的高温烧制之后，黑釉光亮、造型生动，外商看中就要订货1000件。我也没有想到工艺陶雕能受到外商的欢迎，这打破了荣昌陶雕塑品一直无法出口的历史。由于外商订货多，有的外商还专程跑到厂里来订货。工艺陶雕产品全部都是人工生产，要大批量生产就成了一个难题，所以厂里让我在做设计的同时，还要亲自培养一批搞雕塑艺术品操作的技工，不仅设计要新颖，制作也要跟上去才行。我比较善于发挥自己的长项，就是把雕塑的概念应用到陶器的造型上。我当时设计了三种立马的造型，高20多厘米，一件3.8元，来厂里订货的客户和厂里的工人，都不喊我的名字，直接叫我"罗马儿"。我设计的陶雕，每一道工序我都必须先熟悉，设计出来后，组织操作人员，把关工序，这些都是为了保障最后的质量。有一次，我又设计了一批"马"的工艺陶雕，它们不仅造型多样，而且质量优良，在广州交易会上，被外商看中，订了1万件，我们在两个月内就成功交货，此后，外商对我设计的东西都很放心。到了春、秋两季广交会上，外商都要问我去了没有，取得了他们的信任后，厂里每年都要派我去参加广交会。之后，我设计的陶雕，一直连续生产了十几年，产量近200万件，在当时全国单件陶塑品中也算是产量最高的。当时的厂长刘乾龙就说过："每当企业有困难的时候，都好在罗天锡的设计好销。"省轻工业厅的领导在会上也说："单件产品数量能上万的，罗天锡算一个。"

李 由于您的陶艺不是世代传承而来，受到传统的制约较少，反而让您有更多创新的空间，您是怎么看待传统与创新的关系呢？

罗 我虽然不是出生于制陶世家,但学习和传承的东西还是荣昌传统的制陶技艺,只是我有些美术基础,喜欢做些陶雕,一有新的想法,就要把它做出来,都是在传统塑形方法的基础上尝试做一些新的东西。比如荣昌的制陶技术,早在100多年前就已形成了三大成型方法,其中包括拉坯成型、印模成型(使用模具)和开片成型,被认为是最传统的成型方法。我最擅长的是美术陶雕的制作,采用的就是手工打片镶接成型的技巧,即手工开片❶合围形成,然后根据合围基形配以圆雕、浮雕、剔、刻等装饰手法,而不用手工拉坯或任何内外模具,每件作品都有独特的个性,是不可重复的纯手工作品。实际上,我设计的造型,多借鉴了雕塑的创作手法,用当地出产的泥料,加上传统的工艺和烧制技术,运用在器物的造型或施釉上,这样产品就有了自己独特的一面。在厂里,大家都知道拉坯❷师傅杨学礼❸,他的技术可以说在全国都是一流的,我除了每天完成自己的本职工作外,还争取去给他打下手,学了一个多月,学会了左右方向拉坯的手艺,同时还向其他师傅学习了制陶、烧陶的各道工序,受益匪浅。但后来调到技研组工作,更专注于设计。我的设计有一个理念,就是坚持在传统的基础上来进行创新,如果荣昌陶离开了传统,就很难有特色,所以创新还是要立足于传统。我在做设计的时候,常常把复杂的东西,在工艺上进行简化,既要考虑规模化的生产,又不能影响作品的艺术质量。在那个时代,如果不这样做,企业就很难大量投产,所以在工艺程序上,分段组合是我解决企业批量生产难题的一个绝招,如果设计的东西,企业不能量产,等于是纸上谈兵,设计就等于零。

在厂里做陶器设计,一是要对操作的工艺流程要相当熟悉;二是对操作工要进行技术培训,作为技术人员要对每一道工序把关、跟踪,才能顺利生产出合格的批量产品。

李 荣昌陶的制作包括哪些工序呢?您认为哪些工序是最重要的?

罗 一般我们说荣昌陶有五大工序。当然还可以细分。第一就是泥料,第二就是成型,第三就是装饰,还有釉色,最后就是烧成。这里面最重要的就是成型和烧成。如果成型的技艺不好,你后面烧得再好,烧出来也是些瓦片,所以成型相当关键。荣昌陶为什么对成型那么注重,培养了那么多技艺高超的拉坯手,就是这个原因。实际上,我认为这几大工序没有哪一步是简单的,只是相对来讲,成型这道工序培养人才

---

❶ 开片:利用陶板机或是以泥搭子敲打陶泥制成陶板,在陶板稍干时,将陶板组合成型。
❷ 拉坯:也叫做坯,是成型的最初阶段,也是器物的雏形制作。它是将制备好的泥料放在坯车上,用轮制成型方法制成具有一定形状和尺寸的坯件。
❸ 杨学礼(1918—1989):男,汉族,重庆荣昌安富垭口人,安富陶器厂技术骨干,曾任县人大代表。

的时间长，相对而言，装饰这些都有办法让它在比较短的时间出效果，但精品还是不行。所以真要出精彩的陶器，任何一个工序都不能马虎，都很重要。杨学礼老师爱给我讲，做罐罐，他不讲做陶，他讲做罐罐，要丝丝入扣，哪里稍不注意，你就要失败。他举了个例子，比如说你去拉了个坯，拿出去晒，外面一股风一吹，你没有去把它收进来，看到你的坯子还很好，结果烧出来就要开裂。为什么？外面的坯子有些部分都被吹干了，你又拿水去浇，重新加水，这种情况你烧出来能得到多少个？所以在老艺人看来，每道工序的细节都很重要。

李 技研组后来升级为技术科，后来您也担任了这个部门的领导，有些什么感想和体会呢？

罗 在技研组工作到1973年，厂里的发展上了一个新的台阶，便成立了技术科，加强了新产品的试制和色釉的研究工作，将原来的包装陶出口发展到工艺美术陶出口。当时任科长的是刘大华[1]，他是1963年四川美术学院陶瓷专业毕业第一个分配来厂里工作的大学生，也是安陶厂第一个陶瓷设计工程师，设计过许多有代表性的工艺陶，在雕塑造型、图案方面都是高手，对荣昌陶器的发展有很大贡献。1986年，刘大华调到重庆工作便离开了技术科，厂里安排我继任技术科的科长。在此基础上又成立了"重庆荣昌陶器研究所"，上面又指定我为研究所所长，科室已集中了一批很有活力的技术人员，有高校毕业分配来的朱红林[2]、叶思群[3]等大学生，还有钟德江[4]、杨剑夫[5]等，共有11人，技术力量很强。四川省轻工业厅每年拨给研究所5万元作为研究经费。技术人员创新一件产品有5元的奖励，在当时来讲，也是一个很大的鼓励了。对我来说，既要担任领导，也要参与设计，每年都要完成两到三个人的任务，熬夜加班也是习以为常的事，虽然只有一份工资，也没有怨言。做陶器拉坯或做美术陶的人，由于长期超时劳作，大都有背痛的职业病，有时为了使样品能按时与客户见面，咬牙忍痛，不得不用电吹风对着后背加热来减缓背痛，靠的就是一种敬业精神和对客户的

---

[1] 刘大华（1932—2017）：男，汉族。1960年毕业于四川美术学院工艺美术系陶瓷专业，1963年调到荣昌安富陶器厂工作，后长期担任技术科科长。

[2] 朱红林（1938— ）：男，汉族，江苏张家港人。1961年毕业于中央工艺美术学院，1972年调入荣昌安富陶器厂工作，1980年担任荣昌安富陶器厂厂长。

[3] 叶思群：女，朱红林妻子，1965年毕业于中央工艺美术学院，毕业后分配到荣昌安富陶器厂工作，1978年担任荣昌安富陶器厂副厂长。

[4] 钟德江（1938— ）：男，汉族。1963年进入荣昌安富陶器厂，后在技术科工作。四川省工艺美术大师。

[5] 杨剑夫（1943—1987）：男，汉族，重庆荣昌人。1962年进入荣昌安富陶器厂，后在技术科工作，曾任荣昌县政协委员。

诚信。凡我负责的产品订单，无论是质量还是交货期都有保证，客户都很满意和信任，这一直是我执着不移的信念。

从20世纪60年代到80年代，是荣昌陶器厂发展最快的时期，当时大批的产品线有两个。一个是日用陶，就是泡菜坛，各式的包装菜坛，也是出口的产品。当时我们出口的小菜坛，装的是重庆很有名的豆瓣，豆瓣罐在国外销得很好，所以那个产量比较大。另一个是出口的工艺陶，如花插、花瓶，等于半个工艺品，就是说既有实用价值，也有审美价值的这类出口产品，当时大概一年的出口量有几十万件，这个产量也是在逐年扩大。那时的产品很有代表性，不仅设计水平很高，工艺也非常精美。尤其是设计精美的工艺陶，成为馈赠外国政要和嘉宾的重要礼品。我在其中工作，现在想来也是很有感触的，那时工作条件比较艰苦，但大家还是专心搞设计、促生产，抓效益，干活的劲头也很足，荣昌陶的名气也是那个时候打响的。

李 研究所成立以后，除了陶塑产品的设计，在陶器的装饰方面有些什么研究成果用于生产呢？

罗 20世纪70年代中期，我在传统刻花工艺的基础上，研究开发出红、白泥化妆土"素烧刻绘陶"工艺，这一技法与传统的剔刻花上透明釉的工艺不一样，传统的刻花纹样轮廓要粗一些，而素烧刻绘陶，对手工剔刻的技术要求更高，在图案题材的选择上不再局限于传统的二方连续图案，可以选择独立的画面，细节的刻画上可以更加精致。这一工艺方法，为传统装饰技艺开拓了一个独立的新品种，提高了陶器主体图案的艺术性和观赏性。厂里一些人都希望我能申请专利，但后来一想，大家都能使用这个方法，岂不是更利于推广？所以我没有去申请专利。后来，素烧刻绘陶得到了广泛的应用，吸引了大批艺术家参与其中。另外，我也参与了荣昌陶钧釉的研制工作，尤其是钧釉装饰技法的研究，经过若干次反复的实验和探索，终于成功研制出"钧釉剪纸贴花法"，并运用到外销出口的产品上，在广交会上得到了外商的认可和订单，这一创新成果，在全国陶瓷界为首创，它丰富和增强了陶瓷色釉技法的应用和视觉的审美效果。

李 20世纪中下期，四川美术学院教师带学生到厂里实习，对荣昌陶器厂的影响和帮助都很大，能谈谈这方面的情况吗？

罗 客观地说，从20世纪50年代到20世纪80年代初的一段历史时期，如果没有四川美术学院师生的支持，荣昌陶不会取得今天这样的成绩。尤其是四川美术学院的梁启煜❶、罗明遥、毛超群、马高骧❷、王兴竹❸老师，每年带学生到厂里实习，为厂里带来了他们的艺术理念，在厂里与技术人员和制陶工人打成一片，把他们的专业知识和外面学到的东西融入荣昌陶，创新出许多新产品，给荣昌陶带来了新鲜血液，功不可没。梁启煜教授早在20世纪50年代开始就到厂里帮助企业恢复和传承荣昌陶，并与老艺人协作，开发新产品。后又与罗明遥、程尚俊❹、毛超群教授在泡菜坛等器皿上采用化妆土刻花，包括陶颈的工字纹、回纹、折带纹、犬齿纹等，在陶肚上设计主体纹样，模仿自然景物，依物变形，各有不同，纹样线条简练，刚柔兼备，苫壮而不粗疏，强化了荣昌陶的艺术特色。罗明遥、马高骧、王兴竹等老师在产品设计创新和釉色研究方面都发挥了很重要的作用。在当时，荣昌陶的装饰图案更多地吸收了中国传统的经典图案，尤其是各种卷草纹的运用比较多。有时在厂里，经常能看到罗明遥教授在陶器上精细地刻花，都是亲力亲为，给我印象很深。他们与陶厂工人一起协同创新的产品，为荣昌陶打开了销路，作品还参加了全国工艺美术展和四川省工艺美术展，都获得过很多奖项，在国内外产生了很大的影响。

李　简历上说您20世纪80年代初到过四川美术学院进修，有什么收获吗？

罗　1977年，四川美术学院恢复招生，那时我刚好30来岁，符合报考年龄，毛超群老师很希望我去考美院，但时机很不凑巧，那年四川省轻工业厅要我准备作品代表省里参加1977年底到1978年底的第一届全国工艺美术展览会，我在北京布展就待了一年，没有考成，但在北京与其他各地参展的同行和老一辈陶艺家一起工作，也学到了不少东西，受益良多。那年荣昌陶器在全国的工艺美术展览会上第一次亮出自己的创新产品，就受到了上级的肯定和表扬，取得的成绩离不开四川美术学院的支持和帮助。1981年，罗明遥和毛超群老师推荐我到四川美术学院雕塑系去进修，得到了四川省轻工业厅的支持，给予了经费资助，于是我参加了进修考试，顺利通过后，1982年5月到1983年8月，在美院雕塑系学习了一年多，算是满足了我一直想到专业院校学习的心愿。在四川美术学院的学习环境里，有老师的热心指导，看到的东西非常丰

---

❶ 梁启煜（1911—1995）：男，汉族，湖南藏江人，陶瓷艺术家。历任杭州国立艺术专科学校副教授，四川省立艺术专科学校、西南美术专科学校、四川美术学院教授、陶瓷专业创始人。

❷ 马高骧（1939— ）：男，汉族，云南石林人。1960年毕业于四川美术学院工艺美术系，并留校任教。曾任四川美术学院工艺美术系陶瓷专业教研室主任、教授。1989年调任广州美术学院。

❸ 王兴竹（1942— ）：女，汉族，云南罗平人，马高骧妻子。1966年毕业于四川美术学院陶瓷专业，并留校任教。1989年调任广州美术学院。

❹ 程尚俊（1913—1997）：浙江金华人。1933年毕业于杭州国立艺术专科学校。曾任四川省立艺术专科学校、四川美术学院教授。

富，吸收了很多营养，从造型基础到雕塑创作，我都收获颇多，一方面提高了我美术造型的审美能力，另一方面也提高了我将雕塑与陶器结合的艺术水平。

李 您从事美术陶器的设计工作已有50多年，作为技术研发部门的领导，参与过哪些项目的研究和展览，获得过哪些荣誉称号或哪些奖项呢？

罗 这个很多，我先后参与的省、市级研究项目就有20余项。其中有80余件作品，到英、美、法、德和加拿大等30多个国家和地区参加我国同世界各国的文化交流展出。轻工业部曾征集我的个人作品《系列龙瓶》《凤形酒具》，作为对外贵宾的馈赠品。1990年，我作为异型酒具开发项目的负责人和主创人员，获得省、市奖励和表彰。1992年，我作为西部地区唯一代表参加了"中国青年陶瓷艺术家代表团"，出访日本等国。两次获得重庆市"新产品开发先进个人"称号。

我负责厂技术科和研究所的工作，自己主持和参与的项目，大多是由集体完成的，其中也包括个人完成的。这里大概统计一下，先后有112件作品获得省、市以上奖励，如：1972年四川省旅游纪念品开发项目，在展评会上12件作品集体获奖，个人作品3件获奖；1984年全国旅游展评会上，20件作品集体获奖，个人作品6件获奖；1978年起，参与研制的《荣昌泡菜坛》系列项目，连续三届获全国部优❶产品称号；1986年获国家外贸部出口优胜奖，18件作品集体获奖，个人作品4件获奖；1986年，获重庆市新产品开发"百花奖"，68件作品集体获奖，个人作品38件获奖；1989~1991年，获四川陶瓷展评会一等奖6件、二等奖6件；1991年《三足龙壶》一套5件，获全国包装评比会金奖，同年，2件作品获重庆新产品创作"百花奖"、获首届长江艺术节评比会银奖；2003年，合作研制作品《黄河颂》系列作品获全国第37届国际礼品和消费者博览会银奖；2008年，第一届重庆工艺美术展览会，《新安陶》8件，集体获银奖；2009~2010年，作品参加重庆市工艺美术展览会连续两届获银奖；2017年，作品参加首届中国四大名陶展评会获金奖等。另有10件作品获得国家实用器皿外观设计专利，设计制作的《单环瓶》被重庆大学选送给美国耶鲁大学作为礼品，有60余件作品被国内多家博物馆收藏，20件作品在《人民画报》《人民中国》及《人民日报》等国家级刊物发表。

李 您在荣昌陶器厂工作了几十年，也是荣昌陶快速发展的时期，什么时候生产开始萎缩，甚至停产了呢？

---

❶ 部优：中央部、委级评定的优质产品称号。

罗 20世纪80年代末到90年代初，随着国有经济向市场经济转型，原有的计划经济模式被取消，已有的销售渠道中断。而适应市场经济的个体企业经营发展迅速，对习惯于计划经济模式下营运的制陶企业而言，传统的手拉坯、印模陶工艺已远不能适应市场需要，其发展陷入比较大的困境。如何适应市场经济，积极参与市场竞争以求得生存和发展是一大难题。与20世纪80年代相比，20世纪90年代整个工艺美术行业的生产都在持续滑坡，荣昌陶也开始减产。实际上，20世纪80年代末，我们就已经开始着手开发新产品来适应市场的发展。1990年，我担任了异型酒具开发项目的负责人和主创人员，开发的新作品曾获得省、市主管单位的奖励和表彰，我个人也获得了"新产品开发先进个人"的荣誉称号。1992年获得了"四川省工艺美术大师"称号。到了20世纪90年代中期，玻璃、塑料等材料做的酒瓶和包装桶，不仅价格低，工业化批量生产更有优势。为了摆脱困境，寻求出路，我们又相继开发了适应市场需求的新产品，包括用半机械化生产的包装酒瓶，泡菜坛系列包装罐、花插、花瓶等产品，但好景不长，由于市场经济的冲击和经营管理等方面的原因，到2000年，不得不停产改制。当时，陶器厂解体后，工人都下岗了，设备也卖了，昔日辉煌过的陶器厂也最终成了历史。

李 厂里生产陶器主要采用什么窑炉来烧制呢？您对现在柴窑的再度兴起有什么看法？

罗 改制前厂里主要使用的是传统的阶梯窑和梯形倒焰窑，燃料一直用的是煤。后来又有半机械化的推板窑、小切面（隧道窑）窑烧制陶器，采用的是气窑和电窑，既能节约成本，也比较环保。

我不太同意用柴烧。因为我们的祖先最初用柴火在露天烧造陶器，制坯和打磨都比较粗糙，烧制的温度不高，产量也很少。后来发明了馒头窑、龙窑、阶梯窑来柴烧和煤烧，是封闭起来烧，解决了温度和产量的问题，但也主要是为了烧制粗陶，而不是烧制精品。从环保的角度讲，烧柴窑要砍伐大量树木，破坏环境，在安富民间有一首打油诗："下面柴窑烟囱冒，上面山上光秃秃。"就是当时鸦屿山用柴火烧陶的真实写照。现在国家严禁在山上砍柴，也不提倡柴烧，最重要的是，柴烧是用烧陶过程中产生的柴灰（也称"落灰"）在器物上所形成的自然釉变，看似成品都不一样，但成品率低，耗费木柴等自然资源。整体看来，柴烧的作品都是一样的，很简单，都一个样，你可以烧，别人也可以烧，这是把具有地方特色的荣昌陶所具有的人工装饰给遮盖了，不利于安陶特色的传承与发展。因此，少量的生产，作为一个品种也不是不可以，但不能作为主线，如果以为这是特色工艺，都去做柴烧，无论是出于环保的理念，还是对于如何发挥荣昌陶的特色传统，以及可持续性发展来说，都不宜提倡，对此应引起有关方面的重视。我的观点还是提倡气窑和电窑来烧制陶器，一来环保，能提高效率；二来可以发挥荣昌陶特色工艺的优势，做有传统风格的、有高附加值的精品。柴烧可以作为保留的传统手工艺，但只能是安陶品种的一个补充。

李 对于荣昌陶发展的现状，您有什么看法或建议呢？

罗 荣昌陶要传承与发展，离不开自己的特色。我们都知道，中国有四大名陶，各有各的特色，江苏宜兴的紫砂陶，工艺精湛；广西坭兴陶的窑变，经磨光后色泽繁多；云南建水陶的无釉磨光、书画镂刻、彩泥镶填也很有代表性，而荣昌陶是什么呢？说起来我们都知道，如果没有自己的特色，就会让人感觉名不副实。可以说，一个地方的陶器，如果有知名度，大多会在材质、烧制工艺和器物的造型装饰上去发挥自己的优势。如果大家都以追求市场变化和经济效益为主，去照搬别人的产品，造成同质化的倾向，肯定是有问题的，短期内可能看不出来，但时间长了，就会发现自己的特色消失了，要再恢复过来，又要花更多的时间，得不偿失。这些年来，由于政府的重视和推动，做陶的场面和队伍越来越大，但如果为短期的商业利益，什么好卖就生产什么，家家产品几乎一样，就会牺牲我们的特色，那是不行的。学习和借鉴很重要，但不是抄袭，要有自己的创新才能发展。事实上，荣昌陶名气不小。1953年时，荣昌陶在全国就排名第二，仅居宜兴陶之后，工艺和规模与宜兴陶不相上下。20世纪90年代是个分水岭，前期发展还好，后期每况愈下。现在又开始了荣昌陶的复兴，但历史传承下来的产品越来越少，像向新华、肖祥洪他们还在坚持传统的东西，在器物的造型和刻花、釉色的装饰方面都能在传统特色的基础上去创新，这是值得提倡的。

李 刚才提到荣昌陶的特色，您能概括地介绍一下吗？

罗 荣昌陶最具特色的是铁线刻花，也叫"剔刻"，刻花用的工具也很简单，最早是用竹签，削成一头尖，一头有两三毫米宽，或者三四毫米，不到一厘米，类似于把它削成一把刀。后来用铁钎，为什么叫铁线刻花呢？就是这样子来的。我们刻花用两种化妆土❶装饰各种图案，实际上就是红泥和白泥。红泥是一种赭红色，白泥是一种象牙白。既可以用白泥做底，也可以用红泥做底，还可以用混合泥做底，比如我们拉完一个红泥的陶坯后，在有一定的含水量时，就去浸一层白色的化妆土，然后走线划分一定范围，在那里面剔掉不要的部分，充分利用红泥和白泥的颜色对比，就会呈现红底白花的图案，有一种非常古朴的效果。尤其是二方连续纹样最具特色，有的是素烧

---

❶ 化妆土：把较细的陶土，用水调和成泥浆涂在陶胎上，器物表面就留有一层薄薄的色浆。荣昌陶中，颜色有白、红两色或两色的调和色。这种色浆，在陶瓷工艺技术上称"陶衣"，也称"化妆土""装饰土"。

的剔刻，有的是施一层透明铅釉，晶莹光亮；另外就是剪纸贴花工艺，应用于单色透明釉或色釉产品的装饰上，这种陶器不仅产量大，销量也多。还有做工艺陶的耙花、点花等工艺也多有应用。耙花是将陶泥置于模具中，压制成浮雕纹样，粘贴在陶器的装饰部位，干燥后施釉，有浮雕效果。耙花件的厚薄、贴面，面积不能太大，不能太整体，比如有些图案，要有意地留一些空间，实际上是为了排气，以免高温下开裂。点花是厂里的一个技术员梁先彬❶最先运用的，是用调好的有色泥浆，待水分合适的时候在陶坯上点花和枝叶，就类似于在纸上画国画，效果相当好。雕填的工艺用得比较少。釉色装饰也是荣昌陶的一大特色，就是这个陶坯上不需要刻花，直接用釉来装饰，用色彩之间的变化流动，这个需要掌握陶坯在窑内的温度，掌握它在高温下流动的速度和产生的"窑变"❷。前面讲到的，我在20世纪70年代中期，就参与了钧釉的研究工作，我最早设计制作的一件钧釉剪纸贴花茶壶，工艺是采用剪纸刻出的图案，在半成品上贴在器物要装饰的部位上，上了底釉后把贴花撕掉，再施面釉，通过烧制产生窑变的效果。还有就是洒釉法，先在器物上施一个基础釉，然后把其他釉的部位留出来，再上需要的釉色，烧成之后，釉色变化丰富含蓄，黑中透红，既有对比，又很和谐，特色明显。在当时就是一个创新。1977年在北京全国工艺美术展览会上，得到了专家同行的好评。产品出口也很受外商欢迎，这些作品在安陶博物馆也有收藏。

李　您是什么时候被评为工艺美术大师和国家级传承人的呢？

罗　我评上工艺美术大师是重庆市直辖❸以前。1992年我们还属于四川省轻工业厅管理，厂里就我和钟德江参加了四川省工艺美术大师的评审，我们两位都评上了，时间比较早。重庆市评工艺美术大师的时间要晚一些，是直辖之后，2002年才开始评选，每四年评选一次，到2019年已是第五届，荣昌先后已评上17位省级工艺美术大师。2011年，荣昌陶被评为第三批国家级非物质文化遗产代表性项目陶器烧制技艺（荣昌陶器制作技艺）名目；有了项目以后，2017年，我与梁先才被评为第五批国家级非物质文化遗产荣昌陶器制作技艺的代表性传承人。这两份荣誉对我来说，都是国家和政府部门对自己工作的肯定，如今已到花甲之年，但仍然带着一份责任，志在为荣昌安陶的发展极尽心力。

---

❶ 梁先彬（1935—2015）：男，汉族，重庆荣昌人。荣昌窑传统陶艺家，曾任安富陶器厂技术员、县政协委员、县工商联执委。
❷ 窑变：指陶器在烧制过程中，由于窑内温度发生变化导致其表面釉色产生的不确定性自然变化。
❸ 1997年3月14日第八届全国人民代表大会第五次会议决定，将原属四川省的重庆市、万县市、涪陵市、黔江地区合并设立中央直辖市，同年6月18日重庆直辖市正式挂牌。

李 师傅是如何带徒弟的呢，您带过哪些徒弟，他们现在做什么呢？

罗 早年我当学徒工的时候，就听过"教会徒弟，饿死师傅"的说法，传统手艺人教徒弟都会有所顾忌，学徒要想学好一门手艺，并不那么容易。在厂里，涉及制陶生产的每个环节，都有许多技术师傅把关，领导也会给师傅安排带徒的任务。学徒一般都要给师傅打下手好几年，在这个过程中，师傅会慢慢地教一些制陶的手艺，时间长了，学到的东西就会很多。徒弟如果肯勤学苦练，加上悟性，大多能出师，成为很好的师傅。我在厂里先后师从杨学礼、左光文、彭高先等师傅，后又向四川美术学院的罗明遥、毛超群等老师学习，对制陶工艺和生产的各个环节都了然于胸，能取得后来的成绩，也是离不开这些师傅和老师的不吝教诲。

我在技术科工作期间，一方面要做好设计样品的工作，去争取拿到客商的订单，另一方面又要培训操作工人按质按量制作我设计的样品。从这个角度讲，不仅需要规模化运作，也需要手工的精品制作，因此在设计的同时，我也培养了不少制作工艺陶的技术工人。带徒是多方面的，我也多次应邀进入校园为学生授课，向学生传授陶艺的制作方法。我私下也先后免费收过十几个徒弟，我招学生主要看三点：一是要有干这行的天赋和悟性；二是要吃得苦；三是要有恒心，一辈子干下去。学生中，田密是发展得比较好的，现在已评上了重庆市的工艺美术大师。还有一个叫吕玉成，也很不错，对传统工艺技术的掌握很全面，人也很能干，很多安富的陶坊都请他去做技工。

李 陶器厂停产改制以后情况怎么样？听说后来您建立了自己的工作室，都做些什么呢？

罗 2000年，陶器厂解体后，当地陶业一蹶不振，许多制陶的技术工人四处流散，传统的制陶工艺只有很少的人在坚持，大多在为酒企批量生产包装瓶和酒罐，看似经济是上去了，但代表荣昌陶特色的产品日渐稀少，工艺陶几乎无人问津。我感到痛心和无奈，于是应邀去了成都一家中外合资的企业"四川吕艺"，担任技术总监和厂长，主要生产工艺美术陶，在那里工作了四年，帮这家企业打开了外销渠道，产品远销加拿大、美国等国家。2005年，重庆市经委和荣昌县政府为了发展当地知名的特色工艺品种，出台"人才兴陶"的相关优惠政策，吸引了许多知名专业人才回当地发展，目的是通过人才的引进来带动荣昌陶的传承与发展。当时听到这个消息后，我很兴奋，毅然辞职，交接完工作就回到了荣昌，在安富创办了自己的"天锡陶艺工作室"。

向新华大师这里就是政府免费提供的工作室，我的工作室在二楼。为了鼓励返乡工作，政府还拨付传统工艺美术保护发展资金20万元，用于支持我工作室的建设。另外，如果有作品参加各种展览获奖或带徒弟两名以上，政府每年提供1万元的奖励等。这期间，我在传统作品的基础上不断地创新，创作了凤瓶、龙瓶、梅瓶等系列作品，在2008年重庆市首届工艺美术展览会上连获两个银奖。可以说，安富能在这段时间凝聚起众多高级人才，与政府在场地和资金方面的支持是分不开的，这对荣昌陶的恢复和发展起到了重要的推动作用。我现在已是七十多岁的人了，有时间还要过来做一些有关荣昌陶恢复和传承的东西。也写过一些文章，先后发表《独特的荣昌陶器》《荣昌陶器造型》《荣昌陶器色釉》，基本概括了荣昌陶的特点，其中《荣昌陶器造型》一文，已被《中国工艺美术全集效率·重庆卷·陶瓷篇》收录引用。我作为荣昌区政协委员，曾对广富园及安富周边共十余家主要陶瓷生产企业进行实地调研，提出了《关于加强陶土资源管理，促进陶瓷产业发展的建议》，希望能加大力度对私挖滥采陶土进行严厉打击，依法管理和合理开发陶土资源，科学定位陶瓷产业发展的方向。

李 您对未来有什么展望吗？

罗 我要说的是，这么多年来，荣昌陶能够薪火不断、人才辈出，政府的推动起了很大的作用。从20世纪50年代末到80年代初，荣昌陶的繁荣发展，有四川省轻工业厅和地区领导的重视，有厂里的各位同仁同心协力的敬业精神，有专业院校的支持与帮助等，这些都是制陶工匠艰苦努力换来的。现在年轻一辈开始接班，未来荣昌陶的传承与发展会越来越好。总结一下我们的优势在于：第一，安富当地有蕴藏丰富的制陶泥料，是最优质的，其他地方没有；第二，老一辈的传承人还在，有国家级的、省级的传承人，有省一级的工艺美术大师，这一代人承上启下，持续发挥自己的重要作用；第三，他们培养了一批年轻人，后继有人。有了这三点，我认为荣昌的发展是有保障的。对年轻人来说，要做一个真正的工匠，必须要保持一颗匠人之心，持之以恒，热爱生活，热爱大自然，不断地推陈出新，创造新的辉煌。希望政府对这些传承人提供更好的条件和多方面的支持，可以迅速让年轻人成长起来，有了人才，就能让荣昌陶的发展具有可持续性，就能带动陶文化的进一步开放和交流，在变化发展的潮流中发挥积极的作用。

李 罗老师是国家级非遗项目荣昌陶器制作技艺的代表性传承人，也是最早评上的四川省工艺美术大师，亲身经历了荣昌安富陶器厂发展兴衰的过程。今天聊到了在陶器厂技术科的这段人生经历，不仅有个人的辛劳和所取得的艺术成就，也有当时社会变迁所带来的历史性变革，这些都为我们留下了一段珍贵的历史记忆。同时，罗老师对荣昌陶的现状和可持续发展也有自己独到的见解，可供同行和后来者参考，以期继续砥砺前行。再次谢谢罗老师接受我们的专访。

梁先才

梁先才

国家级非物质文化遗产项目陶器烧制技艺（荣昌陶器制作技艺）国家级代表性传承人，重庆市工艺美术大师，重庆市鸦屿陶瓷有限公司董事长，荣昌区陶瓷商会会长。

采 访 人：李秋
受访人：梁先才
时　　间：2021年3月23日上午
地　　点：荣昌区安富街道大师园"安陶工作室"

李　梁老师出生于制陶的世家吗？

梁　从家谱里看到，我家祖辈世代都是做陶的，到我这一代已经是第十代了。荣昌在古代唐、宋时称为"昌州"❶。到明末清初，湖广填四川，荣昌的盘龙镇❷由广东过

---

❶ 昌州：古地名。大致指今重庆的永川、大足、荣昌和四川隆昌一带区域。
❷ 盘龙镇：隶属重庆市荣昌区，位于重庆市荣昌区西北部，与四川省隆昌市接壤。

来的人最多,我的家族就是此时从广东迁徙过来定居的。荣昌陶是生产日用品的民窑,历史上没有过多文字记载,即使有关于荣昌陶的记载,也是因为湖广填四川,官方有记载才知道这段历史。

李 有传承的谱系吗?

梁 有,从迁徙到荣昌的家谱,可上溯到清代。

梁家全　男,出生于清嘉庆年间,制作荣昌陶器数十年;
梁海山　男,出生于清道光年间,制作陶器数十年;
梁万青　男,出生于1915年,制作陶器三十多年;
梁先才　男,出生于1950年,自小从事陶器业至今。
梁洪萍　女,出生于1978年,梁先才女儿,从小向其父学习荣昌陶器制作。

李 早年您在哪里读书,从什么时候开始学习制陶的呢?

梁 我是1950年12月出生于荣昌县安富的垭口村。在安富中心小学读书,9岁时就随父母学习制陶,那时,我年龄小,手上没力气,要完成揉泥、团泥和挤压等工序有难度,记得有一次做一个小的泥塑动物,要用模具印模,我正在为难时,便想到把泥团放到屁股下面,用身体重量来挤压泥团,后来经常用这种屁股墩坐压的方法来完成揉泥、印模等工序,被老陶工戏称为"屁股大王"。小学毕业后到荣隆中学读初中,16岁那年,初中一毕业,就跑到下兴古窑拜师学艺,学习制陶技艺。

李 当时家中有哪些人是做陶的呢?是什么原因让您想到要从事这项工作的?

梁 我的父亲最初专职烧窑,后来在荣昌安富供销社负责陶器产品的质量检验工作。大哥梁先彬1953年在公私合营的荣昌陶器厂上班,这对我的影响很大。因为我从小就生活在鸦屿村,耳濡目染,对做陶产生了浓厚的兴趣。鸦屿山上陶土的蕴藏量很丰富,陶土细腻致密,烧结性能好,附近又产煤,是一个烧陶的好地方,在外很有名气,周边大大小小的陶厂不少。在鸦屿村的山上有一座清代遗留下来的老阶梯窑,当时还在生产和烧制一些生活用陶,大家都叫它"下兴窑"[1],是大队管理的一个集体

---

[1] 下兴窑:位于荣昌县安富垭口村三社。创烧于清嘉庆七年(公元1802年),是当时比较有规模的窑场,直至2002年完全闭烧。

所有制企业，实际上也只有几个陶工在那里烧陶。1966年，那时候学校停学，我和同学陈建章、陈建华常一起讨论想去下兴窑做陶器。于是就想到去找大队书记，和书记商量后，同意我们到厂里当工人，可以新搭建几间工坊来制陶，一共建了三间，都是用山上的树木和稻草、山草搭建起的茅草房，很简陋，大约10米长，7米宽。我们在老陶工的指导下，开始学习手拉坯制陶技术，然后把手拉坯成型的陶坯晾干后，装进下兴老窑烧制。下兴窑既做粗陶，也做细陶，所以对我们学习做陶是一个很好的条件，这应该是我人生的一个转折点吧，在那里学会了手拉坯和开片、雕刻、烧成等传统工艺，到了1967年，来的人更多，大概有30多人，厂名就叫"下兴窑陶厂"。

李 在厂里是怎么学习制陶的呢？后来一直都在下兴窑工作吗？

梁 学习还是要从最基础的制陶学起，我的师傅朱少安是当地非常有威望的制陶人，是国营厂派到下兴窑来的，我从他那里学到了很多东西。现在我还记得自己制作的第一件粗陶器是一个小盐罐，接着做了500多个盐罐，其中很多都检验合格了，师傅说我天生就是一个做陶的料，在我们去的那十多个人中，只有我最早拿到工资，我可以这么说，学徒中我学得是最快最好的一个。因为下兴窑只需要两三个人做细陶，剩下都做粗陶。为了学习做细陶，我私下又向荣昌国营陶厂的杨学礼老师学习拉细陶，拉泡菜坛是跟郭席恩老师学的，做千斤缸是跟钟华章老师学的，分别拜了几位很有名的师傅，因为每个师傅都跟我父亲关系好，又各有所长，技术都非常好。我那时年轻肯干，白天在厂里做陶，晚上在家里学，总想把制陶的工艺流程都搞清楚。那段时间很辛苦，自己修厂房，工资又少。但重要的是掌握了泡菜坛一次拉坯成型的绝技，学到的做陶手艺终身受用，可以说，小到不到5厘米的泡菜坛，大到高1.8米的千斤缸，我都能轻松应付。那段时间为我个人后来的发展打下了一个坚实的基础。下兴窑陶厂是一直到2006年才停烧的。而我是在1973年就离开了下兴窑，经人介绍，到荣昌附近的内江地区，一个叫小河口的陶器厂做了两年粗陶，当时荣昌是县，内江市是地级市，那里做的产品结构与下兴窑不一样，还有烧窑也不一样，对我来说，也是一个学习的机会，我们去主要是做大酒坛。

李 下兴窑，后来怎么改成"夏兴窑"的呢？

梁 当时就叫"下兴窑"。因为要与"中兴窑"一样兴旺才叫下兴窑，中兴窑，是因位置在中心一带，地势好所以叫中兴窑。有人称的"磨子窑"，早年也不叫这个名称，叫"末址窑"，是位于一条窑烧的末端取的名，窑址在荣昌和隆昌交界的地方。夏兴窑是后来改的名称，我认为还是应该用最早使用的名称更好，就像路孔镇，改为万灵镇一样，有很多历史的传说，改了就被人遗忘了。

李 经常听到说坛坛罐罐，还有陶缸，这些是怎么区别的呢？您当时两年后又去哪里做陶工呢？有什么体会吗？

梁 陶器一般是根据口子的大小来区别不同的叫法。如小口的称坛，大口的称罐，而敞口的就称缸。行内也有制陶的口诀，如"底正、口圆、一片色、敲钢声"等。以前没工具的时候，做大缸要打密，每个要打几万次，都是用手捶打，长期下来，整个手腕都是肿的，但也非常锻炼身体，使手臂的肌肉很有力量。粗陶器物上的釉大多是烧石灰的矿加工而成的"矿子釉"，也称"土釉"。1975年，我又到内江到贵州遵义的习水县温水陶瓷厂做了一年多，跟不同的师傅学习，一起做陶，技术的进步要快得多。

李 荣昌陶的拉坯技艺要注意哪些问题呢？

梁 荣昌陶的制作，是一代一代按传统的技法传承下来的，其中最难学的就是拉坯成型。手拉坯这个技法很不容易学，而且需要长时间学习。在拉坯的时候，要把整个器型都掌握在脑子里，想做什么样式，要靠两只手支配它，双手握泥的手感要对位，里面一只手和外面一只手对位很重要，对哪个位置，部位差一点就不一样。最考手艺的是泡菜坛，不仅要注意不缺口，底子厚薄掌握好不裂口，还因为坛子肚径很圆，怕它拉裂，关键是荷舷❶，荷舷最容易出问题。比如说"飘舷打框"❷（制陶行内话），还有"脱脑壳"❸，各是各的，底下是底下的，上面是上面，如果掉了一截，那就是技术问题了。因为手法很重要，泥巴哪里该厚哪里该薄，只要摸一下就知道了。如果没有师傅亲口传授和多年的实践，那是做不好的，相当讲究。

李 据说荣昌陶的装饰工艺有一些独特的技法？

梁 荣昌陶的装饰方法是最传统的，最有名气的还是剔刻工艺。为什么叫剔刻呢？因为如此，红泥和白泥这两种泥巴就可以互用。比如我们用红泥拉一个器型的陶坯，再用白泥打成泥浆，在红泥的陶坯上淋上一层，或是浅浅浸泡一层白泥浆，我们叫"化妆土"。反过来也一样，在白泥陶坯上，浸泡一层红泥浆的化妆土效果也一样。浸

---

❶ 荷舷：指泡菜坛坛口的边缘。
❷ 飘荷打框：制陶行内话。
❸ 脑壳：器物的顶端。

好以后，需要什么花纹的图案，用竹签在上面刻花纹的轮廓线，然后把不需要的部分剔掉，图案就显示出来了。还有一种是雕塑、半浮雕、镂空雕，用泥料涂一下再来雕，雕的样子都不一样。当然，荣昌陶还有一种也很出名，就是用釉色来装饰，陶面上的釉色变化很多，我们叫它"窑变釉"，最有名的是朱砂釉、西绿釉、砂金釉、黑釉等。"点花"也很有特点，我大哥梁先彬最擅长这项技能，就是用毛笔蘸泥浆，比如说将白泥调成红泥，要画一朵梅花有浓淡，红点白点蘸起来一点，不像写字，点花用毛笔蘸起的泥是堆起的，像写毛笔字烧出来是花的，很好看，点花要有美术基础才行，根据泥浆的流动，熟能生巧。其他装饰可能陶行内都是大同小异。

李　荣昌有陶"薄如纸"的说法，体现在哪些陶器上呢？

梁　历史上荣昌陶的"泥精货"是怎么喊出名的？"泥精货"基本是没有上釉的素烧。比如传统做的"蒸钵"，蒸钵以前是家里用来装汤的，那就得相当薄，用一个弦弦摞起烧，那个才叫薄，可以说是"薄如纸"。还有一个餐具叫"鼓子"❶，是平底矮弦，以前我们传统的家庭用它来蒸香碗，办酒席，大酥小酥，看着宽又好看，又方便，又矮，是平底的。用来蒸蛋花，平宽匀净，用碗和钵钵装起沉底，蛋花蒸出来的效果薄的、厚的感觉不一样。所以蒸钵、鼓子是家庭中最实用、最好用的，做得相当薄，可能只有一两毫米多一点厚，就是这样成名的。

李　荣昌陶经过这么多年的发展，产品可以分为几类？能代表荣昌特色的是哪类呢？

梁　就四类。从以前到现在就是这样生产的。第一类是民用陶，如包装类的缸、钵、碗、盏、杯等，大酒缸、大酒坛等都属于民用，有粗陶也有细陶，粗陶现在比较少了。第二类是工艺陶，在器皿上有装饰的，有雕塑类的等。第三类是建筑陶，在荣昌有大量的发展。还有一个是园林类的，大概分为这四大类。像我公司成立三十多年，要讲品类，不同规格的起码有几千种，摆都摆不下，大堆的样品。相较而言，我认为还是荣昌的工艺陶更有特色，有些工艺可以不展现在民用的产品中，比如泡菜坛，粗陶可以不装饰，也不影响使用。但细陶，把工艺装饰加上去，剔刻些纹样，档次就起来了，实用陶和工艺陶是可以相互转换的，民用陶加上装饰就可作为工艺陶了，一个坯体是一个载体，上面有装饰、有审美、有文化，一般就把它归于工艺陶的类型了。

---

❶　鼓子：餐具。形状略似鼓，盛汤菜用。

李 您是什么时候回到荣昌创业的呢?

梁 1976年,我回到了荣昌,广顺干河沟村的领导来请我帮他们建一个陶厂。厂的规模小,人员也不多,钱是由村里筹集的,我负责厂里的生产和经营。这次是我独立负责一个小厂的管理工作,让我在掌握制陶技术之外,也学到了更多的东西。那个时候,市场还没有开放,生产的东西,要由当地的供销社去销售,产和销是分开的。经营了两年,我把厂子转给我师兄陈建章去经营,我又离开了。

李 为什么会想到去荣昌工艺陶厂工作,这个厂的情况怎么样呢?

梁 我是1978年到荣昌县工艺陶厂工作的。厂址在城西五公里的地方,距离瓷窑铺的武兴煤矿很近。早些时候叫"荣昌县矸砖厂",1975年,在县政府重视、扶持下,在原矸砖厂的基础上开办了"荣昌县工艺陶厂",原矸石砖的生产就只剩下一个车间。因为这个厂是隶属荣昌县二轻局领导的集体所有制企业,他们的领导多次请我去厂里工作。当时厂里做工艺陶生产的职工有五十多人,生产方式比较落后。刚进厂,领导就交给我一个任务,就是多教一些徒弟,我的条件是只讲定额,不讲计时,我一个人的任务一个星期就完成了。那个时候合同工评工资是每个月评,我每个月都评五级工,那时最高工人的工资就是五级工。还有一个好处是什么?厂里每个月给我时间协助他们配釉,另外加工资,因为当时我从大哥梁先彬那里收集了很多配方,所以把厂里的釉子❶质量也提高了。为了提高陶器产量,厂领导又要我尽快改建一个烧窑的生产线。因为当时产品烧成率低,质量也不如人意,于是,我在认真研究生产设备的基础上,开始对窑室和窑炉进行改建。三个月后,新的窑炉建好了。第一次开窑结果显示,改建后的窑炉不仅烧成率高,而且烧成的质量好,开创了该厂自成立以来烧成效果最好的业绩。工友们都叫我"大梁",在工艺陶厂工作近十年时间,厂子的发展速度很快,现在已经是省、市二轻系统工艺美术陶的重点生产企业了。

李 看到不少文章提到荣昌县工艺陶厂,曾受到四川省、重庆市二轻系统的重视,工厂有什么代表性产品呢?

梁 1975年,矸砖厂自转产工艺陶后,厂里主要生产粗、细陶两个大类,细陶有泡菜坛、食品罐、茶酒具、文具和玩具等;粗陶主要生产农村用的缸、钵,既作为日用

---

❶ 釉子:指上釉后烧制而成的陶产品。

品，又作套装细陶匣钵用。除生产传统产品外，厂里很重视工艺陶的设计，特别是动物的造型和釉色的多样化，比较有名的就有奔马、飞鹰、小熊猫、公鸡壶、龙酒壶等各种动物的美术陶，还有蚊香炉等各种花钵、盆等，形式多样，有不少产品采用朱砂釉、钧釉、黑釉、豹花釉等釉色，特色非常突出，产品在国内一直销量很高，也获得过很多的奖项。1985年，受市场影响，厂内主要生产陶酒瓶，还建成了机压成型生产线，产品不仅合格率高，工效也得到了很大的提升。

李 作为厂里的技师，您是如何带徒弟的？

梁 在厂里，我们这些技师指导徒弟都要由厂长和书记来安排。厂里对学徒有一些规定，比如学徒向师傅学技术的时候，工作要认真，不能马虎，如果生产不出合格的产品，就没有工资，产出一件不合格的产品，就要在工资中扣五分钱。许多学徒都是一些知青返城后进厂的，进了厂里，就必须要学好一门技术，不然拿不到工资。所以厂里出台的制度，对学徒工还是很有约束力的。尤其是手工拉坯，必须由师傅手把手地教，少则需要三至五年的学习，多则需要十几年的刻苦钻研。作为技术指导，我先后在厂里带徒六十多人，包括建窑、烧窑和手拉坯、雕刻、釉料配置和施釉等工序。

李 除了厂里带徒弟，您私下收过徒弟吗？是否有仪式呢？子女中有继承您手艺的吗？

梁 在我三个子女中，只有二女儿梁洪萍继承了我的手艺，孙子辈都没有愿学制陶的。其实，在安富制陶的世家中，家族传承的情况还是比较多的。当年我对外收徒，一般都是由一些当父亲的或一些亲朋好友先提起，来找我拜师的徒弟我也收过不少。这些徒弟现在要么年事已高，要么早已改行，还在做陶的已经很少了。20世纪60年代，徒弟拜师傅的确有一些不成文的习俗，一是因为师傅平时穿的是长衫，制陶时容易弄脏衣服，所以拜师时，徒弟要送师傅一套新的衣服。而师傅呢，也要给徒弟送一件劳动时很实用的围腰，意思也是希望徒弟能够好好干活。说到仪式，在拜师的时候，徒弟要给师傅、师母敬茶，师徒间还要签一份拜师帖，内容主要是师傅对徒弟的一些要求，也包括徒弟对师傅的一些承诺和应尽的责任之类的，到场参与仪式的人都要签字，算是做个证明。后来这一习俗消失了，现在又开始恢复。我现在已不太讲究仪式，来学的徒弟，主要还是老方法，言传身教。说起来，无论是在厂里带徒弟，还是个人收的徒弟，想要学好技术，一要靠自己的坚持和勤奋；二要靠自己的领悟能力才行。

李 20世纪50年代后期到80年代，四川美术学院陶瓷专业的师生以荣昌为教学基地，与荣昌陶器厂的技术工人一起创新了不少新产品,您知道或了解过他们的情况吗?

梁 我大哥梁先彬一直在荣昌安陶厂工作。1958年厂里保送他到成都的一所工艺美术学校带薪读书,学的是装饰造型专业。1961年回厂被领导安排到技术部门工作,我父亲又在供销社管产品的质量检验,而四川美院的梁启煜教授每年都要带学生到荣昌安陶厂来调研和搞设计,所以与梁教授接触比较多。我家离安陶厂很近,梁教授经常到我家里来吃饭,他吃饭前,碗筷都要自己煮一遍,很讲究卫生。20世纪50年代,他指导学生在厂里做钧釉贴花产品,就是先上底釉,后贴花,再上面釉,包括其他釉陶,我们称为"花釉"或"窑变釉",都可以贴花,有两种颜色,烧制后变化丰富,就釉色而言,比宜兴陶更有特色,在全国的工艺美术展览会上广受好评。20世纪60年代开始,我们家生活过得比较拮据,只有红苕、苞谷,他就用食盐炒一下包菜吃,与我们打成一片。记得梁教授每年都要带学生来荣昌实习两次。一次是学生读到高年级的时候,要到厂里来向制陶师傅学习制陶技术,还有一次就是搞毕业创作,学生要到厂里来完成自己创作的毕业作品,有时也会不定期来厂里。除了梁教授,四川美术学院的教师还有毛超群、罗明遥、马高骧、王兴竹等,也是每年都带学生来荣昌,而且创作了很多新产品,安陶博物馆里也有不少收藏。他们在荣昌陶的设计和制作中,与当地陶工一起同吃同劳动,给陶厂带来很多新的观念,提升了安陶的设计和釉色使用的水平,为荣昌陶的发展做出了很大的贡献。尤其是对荣昌陶的器型、纹样的设计和题材的选择等,都产生了深远地影响。如今安陶博物馆里介绍荣昌陶历史的老照片都是梁启煜教授先提供给我的,有一张1954年的照片还写了日期,还有1956年公私合营后的老照片都保存得很好。

李 工艺陶厂是什么时候开始走下坡路的?您选择了一条什么样的出路呢?

梁 20世纪80年代末,我发现厂里的经营不行了,便去承包了集体企业的汽车搞了一段时间运输。1989年,我大哥梁先彬从荣昌陶器厂退休后,去荣昌县东民公社陶厂搞私人承包,把我也叫去跟着他一起制陶,在厂里当技术指导。工作了一年。当时国家开始出台了改革开放的政策,我就去研究这个政策。那时我有一个姐夫是县政府的,我去他那里的时候,他说你做这个陶,这几年上面有文件对你们有利,我就拿起看了一下,记得是1990年的82号文件,对个体办企业有扶持,允许个体经营建厂,使整个陶业的生产条件好多了。于是,1991年,我自筹资金100万元,在安富垭口村正式注册了一家"荣昌安富鸦屿陶器厂",占地面积10亩,自己经营,从设计、生产、销售和管理都由自己来打理。

李 您选择私人办厂，过程顺利吗？

梁 我建一个厂，几百平方米，从动土到点火用了28天。那28天我起码有20天是住在厂里的，先搭一个帐篷，买材料，还要砌烟囱，说28天，没有人相信都是我们亲自干出来的。到1992年，进厂的职工已有80多人，1996年增加到200多人。厂房面积达800多平方米。最初厂里生产日用陶、仿古陶和皮陶等，花色品种较多，产品供不应求，国内购货商要排队才能拿到货，先交钱后提货，工人加班加点地生产，经济效益很好。2000年后，又自筹资金控股国有企业荣昌陶器厂，实行控股经营，企业继续扩建厂房，进行技改，添置了设备，主要采用流水线作业，生产陶制酒瓶和其他工艺陶产品，大大增强了企业的产销量。设备主要采用日本引进的推板窑，还有轨道窑、隧道窑等机械化生产模式，与国内许多陶厂一样，普遍采用气窑或电窑来烧陶。产品的生产类型主要还是根据市场周期来进行调节的。企业也有遇到困难的时候，2003年，遇到非典疫情，产品发不出去，销售一落千丈，差点停产歇业，好在有工人的理解和支持，渡过了难关。因为是私人办厂，大大小小的事情我都要亲力亲为。我曾多次自己动手设计、改进窑炉和陶器自动生产线，我发明的"自动化陶瓷酒瓶分拣输送装置"和"窑车车轮自动加油装置"还获得过国家专利，不仅大大减轻了工人的劳动强度，更是提高了生产效率和产品质量。同时，我还组织研发新产品，厂里的产品品种也从最初的200多种日用陶和少量的工艺陶发展到现在的1000多种生活陶、包装陶和工艺陶，产品在全国各地畅销。

李 听说您还买了一辆"红旗"轿车，企业越做越好，能介绍一下当时的情况吗？

梁 1995年我为了业务的发展，花了30多万元买了一辆国产的"红旗"牌轿车，1996年，重庆日报头版刊登了一篇《土窑"烧"出红旗车》的文章。报道了鸦屿陶器厂迅速发展的事迹。因为二十多年前，城里人月收入才几百块钱，一下子拿出这么多钱来买轿车，在当时成了一大新闻。也没有想到记者的一篇报道，成了免费的广告，有喜有忧。因红旗车新闻，税务部门找上门来了，说有这么多钱买车，要查是否偷税漏税，差点把我弄来关起！那时我刚办企业，不知道如何纳税，幸好一位县领导出面，最终补缴了企业税款30万元，才算过了关。喜的是新闻出来之后，生意更好了。中央电视台还采访报道了我为成都兰草基地供应花钵的事情。这样的宣传，确实是产生了很大的影响。其中有一个小插曲，一位安徽合肥的客商，专程到重庆四处打听我的陶瓷厂，却找不到在哪里，无奈准备打道回府。临上火车时在车站旁边买了包香烟，顺口向摊主打听知不知道梁先才这个人。"哦，是荣昌那个买红旗车的人，你从旁边的长途汽车站坐到荣昌的班车，一下车就到了。"摊主的回答让这位客商喜出望外。马上改乘汽车到荣昌顺路找到了我，谈好业务，付了5万元现金，让我发货就行，收据都不用，我如期发货，还建立了长期合作的关系。22年后，记者又再次来荣昌采访我，看到企业早已成立了"重庆市鸦屿陶瓷有限公司"，占地已达3万平方米，有职工260多人，已发展成为重庆市生产日用陶、工艺陶的龙头企业，感慨企业的发展是今非昔比了。

李 您既是一位制陶大家，又是一位成功的企业董事长，能谈谈这方面的体会吗？

梁 我这人喜欢在全国到处跑，了解销售市场的变化，通过仔细地观察总结自己的营销思路。我的体会是做企业，产销的思路要清楚才行，不然产品就走不出去。20世纪90年代，企业生产的产品最早是通过南京工艺美术总公司销售出去的。后来，有一次我在苏州的一个水果摊上，看到水果上贴有不干胶标签，很受启发，于是，我在企业生产的陶器上也贴上一张很小的不干胶，上面印有检验合格标志和企业的电话号码，产品一下子就打开了销路，供不应求。可以说，除了西藏外，全国到处都有我们企业的产品。1994年，我以地名注册了产品商标"鸦屿"。十多年了，企业越做越大，2009年又注册了"荣昌安陶"商标。对我来说，一方面要做企业的经营管理，另一方面也不想放弃自己的老本行，就是抽出时间尝试做些工艺陶，这两方面也没有什么冲突。当然企业做大了，名声大了，参加的各种社会活动也越来越多，要忙的事情多了起来，只要把时间安排好就行。

李 现在做企业，都希望能机械化、批量化作业，为什么还要做手工的柴烧呢？

梁 传统的烧制技艺，继续在做的人已经很少了。为了传承这门手艺，我又另设了一个小厂，制作一些柴烧的茶壶和工艺陶。企业早已步入了正轨，厂里的生产经营基本是二女儿在帮我管理，我操心得少了。现在有时间的话，我还是习惯自己做陶。由于经常弓着身子拉坯做陶，时间长了，我们这辈人大多落下脊椎毛病啥的，可我身体还不错，到现在的身子骨都结实，我还能撑，要是碰上烧窑，能一两天不合眼地守在窑炉前。我是这样想的，做了一辈子的手艺人，泥巴都捏了六十年了，这传统的安陶烧造技艺怎么也不能让它在我的手里断了根。现在用传统的柴窑烧陶，虽然产量小，但能在成百上千件的作品中，找到一两件自己最满意的，是最高兴的事情了。通过柴烧窑变的作品，常常会有出人意料的得意之作。在我陈列室里就有一件柴窑烧制的"发光茶壶"，你们可以看一下，整个茶壶都是灰黑色的，仔细看上面会有许多细小的亮点，如夜幕中的繁星，很自然的效果。有人曾出价六万多要收购，被我拒绝了，多少钱我都不想卖。传统柴窑烧制的作品，靠的就是无法预估的偶然效果，壶身上发光的那些小亮点，是柴烧过程中的某些微量矿物元素在高温下自然形成的结晶，是件孤品，可以说，每件作品都独一无二，不可能复制，这种东西卖了就很可惜。这也是我坚持在自己开办了二十多年大厂之外，又再设小厂做柴烧的原因吧。

李 传统的柴窑烧制陶器，对泥土有什么要求吗？

梁 荣昌陶的独特魅力在于陶土的原材料都是鸦屿山上特有的红泥和白泥。由于需求量大，开采陶土都是用挖掘机去挖的，我们再收购过来做大件的和量产的陶器。而烧制小件的陶器，泥土都是自己派人去山上挖，主要看泥巴。山上的陶泥分很多层，夹在石英石层中间，因此要看岩层，底层的含铁量高，做粗陶最好取中、下层的粗泥，上层的含铁和含硅要低，做细陶最好取上层，泥质细；还有就是酸性的泥土不好，碱性的泥土最好。一般有经验的陶工，用嘴唇咬一下土，就知道这个土含沙量多少，味道带甜腻或酸的都不行，但如果感觉是涩口的碱性土，用来烧陶就不错。用本地泥土烧的酒杯和瓷器做的酒杯盛满酒，就可以品出它们明显的差异，用土陶烧出的酒杯可以吸掉大部分甲醛的口感，而瓷器酒杯就不行。

李 粗陶和细陶的区别是什么呢？

梁 泥料选好后，须进行粉碎，以减少其中的颗粒，使坯泥细腻。区别是通过看泥料加工的粗细来判别的，粗陶颗粒粗，细陶泥细，若用球磨机把泥磨细，如紫砂颗粒就很细，细度一般在40目到60目之间，业内说陶泥的粗细，一般就用颗粒目数来分别的。目数越大，说明泥料粒度越细；目数越小，说明泥料粒度越大。我现在正在研究能达到更高颗粒目数的细泥，到时可以做更细腻光滑的陶器。

李 柴窑的烧制技艺，有些什么经验可以与我们分享吗？

梁 20世纪90年代，很多制陶企业和作坊都开始用液化气窑和电窑，新的设备成品率高，耗费人力物力少，降低了成本，而且还节约柴煤，节能环保。但我还是另设了一个小厂，坚持采用传统手工拉坯方式生产大件酒瓶。在厂里还有一座依山而建的阶梯窑和一个方形柴窑烧陶。厂里各种各样的窑炉都有，但我最近还是迷上了柴烧，也许跟自己过去烧陶的经历有关。传统烧窑，很难操作，一般木柴需要静置三至六个月以上，加柴的方式、气候的状况、空气的进流量都会影响窑内作品的色泽变化。主要还是靠经验来把握，每个阶段的温度要有讲究，加火或减火都有一个缓急，需要根据产品的特点来决定升温的曲线。长期烧陶，用肉眼看窑火的亮度和颜色，我就能分辨出窑炉的温差和成品大小、高矮的尺度。要说传统的柴火烧陶，从窑头到窑身，需要三天三夜不间断地燃烧，窑火师傅需要轮班守在炉火前，观察火的温度。一般来讲，素烧温度低，在700～900℃；釉烧要达到1200℃左右。粗陶的陶泥是取自中、下层的粗泥，如果要制作酒瓶、酒坛的话，就要烧透，要达到1200℃，才能不浸水。细陶取自上层，泥质细，达到1115℃就可以了。

现在柴烧陶又开始热起来了，是因为柴烧能让陶器产生一种温润、自然、窑变幻化的艺术效果，但成功率很低，能烧制出自己满意的手工陶并不容易。我曾采取多次高温烧制的方式专门烧了一窑产品，开窑后，几百件东西只选出了三件精品，所以说，柴烧不仅耗费人力，也耗费木柴，成本高，相对而言，价格也很高。从环保的角度看，只能小量地生产。

李 历史上的陶窑是怎么发展过来的呢？

梁 烧陶，最早是堆烧，就是将柴火堆起来，把陶器放在上面烧，烧出来的颜色黑且难看。后来发展到用窑炉了，用石头泥巴框起来柴烧，叫甑子窑，造型像甑子，是竖起来烧陶，窑炉一般有1米多高，装窑不方便，产量也低，窑工又想办法把甑子倒下来烧，两头矮，中间高，叫"馒头窑"，可以加点长度，长可达3米，高有1.6米左右，人可以进去，可以多装一些，也叫"穴窑"或"圆窑"。为了加大产量，窑工还想再加长点，但温度辐射不进去，后面温度差了怎么办？后面又加，加到中间又去开口添燃料，所以延长到几十米，甚至100多米，看起来像一条龙，所以窑厂建在斜坡上，斜度上了45°，才能产生拉力，因为是拉通了来烧，只能用柴火，由于窑的抽力大，越长就越能省柴火，民间称为"龙窑"。1958年，山上的树木被砍光了，陶厂要生存怎么办？只有改窑炉烧煤，龙窑烧煤有落渣，就需要把龙窑改成一格一格的窑室分开来烧，1959年，由龙窑改为"阶梯窑"，解决了煤烧的问题。

阶梯窑因为是斜坡，生产大件的和斜块的陶器，就很不方便，也很费力。后来人们又在平地上建窑，有烟窗，火焰往上走，然后利用烟窗的抽力，把火焰拉下来，窑长一般可以达到10米，方便操作，有人称"平方窑"或"倒焰窑"。不管是方窑，还是圆窑，性质是一样的。但平方窑整个是断续烧，耗燃料，要节能，就把平方窑再加长，就不要它停火了，中间烧，这里进，那里出，演变为"隧道窑"，就不必停火了，散出来的余热够了。从间歇窑，变成连续窑，就跟甑子窑改成馒头窑，再改成龙窑、阶梯窑、方窑，实际是把它延长。隧道窑出来后就都好办了，加上辊道窑，各种窑都演变出来了。我现在做柴烧，主要用三个窑室的阶梯窑，也用小型的馒头窑，不同的窑烧，我厂里都有。

李 除了您的企业在生产批量的产品，您还建了哪些工作室做手工陶呢？

梁 2012年，我在安陶博物馆馆内建了一个"鸦屿工作室"，2019年，又在安陶博物馆对面建了一个"荣昌安陶"工作室。现有20多人，主要生产工艺陶，以茶具为主，其他产品类型也不少，全是手工制作，来工作室工作的年轻人比较多，采取设计、制作与销售一体化经营，主要交给二女儿梁洪萍在打理。在工作室里你可以看到工人手工拉坯或做刻花等工艺，也可以看到我陈列的各个时期的陶器产品，平时，来参观工作室的人来自全国各地，但来购买陶器的客户主要还是重庆主城区的多，也有一些从北京或其他地方来购买的，去年开始，受疫情的影响，销量下降了不少。现在，安富已经成了荣昌陶业发展的重要基地，从事传统手工制陶的大小企业和工作室已从最早的几家发展到40多家，而手工制陶的工作室大多集中在这里。

李 荣昌陶与其他名陶比较有什么特色呢？

梁 四大名陶中，佛山的石湾陶以写实造型为特色；云南建水陶以阴刻阳填、无釉抛光为特色，无釉抛光就是陶器表面看起来比较光亮，像上过釉一样；江苏宜兴主要以质感光滑、细腻的紫砂陶为特色，在全国很有影响力；广西坭兴以阴刻还原烧制抛光为特色；荣昌陶主要以刻花装饰为其特色，就是把图案纹样的轮廓刻出来，不要的部分剔掉，也叫"剔刻"。这也是利用了本地产的红、白泥作为化妆土或叫釉土所产生的工艺和装饰效果。此外，还有点花、耙花、雕填、绞泥、剪纸贴花、镂花和浮雕等装饰方法。另外就是荣昌陶有一个很典型的红色釉和绿色釉，红色釉也叫朱砂釉，绿色的叫作西绿釉。西绿釉要用铜元素，就是氧化铜。朱砂釉用的是锡，用锡锭加工，就可以呈现出红色来，两种釉也可以混合，有些釉子点到两个可以拉开，有的可以融合，烧出来是红绿的，很自然，流动感强，可以说是我们地方的特色釉，所产生的窑变效果，是其他名陶没有的。近年来，各地的交流越来越多，相互之间取长补短，也出现了许多相似的作品，但如何在传承的基础上，发展自己的地方特色，对我们这些老一辈的制陶人来说，也是经常要思考的一个问题。

李 现在您主要做些什么陶器呢？取得了哪些成就？

梁 我以前主要是做泡菜坛，后来做酒罐、酒坛。我很熟悉陶器生产的各项工艺，也擅长各种釉色的配置和手工雕刻等，近年来，多做些茶具、花瓶、茶叶缸，种类很多，更多的是根据市场需求来做产品。2017年底，我和两位老师傅用传统的制陶方法，在小厂辛苦了大半个月，制作出一个高达2.65米、重达1.3吨的全国最大的陶缸，可以说是开了荣昌陶在制作大型陶器方面的一个先河。接着又为安陶小镇量身定做过一高2.8米，直径1.8米的陶罐，从拉坯到成型，足足用了两个月的时间，现在就放在这工作室的中央。此前，也做砸了不少，但功夫不负有心人，最终还是成功了。如果要说获奖的情况，从创办自己的企业以来，我设计、研发的酒瓶、工艺陶作品至少上千种，主创或参与创作的作品多次获得国家、市、县举办的博览会、展销会、设计大赛中的各种奖项。如2014年，《刻花微型泡菜坛》获第七届中国（重庆）国际工艺品、旅游商品博览会"茶花杯"金奖；2015年，刻花花瓶《荷塘倩影》获中国轻工业信息中心组织举办的中国传统工艺美术精品展"巧夺天工·金马奖"金奖。作品《缘》获中国工艺美术精品博览会"国艺杯"银奖等。另外，以红泥胎为原料，外施白泥化妆土，采用剔刻花工艺制作而成的《仙鹤刻花瓶》等多件作品被收藏于荣昌安陶博物馆，2018年创作的"山河如意瓶"被中国美术馆作为典藏作品收藏。在2013年教育部审定的义务教育教科书中，介绍荣昌陶器的篇幅里，我作为代表性传承人，书中刊用了我的照片。因为自己一直从事的是制陶的技术性工作，没有专门学过美术，这也是我们老手艺人的一个弱项，所以近年来我选择与各大专院校的师生合作，也是希望能创新研发出更多更有特色的陶器产品。

李 近年来，政府加大了对传承人扶持的力度，您有些什么感想和体会呢？

梁 过去烧窑都要拜窑神，能否成功靠运气。我一个农民企业家能有今天，除了自己的努力，更得托改革开放的福。我创办企业以来，以前税务部门以"罚"代"法"，现在税务部门是服务上门。区里和街道的领导还经常下厂征求意见，帮助企业解决困难。2013年我们建立了"高级技能专家工作室"，政府补助10万元；后来公司被评为"成长型企业"，区里又奖励5万元；在全国获奖、个人被评为"大师"，政府都给予鼓励……为了让更多的年轻人投身制陶行业，我成立了陶瓷技能专家工作室、重庆市鸦屿陶瓷荣昌陶器制作技艺传习所，既生产、展销工艺美术陶，又传承制陶技艺。我很重视对外的交流合作，希望能通过校企合作强化荣昌陶的技艺研究，培养工艺人才。公司现在是景德镇陶瓷学院产学研合作企业，重庆文理学院美术与设计学院教学实践基地，荣昌安富中学学生陶艺教学实习基地。2015年，鸦屿陶瓷有限公司被评为重庆市非物质文化遗产生产性保护示范基地。

李 现在来学习陶艺的学生多吗？

梁 荣昌陶近几年的知名度越来越高，陆续有很多年轻人慕名前来学习，但大多数人还是不了解制陶的辛苦，坚持不了多久就会放弃。尽管这样，只要有人来学，我都愿意教，不管人家干不干得成，我就希望人家对制陶有兴趣，哪怕是在他学的过程中我补贴点钱都行，但最后很多人还是走了。还是应了一句老话，想学的人，撵都撵不走，不想学的人，留也留不住。我是希望有更多的年轻人能够加入荣昌陶的传承发展队伍中来，学生只要有悟性、有定力、有恒心，无论年龄大小，即使还要自己贴点钱给他们，我都愿意带，我只想把这一身的技艺传下去。

李 您对未来有什么展望吗？

> **梁** 企业的发展能一直稳定下来就好。相较于公司董事长的头衔，我更看重另一个头衔——国家级非物质文化遗产陶器烧制技艺（荣昌陶制作技艺）传承人。我大半辈子与制陶打交道，现在创立的荣昌陶制作技艺传习所，与重庆文理学院建立了一个陶艺实践教学基地，主要就是为了培养更多的传承人。我还配合政府成立了一个荣昌国际柴烧创作交流中心，也是为了促进柴烧陶的技艺交流发展。镇里来了创业的年轻人，我主动上门传授技艺。现在，越来越多的人加入荣昌陶技艺的传承中来。比如师兄刘吉芬，不仅在安陶小镇创立安北陶瓷村，经营得风生水起，更带出了侄子刘冬等十几位陶艺制作传承人。上次，刘吉芬设计，肖文桓、刘冬、肖亚岑制作的陶器"巴蜀遗韵"，在2018年第十九届中国工艺美术大师作品暨手工艺术精品博览会上获得中国工艺美术最高奖"百花杯"金奖。而我自己虽然只收获一个铜奖，但也很开心。我今年都71岁了，一些专业院校如西南大学、荣昌职业技术学校等邀请我去讲课，我也会尽力地去教学生，至于做陶，我还想一直做下去，也希望趁现在还能做，多带几个徒弟，好把这身手艺传下去，荣昌陶需要更多的年轻人加入进来才有未来。

李 梁老师是制陶世家，又是国家级非遗项目"荣昌陶器制作技艺"的代表性传承人，从小就学习陶艺，经历了新中国成立后荣昌陶兴衰的发展历程，有丰富的人生阅历，对荣昌陶处在低谷时期的再次兴起发挥了重要的作用。今天梁老师所聊到的个人经历，从全面掌握制陶技术的手艺人到成功的企业家的角度，为我们了解荣昌陶及其发展的历程，留下了一段珍贵的口述史资料。再次谢谢梁老师接受我们的采访！

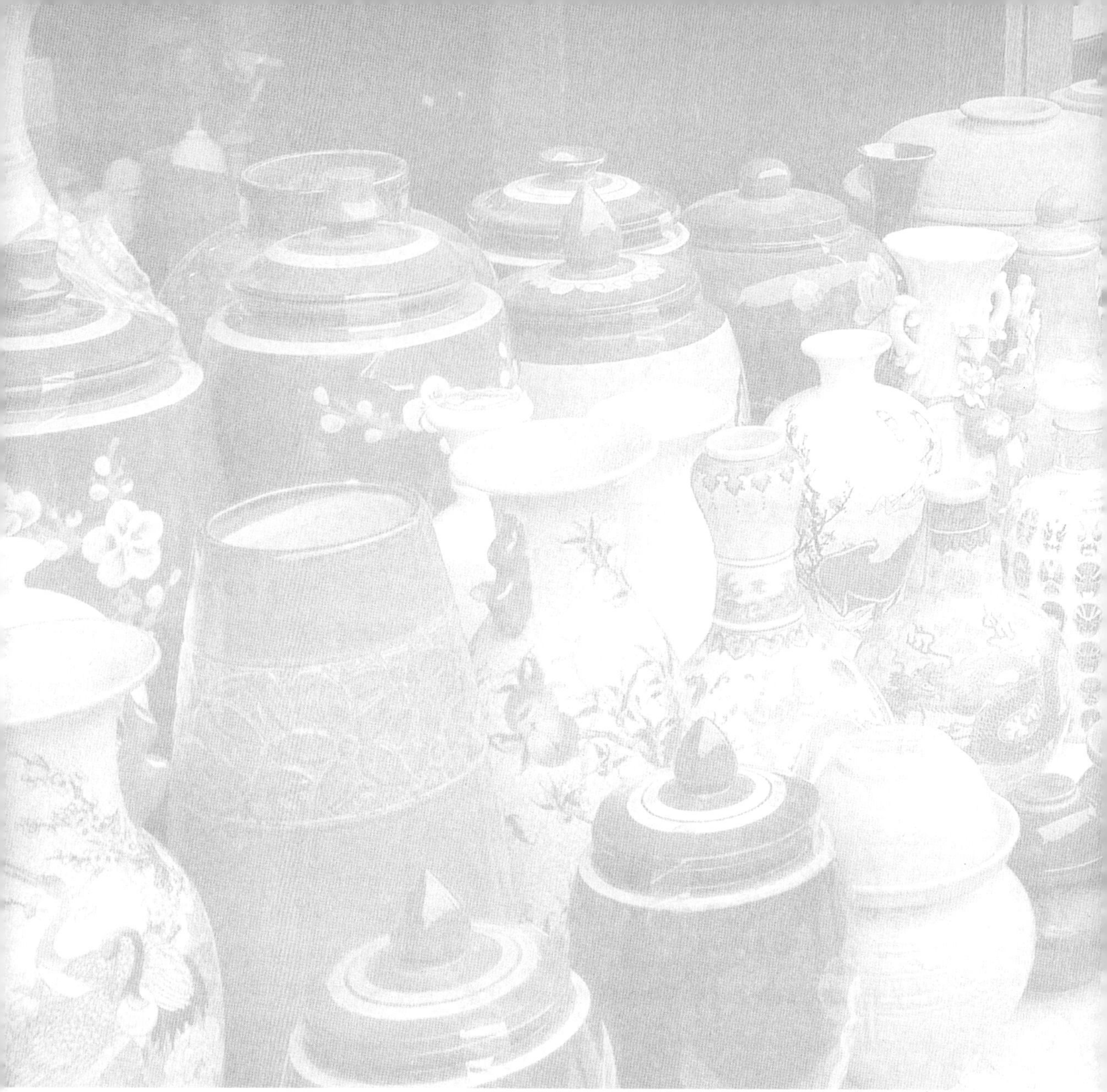

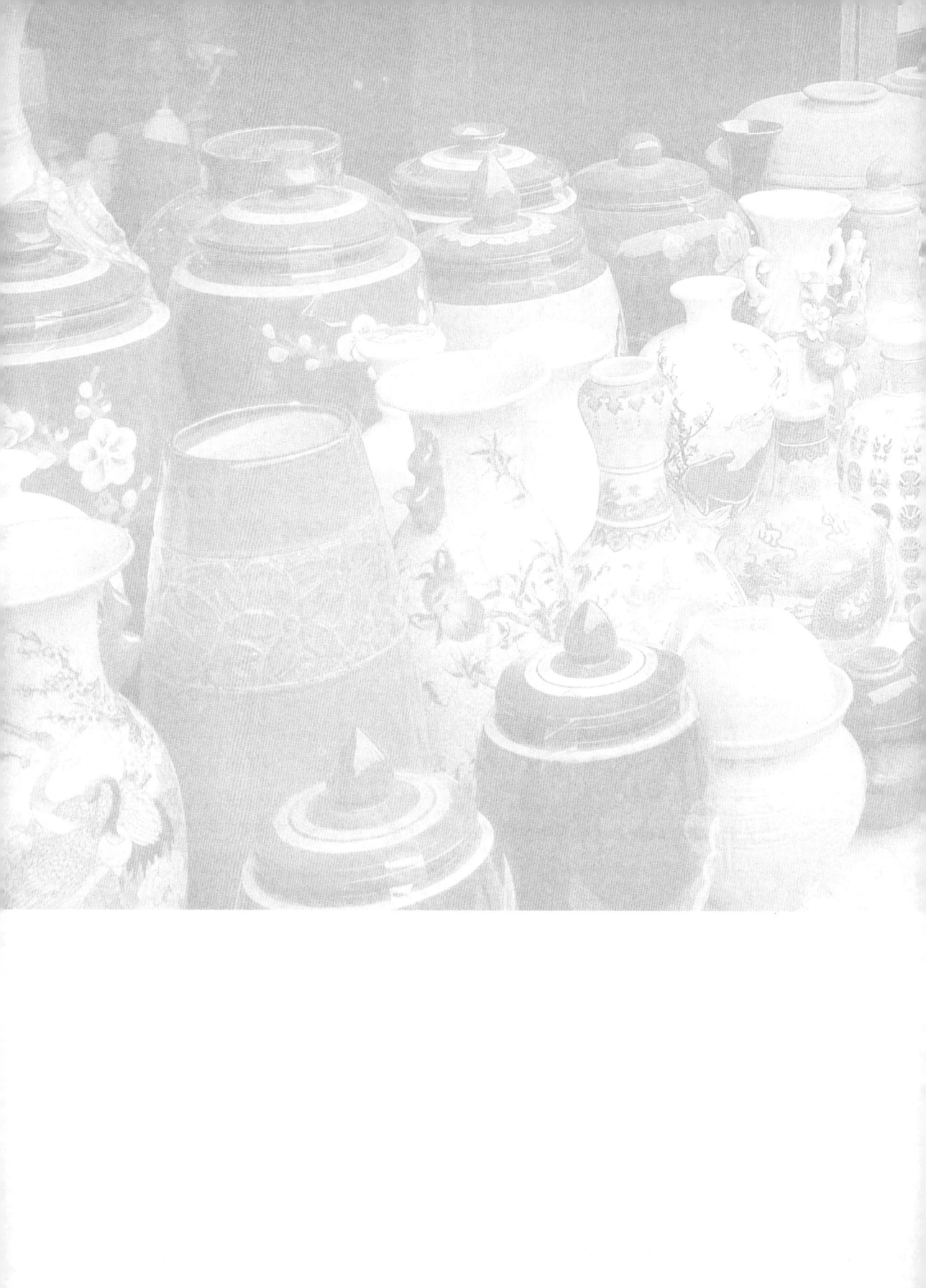

钟德江

钟德江

1938年5月出生于四川省荣昌县安富。1962年进入荣昌陶器厂工作，1975年在厂技术科、陶研所从事陶器设计。工艺美术师、四川省工艺美术大师、荣昌区级非遗代表性传承人，擅长陶器设计和刻划花装饰。1993年退休。

采访人：李秋
受访人：钟德江
时　间：2021年5月21日上午
地　点：荣昌安富街道信义街54号钟德江住宅

李 钟老师是本地人吗？当时家里的情况如何呢？

钟 我是本地人，就出生在这间房子里。我的祖辈是历史上湖广填四川的时候从广东迁居过来的客家人，家里的族谱就有四本，宣纸印的，我做了盒子专门珍藏起来，现在有三个娃儿还在广东的清远那边工作。祖父是教私塾的老师，我们叫阿公，有弟兄几个人。祖母姓罗，住在农村的罗家院子，那里住着很多农民，穷人多，我小时候听老人讲话都是广东话，所以后来我工作后到广东出差，都能听得懂广东话。我父亲是兄弟俩，他是家里的老大，很早就担起家里生活的担子，13岁就去下乡卖油养家。后来他在街上买了店面做生意，收集菜油籽、桐油籽，拿到上街的榨油作坊去榨油，我们家没钱开不起榨油作坊，就去别人开的店里搭伙，年终结账，这样比买油来卖要强些。榨的油挑到煤炭厂去卖，就是煤矿点灯用的油，再加上在街上经营点其他小货。父亲老实忠厚，带病经营油业、纸火生意，街道周边和乡头的人没钱买东西就会赊账，钱经常收不回来，朋友有困难他也帮助人家，30多岁就得了帕金森，端着东西手会发抖，就这样几十年靠经商养活了我们一家人。我3岁就读于安富火神庙的明远小学，是当时下街子余德仁办的一所私立学校。后转学至上街大观私立小学完成学业。我在家里父亲管得严，除了上学不准外出，家里的账房有一张桌子，父亲常在那里记账，还教我，我也学点画、写点字。

李 小学毕业后，读的哪所中学呢？

钟 安富小学就是现在的中心小学，靠近安富女子职业中学，刘海鹏是校长，此人是乡绅，在国外留过学，相当有学识。新中国成立前安富也有一所棠香中学，新中国成立后叫安富中学，后来叫二中。我在大观小学毕业后读的是荣昌中学，是当时荣昌县办得最好的中学，离家很远，我只能住在学校，一个月回家一次。那时候没有电灯，一个月要带一瓶油过去点油灯上晚自习。初中读了两年多，荣昌才办了电力公司，自己发电，但学校只有几个很小的灯泡，亮度不够。初中毕业后，1956年读了高中，最后没有读完，因为神经衰弱请了休学假，辍学在家里耍了一年。

李 当时困难时期，能做些什么呢？

钟 那几年正好遇到困难时期，生活很紧张。我上有三个姐姐，下有一个妹妹，家里生活比较拮据。我就到荣昌、永川、隆昌等地的一些厂矿、单位去承接一些宣传画，布置商品橱窗等。我读荣中的时候，有一个班主任朱老师，教语文，也教美术。他是从县文化馆调到荣中教书的，他是个全才，什么都会。他很喜欢我，教给我很多东西。比如刻钢板，搞油印，办报等都教，说这些学会了，到社会上都很有用。

李 您是什么时候开始对陶的设计感兴趣的呢？

钟 像我们这个家族，我也没有深究过。以前听我幺公给我讲，说我们钟家，有一个老一辈的，大概是我的祖祖那一辈，外面的人都叫他钟泥巴娃儿，是个盲人，在袖子里面用泥巴捏些人像，并在头像上开孔，做小娃儿喜欢吹的哨子。这里还有个原委，1954年的时候我在读初中，假期的时候，我们中学有个教音乐美术的杨华阳老师，他喜欢做泥塑，还在培训班教过陶瓷设计，与西南艺专（后改为四川美术学院）的梁启煜教授很熟。我在学校受杨老师的影响，也在房屋的后头，挖出泥来做些泥塑。我们家里楼上中间堆放了一些坛坛罐罐，家里娃儿多，玩的时候喜欢在坛子上弄盖子，有一次我发现坛子里头有老一辈做的小雕塑留下的印模，有四件，记得有唐僧、沙和尚、孙悟空，还有一件记得很清楚，是鸡脚神的造型，做得很生动，看来么公说的家族中有人做泥塑是真实的故事。后来杨华阳老师看到这几件模子后，把正在搜集民间陶器的梁启煜老师带到我家里来，梁教授一看，就说："能不能把这个模子给我。"我当时年龄小，看到大学教授很尊重，于是就把这些模子交给了梁教授。后来才知道梁教授每次赶火车来安富的陶厂就住在离我们家不远的新民旅馆，梁启煜教授来得早，是杨老师介绍我认识了梁教授，后来罗明遥和毛超群教授也经常到安富来帮助企业搞设计开发，住在厂里的老办公室，那里是个土墙房子，生活很艰苦，那时还没有学生来，我住在下街子，看到过土产部包装他们设计的陶器箱子，去参加国外的展览，所以印象很深。

李 当时您在外面找工作，主要做些什么呢？

钟 我读高中休学期间，有个朋友来找我，说不如出来找个工作，他给我介绍了一个朋友，姓李，叫李伦仕，隆昌人，是部队转业的，也喜欢搞点设计装饰，并且帮一些单位搞美术宣传，忙不过来，就让我跟到他去搞美术宣传。我们先在隆昌工作了一段时间，后来又去了永川，对我来说也是一个锻炼，工作内容主要是画水粉画，也画油画，两者是相通的，后来我们在画法方面有一些不同的见解。就在那个时候荣昌安富有一个熟人叫张化明，他介绍我认识了永川的微刻家刘声道，他在永川开了一个店，张化明在跟他当学徒，我们经常往来，都是美术爱好者，大家常在一起画画，一起去茶馆，找活干。有一天，李伦仕老师有事要回隆昌一段时间，我也打算回安富一阵。张化明让我不要着急，介绍我到糖果厂去干了一段时间，过后又回到家里待业。后来，我碰到一个岁数比我大一点的同学，叫彭有基，他让我去永荣矿务局管的一个洗选厂去搞宣传，我就在那里画了几个月。当时厂里的领导看上了我，因为我本身喜欢写点文章，唱歌跳舞这些文艺活动也在行，他们想要一个负责工会的干部，我不愿意。那是1957年，我在外面画画计时4元一天，计件就是2元每平方尺。在外面画画收入多，也很自由，我就没有答应。到1960年的时候，我在一个县办煤矿里当医生的姐夫跑来找我，说他们矿里工会想请我去画画，领导说要画十幅油画，框子都做好了，结果我就去矿里画画去了。这个煤矿是荣昌县办的一个大型综合性企业，有矿山、焦煤、铁矿，统称为吴家沟煤矿。矿上的党委书记也想让我做工会方面的工作，负责厂里的画画和文艺活动。他们直接把我户口迁过去了，家里的人也不知道，是通过居委会调的户口，想不去也不行了。就这样，我第一次有了正式工作。因为当时我在外面赚得到钱，所以有了正式工作我也无所谓。工资由厂里的领导说了算，一个月只有20元，粮食20斤，干部是19斤。所以我既不是干部，也不是工人。在当时看起来还可以，但那时生活紧张，1斤米就要5元，家里又只有我一个儿子，亲戚朋友给我介绍女朋友，说我长得也不错，但女方嫌工资低都不愿意。我在厂里干了一年多，就去找书记，说我整天就是画墙画、写标语，我吃不饱、眼睛花，能不能找人给我搭相架，不然我就不画了，因为当时年轻，有些心高气傲，加上家庭出身好，又是独子，所以也不担心什么。书记就让我再去跟一个班，可以得到半斤粮的补助，后来我说干脆就去当工人，到大车班去，虽然比较苦，但那些年龄大点的工人都认识，他们可以帮助我，一开始矿长不同意，书记就跟矿长说："钟德江这个人不错，虽然力气小，但有文化，态度很端正，如果要写点什么画点什么找他。"结果我把工作搞得有声有色，给他们建了图书馆和川剧演出队，常请县川剧团来厂里演出，矿里付钱包场，其余的部分票卖给当地喜欢看戏的农民，这些活动，不但没有影响生产，还提高了产量。后来我离开煤矿的时候，工会给了我很高的评价。

李 您是什么时候进安陶厂的呢？

钟 1961年，吴家沟发洪水，矿井被淹，好多地方都被冲垮了，江津地区和县里都派人来抢险，但还是恢复不了，煤矿只好停办了。很多人都下放回家去了，我跟书记说，我想回安富开一家美术社，书记很高兴，但县里面不同意，县里出台了一个政策，凡是安富公社、吴家镇和城关镇三个地方的工人都不能回去，要重新安排工作。我被安排到粮食局管的广顺打米厂工作，听大车班在那里工作过的工人说，那是重体力活，我的身体吃不消，结果就没去。只好找到县粮食局，希望能重新安排工作，没想到在粮食局的办公室里碰到了我在荣昌中学的同学，她跟领导介绍我爱好美术，有美术方面的特长，县领导几个一商量，干脆把我安排到安陶厂去了。那个时候我进安陶厂已经是1962年了。

李 您进入安陶厂时有很好的美术基础，厂里是怎么安排工作的呢？

钟 刚进厂的时候，我被安排去挑煤，在车间领了扁担和草鞋等物品，但没去上班。后来厂支部书记对我说，县里工业局的蔡局长都介绍了你，说你是搞美术的，我们正需要你。他为了考核我，让我用两天的时间，把安陶厂的平面图画下来，我画出来后，他觉得很不错。就安排我到刻花车间上班，所以我最先熟悉的是梁先才的大哥梁先彬，他是厂里的名人，他的刻花技术可以说是厂里的头把交椅。我跟梁先彬谈得来，还有一个杨剑夫，比我小，也是安富人，在白沙读艺术中专学校，学的是音乐、美术和体育，他喜欢美术，学校停办后，在家里待业了一段时间，后来参加荣昌的技工校培训后，分配到了安陶厂，比我先进安陶厂。

我到了刻花车间，第一次在陶器上画纹样就通过了，因为我有美术基础，画点图案没问题。那个时候，轻工业部几乎每年都要向厂里征集展品，代表国家到国外去参加展览，还让四川美术学院的老师帮忙搞设计，所以梁启煜教授和罗明遥教授他们也开始带学生到厂里来。虽然当时我们是一个县办的陶厂，但级别不低，由轻工业部直接下文，四川省轻工业厅也经常给厂里批点项目，拨些经费，很支持安陶厂。

李 进入了刻花车间最初情况怎么样？

钟 因为刻花这道工序要有美术基础，我到刻花车间，只要看每个技术工人画上两笔，都知道他水平怎么样。梁先彬的资格比较老，刻花技术在厂里是最好的，我在他身上学到了不少东西，这也是一个缘分，他比我大三岁，性格也比较豪爽。还有拉坯的贺天银、肖慈金，我们几个谈得来，经常在一起。后来厂里接到文件要开发新产品去参加国外的展览，发现我们几个都有专长，又经常在一起，就开会给大家布置了任务，让大家自己考虑一下，看看能不能做出什么来参加这次展览。会后，大家就不再回车间，而是临时集中在一起成立了一个小组。那时我们的设计很弱，所以一开始是美院的梁教授和省轻工业厅、陶瓷研究所的人帮助一起设计。设计稿一出来，就要守到拉坯，需要装饰就装饰，装饰了就守到上釉，上完釉后还要守到装窑、出窑验货。最后要主动去打包，从鸦口拉到火车站，到成都的四川省轻工业厅把货交了才算完成任务，加班加点，很辛苦，没多拿一分钱。省轻工业厅的同志对我们也很热情，问我们有没有什么困难，让我们在成都住几天，玩几天。就这样延续了多年。1964年，当时重庆外贸粮油公司到厂里来开发包装罐，有个叫何发敏的，他来联系厂里开发黄花园的产品金钩豆瓣的陶罐包装。他人很健谈，我们到重庆，都是他来安排食宿。当时选的产品有5号和6号的泡菜坛，产品是刻花装饰的工字纹和卷草纹。

李 卷草纹是原来就有的吗，还是后来设计的呢？

钟 工字纹和卷草纹1949年前就有。包括一些几何纹和其他纹样，卷草纹原来叫小卷草，经过美院的老师重新设计后，变成了后来的大卷草，纹样更加饱满、规整。后来厂里流行的就是这个纹样了。有段时间梁先彬把这个泡菜坛子拉长，设计为直肚菜坛，装饰成点花。

李 卷草纹用刻花工艺装饰比较多，能说说技术细节吗？

钟 有说是划花、刻花、剔花，是借鉴了磁州窑民间陶瓷的装饰手法，是在保持荣昌地方风格的基础上发展起来的。具体地说，是在白化妆土或红化妆土的坯体上，通过刻花、划花、剔花后，使纹样的局部与纹样的整体同泥坯底色产生对比，反衬出装饰纹样的轮廓形象。这种刻划装饰处理对比的方法是丰富多彩而巧妙的，比如在施白或红化妆土的坯体上刻出纹样，使纹样与坯体的色彩形成对比，通过剔出窄小的空间而使纹样形成饱满充实的装饰效果，也符合线、面对比的方法，利用不同工具刻出珍珠地，如"珍珠地蜂糖罐"；或刻出仿汉砖地的"马纹蜂糖罐"等。

李 雕填工艺在技术上需要注意些什么呢？

钟 这种工艺是在修整光平的坯体上刻出一定深度的线纹或块面纹样后，按设计需要填入不同色别的泥浆，待其与坯体的干湿度基本吻合时，再将多余的泥浆刮去，直至显出坯面花纹为止。比如罗明遥教授设计的雕填水仙，基本上是用刻刀来刻，有木刻的味道，效果就很好。后来胡海沙老师来到厂里，当时他跟书记讲，让我跟他学。他设计的雕填玫瑰花罐，一个大瓶子，图案中大面积的雕填是我给他制作的，安陶博物馆里有这件作品。一般来说，线条雕填好做，但大面积的雕填就很难，基本上有2毫米的深度，涂泥浆的时候如果干湿掌握得不好的话，就要裂坏，所以要涂两次，第一次不能涂厚了，坯子半干的时候，再涂一道，涂得比坯子稍高一点，稍干之后让两种泥巴结合得比较好了，再慢慢把它抹平，待再次稍干后把图案轮廓外面的刮平整，让图案清晰地显示出来。

所以做雕填的陶坯要适当厚一点，像注浆的一般都不行，要手工拉坯的才行。陶坯上刻线条时，可以用刀尖把线刻得深一点，线条粗一点图案清晰一些，然后涂泥浆，红泥坯用白泥来填，白泥坯就用红泥来填，把刻凹的线条涂平，适当晾一下，在稍干的时候把它抹平一下，待干后再把面上不要的刮掉，线条就显出来了，这就叫雕填。雕填的工艺完工了再上釉，拿去烧成。

李 有没有创新的纹样或装饰工艺呢？

钟 比较多，比如这个牵牛花，是四川省轻工业厅的设计人员设计的。作为单独纹样，一片叶子一朵花，或花的中间牵点藤蔓，用的是一种剪影的形式，厂里生产得也比较多。当时周吉临还在当组长，川美学生到厂里来，设计了一个舞蹈纹罐，土产部门就选中了，要用化妆土剔刻成图案，先刻成线条，把不要的部分剔掉，如果是刻花，怎么刻都不明显，但刻人物就不一样，我们有美术基础，一般的工人没有美术基础，就很难刻得一样。我发现人物的设计是剪影的形式，就跟周副厂长商量，看能不能搞成剪纸刻花。他说可以试一试，马上就在旁边扯了片叶子，贴到坯子上，上了化妆土，把叶子撕掉，印子就出来了，他说："不错啊。"之后我就用剪刀剪了一个简单的纹样，一试就很好用，只需要细部轮廓再稍微勾勒一下，效果就很好。

据我所知，刻花最早是用纸画好图案后，贴在陶坯上，再将大面积的块面剔掉。为了提高产量，我想到用剪纸贴花，于是就跟梁先彬商量，能不能找铁匠做些打钱纸的刀子来打图案，刀子有平口刀、弯弯刀，一次可以打几十张，后来厂里形成了一个工序，叫"打花"。一时做不完，还拿到大足去打花。杨剑夫发现打花虽然好，但遇到一些曲线容易处理不好，就到自贡去学习剪纸和刻纸，用剪刀或刻刀刻出来的纹样就更好看，当时还把闹钟的发条磨成刀来刻纸，下面放肥皂，后来杨剑夫又在蜡版上刻，做了很长一段时间，我最初设计的泸州老窖的酒瓶图案就是这样做的，后来模仿的人很多，不仔细看还看不出来。

具体说工艺的话，就是把设计的图案刻好，然后贴在陶坯上，再拿去用化妆土上浆，白泥的化妆土加了瓷泥，可以提高它的白度，是从罗明遥老师那里学到的。晾干后，把纹样的线走出来，最后把花纸撕掉，再刻划细部图案，叫剪纸贴花。所以应该说是我与梁先彬和杨剑夫最早创新了这个工艺。由于采用剪纸贴花、化妆土点花等技法，陶器的装饰实现了流水化作业，工人生产效率比以前提高了3~5倍，产品合格率由之前的20%提高到90%。后来广泛为省内外厂家所采用。

李 厂里是什么时候成立的试制组？最初有哪些人呢？

钟 1964年，为了增加外贸出口，必须要提高产量和质量。因此厂里就安排我们从生产车间独立出来，成立了专业的试制组。梁先彬、杨剑夫和我负责新产品的设计、试制和质检工作；肖慈金、贺天荣、庄永林、钟华章几个负责拉坯。张俊德来得晚些，罗天锡是1965年7月招工进来的，比我小十岁，他的大哥是我的同学。周光建的父亲周吉临，是安陶厂的副厂长，厂里就派他来领导我们，担任试制组的第一任组长。他人很好,以前是拉坯的,从工人干到了副厂长,还有一个叫钟华福的也是拉坯的,也是从工人干到副厂长。都是技术很好的工人。周吉临的兄弟周吉祥是个全能手,拉坯、上釉,尤其是朱砂釉、烧窑都很在行。后来也调到我们试制组来了。

李 陶厂是否引入院校毕业的专业人员或安排现有的工人到专业院校去进修呢?

钟 都有。当时的书记叫田世富,跟梁先彬关系很好,就把他保送到成都工艺美术学校去读书,读了两年,他人聪明,学得很好。叶思群当时也是保送在那所学校读的书。后来叶思群又被保送到中央工艺美术学院读书,与她在中央工艺美术学院的同学朱红林,就是后来一起毕业回到厂里的大学生。刘大华是四川美术学院工艺美术系陶瓷专业毕业的,是马高骧老师的同学,分配到西安美术学院教陶瓷,后来学校停办了,就回到大足电影院当美工,画电影广告。我调到安陶厂不久,大概一年的时间,为了振兴安陶,1964年厂里把他也调到安陶厂来了。1975年后,成立技术科,刘大华任科长。不久,四川省轻工职业技术学校来了一批学生,这所学校在都江堰,是很专业的学校,当时只有司徒铸❶和李德明两个留到技术科了,他们两个都是学硅酸盐专业的,到技术科后主要搞釉色的研究。我在1955年初中毕业的时候,梁启煜教授还问过我为什么不考西南美术专科学校❷呢?其实我是考过西南美专的,但没有考上,那个简章是蓝颜色的字,我至今还保存着,没能到美院读书,也是一件遗憾的事情。

李 安陶厂是什么时候成立技术科的呢?

钟 以前安陶厂属于县办单位,没有资格成立科,试制组最多是股级,级别不够。1975年四川省将荣昌安陶厂交给江津地区管的时候,属于隶属单位,厂子就升格为县团级,上面调了一些人来,成立了新的领导班子,下面的部门也随之升格为科级,那个时候厂里为了外贸出口,将试制组升格为技术科,原有的试制组没变,隶属技术科管,把设计与制作样品集中在一起管理,有了技术科和试制组,我们有了自己的设计力量,厂里对川美和四川省轻工业厅的依赖就相对要少些了。当时,川美每届都有

---

❶ 司徒铸(1944—):男,汉族,成都新津人,1964年进入荣昌安富陶器厂工作,1984年任技术副厂长。
❷ 注:1953年8月20日,在重庆黄桷坪成立西南美术专科学校,简称"西南美专",后于1959年5月26日,更名为四川美术学院。

毕业生来实习，厂里有些人有看法，认为学生不修边幅，把到处整得脏兮兮的，我们就尽力去说服他们，希望大家都能理解，尽量帮到学生打圆场❶。

李　有了技术力量之后，荣昌陶设计有些什么特色呢？

钟　厂里生产任务一直都比较重，产品要参加全国的展览和博览会，也要做外销。但如何有荣昌陶的特色，是很重要的。你们看这个西绿釉、蓝钧釉的陶片就很有特点，是司徒铸和李德明他们研发出来的。我家里被偷了两回，所以我把剩下的陶罐分给他们了，你们来只能看到这些陶盖之类的东西。在我保存的图片中可以看到一些我们设计的东西。这张2号辣椒罐是我设计的，有上西绿釉的，也有上黑釉和紫钧釉的等。尤其是其渐变色，很有特点，比如上绿釉，就要上厚一点才饱满。在安陶博物馆里的那件辣椒罐是由绿釉渐变到朱砂釉的，那件作品投产后很受好评。有些陶器还要先设计一个大的，按1到7号来设计各种造型。在技术科成立之前，刘大华就领导大家对传统的朱砂釉做了深化。以前的朱砂釉只能在红泥巴上烧，颜色比较深，没有那么亮，颗粒也要粗一点，后来技术部门扩大了它的烧成和装饰范围，不但可以在红泥上烧，也可以在白泥上烧，可以使用1100℃的中温烧，其他地方曾用高温烧，都烧坏了，以前轻工业厅在彭县一直研究这个工艺却始终不行，我们解决了这个问题。荣昌陶的烧制温度仅次于瓷器的温度，所以报到四川省和轻工业部后，被定名为"荣昌细陶"，并制定了技术标准，以前叫"泥精"。中国辞海在介绍荣昌陶时，就提到了"泥精"，指的就是荣昌细陶。

李　说到荣昌细陶，或说是"泥精"，当时有注册商标吗？

钟　20世纪60年代到70年代，我们都叫荣昌细陶为"安陶"❷，江津地区管理后不久，有一天，我在值班，厂里的几个领导在歇凉的时候就把我喊过去，问我说："老钟啊，我们几个有个想法，你看江苏宜兴，都是以县为单位，我们这里是四川荣昌，能否把安陶改成荣陶呢？"我表示赞同，就马上写报告，厂里就申报了"荣陶"牌这个商标，用的是绿和黑两种颜色，商标是朱红林设计的，他是中央工艺美院学装潢的。我们出口的产品都贴上了这个商标，因为经过国家工商总局批复备案的。现在讲品牌意识、品牌战略，当时我们就已经有了，当时这个商标上面批复得很快，1984

---

❶ 打圆场：俗语，比喻调解纠纷、缓和僵局。
❷ 安陶：安富在宋朝以前叫磁窑里，明朝才改为安富（取安乐富足之意），出产的陶器简称为安陶。

年我跟朱红林去广州参加广交会，才知道他的一个中央工艺美院的同学，就在国家工商总局管事，所以批复得很快。当时陶器上面都印有"荣昌陶器"四个字，包装上都贴上"荣陶"注册商标。

李 说到供销社，供销社和安陶厂是什么关系呢？

钟 就是产销关系。供销社下面的土产公司，下设有土产门市，我们厂生产产品，由他们包销。我们提供货源，就是样品，他们的领导来选，比如这个月他们选了十件八件，再与厂里签合同，生产出来他们再来收，然后由他们负责销售。

李 您一直都在厂里搞陶器的设计工作吗？

钟 也不是，我曾经被外调三次。其实也与技术有关，还没有成立技术科的时候就被调到质检科去搞质量检查。这个工作有点得罪人，我这个人不会绕弯子❶，得罪的人不少，凡是质量不行的，在我这里都过不了关。1980年全国陶瓷设计大展，我被叫回技术科开会，让我推荐全国参展的作品，因为之前的作品已被省里退回来了两次，质量不行，后来又第三次推荐，我推荐了几件作品，有刘大华的，有杨剑夫的，最后杨剑夫的作品得了二等奖和三等奖，我的辣椒罐得了个二等奖。我的体会是你热爱这个东西，就要把它搞好，根据自己的水平，尽你最大的努力去做好，功到自然成。

李 说到化妆土装饰，有些什么类型呢？

钟 因为荣昌这里有白泥和红泥，运用好这两种色泥的特点就可以创作出不同风格的作品。比如说红泥，施透明釉烧成后，因温度高低而呈现深浅不同的咖啡色调，也可施其他色釉装烧呈现不同的色调。白泥，施透明釉烧成后，因温度高低而呈深浅不同的牙黄色，如施其他色釉烧成后，会出现不同的色彩。如果以红泥与白泥按各自不同比例相加均匀混合成混合泥，会呈现各自不同的古铜，或说金黄色调。还有一种绞泥，又叫绞胎。常用红、白两色泥巴交错一起稍加揉和挤压，经手工拉坯成型后，呈现出变化各异的大理石花纹。

---

❶ 绕弯子：绕着走。比喻有话不直说。

李　在有泥色的陶坯上，施的是什么釉呢？

钟　就是上透明釉，也叫铅釉，一次烧成。

李　您提到的釉色很有特点，现在还有资料吗？

钟　还有一些照片，像这件作品是绿色与黑色产生的宝蓝色，因为黑釉含有氧化钴，它盖在绿釉下，用笔拖一下，有个过渡，釉色会产生由浅到深的宝蓝色，很自然，也很漂亮，现在很多釉色的配置都没有资料了，我以前有一套资料，留给了我三姐，后来三姐出了车祸，失去了记忆，这个资料也找不到了。我参展的那件绿色辣椒罐，在造型的设计上是有创新的，这个盖钮我采用了直线和曲线的对比，形成一个三角形，打开盖子，罐子可以成为一个独立的东西，我试过多种釉色，效果都不错。

李　您在设计室的工作主要是做设计吗？对哪道工序最熟悉呢？

钟　设计要有自己的设计语言，主要包括材料、造型、装饰、色彩等内容。我们的工作主要是设计图纸，但平面的图纸设计与立体的器物制作还是有差别的，要掌握好才行。因为我最早是在试制组与梁先彬一起做计件的刻花，用计件和时间来计算工时和工资，对装饰工艺非常熟悉。比如装饰工艺中最有特色的剔刻花，它的坯子就怕干，干了后刻划易"跳花"，刻花也不好刻。半干半湿最好。在工作房里，为了不让坯子干得快，就用芭蕉叶遮到不通风，后来我跟梁先彬就搞了个化妆土点花，点花以前也有，是用土点花，用一种矿物质加泥巴，釉房都搞好了的，领出来用就行了。后来我们就用红泥、白泥和混合泥来点花。白泥是米黄色，红泥是深咖啡色，混合泥就是白泥和红泥按比例混合产生的黄金色，三种颜色点花，就不怕坯子干了。我有调色的经验，知道两种泥巴混合，不同的比例产生的效果是有变化的。有时候，厂里的漆匠想漆什么颜色，就找到我，我给他调漆的颜色。

因为我有美术基础，对陶器的造型、剔刻点花的图案和釉色的设计这些概念很熟悉，所以一进厂就是做剔刻花和雕填工艺。有的人由于没有美术基础，画高脚坛的刻花图案很困难。比如传统的《鹿鹤同春》坛子设计就比较复杂，除了耙花还有镂空花、卷草刻花装饰，当时设计的连环套，有基础的都不好做，没有基础的更难。后来我跟杨剑夫商量就把这个设计做了简化。把鹿和白鹤的耙花去掉了，改成了牡丹坛，以波浪卷草纹为主，用于出口的小坛很受欢迎，销售了好多年。我们在借鉴传统装饰的基础上，做了不少的改变，加入了一些自己的设计。现在回过头去看，四川美术学院跟我们荣昌陶厂的渊源是很深的，他们每次来厂里都住在招待所，经常到设计室与我们一起搞设计，一点架子都没有，很平易近人，从他们那里我学到了很多东西。

实话实说，涉及其他工艺技术的拉坯、上釉、烧窑这些工序，做设计的必须了解清楚，不然没法做设计。陶器制作过程中有两个最难的环节：装饰和烧制。每逢到这两个环节，我都会到生产一线，和工人们一起探讨、操作，并针对遇到的问题，重新修改设计。即便是川美来的学生画的图纸，让师傅做出来，也会发现有很大差别，平面转换为立体会有个视错觉，师傅拉坯拉出来的尺寸与平面设计的图纸往往不一样。我们有经验了，对尺寸的把握就非常精准。

李 荣昌陶是什么时候在国内产生重大影响的呢？

钟 荣昌陶再次亮光，是在1978年由轻工业部和外贸部、商业部主办的全国工艺美术展览会上，这个应该给罗天锡大抒一笔。当时，四川省轻工业厅推荐了我们两个去北京参会，大家说小罗（罗天锡）口才很好，就当解说员，因为当时景德镇送北京的瓷器产品很多，小罗就说我们也把全国生产陶器的厂家联络起来，一起去找轻工业部，结果轻工业部研究后就决定瓷和陶各占一半参加展览会，荣昌陶就占了一个展柜，我们的钩釉、钩釉贴花和刻花等新产品多，特色突出。《人民日报》第一版副刊就用了彩色版宣传荣昌陶，就这样我们荣昌陶一炮打响。后来《人民画报》《光明日报》《四川画报》也刊登了我们几个的作品，媒体的相继宣传使荣昌陶的品牌在全国产生了很大的影响。

李 您的职称是什么呢？家中有孩子继承这门专业吗？

钟 当时厂里评中级职称的时候，我说我做了那么多事情，厂里能否给我一个评价？书记让我听领导安排，先让我写个材料，厂里把我和梁先彬一起向江津地区报上去评技术员，结果给我们评的是助理工程师，比技术员要高一级。后来，国家要评第一届工艺美术大师，当时就找了我们，但必须要在中级职称以上的才能参评。荣昌陶器厂当时属于重庆江津地区，又交给重庆工业局管。1986年，刘大华调走后，罗天锡当技术科的科长，他跟我说四川省要评工艺美术大师，就把我和他一起报上去参评，到了四川省轻工业厅，我们发现在参评的人当中我们还算突出的，就这样我们两个都评上了。那时我们的工资才三十多元一个月。中学校庆的时候，校长是我的同学，要我去学校办个展览，热闹一下，说是为了宣传校友评上了工艺美术大师。

我家里人没有学陶的。我夫人是农村的，我也是半路出家，所以没有影响到她们。我家姑娘很能干，这个房子就是她装修的，本来她应该学美术，但后来还是没有学这个。

李 钟老师工作这么多年，曾获得过哪些奖励或荣誉呢？

钟 整理了一下，自1962年参加工作以来，我创作出国展品近70个品种，设计内外销陶样品超过100种。先后赴美国、苏联、法国、德国、日本、新加坡等几十个国家和香港地区展出、订货。设计的《绿釉辣椒罐》1980年赴北京获全国陶瓷设计评比二等奖；陶奖杯《沙金釉鱼尾瓶》1984年获国家经济和信息化委员会颁发的"金龙奖"；《1、2号弦纹花插》获1989年四川省陶瓷行业评比一等奖；《2、3号蓓蕾花插》获二等奖；《长鼓花插》1991年获四川省陶瓷行业评比一等奖，《鱼纹花插》《双耳纹泥花插》获二等奖；《彩釉花瓶》获"1991年重庆工艺美术作品展"创作设计"百花奖"；陶奖杯《砂金釉鱼尾瓶》被重庆博物馆收藏。部分作品先后被《瓷器》《中国陶瓷》《四川画报》《中国工商导报》《中国名陶瓷》《日用陶瓷基本知识》《四川经济日报》《重庆日报》等多种报纸、杂志刊载报道过。迄今，家里还收藏着我设计过的十多箱图纸，还有一些笔记和资料。

李 您是什么时候退休的？对荣昌陶的发展有些什么建议呢？

钟 我是1993年55岁的时候就退休了。荣昌陶还是要保持和发展自己的特色，"荣陶"❶这块牌子不能丢。比如泡菜坛，无论是它的实用性，还是造型、装饰都达到了无以加的水平，多年被评为部优产品。还有民间蒸汤用的蒸钵，也可以用来蒸生米饭，拉坯必须拉得很薄，传热才均匀，上面有两个耳朵，用绳索或铁丝穿上就可提起来。还有罗汉碗，是红色的素烧，里面上绿釉，联系了中国的传统建筑，红墙绿瓦，有点微光，很漂亮，当时我还做过笔记，还有我们开发的食品包装罐的装饰、釉色等。20世纪80年代我们去参加广交会，有八十几个品种，几乎都是实用的工艺品，只是后来由小罗（罗天锡）和四川美术学院的学生设计了一些纯欣赏的美术陶，但大部分产品还是与生活相关的实用产品，专家评论为实用品美术化，其实粗陶细作，泡菜坛不生花，这些设计都很有特色，我们没有把它们上升到理论上来认识，认为它就是一般的生活用品，不能登大雅之堂。像现在生产的一些泡菜坛大多不太行，泡菜会臭。主要是泡菜坛的结构没有搞清楚，荷心那一块设计最重要，很讲究比例，不能太矮了，

---

❶ 荣陶：指荣昌产的陶器。

没有内盖，失去了原来的优点，看起来虽然好看，却根本不能用于泡菜，实用功能没有了，这样的泡菜坛不能称为荣昌陶。你看宜兴，它主要宣传紫砂壶，产品特色就很突出，我们宣传泡菜坛的特色就有人感觉把产品的品格拉低了，其实都是民众日常用的生活陶器，有什么高低之分呢？我们的泡菜坛是其他地区生产的泡菜坛没办法比的，历次参加展览我们的是最好的。当时，重庆的北玻和荣昌的陶器，在全国的影响都是响当当的。

李 对于荣昌陶的影响力，今天您怎么看呢？

钟 荣昌陶一定要有荣昌陶的味道。比如钧釉全国都有，但我们厂里自己研发的釉下贴花就很有特色，在全国很有影响力。很多同行到厂里来参观，看到厂里条件并不好，技术人员却做出那么多的成绩，都很感慨。还有结晶釉，景德镇也有。就是上黑釉之前，在坯子上用剪纸的形式贴花，上黑釉，上完后撕掉，然后用白釉或朱砂来点，有点像礼花一样的效果。比如传统的朱砂釉，经过厂里的研制发展为"高、中温的、白泥的朱砂釉"，传统的"鹦哥绿""西绿""玻璃绿"釉更具特色。20世纪80年代研制的砂金、仿铜、钴蓝、孔雀蓝、象牙黑、电光黑、煤黑、锡白、钛白、米黄、黄砂、绿砂、檀木色无光釉等各色花釉，十分丰富多彩。所以我认为，我们要拿出去的东西，一定要是荣昌陶的东西，要把规矩兴起，以前厂里要生产企业的酒瓶，结果没经过技术科，把酒字写成三点水加一个"九"字，这样的错别字就绝对不行。现在大量采用注浆生产的产品，设计和质量都不好，没有特色，不能代表荣昌陶这块金字招牌。

比如宜兴紫砂就不说了，广西的坭兴也是素烧，现在跑到前面去了，云南建水现在也跑到我们前面去了，我们应该有压力，要继续努力才行。民国时期的荣昌陶有的是素烧，有的上点薄釉，上面设计点图案，尤其是陶器上印有印章图案，印上红底白花，虽不是宜兴紫砂，与文人士大夫的喜好相关，但荣昌陶简约，多是民用的器物，稍加点缀价格也不高，也很别致。那个时期，一些老艺人帮私人老板打工，制作的蒸钵、鼓子、杯碗、烟具、茶具、玩具等，工艺非常好，我们小时候见得多，很有荣昌陶的特色。但这些好的东西都基本失传了。像我们宣传所说的"薄如纸"，景德镇的瓷器也这样宣传，那是形容的，不可能达到像纸一样薄，是相对而言比较薄而已，说明我们荣昌陶做得比其他陶要薄一些。比如厂里的名师杨学礼，拉坯时再大的造型也拉得起来，公认拉得最好，四川美院的几位教授设计的陶器都要请他来拉坯。梁启煜教授还曾请他到川美去教过学生。所以现在年轻一代要学习制陶，要有对陶器完美品质的追求，对工艺的要求不能丢，这是荣昌陶持续发展的基础。

李 钟老师是荣昌陶器厂尚健在的陶艺设计师，以自己的人生经历，聊到了荣昌陶的历史和自己学艺的往事。尤其是进入荣昌安富陶器厂后，亲历了技术科设计室的发展，为陶器厂的器型、图案的设计和工艺的研发竭尽全力，取得了骄人的成绩，并以自己对荣昌陶的认识，详细地为我们分析了荣昌陶的艺术特色和未来的发展之路，为我们留下了一段珍贵的历史记忆。再次谢谢钟老师接受我们的采访。

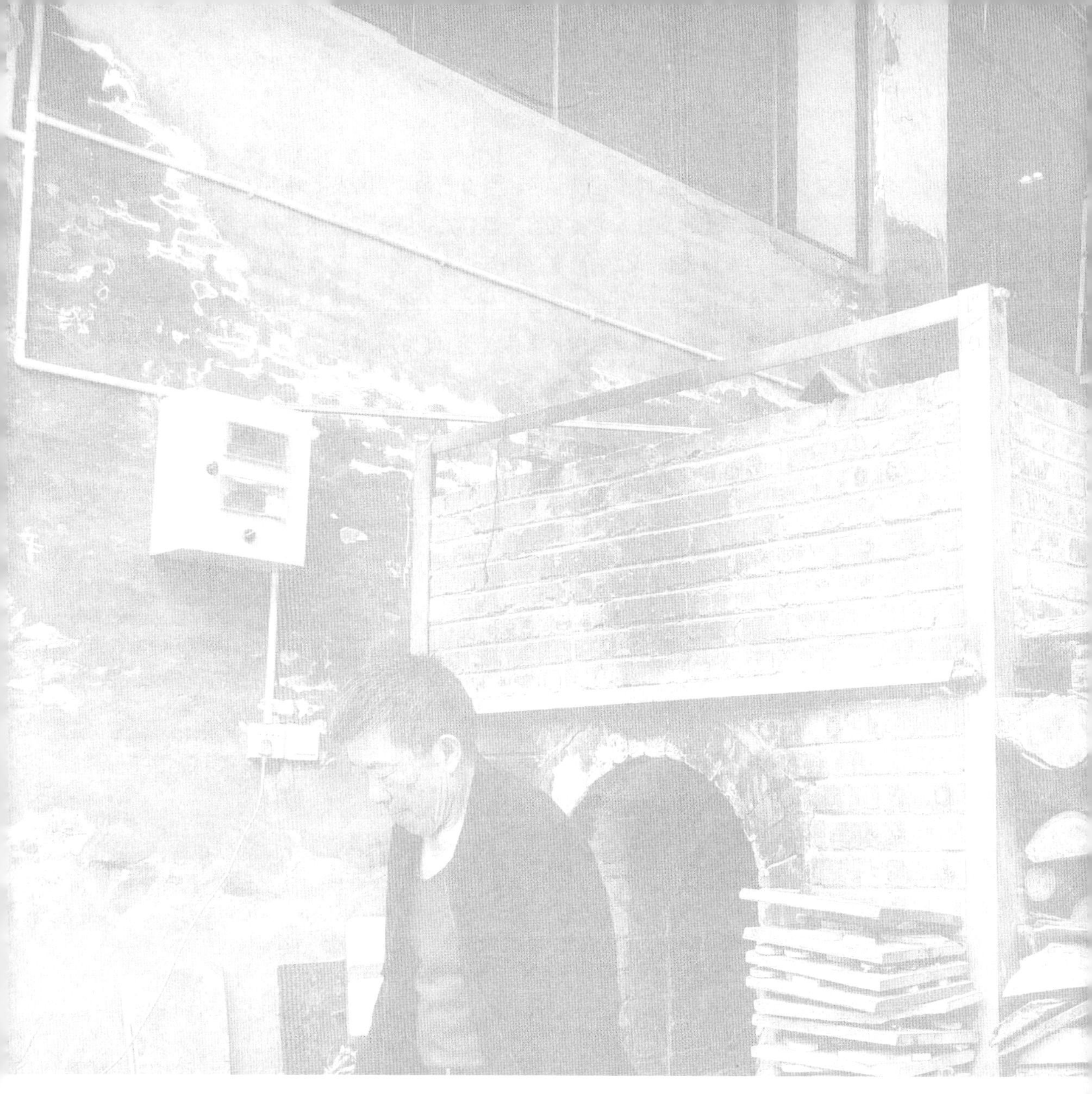

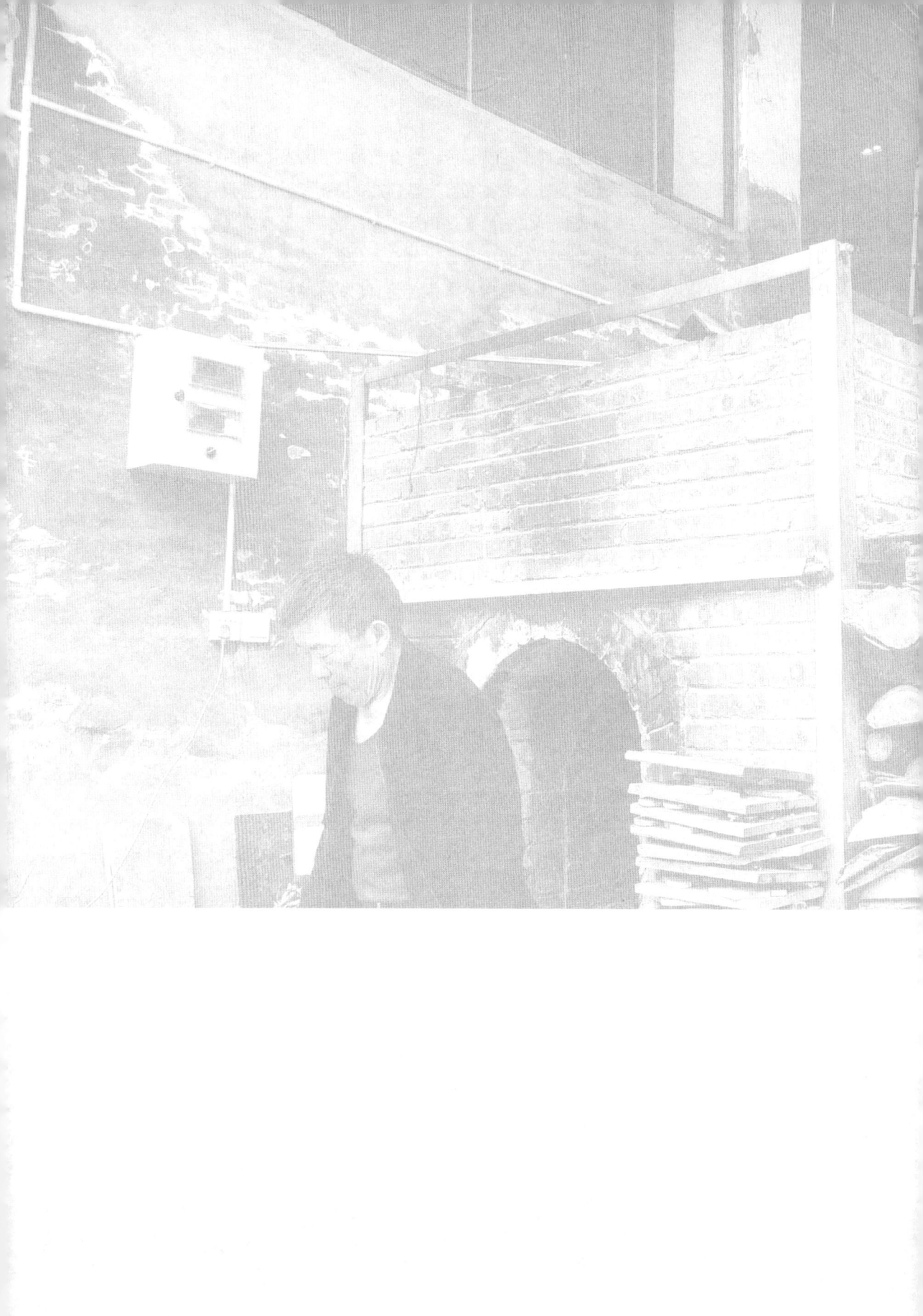

刘吉芬

刘吉芬

国家级非物质文化遗产项目陶器烧制技艺（荣昌陶器制作技艺）重庆市代表性传承人，重庆市工艺美术大师。擅长陶雕塑、雕花、刻花及设计。熟练地掌握从原矿手拉坯制陶、造型、制模、装饰、烧成等荣昌陶的生产制作技艺。

采访人：李文丽
受访人：刘吉芬
时　间：2021年4月6日上午
地　点：荣昌区安富街道安北陶艺村

李 刘老师是制陶世家吗？是什么时候开始学习做陶的呢？

刘 我1950年10月出生于荣昌县安富，今年71岁了。我家祖上都在安富鸦口金竹山开办陶厂，1949年后，实行公私合营，安富陶器厂成立，我的二叔、三叔和父亲都在陶器厂工作并传到我这一代。我从小喜欢玩泥巴，因先天性耳聋，没有上过学，13岁时便随父辈学习拉坯做陶。那时年龄小，学着跟大人做，只是为了掌握一技之长。到十六七岁才开始正式拜师学艺。最开始是在鸦屿村一座老窑打工，叫下兴窑，是村办企业。刚去下兴窑的时候,那里条件很差,什么都没有,就只有一片碎瓦堆,我们就把碎的瓦片清理干净以后,在那个场地上盖了房子作为制陶、烧陶的场地。拉坯用的石车盘等这些制陶工具也都是我们自己制作的,每一个石盘有100多公斤。到1970年左右我开始学习陶器设计和造型、配釉、刻花、烧窑等方面的技术,以此作为谋生的方式。

李 您家传有族谱吗?到您这一代是第几代了?

刘 原来有族谱,不知什么时候弄丢了,所以现在已经找不到了。据上辈人讲,我的祖辈是从清代乾隆年间的刘宗德开始的,接着是我的曾祖父刘治冲是做陶的。爷爷叫刘乾兴,他们这一辈一共有三男三女,都在做陶,不过他去世的比较早。父辈是三兄弟,他们都在当时国营的安富陶器厂工作,我父亲主要从事管理工作,二叔、三叔都是做拉坯。我还有个姑姑,不过她在重庆生活,没有从事陶艺工作。我的爷爷刘乾兴陶器生意做得很好,所以赚了很多钱,家中盖了很多房,也买了不少田地。我也因为家庭环境的原因,从十几岁接触陶艺之后就把心思放在研究这门手艺上了,到我这一代已是第五代了。

李 您在下兴窑工作了多长时间?下兴窑当时有多少人?

刘 当时我所在的鸦屿村,每个生产队要选一两个人去下兴窑工作,我是从1966年16岁时去的下兴窑,当时在下兴窑做陶的大概有四五十人。条件很艰苦,一直工作到1972年之后,我就回了生产队。

李 在下兴窑一个月可以赚多少钱?

刘 那个时候做一个盐罐是9厘钱,一个月可以做三四百个。售卖赚到的钱其中有70%其实要交给生产队,剩下的30%留作自己用,也就是工资。

李 您当时是拜哪位师傅学习拉坯的呢?要掌握哪些技术要领?

刘 我师从朱绍安、杨学礼两位老师。其实真正拜的师傅是朱绍安,杨学礼当时是安陶名师,他喜欢在离下兴窑不远的地方钓鱼,我经常过去找他聊天,因为他的儿子年纪和我差不多大,和我一样在下兴窑做陶,所以杨学礼待我很好,也会教我做陶。做陶最重要的就是拉坯。拉坯是个技术活,两手要同时用力,力度要均匀,才能拉出想要的器型。也就是说，双手的力道控制十分重要，多一分少一分都不行。在茅草房里，我要一遍一遍地学习拉坯，有时一坐就是一整天。从手跟着泥走到泥跟着手走需要一个过程，这方面一是要坐得住，静得下心来，需要时间和经验的积累；二是要在制陶中慢慢找到乐趣，还要靠些悟性。

李 您去国营安富陶器厂工作过吗？

刘 我没有去过国营厂，我们家是我父亲还有两位叔叔在国营安富陶器厂工作过。国营安陶厂，在20世纪70年代就很有名，产品大量出口，荣昌人都知道最能赚外汇的就是陶器厂。

李 听说您后来去了贵州，当时是什么原因去贵州工作的呢？

刘 在我去贵州之前，贵州习水县那边先是派人到荣昌这边来学习制陶技艺，但是他们回去之后搞不定，所以1974年那边的县政府就聘请我去为他们创办一家工艺美术陶瓷厂。第二年因为技术力量不够，那些学徒还没有学会，所以又邀请我同门的师兄弟梁先才、向新华还有程建华等人到习水传授陶艺，我们都是朱绍安师傅的徒弟。但是后来因为其他人都结婚了，而且当时户口也不好办，没有多久他们就陆续回去了，只有我一个人留在了贵州。

李 当时到了贵州之后那里大概是什么情况？

刘 我去贵州的时候是带了一些拉坯和制陶用的工具过去的，刚开始他们那里有二十多个学徒，后来陶厂建成后最多的时候有一百多个学徒，基本上都是我在教他们做陶。到了贵州之后就要先找到适合做陶的陶泥。我是1974年8月10日去的贵州，8月11日我就带了一个工人，扛着锄头上山。看看哪个山上的泥土最适合做陶泥，然后把陶泥背回来，用水一遍一遍过滤，最后沉淀下来的就是可以用来做陶的陶泥。到8月24日烧制出第一批作品，拿去贵州省报喜，他们评估之后觉得可以了，9月就开始投资扩建陶瓷厂，这在当时是贵州第一家工艺美术陶瓷厂，我主要是负责培养各方面人才，并担任分管生产、管理和技术的厂长。最开始的时候那些学徒只会做民用的陶器，像杯、碗、罐这些产品，我来了之后就开始带着他们做工艺品的陶器了。我那个时候白天在厂子里面负责陶瓷厂的生产和学徒培训工作，晚上回来之后就钻研陶器的刻花、剪纸这些装饰手法，有的时候会做到凌晨两、三点钟。虽然我是带了工具过去的，但是刻花这些技艺完全凭之前看到师傅们刻花的手法然后记到脑子里，到贵州之后自己再琢磨和钻研这些技艺，这段时间，应该说只有我完全掌握了荣昌制陶的全部工艺和流程。到了1986年，我的作品还荣获了贵州省旅游局、贵州省民族事务局和贵州省二轻工业局三部门联合颁发的"黄果树"一等奖。

李 那您是什么时候从贵州回来的呢？

刘 我在贵州待了二十多年，一直到1996年才回到重庆。当时国营企业效益不好，在2000年左右很多国营厂都倒闭了。其实在贵州工作的时候，中间也经常接受聘请回重庆工作一段时间，一直是在贵州和重庆之间往返。1979年的时候，我还在内江帮助当地的泡菜企业生产制作泡菜坛。1996年和亲戚肖文桓等人一起创建了重庆安北陶瓷有限公司，一直到2004年。2004年到2018年又在梁先才的荣昌县鸦屿陶瓷有限公司担任艺术顾问。不久以后我就开始自己做陶了。

李 荣昌制陶业的繁荣，是因为这里的土质好吗？

刘 对，主要是安富鸦屿山上富有优质的陶土。它除了有适合做陶的红泥和白泥外，还有一种比较接近瓷土的土质，比如含有高岭土和其他化学成分，地点就在刘家拱桥那一带。所以荣昌的土质不仅可以制陶，也可以做粗瓷，就是介于陶和瓷之间的陶瓷。

李 白泥和红泥有什么区别？

刘 红泥一般是用来制作陶坯，白泥主要用来做装饰。因为白泥不好拉坯，它不能加工到像红泥一样那么精细。安富的红陶土因为其特有的成分，有黏性强、可塑性强等特点，不添加任何釉色，完全靠素烧就可以成为"泥精货"，呈现出自然天成的古朴色泽，有人称它为"荣昌紫砂陶"。

李 荣昌陶器与其他名陶有什么区别呢？

刘 有共性的一面，也有个性的不同。荣昌陶器在造型、装饰、烧制和釉色上都具有地方特色。尤其是荣昌陶的剔刻装饰和色釉是很有名的。工艺主要有刻花、点花、贴花、雕填、耙花、镂空等种类，其中刻花也称剔刻，讲究精准、细腻的手法。至于施釉，是在高温下让坯体吸收松木或煤的有机成分，实现坯体上釉的效果。传统的就有朱砂釉、西绿釉、黑釉等，后来研发的有黄、绿、蓝钧釉、古铜釉、砂金釉等，这些都是其他名陶没有的。

李 都说刻花工艺是最有特色的，是怎么制作的呢？

刘 看我工作室的这些作品，都是我之前做的，这一种就是刻花。工艺是将红泥拉的陶坯浸上白泥浆，就可罩上一层白色的化妆土，干后走线条，将主体图案留下，不要的部分剔掉，阴干后再素烧，也有上一层透明釉的。这是最常见的一种装饰方法，就是拉好坯之后在上面刻出各种花纹。在此基础上又增加了一种剪纸刻花，就是先用纸剪成各种造型，贴在拉好的陶坯上，之后涂上釉料，釉料一般是白色的，然后把剪纸撕下，再进行烧制。最后形成的效果就是红色和白色相间的纹样。这种做法花纹更加精细、生动。这件作品是我之前剪的仙女散花，仙女裙子边缘很细小的地方都能表现出来，下面散的一点一点的花瓣都是刻上去的。还有另外一个早期做的陶罐，也是用剪纸贴花的手法做的。另有一种是雕填，是事先在红泥陶坯上刻划图案，然后在陶器表面涂上白泥化妆土，待化妆土干燥之后再对表面进行打磨，一直到露出下面的红色，刻划的凹线即填出白色的图案。还有一种是耙花，就是把事先做好的图案造型粘在陶器表面，然后进行上釉和烧制。另外还有一种浅浮雕的形式。

李 粗陶和细陶有什么区别？工序都一样吗？

刘 粗陶和细陶其实用的是同一种陶泥，只不过粗陶工序比较简单。以前粗陶主要是用来做杯、碗这些器形，细陶做的都是糖罐、盐罐这些。细陶要用水过滤很多遍。这也是细陶比粗陶贵的原因，它主要贵在工序增多了。制陶的几道主要工序就包括拉坯、修坯、浸白泥、走线条、刻花、干燥、上釉、烧成等。而粗陶没有装饰的工序，只是上道土釉，以防渗水。

李 做陶的时候都需要什么工具？

刘 主要是转盘用来拉坯，还有货板子或者叫作"坯板"是拉好坯以后用来放坯的一块一块的板子。原来我们一块板子有2.2米长，20厘米宽。坯干了以后，如果是大的东西就要接逗，把事先做好的几个部分连接在一起组成一个大的器物，小的东西就不用接逗。

接逗以后要修坯，需要修坯的工具，有车刀、抛光片等。如果需要在上面进行装饰，就需要剔花，干了以后就要浸白土。一般是红土用来拉坯，白土用来做化妆土。浸过白土泥浆后，当坯体达到七八成干时进行刻花装饰，要用刻刀工具走线条，不要的地方就剔掉，要的地方就要留出来，在上面刻纹样或刻画人物、山水这些都可以。

剔刻好并晾干以后，就拿去上釉。用白泥装饰的剔花就只能上透明釉，不能上彩釉。

李 哪种情况可以上彩釉呢？

刘 素陶可以上彩釉，比如说用红泥做的，上面没有其他的装饰图案就可以上彩釉，荣昌陶本来就是以上釉为主。无论是花瓶、装饰品还是日用品都是要上釉的，原来的茶壶也都要上釉，透明釉、彩釉都可以。上彩釉的东西上面就不搞装饰，或者是在上面做一些浅浮雕。白泥上面的彩釉要表现得好一点、丰富一点，红泥就不如白泥表现得丰富。

李 上彩釉主要都有哪些颜色？

刘 彩釉有绿色、蓝色、红色等等，很多种颜色，白泥陶坯上本来就是什么颜色的彩釉都可以用，红泥陶坯就没有这么好装饰，它需要用颜色深一点的釉去装饰，白泥陶坯上施釉色会相对鲜艳一点，更容易突出釉色的明度。

李 釉料的成分都有什么？

刘 釉料基本上都是矿物原料提炼出来的化工原料。根据每个人的习惯，所用釉料的成分有所不同，基本的釉料成分有硅石、长石、方解石、高岭土等。还有朱砂釉，朱砂釉中也含有很多其他的原料，都离不开金、银、铜、铁、锡这些矿物质，然后按照不同的比例去调配。比如说熔块釉，它是一种基础釉，不管是什么颜色的釉都需要有一种基础釉在里面。基础釉都是透明的，它里面的成分有红丹、长石、硅石、方解石、硼砂五种物质。其中前四种属于矿物，把它们拿到炉子中通过高温去烧，融化混合在一起，硼砂则属于助溶剂，把混合物稀释之后形成玻璃状的物质。之后再把它们浸入水中，高温的玻璃状溶剂进到水中就炸开了，成为粉状的颗粒，把颗粒取出后再拿到球磨机中打磨。如果把玻璃取出后不立即浸入水中，而是放在一边慢慢冷却，就会变硬形成一坨一坨的形状，就会没有办法将其做成粉状。这就是基础釉的做法。然后以透明釉为基础，可以再加入其他任何的化工原料，调配成其他颜色。

李 陶器和瓷器用的釉料是否一样？

刘 完全不一样。因为瓷器烧制的温度要比陶器高100℃多，瓷器的基础釉中除了刚刚说到的矿物原料还有一种叫云石。云石烧制的温度要高一点。陶器里面用的就是方解石，而方解石的温度就很低。方解石就是以前做地面用的水磨石，是白色的小颗粒。这种方解石贵州有很多，都是石灰岩里面的，石灰岩本身含钙多，所以熔点就很低，熔点高的就烧不化。

李 手工拉坯和机器拉坯有什么不同？

刘 这两个完全不一样，机器拉坯是模压成型，没有技艺。它就是一个模型，一个模子。比如说要拉成这个形状，就要用石膏在机器上面车，车了以后把他制成模子，模子出来以后就用机器来压，把坯料放进去之后机器一压就出来了。比如说一个杯子，我们用手拉坯，五分钟一个，但是机器几秒就可以做出来一个。直接压出来就可以了，完全没有手工技艺在里面，没有传统技艺。它们的区别主要就是这一点。

手工拉坯，不是任何一个人都拉得了。至少需要学习半年，有的要两年甚至三年、五年的时间来学习。我现在拉了五十多年坯，但是还不够，还在学习。手工技艺是没有尽头的，一辈子都在做，一辈子都要学。这和机器制作完全是两码事。比如拉这个产品，一个人每天练习，拉一个半月到两个月就可以拉成，但是不一定拉得很好。学徒一天可以拉10个，老师一天可以拉100个，这个就是技艺，哪怕一件盘子，都有手工拉坯留下的一圈一圈不规则的、深浅不一的拉坯纹，和机器不一样。机器和手工拉出的坯，在质量上没有区别，只能说机器拉得规范，手工拉出的产品不可能每一个都一模一样。如果用机器做，就都是一样大的，每一个产品的厚薄、高矮、大小都是一样的。但是它里面没有手工拉坯的痕迹。

李 修坯除了修正造型还有什么作用？

刘 修坯很重要，拉坯是拉出一个大概的形状，只能占到50%，修坯要占50%。修坯甚至可以把拉好的坯的造型大概变一点样子。机器压的东西就好修坯，因为它出来的形状就已经比较规整了，但是手工拉的坯就会有一点偏差，你要把它修正、调整到合适的造型，就是每一个器物要修得厚薄一样，可以在车盘上面放正。这也是一个技艺，有的人花一年的时间来学习修坯，都不一定能让它在车盘上面放正。

李 器物的薄厚程度是拉坯的时候就确定的还是通过修坯修出来的呢？

刘 是修坯修出来的。修坯的目的就是把坯体不完整的地方修完整，如果拉坯拉得很完整的话，就要通过修坯把它修薄一点，这也是修坯修出来的。修坯一方面是修器物的式样，还有一方面就是修薄。

李 如果修坯已经修得很薄了还可以在上面剔花吗？

刘 也可以，但是这种一般都是搞阴刻，如果是纯白泥的那种就不行。因为如果坯体薄了，要浸白土，也叫化妆土，是一种泥浆，浸了之后就全部耙在上面了，泥浆就把坯体完全湿透了。如果器物的造型是直的就可以，像泡菜坛一样中间大下面小的就不行，因为湿透的坯体会变软，整个造型就垮下来了。如果是直的造型，坯体薄一点也可以进行剔花，但是"肚子"大"脚"小的就不行，要看产品是哪一种造型，根据造型来决定可不可以进行剔花。

李 施釉有什么讲究或技法吗？

刘 肯定是有的。如果坯体薄了的话，釉子也要上得薄一些，如果釉子上厚了就会把坯体压趴，趴了以后，里面的泥巴在烧出来之后就会有气泡，烧出来的东西就不完整了。坯体比较厚的东西就不存在这种情况。

另外，上釉也是很有技巧的。陶器一般都只上一次釉，但是上釉之前还是要进行一次素烧，用850~900℃的高温进行素烧之后再上釉，这样它的合格率就要高一点，就会把产品里面的气泡都排出去，基本上器物就不会变形，烧成要好一点。如果不素烧的话，产品里面的湿气就会使釉面没有那么好看，会有气泡。所以素烧一次会更好一些。

工艺流程就是修好坯之后先进行素烧，晾凉之后再上釉，之后再进行一次烧制。比如一件产品可以烧到1150℃，但是素烧的时候只用烧到850~900℃，素烧没有烧结。上了釉之后，二次烧制的时候温度就要达到1150℃，要把它烧结。

也有一些产品只需要素烧之后就可以作为成品售卖，但是薄的产品必须要上釉，上釉就必须素烧，不素烧上出来的釉色不好看。本身产品就薄，还要去浸釉，釉就是浆，接近水的质地。釉的浓度最低是20多度，高的可以上到40多度甚至50度，浓度大了以后就很厚，上釉以后会变形，就不太好了。

像我们用红泥做得厚一点的产品，比如花瓶，一般都是一次就把釉烧出来，没有必要烧两次。还有就是红泥本身的黏性好一点，上了釉以后不会变形。白泥就不一样，白泥的黏性没有那么好，上釉的时候就容易使坯体发泡，这样烧出来的产品合格率就低一些。所以要去掌握它的厚度，根据厚度来定，该素烧的就要素烧，不需要素烧的就可以不素烧。还要根据釉子的厚度，都是配合起来的，产品又薄釉子又厚那就不行。

李 上釉的产品需要抛光吗？

> **刘** 上釉的产品没有必要抛光，素烧的必须要抛光。上釉的东西只要在表面上没有泥巴里面的小颗粒，我们叫"砂路"，没有纹路，把这些颗粒和纹路打磨平整就可以了。如果把它抛光抛得特别光亮的话，反而上釉没有那么好上，不那么巴釉。

李 抛光一般会使用什么工具？

> **刘** 抛光的工具都是我们自己做的，就是一些胶片、塑胶。最好用的就是化妆品的包装，把它剪成合适的形状来用。一般化妆品包装用的塑胶品质是最好的，它的表面很细腻，也很柔软，黏性又好，抛出来的效果就比较好。一般我们都是用这些东西，还有塑料瓶、洗洁精的包装等这些。但是化妆品包装是最好的。胶片的材质越细腻，抛光出来的效果就越好。如果胶片本身表面就比较粗糙，就没有办法进行抛光。我们在修坯的时候可以用厚一点的胶片，抛光要用专门的很薄很软的胶片。

李 目前有哪些窑烧类型，您主要采用哪种方式烧陶呢？

> **刘** 现在主要是采用气烧和电烧，柴烧的合格率太低。古代烧窑使用柴烧和煤烧全靠经验，要将大量陶片与陶器一起放置在窑内，用陶片来观察陶器的成败。如今烧窑依旧要放置陶片，但窑上设置了温度计，可实时观测，记录窑内温度的变化，烧制的成功率大大提高。能缩短制作周期，减少人力物力的耗费。气烧和电烧等烧窑方式都已经普遍使用。我用气烧比较多，电窑出现得比较晚，可能需要别人帮忙来操作。

李 为什么还要选择烧柴窑烧制一些陶器呢？

> **刘** 柴烧是最古老的烧陶方式，也是世代传承的烧制技艺。时至今日，煤、电、气使用广泛，但柴烧依旧无法取代，主要是柴烧能通过窑变形成自然的落灰釉。我们现在只是少量用柴窑烧制一些茶杯、茶壶、花插之类的小陶器，这类产品既是实用品也是可以欣赏的艺术品，与批量生产的陶器比，它都是独件，艺术价值和经济价值肯定是不一样的。所以每次烧柴窑都有一种期待感，希望能多烧成一些精品，虽然烧制过程要花很多精力和时间，但还是值得的。

李　柴烧的陶器有什么特点吗？

刘　用荣昌陶泥制作的茶壶、泡菜坛和酒瓶等，不渗漏使它具有极大的密封性。同样是用茶具泡茶，如果用柴烧壶泡、柴烧杯喝，就会有不同于其他容器的口感。用柴烧壶装的茶水，放四五天味道也不会馊。原因是这种陶壶、陶杯有透气、软水、柔和口感的作用。柴烧陶器做的酒杯用来盛酒，与瓷杯和玻璃杯比较，会吸收部分甲醛，让酒愈发醇香，口感也好。

李　烧柴窑有些什么准备工作呢？

刘　点火前都要有一系列的准备工作要做，包括备货、装窑、封窑门、敬窑神等等，其中一个细节，就是给柴烧壶的盖子和壶身加装支钉，各个环节缺一不可，每个动作都要细致到位，不能有半点马虎。我这里有两仓阶梯窑，体积约2立方米多，光是柴烧一次，就要准备近4吨松木。仓库里就堆放有近两米高的松木。

李　柴烧考量烧窑人的技艺与经验，与气窑和电窑不一样，怎么控制它的烧制过程呢？

刘　柴窑从点燃时起，大火就昼夜不熄，通常需要三天三夜不中断地燃烧，这期间需要有人轮班添柴。包括加柴的速度和方式、陶器摆放的位置、温度的变化、天候的状况、空气的进流量等各种因素，都会影响窑内陶器的色泽变化，有很多技术和经验性的东西，柴窑大都是阶梯窑，窑头和窑尾较小，中间大，窑尾有约三米高的烟囱，需要通过柴量和通烟量来控制火候，实现窑内温度平稳可控。当然，柴火所用的柴木也有讲究，采用富含松脂的松木，可以在不断添加柴火的过程中，让窑中的器皿慢慢受热，从而使松脂不断挥发浸润陶器，产生窑变。这种窑变几乎无法预测，全靠机缘，但我们仍旧在不断地探索其中的规律。

李　开窑也有讲究吗？烧成的陶器有什么不一样吗？

刘　焚香、尊师祭祖……经过一系列沿袭传统的开窑仪式流程后，再用瓦刀将封窑的砖泥土解封。开封后，待窑内温度慢慢降低后，窑工才能蜷缩身体钻进窑炉，小心翼翼地取出件件陶器。柴烧窑烧制的陶器，因为陶器的摆放位置，氧化焰和还原焰交替烧制，使柴木燃烧所产生的灰烬随着热气流密集飘散，当温度达到1200℃左右时，木灰中的铁开始与陶坯中的铁熔融，在陶器上形成熔化或未熔化的落灰釉，在陶器表面形成平滑或粗糙的质感，留下火曾驻足过的烧痕感、金属感、金银彩、皮格纹等，变幻莫测，呈现出朴拙自然、内敛古雅的艺术特点，每件作品都独一无二。

李 阶梯窑、馒头窑和无烟窑有什么区别？

刘 现在的阶梯窑和馒头窑都差不多，没有什么区别，性质是一样的。为什么以前要用阶梯窑，是因为以前要利用它的坡度，以前的人造的老窑子用阶梯窑是要用坡度当烟囱，因此，阶梯窑就可以不用烟囱和烟道了，而是利用它自然的坡度作为烟道。阶梯窑的目的就是要利用坡度作为烟道自然拉风。但是馒头窑就要有烟囱和烟道，没有烟囱就不行。但是实际上两种窑的性质都差不多。以前我们这个地方做馒头窑的很少，都是做平方窑，平方窑在装窑这些方面和馒头窑基本一样，但是平方窑是在平地建的，空间更大，更好操作一点。阶梯窑受制于以前的环境，就没有那么好操作。

李 无烟窑的工作原理是什么呢？

刘 一般的窑只有一个烟道，但是无烟窑有两个烟道。比如说火在下面烧，中间会有一个夹层，火进入夹层之后要在里面再烧一次陶器。但是这种窑很浪费能源，虽然排出的烟雾会少一点，但也不是说完全无烟。其实无烟也是可以做到的，就是烟道要很高，在窑下面打一个洞，里面装一些水，进烟道的地方有一个进烟口，在进烟口的地方喷很细的水，烟遇到水就融进水中，烟尘就没有了，就变成了蒸汽，没有黑烟了。

这种窑的成本要高一点，但是我们以后可能都要用这种窑，利于环保。窑的大小还有如何排烟都要根据窑所在地方的地形来建，不管是什么窑，烧出来的产品基本都差不多。只能说你装的东西和烧的方法不一样。烧制的方法和所用的柴火不一样，里面可能会有一些小的变化，比如我加的是青冈木，或者加松木，这些大家都是一样的，但是里面加不加一些其他的添加剂就是另外一回事了，烧出来的东西也会不一样。

李 烧窑的温度控制，要注意些什么呢？

刘 烧窑的时候，在开始点火的时候，在500~600℃以前，特别是在100~200℃以前烧的时间要很长，要慢慢地烧，不能一下子就烧到很高的温度，火太大就不行。要用小火慢慢地预热，如果火烧得太急就会全部炸掉。烧柴窑一般都需要十几个小时。烧电窑也需要7~9个小时，但是也要看产品的大小。无论是柴窑、电窑，还是气窑都是要先预热再升温，烧柴窑温度最高要达到1200℃，烧电窑最高温度到1140~1160℃。

李 如果不上釉只是素烧，温度需要达到多少度？

刘 和上釉的温度是一样的，基本都是1140~1200℃。

李 从产品进窑到产品出窑要经过多长时间？

刘 如果是柴窑，要烧制7天才可以熄火，熄火之后还要再经过14天才可以出窑。如果是电窑，今天烧明天就可以烧好。最多三天就可以出炉。

李 柴窑的合格率通常可以达到多少？

刘 合格率能够达到20%~30%就已经算是很好了，有的甚至合格率只有1%~2%。我们去年烧的一窑，一共200多把壶，只烧出来5个，但是有4个还是破了。这个没有办法控制。仅剩的那一把效果特别好。我们没想到烧出来效果这么好，成品率却这么低。那个产品都舍不得卖。

李 龙窑有什么特点？

刘 龙窑和阶梯窑差不多，也是利用坡度，像一个隧道一样，里面是通的。阶梯窑是像台阶一样，一级一级往上走，龙窑是通的，所以又叫"通身窑"。两种窑原理是一样的，但是阶梯窑要更好烧一点，龙窑烧柴不是特别好烧。龙窑没有阶梯，装产品的时候中间要留火道，隔一定的距离就要留一个火道，不能全部装成产品，这样柴就没有办法烧进去。以前都是用柴火来烧，产品要装到匣钵里面再进行烧制，这样灰尘不会落在产品上面（不"巴灰"）。但是现在用柴窑烧制的时候就要"巴灰"。以前是上釉，上釉以后就怕柴灰落在上面，所以外面要用耐火的材料来做匣钵，火就不会直接烧到产品，但是现在可以把火直接烧到产品上，形成落灰釉，区别很大。

无论是哪一种窑，在最开始的时候都要慢慢烧，但是用匣钵烧会稍微好一点，就算火稍微大一点也不会影响到里面的产品，因为外面的匣钵大概有手指这么厚，不会对产品产生太大的影响，即使温度升得快一点也没关系。

李 您认为做大的器形比较难还是做小的器形比较难呢?

刘 肯定是做小的难一些。以前川渝地区,家家户户都有泡菜坛,我想做一件缩小版的袖珍泡菜坛作为纪念和观赏。你看到的这件微型泡菜坛,坛高只有4厘米,直径2.5厘米,口径1厘米,体积只有拇指一般大小,看起来很不起眼,但非常考验技艺,只能在车盘上通过一只小手指一次性的拉捏成型,要求结构紧密、线条流畅,器物内壁不施釉也不渗漏,需要更加精致的功夫,一般人都做不出来。一个"微"字,易说难做,而大的泡菜坛做起来就相对容易很多。

李 您创作的作品获得过哪些奖呢?

刘 获得的奖项比较多,大概统计一下。1986年,我制作的作品获贵州省旅游局、贵州省民族事务局、贵州省第二轻工业局三部门联合颁发的"黄果树杯"一等奖;2006年,参加遵义"开磷杯"多彩贵州旅游商品展,设计荣获"遵义名匠"一等奖;2013年,制作的《绞泥精品小菜坛》,荣获第五届中国陶瓷技艺大赛"陶瓷造型技艺项目"金奖;2015年,作品《刻花陶瓶》荣获第八届中国(重庆)工艺品、旅游商品及家居用品交易会金奖;2018年9月,作品《孺子牛》在第七届中国(重庆)文博会工艺美术大师作品暨国际工艺美术精品展上获得第二届"工匠杯"金奖;与工作室其他大师一起完成的陶艺作品《巴蜀遗韵》,将异域风情元素融入设计中,在第十九届工艺美术大师作品暨手工艺术精品博览会获2018"百花杯"金奖;2019年,作品《牧歌》在第七届中国(重庆)文化产业博览会工艺美术大师作品暨国际工艺美术精品展上获得第三届"工匠杯"金奖;作品《雪域》被中国美术馆收藏;2019年,在第八届中国(重庆)文化产业博览会工艺美术大师作品暨国际工艺美术精品展上,作品《影雕花瓶系列》获得2019第四届"工匠杯"设计创作大赛金奖,《楚韵》获得银奖;2019年,作品《茶具·荷塘月色》在中国(成都)国际茶业博览会获"金口碑奖";2019年,作品《年年有余》在中国(深圳)国际文化产业博览交易会冬季工艺美术精品展获"工艺美术飞花奖"银奖;陶瓷作品《红颜》获得2020年"金凤凰"创新产品设计大赛铜奖。《涅祥》获得2020年"金凤凰"创新产品设计大赛银奖。同年去参加"第九届'大地奖'中国陶瓷创新与设计大赛",《涅祥》还被评为特等奖。这件作品融入了中国鼓、龙凤吉祥、火焰等文化元素,设计体现了中国传统文化的内涵。

李 刘老师的技术水平很高,也得过不少大奖,还获得过哪些社会荣誉呢?

刘 2012年，我被评为第一批荣昌区级非物质文化遗产项目"荣昌陶器"代表性传承人。2013年，被荣昌县❶经济、信息化委员会、荣昌县人社局和荣昌县文广局授予首届荣昌县"工艺美术师"称号。

在贵州的时候，我就是市级非遗传承人，当时是一次性给了几万块钱。其实我在贵州的时候有机会申请工艺美术大师的，但是我当时没有那个概念，不想申请。60岁退休以后，回到重庆，看到很多人在申请才慢慢开始申请这些称号。

2015年12月，我被重庆市经信委和工艺美术行业协会授予"重庆市工艺美术大师"荣誉称号；2016年6月，任重庆市百年老字号"吉芬窑"董事长、陶艺技术总监；2018年12月，获重庆市荣昌区"棠城工匠"称号；2022年被评为国家级非遗代表性项目"荣昌陶器制作技艺"重庆市级非遗代表性传承人。

李 创业之初，遇到过什么困难吗？

刘 回荣昌与亲戚一起创立公司，也遇到过很多困难，公司生产出来的产品销售不出去。有一次拿到一个订单，产品都打包发出去了，结果却没有收到货款，员工的工资都发不出来，当时的资金链都断了。好在员工没有抱怨，经过我们一起不断地努力，每天拿着产品去各个地方推销，同时增加产品品类，制作出不同的产品，从小花瓶到生活小摆件，再到酒瓶，终于使公司转危为安。现在各方面条件都好多了，而我却年龄大了，主要是在工作室做些技术指导和非遗的传承工作，安北陶瓷厂都交给外孙女帮忙照看，主要以生产酒瓶为主，以生产工艺陶为辅。

李 前面讲到荣昌陶很有特色，但如何做一些创新的产品呢？

刘 荣昌陶最早主要生产生活使用的缸、盆、钵、坛、罐等粗陶产品，造型也很朴实。从清代的嘉庆时期开始生产细陶类的素烧，逐步发展到光绪时期的刻花、釉色，一直到民国时期的釉下彩，我希望能在继承祖辈传统技艺的同时，在造型、装饰等方面融入现代的审美观念，使自己的作品不仅具有生活实用价值，也有艺术观赏性。现在我们陶艺工作室的产品供不应求，即将入窑的这一批早就被海外客商预定了。创新这条路子永远没有尽头，永远都有需要学习和精进的地方。

李 政府对你们有没有一些政策和资金的支持？

---

❶ 2015年6月18日，重庆市人民政府撤销荣昌县，设立荣昌区。

刘 政府会帮我们联系去参加一些会展，宣传荣昌陶，我们自己也会自费参加一些会展，一方面是为了提高了荣昌陶的知名度，另一方面也宣传了我们自己。如果参加比赛获得了奖项，政府也会奖励几万块钱。像我们之前参加比赛拿了一个金奖，政府奖励了 8 万元。

李 您现在带徒弟吗？您怎么看待荣昌陶的传承？

刘 现在在工作室的几个徒弟都是家里的亲戚，侄儿刘冬从 13 岁就开始学习制陶技艺，最开始也是坐不住，但受家庭的影响学习制陶，逐渐成为能独掌一面的师傅。我对于熟人不太注重收取学费，以传承技艺为主，但是外地过来的还是要收取一定的学费。一般男的学习拉坯、女的学习刻花，很多都是夫妻共同合作。我以前的徒弟现在有六个在做陶，开工作室，基本上都能保证自己的生活。在荣昌陶的传承方面，我没有以前那些传统的观念，有的人认为不要把技艺传给太多人，还是要保有自己技艺的独特性。但是我不这样想，我想要教授给尽量多的人，掌握这项技艺的人多了以后会使荣昌陶形成更大的规模，更加有利于荣昌陶的发展。只要愿意学习制陶技术，我不收学费都愿意教，我有时还在高校、社区和中小学普及推广陶艺，因为荣昌陶现在的影响力小，没有以前的影响力大。希望政府以后能够更加支持我们这种带徒弟的，徒弟出师后再带徒弟，只有重视人才的培养，这个行业才能发展起来，扩大荣昌陶的影响力。

李 您觉得学习做陶的人应该具备哪些特质？

刘 一方面要有天分，喜欢做陶。这样的人学得快，还要有灵感、有手感。另一方面还要勤奋，要亲自去做，只看是不行的，以前教我们的老师傅经常会说，"看到胡子白都不得行"。当初，我们做学徒拜师那会儿，五六十个人你追我赶，十天后我就做出了一个盐罐。最后留下的只有十来个人，其他人都改行了。我就是很爱做陶，真的把做陶当作一辈子的事情，为了做陶付出多少都值得，而且做陶是永远学不完的，要活到老学到老。

李 学习做陶的学徒一般多长时间可以学成？

刘 认真学的话几个月就可以学成，两三年后就可以出师了。但是有的人天分高可能学得就快一些。而且在做陶的时候拉坯很重要，但是只有拉坯还不行，拉坯只占 50%，还有 50% 要靠修坯。拉坯主要是将坯拉圆，扁的造型也要先拉圆之后再做扁，修坯主要是修整陶器，使器物厚薄均匀、样式更加精细。学习手工制陶很重要的一点就是勤练，但学成后如果没有自己的风格，没有自己的感悟和情感投入，哪怕技术再熟练，也不能称为艺术，那样与机器的批量生产也没有什么区别了。

李 您如何看待荣昌陶的创新问题？

刘 现在的陶厂都是私人的企业或作坊，对产品创新投入的力度不如从前的国营厂。之前国营厂有专门负责研发的部门，一个部门有20~30个技术人员，这个部门是不计成本和时间来搞陶器的研发的，所以每年的新产品都很多，这也是私人的企业很难做到的。

李 有很多非遗都会有"非遗进课堂"，您是如何到大中小学传授荣昌陶的？

刘 很多学校我都去过，比如安富中学、重庆的南开中学，我是他们的陶艺顾问，也有一些中学的陶艺比赛让我去当评委。大学有宜宾学院、四川美术学院还有重庆大学。最开始的时候在中小学是教学生，后来就是教老师，然后老师再去教他们的学生。给四川美术学院也上过几周的课程，在四川的宜宾学院是给老师上课。学校中的老师文化水平相对较高，理解能力好，而且很多大学的老师都有一定的基础，教的效果比教学徒要好。

李 听说您开办了一个"泥好，荣昌陶文化传媒体验室"，效果好吗？

刘 是的，就是一个围绕荣昌陶非遗传承为宗旨的体验屋。是针对我们荣昌区的陶业人员和各地有志来学习荣昌陶的爱好者等群体所做的非遗传承创新教学体验活动。开设这个体验屋的初衷，是为了区别大师陶艺工作室，使得参与体验者更愿意接受，在参与过程中能体验到制陶的拉坯、上釉、烧制等有趣环节，并可以购买喜欢的荣昌陶。别的制陶行业有几万名从业者，我们只有几百人，人数还太少。我现在年龄大了，个人的力量有限，希望大众参与，让荣昌陶传承、繁荣下去。

李 您觉得还有没有其他的方式可以让您的手艺传承下去？

刘 除了我前面说过向更年轻的一代传授技艺外，我2021年5月的时候还应邀与埃塞俄比亚驻重庆总领馆的领事等一行人交流了陶艺，并向他们展示了荣昌陶拉坯、造型、修坯、烧窑的过程以及陶制品的销售技巧，同时对埃塞俄比亚的公民在线上进行培训。20世纪70年代荣昌陶在国际上具有很大的影响力，现在荣昌陶又重新走出国门，被更多的国际友人了解，宣传了中国的陶器文化，也可以让荣昌陶的制陶技艺能够得到更广泛的传承。我们还分别在安陶博物馆对面的大师园和安富的陶宝古街设置了以我的名字命名的吉芬窑店铺，就是为了吸引更多的游客来关注和了解荣昌陶。

李 刘老师出身制陶世家，从小学习拉坯造型工艺，经验丰富，不仅个人技术全面，还曾带动了贵州一个陶瓷企业的发展，在安富尚建有自己的"吉芬窑"工作坊，为荣昌陶的传承和发展发挥了重要作用。再次谢谢刘老师接受我们的采访。

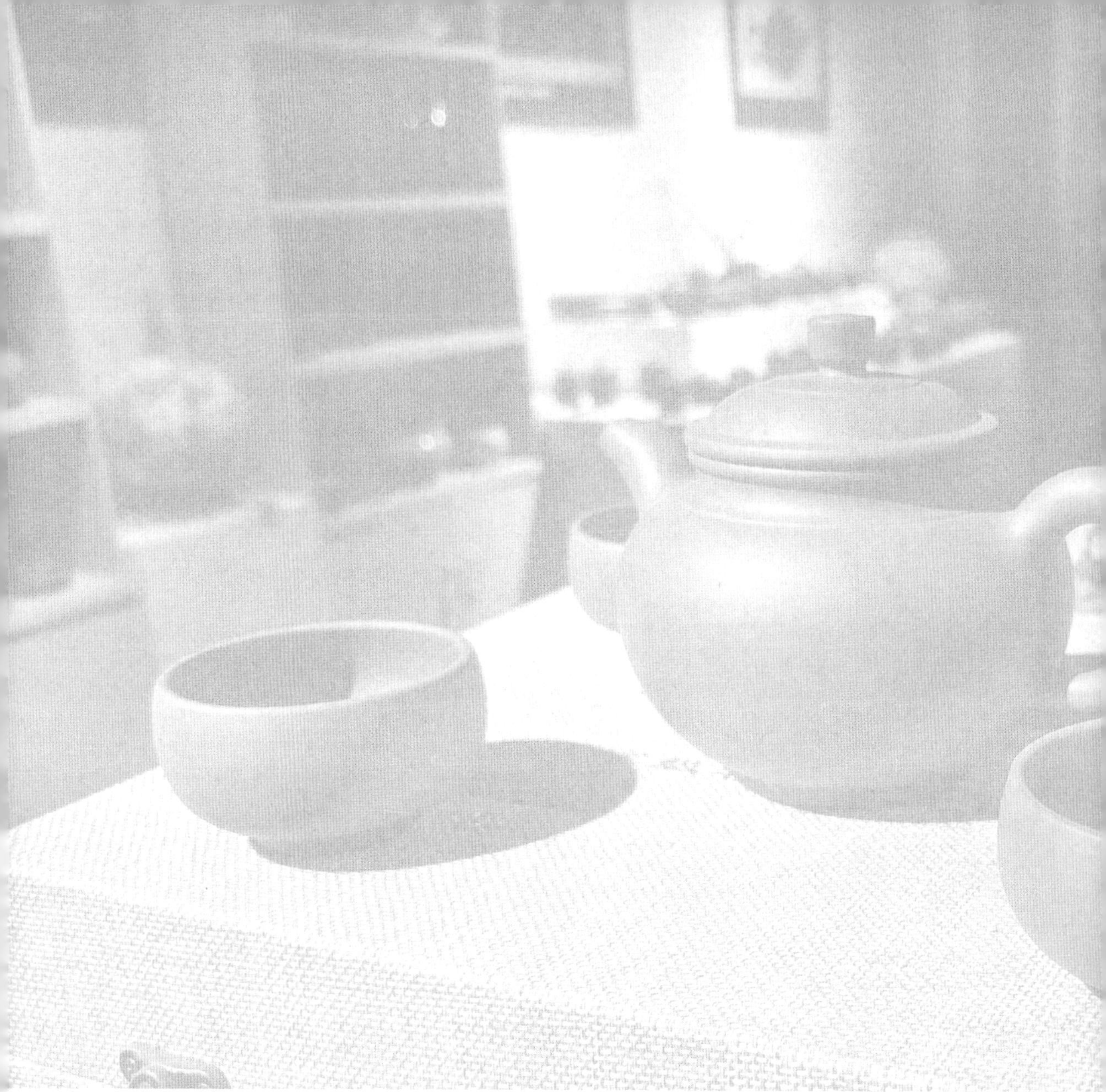

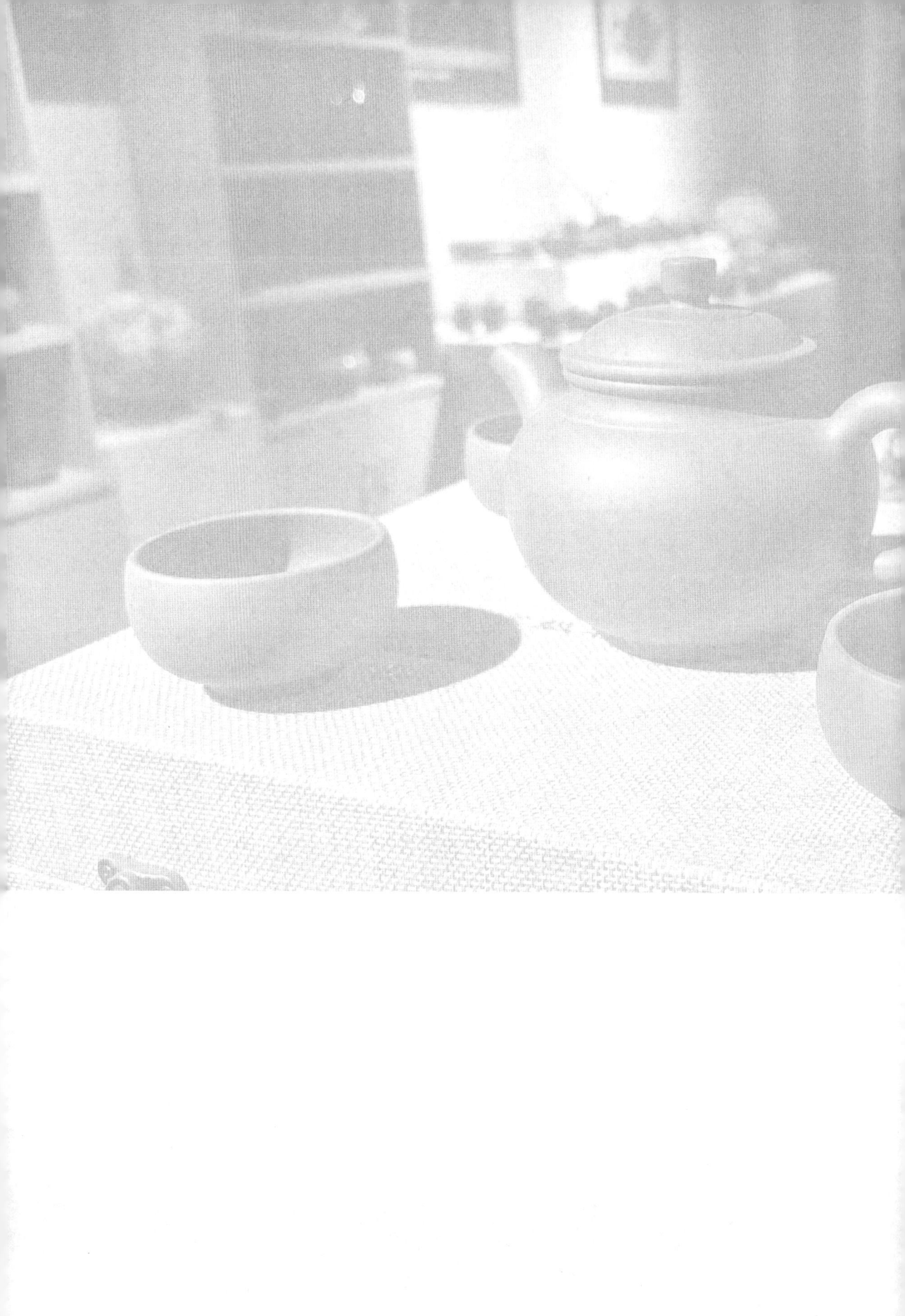

向新华

向新华
国家级非物质文化遗产代表性项目陶器烧制技艺（荣昌陶器制作技艺）重庆市代表性传承人，重庆市工艺美术大师。

采访人：李秋
受访人：向新华
时　间：2021年5月11日上午
地　点：荣昌区安富街道安陶路199号向家窑陶艺工作室

李　向老师是安富人吗？

向　是的，我是安富当地人，1954年7月出生在鸦屿，就是安陶厂那个地方。以前叫鸦屿，或叫鸦口村，后来又有人写成垭屿。

李　向老师是制陶世家，老家是哪里的呢？到您这一代是第几代了？

向 我祖籍是湖北孝感的，与肖文桓他们肖家一样都是湖广填四川的时候从那边迁居过来的。我们的祖先在孝感就是烧陶的，原来有家谱，不知什么时候找不到了。听父亲讲有十多代人从事制陶业。能记住名字的有五代人。有高祖父向继康、曾祖父向宝廷、祖父向桂林、父亲向垣铭，一直传到我这一代。

李 有文献记载清代有个向家窑，是否是您家族的呢？

向 是的，清代，高祖父向继康就在鸦屿建有向家窑，在当地很有名气。

李 新中国成立后，向家窑发生了什么变化？

1953年成立了生产合作社。到了1956年，整个鸦屿已有28家大大小小的私营小手工业作坊，公私合营时，我父亲向垣铭作为私方代表做了地方合营"荣昌县安富陶器厂"的第一任厂长，主要管生产，公方代表的厂长是汤正先，也是书记。后来父亲还担任四川省政协委员，一直干到1977年才退休。安陶厂1974年的时候，是由江津地区管理，曾改为"江津地区荣昌陶器厂"，1984年划入重庆，才更名为"重庆市荣昌陶器厂"，隶属重庆市第一轻工业局领导。

李 您小时候读过书没有呢？什么时候开始学习制陶的呢？

向 我曾在安富中学读初中。1967年我13岁还未毕业，学校停办，我就常在家里学习做陶的手艺，由家里的公公教我。

李 公公是外公吗？

向 不是外公，是父亲的爸爸。湖北那边叫公公，重庆这边就喊爷爷。主要教我学习拉坯，我最早的拉坯手艺就是公公教的。

李 初中毕业后，您就去打工了吗？

向 1968年9月份的时候，鸦屿村有个村办企业下兴窑（后又改称为夏兴窑），我就去那里打工上班，当时下兴窑的工人有六十多人，像我这样的学徒工就三十多人。梁先才、刘吉芬与我是一批的，他们是我的师兄，都从师朱少安学习做陶。初到下兴窑的时候，没有多余的房子，我们只有自己到山上砍木材，自己来搭建很简陋的能做陶的茅草房，条件很艰苦。

李 您在下兴窑主要做些什么工种呢？后来离开下兴窑又做些什么呢？

向 我当时主要做手拉坯制陶。因为我在家里都学过，所以一开始就可以做计件工，每天完成多少件，让厂里收坯。下兴窑在清代就很有名气，一直烧到2001年才熄火。我在1973年9月安陶厂招工时，就离开了下兴窑，到安陶厂去上班，教我的师傅是厂里的老艺人周俊国。1975年，贵州习水县的领导来荣昌想请一些师傅去那边帮他们建一家工艺美术陶瓷厂，那个厂是个碗厂。当时，还在下兴窑的刘吉芬、梁先才都去了。刘吉芬干得久，在那里当厂长，一直干到1996年。我是由厂里派去的，主要做些技术指导和培训工作。干了几年，1978年的10月就回到了安陶厂，被安排在技术科下面的试制组做展品和样品的试制工作，当时有七八个人，组长是钟华福，我的主要任务是根据技术科发来的有尺寸的图纸完成拉坯这道工序。2000年安陶厂倒闭后，职工都下岗另谋生路。2001年，我就到荣昌鸦屿陶瓷公司梁先才那里做手工拉坯制陶，干了四年。2004年我被四川标榜职业学院特聘为陶艺系教师，在学校教学生做陶。2006年浙江义乌鑫辉工艺美术陶有限公司聘我过去当他们的技术指导，干到2010年，才又回到荣昌，在重庆世国华陶瓷工艺品有限公司做工艺陶的拉坯工作。

李 向老师一直都是从事拉坯的工作，这道工序怎么开始呢？

向 拉坯第一是要揉泥，然后搁在那个车盘上，在辘轳的中心把泥扶正，不要歪错，以前都是手工制作的，在石盘上有一个凹陷处，用一根树枝做的木棒，对到那个凹陷处，把它搅动，待转盘开始旋转后，把木棒抽走，再用脚来蹬，让转速快起来，转速的快慢要用脚来控制，这里还要讲点技巧。

李 在拉坯的过程中，怎么做到心手统一的呢？

向 在拉坯的时候，心和手是要统一的。手工制陶，是一项熟能生巧的事儿。要根据制作器物的大小，选择用多重的泥巴，20厘米的陶罐，3斤泥巴就行了。成形，靠手感和眼观来把握，脑子里要"有的放矢"，心里要有"形"。有了"形"，就可以随心所欲。捏，要捏住泥巴的中心，旋转时，两手要慢慢往上拉，慢慢往外扩。生手拉坯最易出现陶器厚薄不均匀的情况，底部泥巴多、上部泥巴少，或底部泥巴少、上部泥巴多，都不能成器。

李 工具很重要，拉坯的转盘是怎么制作的呢？

向 转盘是用硬砂石做的，底盘和转盘中间有个柱做中心，是用檬子树做的那个尖子，它很硬，经得住磨，底盘要固定，转盘转动的时候，中心柱还得有点间歇，车圈不能太紧或太松，用一段时间，还要加点菜油润滑，这样转起来才比较轻松。直径有41厘米的，也有68厘米的，高可能有12厘米，重量有100多斤，这样转动的时候才有惯性。当时厂里分了几个车间，每个车间都有做拉坯的，仅做手拉坯的技术工人就有100多人，试制组就有14人。1975年，厂里进行技术革新，改为电动的转盘，就很省力了。

李 用转盘拉坯要注意哪些问题呢？

向 转盘转动后，把搭在转盘中心的泥巴捧正，由下往上捧，右手扶着，左手插在泥巴的中心把泥分开，把陶坯底部开出来，底部要留一截，陶坯的宽窄如何，慢慢地车起来。双手对到陶坯车，配合要保持稳定，不能甩，偏一点都不行，用左手中指和右手大拇指对到车，以便控制陶坯的厚薄均匀。像茶壶这种小的器型，就比较好拉坯。太大的器型不好拉，太小的也不好拉，要靠经验和技巧。

李 太大的器型是怎么拉坯的呢？

向 大的器型拉坯是要连接的，最高的陶器，我做过2.2米高的，是我的大徒弟配合我一起做的，先将坯体下部分车30厘米高，再把泥巴搓成条状，用水打湿，在坯体外面用右手摁住，左手几个指头在里面车，逐渐加泥条一节一节地往上车，由于有时手摸不到，对器型控制相对要难一些。大与小主要还是用力的区别。拉坯要做到柳、卵、直、胀四个要点，口型要拉圆，做到底正口圆，泡菜坛子是最典型的，要想做得好，坛子的肚子往上一点和肚子往下一点，造型都会不一样。

李 我们经常提到粗陶和细陶，两者是如何区分的呢？

向 就是看目数。粗陶一般80目或90目，最多110目左右，细陶起码要220目，有的还可以达到300多目。你现在喝茶的这个茶杯和茶壶是素烧陶，就有240目左右。像荣昌武城高瓷陶厂生产的就是粗陶，他那些陶土就只有110目或120目。荣昌还有不少企业在生产粗陶。

李 在荣昌，粗陶都用传统的阶梯窑烧陶吗？

向 不一定，有些是用阶梯窑，像武城高瓷陶器厂的袁心权他们在20世纪70年代建了阶梯窑，他当时在县里办的一个陶厂任书记，后来搞个人承包，现在只有两条阶梯窑在煤烧。更早以前是拉通了来烧的龙窑，叫"通烧窑"，下兴窑最早就是通烧，用松柴来烧。我的公公就一直在下兴窑上班，他的主要工作就是装窑烧窑。1963年，才把龙窑拆了，改为阶梯窑，不再是通烧，而是分了窑室来烧，燃料改为煤。现在也有很多企业采用的是机械的隧道窑生产，除了煤窑，后来气窑和电窑都有了。

李 在安陶厂，烧制细陶是用的什么窑呢？

向 安陶厂用的是倒焰窑烧陶，当时有六座烧煤炭的平方窑，1977年后，开始使用半机械化的推板窑烧酒瓶，这边装货，那边就出货，产量提高了很多，也是烧的煤炭。

李 粗陶也要上釉，一般上的是什么釉呢？

向 粗陶用的釉叫"矿子釉"，有句民谣叫"前山矿子，后山碳，中间泥巴做罐罐"，民谣中所指的矿子，就是用来做釉的材料，也叫"土釉"，是烧石灰的那种矿土，在土的面上，没有那么硬，日晒雨淋后会风化。以前没有机器打碎，先用筛子把杂质除掉，剩下的就用对窝来舂，用磨子来磨细，现在都用机器来打碎，方便多了。矿子釉也分红矿和白矿两种，用红矿烧出来的釉是红色的，偏深红色的，就是常说的猪肝色，用白矿烧出来的釉是青绿色的，颜色比较浅。还有一种"潮泥"做的釉，就是树叶腐烂后形成的腐殖土，一般在涨大水后的秋季，长江河水退潮后，在回水沱那里就沉淀了很多的潮泥，可以采集回来过滤一下做釉，我们在下兴窑做手艺的那会儿，就是采集回水沱的潮泥来做的釉。烧出来的颜色微黑微黑的，如果烧制的温度高的话，釉色玻化就要亮些，温度低点的话釉色就没有那么亮。土陶就这三种釉，成本很低，原材料都是本地的，不用加其他东西，小的陶器，用缸子或铁锅装釉料，一手逮到坛口，另一手扶到坛底，直接放入潮泥里浸一遍，或者说滚一道，在陶器表面形成一层薄薄的泥浆，有点像浸化妆土一样。大的陶缸就直接涂刷在陶坯上，与矿子釉敷在陶坯上一样，阴干后，再拿去窑烧，就变成釉色了。

李 在您工作室还看到一种直接用草木灰釉敷在陶坯上烧的陶，与烧制过程留下的落灰釉不一样，是怎么做的呢？

向 这种上釉就像上矿子釉一样，只不过它的材料不一样，是把松树的松子、松毛等植物材料烧成灰，再把灰集中拢来碾细，用水来调匀，敷在陶坯上，用电窑就可以烧，烧出来陶器的表面就形成了这种深灰色的效果，像在上面浸了一层灰釉一样。它与落灰釉不是一回事，我们都叫它"草木灰釉"。

李 上了土釉的粗陶，是为了好看，还是有其他功能？

向 一方面是好看，另一方面上了釉以后，表面光滑也好清洗。粗陶也不会渗水，温度都要烧到1180~1200℃，主要是为了把它烧结，所以温度要高，用来做酒坛、泡菜坛都没问题，而且不会变味。阶梯窑都能达到这个温度，所以粗陶比细陶还要耐高温些。

李 粗陶用煤烧，成本比较高，能维持运营吗？

向 用煤烧，有一个问题就是煤炭涨价，会提高做陶的成本，但市场有比较大的需求，有些酒厂一订货就要一百多个，大多是薄利多销。以前都是手工拉坯，现在用机压，就是模印，以提高效率来解决成本上涨的问题。

李 向老师在安陶厂的时间很长，对美院师生来厂实习，有什么印象呢？

向 我是在安陶厂长大的，肯定很熟悉了。梁启煜教授1954年就来到厂里，那个时候我父亲在当厂长，主管生产，要安排技术工人跟他们配合做产品，所以跟他很熟。四川美术学院与陶厂也因此建立了很好的合作关系。梁启煜教授每年都要到厂里来，那个时候我还是个小娃儿。最早厂里主要生产一些包装罐，尤其是帮重庆黄花园酿造厂生产包装食物的陶罐，比如装辣椒酱、豆瓣等的陶罐。梁启煜、罗明遥和毛超群他们来厂里，不仅设计工艺陶，也设计包装陶，在陶罐的样式、图案的设计上要精致许多，提升了包装陶的装饰效果，所以他们为安陶厂的发展带来了生机，做出了很大的贡献，应该感谢他们。1965年以后，他们与技术科的设计人员和试制组的技术工人打交道比较多，一起搞新产品的研发。梁教授和罗教授他们每年都要带学生来实习，主要就是搞设计，有些作品就交给试制组的技术工人来制作。我进试制组的时候，在几位老师中，更多的还是与后来带学生来的马高骧和王兴竹老师接触比较多，所以印象就比较深，不仅老师的设计我们制作，很多学生创作的作品，我们也帮忙制作和窑烧。1984年，许世虎还在四川美术学院读书的时候，他们班来厂里搞毕业创作，我们也帮他们完成部分毕业作品，所以许世虎我们也很熟了。

李　安陶厂技术科和试制组当时云集了一批设计师和技术工人，工作上是怎么安排的呢？

向　试制组属于技术科管。技术科设计图纸，试制组制作样品。厂里获得的很多荣誉和奖项都与技术科和试制组的工作紧密关联，作品大都出自他们之手。当时技术科科长是刘大华，是四川美术学院科班毕业分配到厂里来的，还有杨剑夫、钟德江、罗天锡、梁先彬等，钟鸣是1982年来的，他们都很懂行。杨剑夫1987年去世。司徒铸是技术科搞釉色研究的，还有李德明、郭绍金，是外省学硅酸盐专业的。还有中央工艺美院科班毕业分配来的朱红林、叶思群夫妇。肖祥洪的父亲是试制组拉坯的，当过试制组的组长，他父亲退休后，他也到了试制组，后来是张俊德继任组长。1986年刘大华调走后，罗天锡任技术科科长。可以说，技术科云集了一批厂里最强的设计人员和技术工人。

李　向老师是拉坯高手，又一直都在做陶，曾获得过哪些奖项呢？

向　我1985年制作的《高颈宽肩瓶》获四川省轻工业厅银奖；1986年制作的《1-7号泡菜坛》获国家轻工业部金奖（这两项奖原存荣昌陶器厂，后遗失）。2010年重庆市第三届工艺美术博览会获奖四枚，包括：《窑变釉反口大肚瓶》金奖；陶艺《古风》铜奖；陶艺《生命之树》铜奖；《双耳反口花釉瓶》铜奖。作品参加2011年第四届重庆市工艺美术博览会获陶艺"互动"铜奖；2011年在全国第三届中国美术陶瓷技艺大赛手拉坯项获唯一一块铜奖。2012年的第五届重庆工艺美术博览会上《手拉坯剪纸刻花系列》获产品金奖。2019年，创作的《太平有象》，在第八届中国（重庆）文化产业博览会工艺美术大师作品暨国际工艺美术精品展上，获第四届"工匠杯"设计创作大赛金奖。

李　说到安陶，都是形容"红如枣，薄如纸，声如磬"，现在的制陶技术还能做到吗？

向　拉坯要做到薄如纸，泥土必须要300目❶以上。荣昌陶目数的多少，往往决定了陶泥的细度。

最早蒸饭用的"鼓子"就做得很薄，像个陶钵，有盖子，四边设计了四个可以穿

---

❶ 注："目"是一个计量单位。所谓目数。是在荣昌陶制作工艺中区分泥料颗粒粗细的一个概念。细陶，其目数一般在100目到200多目，粗陶约为60~80目。

起来的孔，使用时可以用铁丝提起来，你看这张素烧的鼓子的照片，胎薄得像纸一样。20世纪70年代以前，采集的泥土都要用三个池子循环淘洗，第一个池子的水是浑的，杂质沉淀在下，含细泥的水在上，然后用舀子把水舀到池子之间的一个水沟，用做蓑衣的棕叶垫过几层过滤后，流到下一个池子，经过几个池子的过滤，就把泥土中所有的杂质都清除了。打个比方，就相当于打麦子，把麦壳去除了，再磨成灰面，就非常细。淘洗过的泥做陶叫"泥精货"，也有叫"泥金"的，形容其金贵。20世纪70年代以后，陶泥都是用机器来磨，实际上就是把麦壳和麦子一起打细，没有过滤，仍然含有杂质，我们称为"桶粉"。泥巴是一样的，但做工不一样，只有240目左右，很难达到360目那么细。通常所说的泥精货，现在的泥巴很难达到了，只能说经过慢慢地做，可以接近那种效果。

李 陶土目数越细，越可以做精致的陶器，但烧制过程会不会变形呢？

向 泥精一般做小的陶器，像鼓子、茶碗之类的，达到300多目，烧制时是不会变形的。有这个说法，越细的陶器烧制时越容易变形，所以大的陶器如缸、坛，都是用粗泥来做的。

李 您在安陶厂除了拉坯，什么都在做，有哪些获奖的作品是您参与的呢？

向 很多都参与了，厂里技术科和试制组的任务，很多产品都是集体完成，只是最后获奖的作品，只有设计者的名字，没有实际操作者的名字。

李 厂里是什么时候开始走下坡路了呢？

向 应该说20世纪70年代到80年代中期，都是很好的，但到1986年以后，厂子的情况就不太好，开始走下坡路了。整个陶厂不适应市场经济的发展。从1979年改革开放的初期起就开始生产酒瓶，那个时候的酒瓶很好卖，虽然那时四川美术学院的老师也带学生来搞毕业创作，主要是利用厂里的陶土、工艺技术做艺术陶，他们做设计，厂里的技术工人帮他们完成，那些艺术陶器都是单件生产，所以对厂里的量产没有什么影响。1989年还恢复了一段时间的生产，到2001年厂就关闭了。算起来我在荣昌陶器厂工作了39年。

李 陶厂关闭后，厂里的工人怎么办呢？

向 当时就叫下岗职工，自谋生路。2001年我去重庆歌乐山的金刚村工作了四年。那里有个厂以前是重庆电力公司下属的一个电杆厂，后来建成供公司内部使用的一个休闲山庄，有90多亩地，里面建有别墅餐饮，吃住玩的都有，电力公司有业务来往或员工周末度假都要来山庄。公司聘我到山庄里去做陶，还安排了两个人跟我学，做些东西出来，烧窑是他们建的梭式窑，烧的是天然气，干到2004年，山庄没有收入，运营不下去了，我也只好离开了。

李 后来又到哪里去做陶呢？

向 去了四川一个民办的标榜职业学院，地点在成都的龙泉驿，他们办了一个陶艺系，邹小兵是主任，是他聘我去当教师，让我指导学生做陶。2006年就到义乌的一个私人办的树脂厂去做工艺陶，主要做翻模啊这些工作，一直干到2009年，我就退休了。后来我回到荣昌的世国华陶瓷有限公司，他们不做其他企业生产的那种低档酒瓶，而是以生产中、高档酒瓶为主，也生产一些工艺陶。管理企业的厂长就是安陶厂的最后一任厂长林志忠，他聘我在那里做工艺陶，主要生产摆件、花瓶、茶油罐等这些既实用又美观的产品。最兴旺的时候有三十多人，我一直工作到2015年。

李 向老师主要的工作是拉坯，在配釉或刻花等装饰方面接触的多吗？

向 在试制组每个技术人员都是分工合作，我是做拉坯的，施釉又是另一道工序，有专门的人在做，我们接触比较少。试制组有十三人，就有七八个人在专门刻花。但工作在一个组，各项工艺大家也会很关注。其实我最早去贵州的时候，这些工艺都基本掌握了，所以一旦离开厂里到外面去做陶，就要靠自己一个人来完成全部工序。

李 您认为除了拉坯，还有哪一道工艺比较难呢？

向 设计比较难，主要是造型这一块，因为工艺主要与技术的掌握有关，而造型设计是艺术创作，要有创意和想法，对我们来讲就难些。

李 向老师工作室的这几件像礼花一样的釉色花瓶很漂亮，是施的什么色釉呢？

向 这几件像礼花一样的釉色花瓶施的是黑釉，里面点缀了一些朱砂釉，自然浸开，看起了有点像夜晚的礼花。黑釉大多好掌握，朱砂釉要难些，里面要带砂的颗粒，釉色都是自己配制的，要在红泥的陶坯上烧，是祖上传下来的，其他地方没有这种釉色。现在能配置朱砂釉的人很少，配方是保密的。梁大研究了几十年，肖祥洪也在研究配方，其实其他一些人也可以做，只是现在的电烧很难达到博物馆收藏的柴烧的朱砂釉那种深沉自然的色彩效果了。相较而言，白泥各种颜色都可以烧，就像白纸上画画一样，什么颜色都可以画。上的釉有一些是矿物质的，也有些要加化工釉。现在是以硼砂为主，如长石、硅石、方解石这些，用高温煅烧，球磨机磨成粉，以前要加红丹，罩上一层透明釉更亮，一般称为熔块釉。做朱砂釉、黑釉，以红丹、锡为主。

李 釉色里有一种叫西绿釉，是本地的还是外来的呢？

向 有不同的写法，有的写稀绿釉和硒绿釉，一般多写成西绿釉。安陶厂成立以来，釉色的研究很出成果，不少釉就是厂里的技术人员研发出来的。20世纪70年代以后，就可以烧出多种色釉，如朱砂绿、蓝釉、白釉、黄钧釉、蓝钧釉等。有些釉其实历史上早就有了，比如在鸦屿一带挖出来的瓷片，黑釉多些，其他釉色也有，距今有八百多年了还很亮。博物馆里还能看到清代的朱砂釉、绿釉、西绿釉等精彩的产品，说明西绿釉清代的时候本地就有。

李 您认为绞泥这项工艺，是什么时候开始的呢？

向 绞泥新中国成立前就有了，并不是后来才有的。他们用两种泥巴混合起来用，只是以前做的绞泥没有那么好看。父辈做的绞泥作品，我们都看到过。但是马高骧老师带学生来厂里后设计的绞泥作品非常好看，有件作品叫《美丽的太空》，1985年还获得了全国首届陶瓷设计展的优秀奖，的确提升了荣昌陶绞泥应用的一个档次。

李 刻花、点花或耙花工艺，是以前就有的吗？

向 都是以前就有的，四川美术学院的老师带学生来厂里后，将这些传统装饰工艺在原有的基础上发扬光大，将产品设计得更精致美观。民国时期就有的点花是用釉来点，实际上是用笔蘸釉来绘制纹样，要有美术基础才行。安陶博物馆里都能看到那些实物。

李 剪纸刻花工艺在厂里应用比较多，有什么特色呢？

向 剪纸刻花是20世纪60年代就开始有的。剪纸刻花与剪纸有关系，我们这儿的剪纸，不是用剪刀剪，是用刀刻，一次可以刻好几层，这样可以直接用刻的纸作为一个模子来刻花，效率就大大地提高了。

李 那剪纸印花与剪纸刻花有什么区别呢？

向 剪纸印花，是在第一次烧成的基础上，用有颜色的剪纸纹样粘在陶坯上，不用撕下来，拿去窑炉进行第二次烧成，陶器上就会印出剪纸的图案。剪纸刻花，是把剪纸贴在陶坯上，再把陶器浸润上化妆土，待阴干后，再把剪纸撕下来，照着纹样的模子用刻刀进行剔刻，有些纹样太细了，还要补画一下，再把有用的部分留下来，不用的部分剔掉。我妹弟就搞刻花，他不用剪纸做模，图案就用手绘，图案画好后，再剔刻，这是做单件作品，这种刻花要有美术基础才行，叫剔刻花。

李 像这种技术工人，厂里会安排培训吗？

向 以前没有培训，厂里的那些老艺人都有些美术基础，带徒弟的时候，多少也会教一些美术知识。许多图案都是传统的图案，工人只是照着画，照着临摹，时间长了，慢慢地也懂一些美术知识了。我们给黄花园酿造厂做的7号泡菜坛，就大量使用了刻花的卷草纹图案。

李 7号泡菜坛是什么意思呢？

向 这个数字是泡菜坛大小的编号。1号最大，从大到小，就是1、2、3、4、5、6、7，就是这样编号的。所以1号是最大的泡菜坛，可以装几十斤豆瓣，需求最多的是5、6、7号的泡菜坛。5号坛可以装2斤，6号坛可以装1斤，而7号泡菜坛是最小的，只能装半斤。厂里为西南地区的酿造企业生产泡菜坛或各种式样的罐，主要用来包装泡菜、豆瓣、干芽菜、豆豉等，这些产品就按这个编号来定制，有量制的包装坛罐才好卖。而且批量生产，不用手工拉坯，都是注浆生产，还可以降低成本。20世纪60到70年代是以泡菜坛为主，80年代以后就以酒瓶为主打产品了。

李 那手工拉坯主要生产哪些产品呢？如何销售的呢？

向 手工拉坯主要是做工艺陶，价格要比注浆的产品高些。20世纪60年代到80年代中期，广交会订货比较多，产品要出口赚外汇。当时广交会订货是由我们带产品去展览，由外贸公司跟外商签订合同，再由外贸公司与厂里签订生产的合同。对内是供销社负责销售，对外是外贸公司负责销售，我们只负责生产。也有些日本人和美国人到厂里来订货，就不需要经过外贸公司，他们只要手工做的工艺陶，但订货的数量很少，有些产品只要一两个，多的几十个，他们拿回去是为了做研究。记得是1983年，我们去美国办展览，他们订了几十个品种，其中最多的一个品种有60多件，总共订了800多件，只要手工做的工艺陶，为了按交货时间完成任务，厂里的工人很辛苦，加班加点，有时做到晚上12点，连续干两个多月，还要保证产品质量。

李 后来您是什么时候开办了自己的公司呢？

向 我在世国华陶瓷公司干到2015年的10月。其实2012年我就在安富街道成立了自己的工作室，管街道的主任说，你在世国华做工艺陶，是牵头的，走了可能厂里就没人了，但是到了2016年，我决定在街道的工商所领取营业执照，在工作室开办了自己公司，生产销售都自己来做了。主要还是做些摆件、茶壶、茶杯、茶罐、花瓶之类的工艺陶，这些都是我擅长的传统手工艺，也有各种型号的泡菜坛，都是细陶做的，用气窑和电窑烧制。你们在这里看到的一些柴烧的茶壶，是在徒弟建的平方窑里烧制的。我一般不在外面跑，工作室展出的产品都是些商铺来订的货，销量还是一般，不是很好，还过得去。

李 柴烧的成功率能达到多大比例呢？与电窑和气窑烧陶价格差异大吗？

向 用柴反复地烧，成功率一般可达到30%左右。如果要很满意的话，可能只有10%。如果是精品的数量，可能只有几个。主要是销路的问题，一年只烧两三窑，因为成本高，所以柴烧茶壶的价格要卖到几千上万。如果是手工拉坯素烧的茶壶，用电窑烧的，稳定性高，烧成率可达到90%多，成本低，价格只卖到几百块钱一个。气窑与电窑烧陶还有些差别，气窑分为烧还原焰和氧化焰，可以烧成几个颜色，氧化焰可以烧成红泥的本色，还原焰根据火的温度和风门的控制，可以把红泥烧成带金属色，看起来像铁锈的颜色，也可以烧成黑色的效果，而且陶器放入窑内的位置也有讲究，火烧的远近温度不一样，颜色的变化也不一样。这点与电窑烧陶不一样，也要掌握一些经验性的东西。我喜欢柴窑，但很费事，大多数时候还是在烧电窑。

李 你们现在使用的工作室是免费的吗？

向 这整栋楼都是安富街道为工艺美术大师建的工作室，使用全部免费，不收租金，这方面，政府还是很支持我们出来创业的。平时，如果工作室的大师有作品获奖，是由政府部门组织参加的展览，政府会相应地给予个人再奖励。但个人去参展获奖的没有奖励。

李 向老师带的徒弟多吗？

向 以前在安陶厂，厂里招工，都会安排学徒由我带，从1982年我就开始带徒弟，几乎每年都要带徒弟。

李 在厂里带学徒有哪些工种可以学呢？

向 没有，厂里安排的学徒就跟你学就是了。三年出师就离开了，然后又是另外的学徒要继续带。在厂里，学注浆、机压是两年，学剔刻花是三年，学我们这个手工拉坯也要学三年。印坯与注浆的工种还不一样，印坯要把泥巴做成条状，就是开片成型，比注浆工技术含量要高些。雕塑工艺是先雕出一个人物或动物的造型来，然后用石膏翻模，也叫印坯，就是可以批量的生产。不管学什么工种，技术有简单，有复杂，但多少都含有技巧在里面，都需要认真地领会和学习。

李 这几件马儿，都是黑釉，是喷釉还是浸釉呢？

向 都是浸釉，在釉浆里面滚一道，与浸润化妆土一样，要想浸釉均匀，也要掌握技巧，浸得均匀釉面才能平滑光亮，不然烧成后会形成流釉的痕迹，如果要做特殊效果的流釉，一般都不是一种釉，是两种以上，通过窑变产生流痕的效果。喷釉也有，主要做大件的陶器。大件的陶器无法浸釉，抱不动，釉浆也弄不均匀，只能喷釉或涂釉。

李 钧釉是如何做的呢？

向 钧釉是双层釉，它有面釉和底釉。做茶壶常用钧釉，浸一道底釉，再浸一道面釉，两种色釉通过窑烧产生出窑变的色釉，因此有很多偶然性。上的底釉和面釉不同，产生出的窑变也不同。

李 与柴烧的原理是一样的吗？

向 可以说，与柴烧通过落灰烧制产生的窑变原理是一样的。不同柴火，形成的柴灰不一样，烧制过程中，落灰与陶器发生的窑变也是不一样的，这也是柴烧的一种魅力吧，所以也吸引了一批年轻人来荣昌烧陶。

李 向老师教了那么多徒弟，对他们有些什么期望吗？

向 主要还是期望他们能够坚持下来，把这个手工艺传承下去。我前面教的徒弟，好几个都有自己的门面，做得还不错，但也有一些人改了行。坚持下来的有十多个，李加兴还被评为重庆市的工艺美术大师，他原来是景德镇的，到荣昌来跟我学，主要做茶壶。钟鸣的女婿也在跟我学，他们都是拜师学艺。其实想来学陶的学生也不少，但学做陶是个漫长的过程，一年两年几乎见不到效益，如果急功近利，不能安下心来做陶，基本上就学不下去了。能坚持下来的都是极少数。2014年，还有一个俄罗斯的老外来学陶，学了几天就走了。当年，梁启煜教授他们带学生来，最早就有几间茅草房，后来有了陶器厂，条件没有现在好，但学生能够住下来，与陶厂的师傅一起认真学习做陶，现在的学生反而住不来了。如果要说期望的话，就是要做一件事就要有恒心，要热爱这门手艺才行。

李 是什么原因使现在院校的学生不能留下来学习做陶呢？

向 现在条件好了，但国营的陶厂没有了，以前四川美术学院的师生每年来厂里实习，厂里都非常欢迎，有时梁教授来厂里一待就是几个月，学生来厂实习一般都是一到两个月，一起合作开发新产品。现在都是私营的企业，学生来要自己租房子住，如果企业要安排师傅教，还会计成本收费，所以学校要来安富学习，环境已发生很大的变化。还是希望美院的老师和学生能像梁教授他们那样，多来荣昌指导我们的创作，校企合作才能更好地提升荣昌陶的设计水平。

李 拜师学艺有什么仪式吗？

向 传统是有拜师仪式的，而且要跪拜师傅师母。现在没有这些了。一般是经人介绍，我看后认为各方面都不错的话，就安排时间，由学徒先向师傅师母叩三个头，敬杯茶，接着请一桌酒，向师傅师母敬酒，就算正式收徒了。

李 作为荣昌陶的代表性传承人，您每年都有带徒的任务吗？

向 要求要带两到三个，每年基本上都能完成，有的时间还超额完成，多带一些，目前我就只带有两个徒弟。

李 对政府的工作有些什么建议呢？

向 还是希望我们能得到更多重视。有时候对外宣传不够，市场不活跃，因为我们自己很少去外面宣传，基本上就是靠来工作室的客户购买和订货。还是希望政府能加大对外宣传的力度。

李 现在网络非常发达，为什么不利用网络的优势来做宣传呢？

向 我们不大懂这些新技术，以后还是要多学习，把自己的产品宣传出去，让更多人了解我们的产品。

李 你们这些大师平时有没有什么交流呢？

向 我们也经常有些交流，梁先才是陶商会的会长，有活动会召集大家一起。我们这一批老陶厂出来的师兄弟，年龄都大了，有的已满70岁了，我进厂要晚些，所以年龄要小点，也67岁了。其实陶厂倒闭后，我们都到外面去工作了一段时间，也了解外面的情况，是因为本地的优惠政策和扶持把我们都吸引回来了，现在大师工作室还吸引了景德镇、云南建水和江苏宜兴的名师来，实际上，四大名陶都有名师入驻这里，增加了大家的相互交流。能把大家集中在一起，也可以形成一股力量，但与景德镇和宜兴比，还是差得很多。在景德镇，要用什么材料都可以买到，每一道工序需要的东西都有，形成了一个专业的材料市场和产业链。在荣昌就做不到，除了泥料，其他材料没有现成的可以采购。如果要发展荣昌陶的话，这些条件要配套才行，有条件才能吸引更多的人来本地发展。

李 向老师出身制陶世家，也是荣昌具有市级大师和市级非遗传承人双重身份的手艺人，从小学习拉坯工艺，先在下兴窑做陶，后又进入荣昌陶器厂技术科的试制组做造型的拉坯工艺，技术全面，经验丰富。今天聊得最多的就是制陶的技艺与传承，内容很丰富。向老师为人真挚豪爽，给我们留下深刻的印象。再次感谢向老师接受我们的采访。

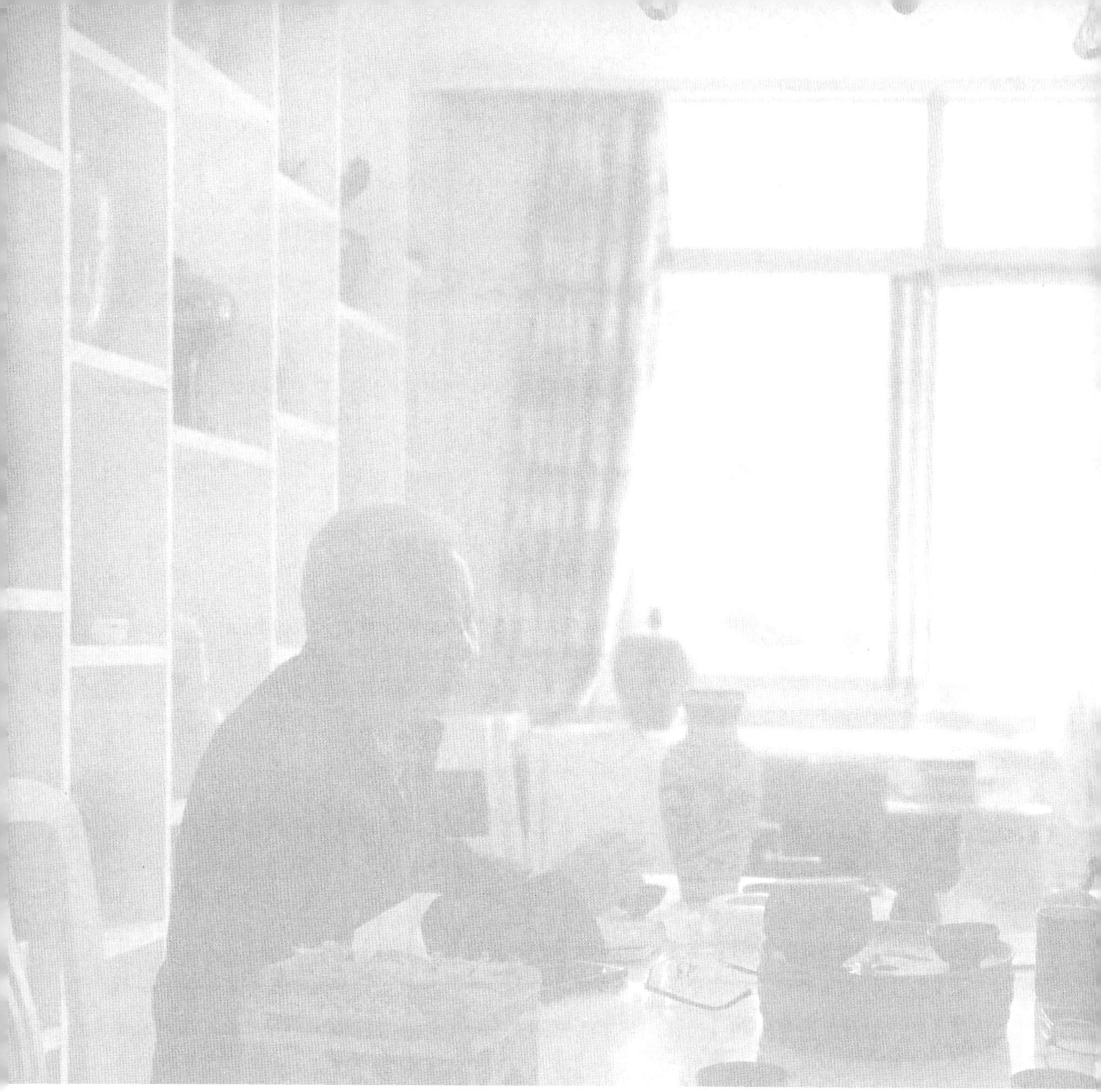

张俊德

张俊德

国家级非物质文化遗产代表性项目陶器烧制技艺（荣昌陶器制作技艺）重庆市代表性传承人。原荣昌安富陶器厂技术科试制组组长，在陶厂工作三十余年。退休后兼任多家陶艺工作室陶艺技术指导。

采访人： 李秋
受访人： 张俊德
时　间： 2021年4月28日上午
地　点： 重庆北碚区雨台花园张俊德家

李 张老师是荣昌人吗？从什么时候开始学习陶艺的呢？

张 我是荣昌人。1946年出生，今年76岁。原姓不是姓张，家父原姓舒，由于家里子女多，生活很困难，父亲又有病，后来父亲结第二门亲后，我就改姓张。我从小没有读过什么书，所以文化底子差，嘴巴不会说，像写点文章我就没有办法，只有靠实干。我8岁时，就开始随张家在作坊学制夏布。1958年，荣昌县城关镇的火炮街成立了夏布厂，在镇子尾端，属于集体企业，当时是荣昌县手工业管理局在管理，那年我

12岁,就和一帮同龄的孩子,进入夏布厂当学徒工,我主要做些"梳扣""刷浆"之类的工序。到了1961年经济困难时期,生活紧张,夏布厂经营不下去了,我们这些孩子,有十来个年龄小,就被安排到安富陶器厂去上班。我是1961年3月21日去陶器厂报到的。当时还不到15岁,刚去厂里的时候是与成年人一样做些辅助工作。做陶有挖泥、制泥、拉坯、注浆、刻花、施釉、烧成等八大工序。我被安排在拉坯车间当辅助工,从那个时候起,就开始在师傅的指导下慢慢学习和掌握拉坯这门手艺活,一直干到1996年退休。

李 进厂之后,给您安排的工种是拉坯,您是什么时候才出师的呢?

张 刚进厂的时候,厂里并没有安排师傅,主要做些打杂的工作,几个月后我才被安排到制坯车间,分了师傅学习拉坯技术,教我的师傅是刘孝全。拉坯是制陶必须要掌握的一门手艺活,至少要学三年才能出师。学徒能否出师,要由厂里公认的老师傅和领导来评定,主要看拉坯的最后效果。要做三样产品,如敞口大的罐、口径小的瓮,或竖直线的瓶类,不能用工具,要看你掌握技艺的能力,师傅考核的就是平时教给你的手艺,如果你把这几样做好了,就基本上可以出师了。我是学得比较好的,本来两年过后就该出师的,因为年龄小有点贪玩,厂里评定的时候,就把我卡了下来,等到第二次再评定的时候,已经是第三年了,耽搁了一年,三年出的师。一起进厂学习拉坯的学徒工,还有几个考不过被淘汰了。

李 出了师,就是正式工了吗?出师后与学徒的区别是什么呢?

张 进厂当学徒就已经是正式工了。学徒是做辅助工作,跟着师傅做,产品做得合格不合格师傅都当你是在学习,没有定额的任务。如果技术掌握得不错,经过评定后就出师了,出师后,就要开始个人独立完成定额的任务。包括大件、中件和小件的陶坯高矮造型不一,难度有大有小,规定要完成的定额都不一样。实打实地说,我们这一批当学徒出师的,我在其中基本上属于尖子生,这与教我的师傅刘孝全的严格要求有很大的关系,师傅中朱少安也教过我。当时还有一位老师傅叫杨学礼,拉坯是厂里最厉害的,喜欢钓鱼,我在老师傅那里学到了很多东西。

李 陶器的造型很多,有些可以拉坯,有些不能拉坯,该怎么塑形呢?

张 塑型不仅有拉坯成型,还有注浆成型,也有雕塑成型、泥条成型等。拉坯只能做圆形的器物,比如泡菜坛、瓶罐之类的。但异型的器物,比如方的扁的,三角形或四方形的，或要量产的产品，就只有靠注浆才能完成。而一些人物或动物的工艺陶还要用雕塑的方法，都是不一样的，这不仅需要技术，也要掌握美术造型方面的知识，要懂得欣赏才行。以前在厂里，师傅都是把徒弟做的陶器摆在一起看，这样造型完成得好不好其实一眼就看出来了。

李　有专家讲，荣昌紫砂陶的主要化学成分与宜兴紫砂陶几乎一样，相较而言荣昌的素烧茶壶有什么特点呢？

张　荣昌细陶称"陶精"，泥料不含砂，可以做得很细。我听说真正的宜兴紫砂陶现在比较少了，政府为了保护陶土，不准随便开采，所以大多是采用各种泥料调配出来的配方土。由于这个原因，不同配比的泥料，所含有的矿质元素含量会存在区别，矿质元素的分布情况也各不相同，最终烧制完成呈现的效果也各有特色。而荣昌的这种红泥和白泥，在全国范围内都没有，是泥料里面最好的泥。荣昌的茶壶大都是采用本地天然的陶土制作的，你听，敲击时"声如磬"就指这个，比如用茶盅、茶壶泡的茶，因为有吸水性和透气性，泡茶不夺香，能够让茶叶更加醇厚，入口比较温润。如果你今天没有喝完，明天还可以继续喝，茶水放在壶里不会馊，这是它的优点。

李　茶壶制作有哪些技巧呢？

张　茶壶用素烧和柴烧的比较多，茶壶要做好很需要技巧。因为物件小，又以手工拉坯为主，常说七分拉坯，三分修坯，对壶的要求，须要做到"线条流畅、造型优美、工艺精准、富有神韵"，尤其是壶嘴、嘴把和壶口要达到三点一线，壶盖和壶口的密合度要好，口盖准缝要严密，二者之间的空隙一般不超过0.5毫米。要达到这个技术要求，需要长时间的磨炼才行。工艺好的素烧茶壶，造型饱满，色如红枣，手感润滑，壶口严密，看起来就是一件艺术品，让人爱不释手，附加值才会高。

李　市场上很多茶壶造型看起来都一样，是批量生产的吗？

张　批量生产就是指用模具灌浆生产的陶器。老国营陶器厂和现代的制陶企业，为了满足生产和市场的需要，都会用模具灌浆来生产茶具。这类茶具只有实用价值，没有什么欣赏价值，所以价格不高。

李　手工拉坯的茶具一套要卖什么价格呢？

张 荣昌陶一般是一壶四杯，也有一壶六杯的，杯子多少看消费者的需求，都可以配。如果是一壶四杯一套的茶具一般要卖到五百到一千元。宜兴紫砂壶很多都在网上销售，我们更多的是在实体店销售。懂行的人才买手工壶，一般很多都买批量生产的注浆茶具，因为价格便宜。

李 怎么分辨得出哪些是手工茶壶，哪些是批量生产的茶壶呢？

张 从茶壶里面看，注浆成型的，在出水口的下面有个凹印，茶壶的胎壁厚薄也很均匀；如果是手工做的陶，胎体厚薄就很难均匀，用手摸就感觉得出来。

李 您除了拉坯之外，还学习了哪些工艺呢？

张 在厂里上班的时候，我的主要工作就是拉坯。但也有很多机会和条件，可以去了解和学习其他制陶工序，如挖泥和制泥、翻模和注浆、印花和刻花、施釉和烧成等。你看这件我制作的金瓜陶罐，外形是模仿一个金瓜的造型，分成五瓣，施黑釉和朱砂釉，两种釉色用凸出来的线条隔开，线条看起来必须自然流畅、沉着大气，如果采用灌浆翻模就不行，拉坯技术不过关的话做出来就很难看。可以说，几十年来，我从工人到技师，已经全面掌握了造型、制坯、制釉、刻花和烧窑等制陶技艺。

李 您是什么时候调到技术科的试制组的呢？

张 1975年，省轻工业厅要厂里拿一部分陶艺产品去美国展览，厂领导非常重视，要彰显我们国家的文化实力，为国争光。于是，厂领导开会要在全厂范围之内挑选一位拉坯手艺好的，因为拉坯是一个很重要的工序，车间领导就把我推荐上去，说我拉坯技术好。就这样我与其他被推荐的技工一起，成立了一个小组，为了按时完成任务，时间搞得很紧张，费用都是由四川省轻工业厅直接拨款，他们对安陶厂印象很好，所以重庆直辖时，成都还提出要把安陶厂留下来。可以说这个小组就是后来试制组的一个雏形。1976年，厂里正式成立试制组时，就很自然地把我从拉坯车间调到了试制组，当时老的一批技术好的员工年龄都偏大，有的已经退休了，厂里希望我这样的骨干力量能作为接班人，把工作顶上去，就这样，厂领导特殊照顾，把我爱人也从荣昌的手管局调到了厂里工作，厂里又给我分了房子，我很感激，只有好好工作来报答领导的关心。

李 试制组属于技术科吗？

张 试制组属于技术科。当时技术科的科长是刘大华，他是四川美术学院雕塑系毕业的大学生，听说最初是分配到西安美术学院当教师，后来调到厂里来的。他有学历，也有资历，是个人才。我到试制组的时候，肖祥洪的父亲肖慈金是组长。我主要负责拉坯造型，司徒铸、李德明、郭绍金他们三人搞釉料的配置。釉料的配置不是那么简单的事情，技术很深奥，是科研工作，以实验为主，拉坯是技术性很强的工作，厂里的产品是否好销，技术科设计的样品就显得尤其重要。可以说，技术科的工作掌握着全厂的命运，能在这里工作的都是厂里的核心人物。

李 组里的主要工作任务是什么呢？

张 工作程序是技术科的设计人员出图纸，就像工业产品的制图一样，有平面、立面和剖面图，须标明器物的尺寸，由我们试制组来做实物的样品，再带到广交会上让国内外客商订货。每年的春交会和秋交会都必须参加，年年都要不断地提供新产品，有时为了赶任务，经常加班加点工作到晚上11点多钟。所以任务很重，等拿到订单之后，厂里才交给生产科，安排生产车间按时按量地完成生产任务。为了保障产品的质量，技术科还要负责制作人员的培训和技术把关。当时厂领导分管技术科的副厂长是司徒铸，他的爱人何光琦和钟鸣的爱人范鸣都是厂里培养的刻花工。司徒铸本人也是科班出身，很懂技术，所以很重视科里的工作。

后来肖祥洪的父亲肖慈金退休，我继任试制组组长，肖祥洪顶替他父亲，也调到了试制组，当了我的二徒弟。大徒弟是周光建。

李 在试制组工作，后来又当了组长，您对当时四川美术学院教师带学生来厂里实习，有什么印象呢？

张 对他们很熟悉，印象很深。梁启煜教授还找我做过茶壶。记得20世纪70年代中期，市里要定制一件茶具作为礼品，便委托梁启煜教授来设计，设计的造型是一套仿金瓜造型的茶具，梁教授就叫我来制作，就是这套金瓜茶具，你们看看照片就可以看出来，造型与你们看到的这件梁教授设计的金瓜陶罐是一个系列，也是用黑釉和朱砂釉分成几瓣设计制作的金瓜壶和金瓜杯茶具。1977年，四川美术学院陶瓷实习工厂派了六名员工来荣昌陶厂学习一年，梁启煜教授的儿子梁大也来了，他比我小几岁，因为上班经常在一起，我与梁大很熟。听说梁启煜教授原来是教图案的，改行搞的陶瓷，但资历很老，对装饰纹样和器物的造型都很有研究，他来厂里是最早的。其他还有罗明遥、毛超群也比较早。罗明遥老师好像是搞美术专业出身的，厂里的老工人摆龙门阵，说他画的鱼就像在水里游的一样，很有神采，不仅设计好，工艺技术也好，他自己拉得来坯，剔刻、点花、施釉这些基本上都得行，不需要画图纸，工人们都很佩服他拉得来坯，能自己动手。还有张福先、朱烨、马高骧、王兴竹几位教授也经常带学生到厂里来，安陶厂上上下下对他们的印象都很好，我很尊重几位教授，而且关系一直都很好，他们每年带学生来厂里实习都很受欢迎。尤其是他们设计的各种陶器造型，只需要画一张图纸就行，施釉的话，在安陶厂是一道专门的工序，他们需要什么釉色，厂里都会安排最好的技术工人来配合他们操作，设计的许多产品都获了奖，但作品命名都是设计者的名字，制作者是没有名字的。

李 当时的产品有许多是工艺陶雕，他们是怎么制作样品的呢？

张 工艺陶雕不能拉坯，都是用陶泥做成雕塑实物，再用石膏翻模成型。所以他们的工作主要是做小雕塑的设计，把美术和荣昌陶结合起来，产品要拿到广交会去让外商订货，很受欢迎。技术科的罗天锡、钟鸣他们主要做的就是艺术陶雕，题材以动物、人物造型比较多，罗天锡设计的马很有名，厂里的人都叫他"罗马儿"，钟鸣很年轻，也在技术科。

李 广交会上，哪些产品订货比较多呢？

张 工艺陶和实用陶，好多国家都有订货，很长一段时期产品供不应求，有些外商直接到厂里来订货。我们每年春秋两季都要把样品拿到广交会上去展销，发现日本人很狡猾，他们不订货，常常只买一两件产品，作为资料性的东西拿回去做研究。所以日本人善于学习，他们的陶瓷工艺很多都是从中国学过去的，又形成了自己的特色，搞得很好。

李 您从事拉坯这么多年，总结出什么口诀或制作的经验没有呢？

张 没有什么口诀，要说经验还是有的。在拉坯之前，先将库房里经过陈腐的泥料取出来踩炼，然后手工揉泥。主要是为了把泥料中残余的气泡以手工搓揉的方法排出，并使泥料中的水分进一步均匀，以防止烧成过程中产生气泡、变形或开裂。拉坯是成型的第一道工序。早年都用脚搅轮，是用一个特制的青石轮盘，固定放置在一个轮轴上，用脚按顺时针方向转动，后改为采用电动转盘。拉坯时，双手先要把泥巴扶正,随着转盘的旋转,浇些水,左手四个手指从口里面插下去,看好底部要多厚,再把它掰开车撒,用两个手来拉,拉坯拉坯就是要拉,右手在外面,左手在里面。再用右手的大拇指和左手的中指对着拉,逐渐再扩大,由下往上逐渐拔高,要想拉薄一点,就多挤压一下,细节全靠经验和感觉,说到拉坯最好是看着拉,才说得清楚。仔细观察,陶坯内壁都有不规则的手工拉坯的痕迹,有的是一圈一圈、有的是深浅不一,这点与注浆模印是不一样的。还有就是胎的底部厚,越往上坯胎越薄。若往上抛,就会重心向下。拉坯不仅要注意收缩比,还要注意造型的大小,较大的陶坯还要分段拉制,选在哪个部位分段,可以看出拉坯师傅的技艺好坏和水平高低。茶具等圆形器具底面通常有圈足,手工拉坯的圈足是在拉坯机上用工具修出来的,通常圈足较高,线条平整规矩,棱角分明。拉完坯后,还要修坯,将不平整的表面修平整,外观好看;将厚薄不均的坯体修均匀,可以防止窑裂。厂里的师傅总结了拉坯成型的技术,应体现出四个字的特点,就是柳、卵、直、胀,就是造型要轻盈、圆润好看,该直的要直,该胀的要胀。不管做任何坛罐,圆形的泡菜坛、茶壶、瓶、钵、罐等都要体现出这一特点,简单地说,就是要底正口圆,一眼看上去就很和谐。

李 做陶的目数是指什么呢?泥料越细越好吗?

张 目数是指泥料的密度,就是我们常说的气密性。陶矿的好与不好,不仅和它的泥性有关,也和矿物质有关,不能用细度来看,要看泥料用于什么用途和它的综合性能。说到荣昌陶目数的多少,往往决定了成品气孔率的大小。以前,陶泥要经过山上建的几个水池层层淘洗,用棕刷过滤,水上面的泥料是最细的,可以达到300多目,所以称"泥精"。现在我们所说的目数大小是指机器研磨成粉后网筛漏下的泥沙细度,含有杂质,最多200多目。目数越大,说明坯料粒度越细,可塑性越高,烧成收缩增大易变形,反而不利于烧制;目数越小,说明坯料粒度越粗,可塑性降低,在烧制过程中不容易变形,稳定性提高,收缩率减少。现在做细陶的坯料一般在100~120目,高的可达到200多目。

李 绞泥拉坯的工艺是荣昌陶的特点吗?

张 绞泥,从泥巴开始,红泥要厚一些,白泥要薄一些。具体操作是将红泥和白泥两种颜色的泥料按比例搭配在一起,用手相互揉合、挤压,红、白泥的比例不一样,花纹的变化也不一样,可产生带有云纹、水波纹、旋纹、编织纹等丰富的肌理效果。也可用粗泥和细泥搭配,两种泥料搅和后,产生的纹理对比也有不错的效果。厂里要求试制组开发新产品，每次外出，我们都会注意搜集一些别人研发的新工艺。绞泥工艺是我们在广交会上看到后，回到厂里试制的，因为有荣昌本地红、白土质颜色，后来成了荣昌陶的一大特色。

李 荣昌陶的装饰中，经常提到的化妆土是什么呢？

张 化妆土就是用水与白泥调和成泥浆，掌握好浓度，红泥拉坯、修坯完成后，就涂刷或将陶胎浸在白泥浆里，在器物表面形成一层薄薄的色浆，我们称为"陶衣"，就像人穿了一层衣服，也叫"装饰土"，阴干之后就可以做剔刻装饰了。当然反过来在白泥的陶坯上施红泥的化妆土也是一样的，各种图案都可以剔刻，尤其是植物、动物、瓜果和一些几何图案，很有特色。当然懂美术的，更擅于利用这两种色泥互相配合，以便产生丰富的层次效果，比如，红泥好拉坯，白泥上釉丰富些。你们看这件花瓶，是白泥做的陶胎，用化妆土刻花做的装饰，但化妆土的色浆是红泥和白泥混合调和的，所以颜色介于两者之间，比亮黄色要深，比暗红色又要浅一些。我这里还有一件《红灯记》中李玉和的人物刻花罐，是20世纪70年代初期的产品，采用的就是剪纸刻花，人物轮廓就比较清晰，颜色对比装饰感强，这类产品现在很少看到了。

李 刻花需要美术基础，图案都是自己设计吗？

张 不一定，荣昌陶用得比较多的传统图案就是唐草纹，也有些几何纹，很多都是四川美术学院的老师设计的，还有一些应时的图案是技术科的技术人员设计的，现在都还在用。对于刻花工艺来说，有美术基础的工人刻会刻得细致些，至少轮廓的线条更清楚流畅一些，没有美术基础但刻工好的工人，可以用剪纸刻花，厂里的产品要大量生产，大多采用这种方法。不管怎么说，靠自己硬画来刻花，对工人来讲，肯定达不到要求，效率也很低。

李 什么是剪纸刻花呢？

张 一般分为剪纸刻花和剪纸印花两种。这种方法能提高效率，易于程式化的生产。一般是由技术科的设计人员先设计好剪纸图案，比如这件孔雀瓶，图案就按印子印在陶胎上就可以刻花了。剪纸印花就是用剪纸的形式把设计好的图案蒙在陶坯上，浸上一层化妆土，再把剪纸撕下来，图案就显示出来了。这种工艺适于比较规则一些的图案，就是块面比较明显的图案，如果图纸线条比较复杂，就不太适合。

李 此外，还有哪些装饰工艺呢？

张 大凡涉及工艺陶的装饰工艺，都要求工人要有一定的美术基础和欣赏能力。比如点花，也叫点画花，用手绘图样，是很传统的装饰技艺。这种技艺在民国时期的荣昌陶上用得比较多。具体工艺是用毛笔将白色化妆土浆料用绘画的技法直接涂绘在红胎坯体上，再放入窑烧。既可素烧，也可上釉，红、白泥化妆土还可以调配，点画着笔轻重、泥浆厚薄，则有浓度变化。图案以植物花卉为主。厂里也培养了一些点花彩绘的工人，制作各类有点花图案的工艺陶。还有种工艺叫堆花填花，是在制胎的陶泥中加入色料制成的色泥，或者用色釉加入胎泥中搅匀形成有色的泥浆，然后将色泥浆按图案的设计堆填在陶器坯胎上形成浅浮雕的装饰。耙花装饰在荣昌陶上用得比较多，是用含水近于陶坯的化妆土置于模具中，压成浮雕的图案，然后将其粘贴在坯面需要装饰的部位，干燥后再施以适当的色釉，使图案突出出来，对比比较强烈。

李 雕刻是在哪一道工序进行呢？

张 最后完成修坯以后。有线刻、浅浮雕、深浮雕等。镂空雕在民国时期的油灯、香炉上就有，是在坯体上雕刻出穿透物体的花纹，由于镂雕烧制时易变形，这种工艺用得比较少，图案需要简约，不宜复杂。

李 素烧一般是用红泥，白泥可以素烧吗？

张 白泥也可以素烧，甚至可以烧朱砂釉，只是红泥用得更多，是因为红泥作细陶好拉坯，而且红泥素烧的茶壶色泽温润，红而不艳，很含蓄，这与民间喜欢红色喜庆的颜色有很大的关系。

李 您的作品获得过哪些奖励呢？

张 我是1978年开始参加厂里的新产品试制工作的。其中我制作的34个品种的产品参加国际和国内大型展览并获奖；1984年，我制作的陶器作品获轻工业部旅游博览会"金龙奖"；1986年，制作的泡菜坛作品获外贸部"出口产品优胜奖"；1986年，陶器作品获重庆市政府新产品开发"百花奖"。

李 您拉坯制陶的技术这么好，带过多少徒弟呢？有什么拜师的仪式吗？

张 在厂里，技术好的师傅，学徒很尊重你，他们也学得到东西。以前听说过有拜师的仪式，20世纪60年代以后，老规矩都没有了。我进厂后就是厂里安排我做拉坯，工序是分了工的，厂里最早让我带的两个徒弟一个是周光建，另一个就是肖祥洪，他们主要跟着我学习拉坯，当时肖祥洪的父亲肖慈金还是试制组的组长。那个时候拜师按当时的规矩就是要办一桌酒席，安排两三桌，请厂里技术比较好的师傅都来参与，做个见证，然后徒弟向师傅师母敬酒，这也算是一种仪式吧，很简单，就这样确定了师徒关系。算起来，我前后共带了二十多个徒弟，梁大和熊宁这些都可以算，梁大的父亲梁启煜教授说他要学拉坯就跟着张老师学。现在不少徒弟还在继续做陶，有些已经改行做别的事情了，肖祥洪和周光建是其中做得不错的，肖祥洪在配釉方面很有研究，他父亲是老艺人，原来就是技术科做釉制研究的，对他影响很大。周光建的父亲做过副厂长，分管基建这一块。他们两个都有自己的工作室和门面，都已经评上了重庆市的工艺美术大师，学有成就。我现在被评为市级非遗传承人，每年都要有带徒传承非遗的任务，你们今天来采访，也是在宣传非遗传承的工作。

李 您是什么时候到江碧波❶老师的工作室去工作的呢？当时的情况怎么样？

张 1999年去的，当时厂里已经经营不下去了，后来厂子也拍卖了，那些生产设备都是省里投资兴建的，都转让给私人企业了，厂里很多技术工人都下了岗，这些技术工人都很能干，经常加班，现在提出要恢复荣昌陶，这个成本就大了。

我与重庆大学人文艺术学院的许世虎很熟悉，1984年他从四川美院毕业时创作的作品就是在厂里做的，是我带过的学生，后来他在重庆大学教书，又常带学生来安富实习。打听到我没有做其他事情，就到我家里来，把我约到四川美术学院黄桷坪校区他自己的家中，说他想自己办一个陶吧，请我去帮忙，但后来情况有变化，因为事情太多就没有做成。他又把我介绍到江碧波老师那里去，江老师是重庆大学人文与艺术学院的院长，很有才能，在做城市雕塑，也很喜欢陶雕。江老师住在南泉碧波山庄，我在那里做陶到2004年。其实在2003年的时候，荣昌陶业需要提升影响力，荣昌县的县长就找到江老师谈，希望她能把美术与荣昌陶结合起来，到荣昌来办一个研究所，想以此提高荣昌陶的文化档次。江老师很快就答应了，想到我是当地人，就让我回荣昌选址，最后定在安富镇街道的垭口村建了一个陶艺工作室，取名为"碧波艺苑陶艺研究所"，就在一间院子里，面积也不大，这样我又从

---

❶ 江碧波（1939—）1962年毕业，任教于四川美术学院，曾任绘画系主任、重庆大学人文艺术学院院长、教授。

南泉回到荣昌来了，在工作室主要负责陶器制作，我爱人也过来帮忙做清洁卫生工作，工作室平时就我们两口子在打理，从2004年到2010年，七年时间，加上南泉的四年，整个算起来将近做了十一年。

李　江老师做设计，您来制作，与当时在厂里试制组的工作一样吗？

张　当时是为了找一份工作，能有机会到江老师的工作室去做陶我很高兴，因为没有丢掉自己的技术。要说与试制组的工作还是不一样的，试制组做样品是按照技术科提供的图纸来制作的，图纸上都要标明器物长、宽、高的详细尺寸，很正规。制作样品我主要负责的是拉坯这道工序，其他由另外的人去做。江老师这里就不一样了，她做设计只是勾一个简单的草图，让我理解了再制作，时间长了，也比较默契，从头到尾要完成从拉坯到刻花装饰、上釉和烧制的全部工艺。很多设计都是异形的，造型比较特别，有时江老师灵感来了，就直接用颜料在陶器上作画，自由发挥，我这里就有一件作品是江老师徒手在陶器上用丙烯颜料画的，颜料附着在陶器的表面上，不是上釉烧成的，久了就要褪色。江老师人品好，生活很朴素，她是从事美术创作的教授，造型能力很强，我在她那里也学到了很多的东西，对我在器型、色彩、图样的审美方面都很有帮助，江老师设计、我制作的作品很多，参加过各种展览，也很好销售。

李　您以前主要是拉坯，被称为是厂里的"拉坯高手"，其他工艺是怎么熟悉的呢？

张　在安陶厂里虽然分工很明确，我只是做拉坯这道工序，但在试制组上班，各道工序都需要密切配合，所以我也可以了解和学习其他工序的制作技艺。我平时在厂里自己也喜欢做点陶，看车间里的工人怎么翻模，怎么装饰和施釉，如何烧陶，也慢慢地熟悉和掌握了这些工艺的要点。这对我来讲很重要，因为从头到尾的制陶工艺都必须要懂，必须要会，才能及时地解决各种问题，当时，试制组很多的釉色我也在帮忙调配，也因此认识了更多材料，技术也更加成熟，所以要独自完成所谓的八大工序也是没有一点问题的。在江老师这里，就我一个人在做陶，如果不熟悉这些工艺，就没办法完成。你们看到的这件三层镂空彩釉花瓶，就是我探索实验做的一件小品。主要是想把镂空、绞泥、彩釉、套烧几种工艺结合在一件作品上，大陶里面套小陶，还要镂空，不懂工艺的人看起来很复杂，因为其中涉及的工艺手法比较多，技术不全面很难做得出来。

李　具体怎么制作的呢？

张 这件作品由内到外，从最里面开始制作。一是将最里面的一层拉坯修坯之后镂空、阴干；二是将第二层拉坯修坯后镂空、划开，放入最里面那个，再粘合第二层的镂空球、阴干；三是将最外面的花瓶拉坯修坯、镂空、划开，放入第二层镂空球，粘合，阴干；四是低温素烧；五是上釉后烧成成品。

李 很小的泡菜坛，也是拉坯制作的吗？

张 坛子太小，不能拉坯。普通工具用不上，全靠双手拿捏制坯。泡菜坛的设计是荣昌陶的一绝，但越小越难制作。我曾制作过硬币那么小的泡菜坛，是最小的泡菜坛，很考手艺，制陶的全部工序一样都不能少，在荣昌也只有几位技术很好的师傅能做这种泡菜坛。

李 从江老师工作室离开后，您又去了哪里做陶呢？

张 在江老师的工作室就是我一个人在做陶，到2011年，我和夫人一起去了唐山陶瓷研究院。因为唐山要朝海边发展，要新增加一些项目，上级要研究院拿出些东西来，看看陶瓷有没有发展前景，再由国家来投资。研究院下设好几个工厂，他们的赵院长请我去做技术指导，给的工资待遇也不错，但那里的气候干燥，11月气候太寒冷，又没有暖气，我适应不了，只做了三个月就回荣昌了。2013年梁先才打电话给我，想请我到他设在安陶博物馆里的工作室里帮他做陶。干了一年一个月的时间，我就离开了，后来四川美术学院的梁大介绍我到熊宁的荣昌陶文化体验中心当技术指导和顾问，一直到现在。

李 今后有什么打算吗？

张 我现在年龄大了，但身体还好，能做一些力所能及的传承工作，也是我的福气，有时间还可以发挥余热，为荣昌陶的发展尽一份力。希望荣昌陶能不断发展，后继有人，将传统的手工艺传承下去，发扬光大。

李 今天张老师聊了在荣昌陶器厂、碧波工作室制陶的工作经历和经验，从传承人的角度，向我们分享了您对荣昌陶的工艺技术与审美特点的认识，再次谢谢张老师接受我们的采访。

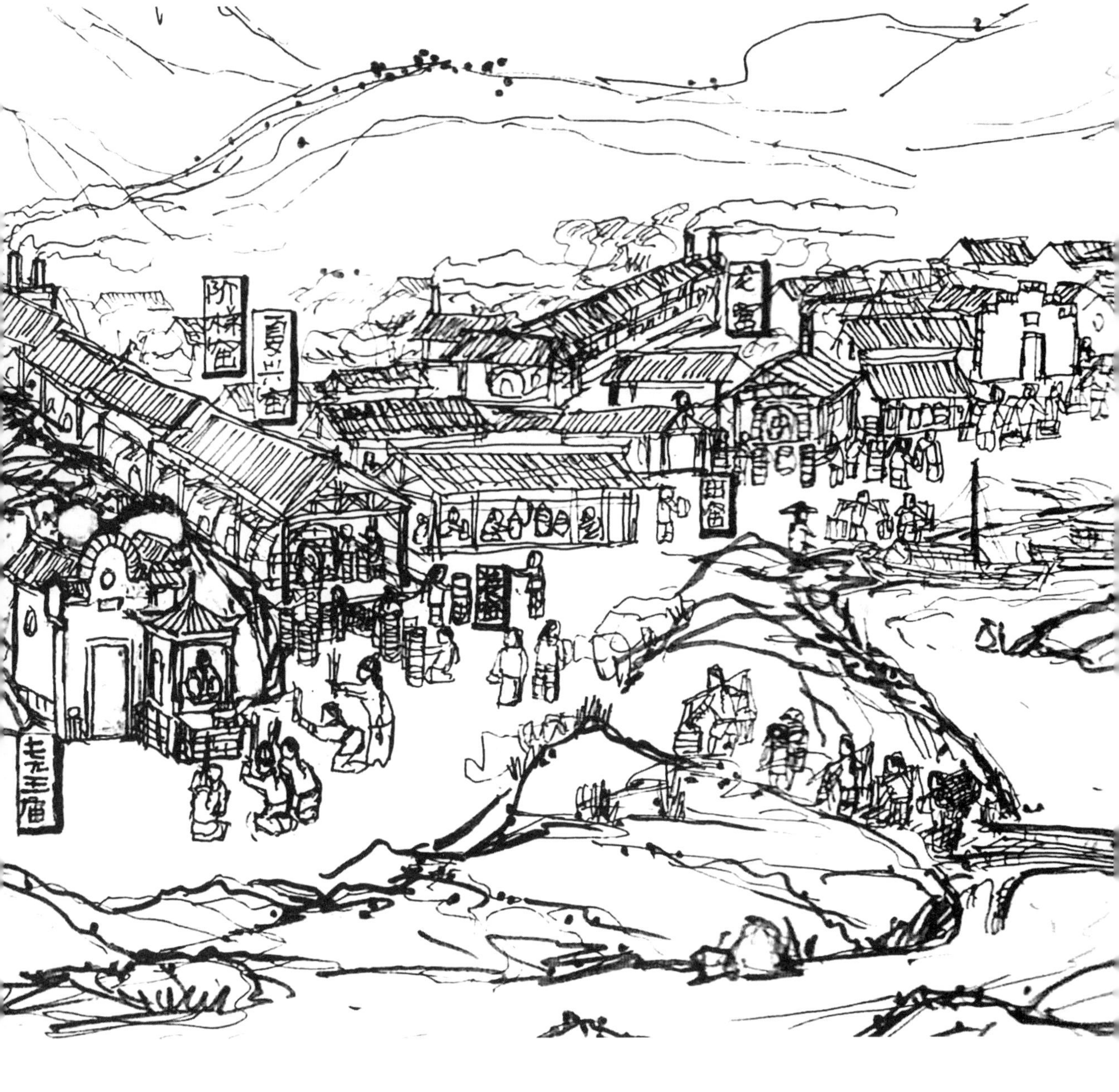

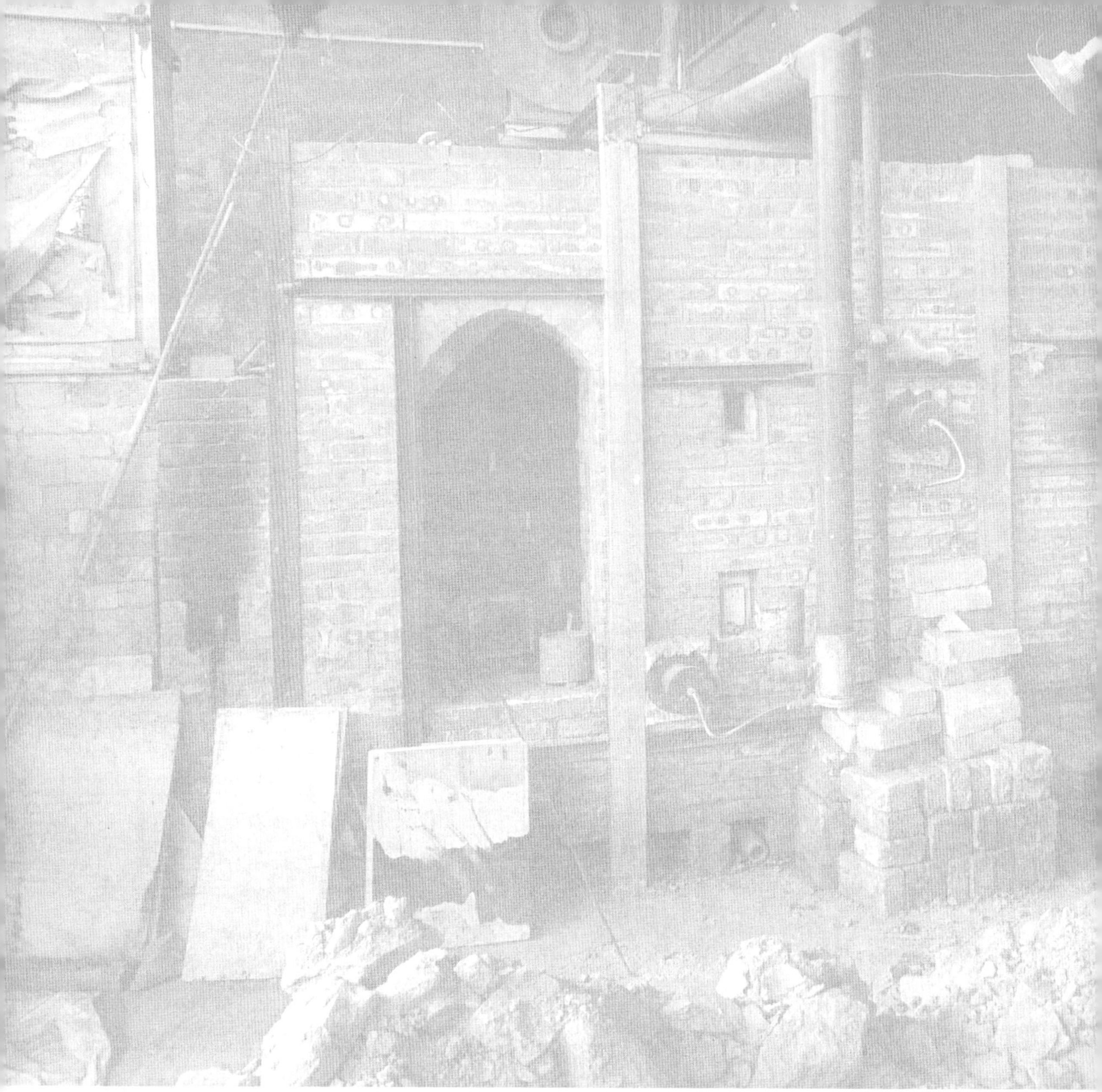

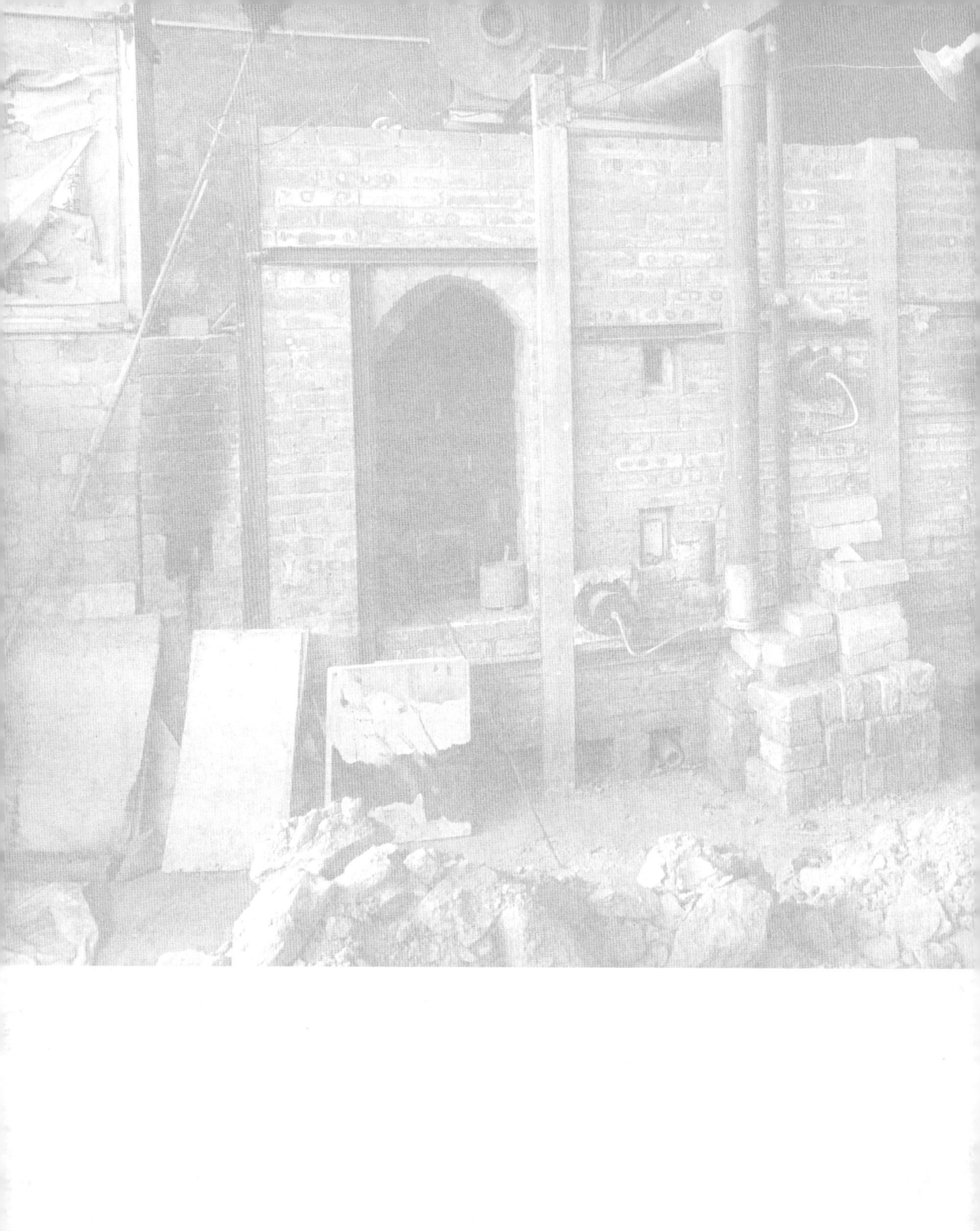

肖文桓、肖亚岑

肖文桓

肖文桓，1966年出生，汉族，重庆荣昌人，重庆市安北陶瓷有限公司董事长，中国工艺美术协会理事，重庆市工艺美术大师，国家级非物质文化遗产代表性项目陶器烧制技艺（荣昌陶器制作技艺）重庆市代表性传承人。出生于制陶世家，擅长手拉坯制作、釉色配制、烧窑，曾被誉为荣昌陶"拉坯王子"。从业三十多年来，致力于传承和发扬荣昌陶的传统制作技艺，取得了社会的认可，为荣昌陶的发展做出了突出的贡献。

肖亚岑，肖文桓之女，荣昌陶工艺美术师，荣昌陶器制作技艺代表性非遗传承人。1990年出生于重庆荣昌，爷爷奶奶和父亲母亲都从事陶艺工作，自祖上传承到她这一辈已有十余代人。受到家庭浓厚制陶氛围的熏陶，十余岁就熟悉荣昌陶的制作工艺流程。2011年大学毕业后，跟随父亲肖文桓、二舅刘吉芬深入学习荣昌陶制作技艺。主要擅长手拉坯、刻花等技艺，现任重庆市安北陶瓷有限公司总经理。

采访人：李文丽、陈玥晓、张力文
受访人：肖文桓、肖亚岑
时　间：2021年4月6日下午
地　点："重庆市安北陶瓷有限公司"会议室

李 您是从什么时候开始学习制陶的呢？拜过老师吗？

肖 我做陶做了很多年，至今快四十年了。真正开始从事这个行业是我15岁的时候。父母在国营厂（四川省荣昌陶器厂）上班，小的时候我常跟着父母一起去厂里，耳濡目染，自己也对制陶产生了兴趣。后来参加工作，也就进陶厂当了工人。但我学习的制陶技术大部分都来自家传，也正式地拜过师，拜的是刘吉芬老师的三爷，刘昌兵。

张　当时拜师有什么仪式吗？

肖　三十年前我们这里都没有拜师仪式，以前都是口头上的拜师，也没有签过拜师帖。

张　当时安富做陶的人多吗？

肖　还是少，我们那个时候是国营厂出来的第一批人，国营厂破产到现在二十多年了，那个时候出来五六百人，到现在能够真正从事做陶的人，就是几个人，大多数都改了行。

李　您是什么时候开始进厂当学徒工的呢？

肖　我初中还没有毕业就进入了国营厂当学徒工，以做陶为职业。当时的国营厂每个学徒进去要先学习两年，有师傅带，其实当学徒就是打基础的时候。

张　您是哪一年进的国营厂呢？

肖　我作为正式职工的时间是1982年8月1日，但是实际上我1982年初就进了国营厂。国营厂名字改过很多次，最开始叫"四川省荣昌陶器厂"，直辖后，改为"重庆市荣昌陶器厂"。

张　您在厂里见到过四川美术学院的老师吗？您父亲在厂里是做什么的呢？

肖　我听说过梁启煜老师的名字，但是没有机会见到。我父亲肖德森当时十几岁时见过四川美术学院的梁启煜老师和马高骧老师，他们对安陶厂的贡献很大。我父亲跟他们学到了一些刻花的技术，当时厂里制陶的刻花技术据说是从四川美术学院教师那里学过来的。在1964年四川省轻工业厅要求生产泡菜坛的时候，我们国营陶厂被安排生产了八件出来，其中有四件都是我父亲做的刻花，主要是因为我父亲当时在制作泡菜坛的艺人中，算是刻花技术掌握得比较好的一个。像国营厂这样的企业要送产品给上级部门检验，至少说在制陶的技术方面都需要做得很精美的，不可能随便在厂里找一个人做，我父亲的刻花技术好在厂里都是公认的。

陈　您师傅在教授技艺的时候有没有传授做陶的一些口诀呢？

肖 我们做陶都是手把手地教，肯定有技巧可以学，但是不像练武功那样还有口诀，我们学陶都是属于言传身教。

陈 一般师傅会教哪些技巧呢？

肖 技巧的话，我们这个行业不像其他行业，能够通过文字说得出来、写得出来。一般我们那时候做徒弟，都是师傅直接先做给你看，给你示范，你照着去做，在做的过程中，自己再去掌握和领悟。

张 在厂里当学徒什么都学吗？

肖 肯定都学。但是学这个东西，老师、师傅只能给你讲一部分，实际上大多数在于个人的领悟，我的师傅只能做比较小的器型，特别大的器型做不了。但是我却可以做，我们那个时候喜欢玩，如果有其他师傅在做什么产品，我们就去看，尤其喜欢去问，因为在看他们做陶的时候，有不懂的地方肯定要问师傅是怎么做的，时间长了，就和厂里的很多师傅关系都处得很好。上个月，国营厂退休职工办的联谊会，都是五六十岁、七八十岁的老师傅，其中有两三个和我们的关系特别好的，比我们大二十多岁，见到之后很亲切，他们说我们比他徒弟对他都好。那个时候，对学徒来说，还是自己要勤于练习，有些东西你不去尝试不去练，很可能一辈子都做不好。你去尝试一下、练一下，有可能一天比一天做得好。

张 肖老师院子里的柴窑是什么时候建的？

肖 都是最近几年建的，我的祖辈也是有窑址的，包括你们看到的那个阶梯窑。当年也是个老厂，那个时候厂没做很多年就垮了，我们就在原有的基础上重新修建的这个厂，并在厂里增加了一些传统的柴烧窑。

张 为什么想到要烧柴窑呢？

肖 我们这两个柴窑都是近几年新建的，一个叫荣鸦窑，另一个叫吉芬窑，是仿传统的阶梯窑建的。现在想到用柴烧陶器，一是因为柴烧是最古老的烧陶方法，以前我们这边都是柴烧；二是柴烧的作品有质朴、古拙的美感，而且每件作品都是独一无二的。烧煤都是20世纪50年代以后，20世纪60年代到90年代，这段时间才用煤炭取代了柴火。

2000年起，我们开始使用天然气窑。电烧就是最近十几年才开始用的，荣昌地区在2010年以前几乎还没有电窑。以前好像只有国营厂那里有一个小电窑，特别小，做私人陶器用的那种。做工艺品这一块很多都采用电窑，与柴烧和煤烧比较，稳定性更好，也更环保。但做一些小批量的小工艺品，小件的茶具、花瓶之类的，用柴烧更有艺术效果。

张 用柴窑烧的陶器作品，比做日用陶更赚钱吗？

肖 价格肯定不一样。柴窑成本高，还得看天吃饭，一窑下来，满意的作品并不多，烧坏的不少。实际上我们镇上一些企业或作坊，都有不少柴窑，我们做柴窑都是以兴趣为主，目的不是非要赚很多钱，但是自己快乐又喜欢就是最好。像我们前几天才开了三窑，这三窑如果在其他人那里很可能就是要赚个10万到20万，但在我们这里，即使开了三窑也是没赚到什么钱，有可能还要贴一点钱进去，纯属好玩。虽然也卖了一些，但不是纯粹意义上的卖，就是出于交朋友的目的，几百块也好、几千块也好，随便拿多少都可以。因为柴烧是24小时不间断添柴，离不开人，所以每一次烧柴窑，我和侄儿刘冬两个人都是熬通宵，刘吉芬是我妻子的二哥，年纪比较大，就不让他晚上烧，都是白天在这里看着，如果不是因为爱好是做不到的，尤其是冬天又冷。

陈 在您工作室里陈列的作品都是用这个柴窑烧制的吗？

肖（女儿）：也不都是，也有电窑、天然气窑烧制的，因为柴烧相对来说比较小众，面对的是比较高端的人群吧。

陈 怎么看得出哪些是柴烧的作品呢？

肖（女儿）：柴窑作品的特色就是比较自然，没有加任何化工原料，在烧制过程中，由于天然的草木灰落在陶坯表面形成各自不同的窑变效果，有的说是落灰釉，个性明显，表面肌理看起来富有变化，不可能像电烧那样烧出来都一个样。用柴烧制作的茶壶、酒具，不仅实用也很质朴美观，懂行的人，都会选择柴烧的器具，功能不一样。

肖 有些人是要先上点釉再烧，我们这种柴烧就是原汁原味的。

陈 素烧和釉烧是怎么区别的呢？

肖（女儿）：素烧就是早年说的"泥精货"，即陶坯表面没有施加任何的釉料，烧成后呈猪肝色或浅黄色。也有用当地的红泥和白泥混合使用烧制的绞泥素烧，纹饰看起来很抽象，是这里常用的传统技艺。釉烧早年称为"釉子货"，是胚体表面施以釉料，有的还会上两层釉料。安陶有名的就有朱砂釉、西绿釉、钧釉等，这种施釉的技法是其他三大名陶没有的。

张 柴窑为什么也会粘板呢？

肖（女儿）：因为落灰比较厚，温度高了产品就会和耐火垫粘在一起。

张 荣昌陶的泥料适不适合做雕塑？

肖 适合，只要不是做很大件的作品。国营厂鼎盛的时候，专门有个搞开发的技术部门，从设计、烧制到配釉都是有一帮专业的人来搞研究，不少是从专业院校分来的大学生，他们喜欢做一些纯欣赏性的陶雕作品，人物、动物都有。那个时候都是不计成本的，平时没有什么任务，有可能你一个月研究一个器型，也有可能两个月研究一个器型。

张 老师您是不是能拉很高的坯？

肖 之前拉过差点到1米的作品，最开始我不敢做，即使做，也做得不是很好，我师傅说："做嘛，怕什么，有那么多师傅陪着你一起做，你不懂的给你讲一下就行了。"目前我身边我们这个岁数左右的人（指60岁以上的人）拉坯的高度比我拉得高的应该不超过5个人。

李 您出身于制陶世家，传承到现在，家族里还有其他人在做陶吗？

肖 我们家里十一代人都是做这个的，有族谱记录。最早的老家在湖北，就是做陶器的，"湖广填四川"时，迁居到了荣昌安富这里，从康熙175年左右开始，祖辈利用这里丰富的自然陶土重新创业，在这里继续烧陶，家族中我的父母也是做陶的。我的女儿也是做这个的，她年轻的时候，说实话，还是有点吃不下这个苦，如果她能吃苦，成就就会大很多。

张 您的女儿是大学生，对做陶这么辛苦的工作有兴趣吗？

肖 她是读了大学毕业以后来学的，到现在为止前后学了七八年了。刚开始她对做陶没有兴趣，但是做我们这个行业有个特点就是比较自由，一个星期做几天也可以，做与不做相对比较自由。

肖（女儿）：我擅长做一些小件，茶壶、水杯呀这些比较小巧的物件。

李 您家族谱上有一个副厂长叫肖文彬，他是哪个厂的副厂长？

肖 我称肖文彬为伯父，他应该是在20世纪50年代和60年代的时候当过国营安陶厂的副厂长。

张 弟弟是不是也在学做陶？

肖（女儿）：他还没毕业，马上就要高考了，也有可能会学这个。他生物化学比较好，想去学硅酸盐，也是和陶瓷相关的。

肖 我认为他学这个专业也可以，因为首先我们这里整个荣昌区做陶艺的比较多，但恰恰就是做陶的技研性人才比较缺乏，没有技术型人才，很难在做陶的技术研发上有所作为。年纪大的做陶师傅几乎没有什么文化，他们做的产品都是依靠好几十年慢慢积累下的经验，要在技艺上创新就比较难。像做陶釉这方面，技术性很强，还得要有专业方面的知识，如果你没有专业知识，去蒙去尝试搞，很可能会走很多弯路。

我们厂里现在用的这些釉料都是自己调配的。目前荣昌在釉色这方面的研究，我们应该是相对做得比较好的吧。其他大多数的工作室陶釉都没有做得很好，主要是因为没有釉。很多工作室的条件设备都不行，另外又没有技术，也有很少的几个工作室有一两个人懂做陶釉的技术，但是在材料、设备、场地方面还是有局限。在我们厂里，做釉、做泥料这块就相对比较容易一些。

李 您和其他人的作品有什么区别吗？跟您家里传承有关系吗？

肖 大家都是自己做这个行业，每个徒弟就算是跟着一个师傅学习，时间长了，都会各有各的风格，但是有一部分还是会相似于师傅或者父母的一些风格，受他们的一些影响是肯定的。所以说都不是绝对的，不能完全说我这个门派师傅教的徒弟做出来的作品都是一个效果。

李 像您这样有家族传承的会不会领悟能力比他们好一点？

> **肖** 这个不一定，只能说从小生活的环境受了一些影响。相对来说，比一些从来没有进入过这个行业，没有学过这个专业的人要好一些吧。因为我六七岁就跟着父母到厂里去，那时候不像现在有专人带孩子，那时候父母又要上班又要管我们，就是被父母带在身边，这样从小就生活在做陶的环境里，受到的影响是潜移默化的，对后面从事这项工作，相对而言，领悟得是要快一些。

张 老师您有没有收徒弟？

> **肖** 我收徒弟极少极少，一般不收徒弟。因为年龄也在这里，有些东西自己都不是很会。像干我们这行的，活到老学到老。我的收徒原则跟他们的收徒原则也不太一样，他们收徒弟比较多。我的想法是，如果你要教徒弟，首先徒弟得要喜欢这一行，二是看徒弟有没有潜力资质。有些人只是口头说一说我想跟你学习，一句话之后就喊老师了。我觉得既然要当老师，就要承担一定责任和义务，不是口头上随便说说徒弟师傅的关系。还有一个，说实话，你让一个不适合做这个行业的人做陶，有可能他做一辈子都没有大的进步。像以前我们国营厂就有五十几岁、六十几岁、七十几岁的师傅，他们的手艺都不是很好，因为他的天资早都已经决定了。所以我就说，如果教徒弟还是要择优入席，天赋和兴趣很重要。

李 像您这样收徒弟比较少，传承会不会有什么问题呢？

> **肖** 我是这样想的，传承的人多还不如精。过多的人学这个行业，学出来的技艺没有提升不说，还耽误这个行业的发展。如果说，那些不适合做这个行业的人，你把他叫来做，有可能你不仅耽误了别人，而且对这个行业也有影响。

张 您如果要收徒弟的话有什么要求呢？

> **肖** 一般先来尝试几天，只要你能适应就可以。先不讲徒不徒弟，共同学习。

张 您的徒弟很少，都一直在您身边工作吗？

肖 没在厂里都出去了。以后到60多岁了,有合适的时候,也可以带一些徒弟,现在我说老实话觉得有点早。

李 您是什么时候想到要建自己的陶厂呢?

肖 陶厂是1996年3月建的,建厂有几个原因,一是为了创造一些经济效益。以前我们在国营厂上班的时候,工资一般只有200~300元一个月;二是因为自己一家人都是从事这个行业的,也熟悉这个行业;三是当时国营厂濒临破产,我们1992年下半年就出来了,但是没有和国营厂完全脱钩,我真正出来是1995年的时候,国营厂是2000年左右破产的。我们是属于当时相对来说出来的比较早的一批人,大家都觉得那个时候的国营厂算是铁饭碗,收入也比较稳定,感觉好像丢了工作,连工资也没了。但是我们还是坚持从厂里出来自己干了,在当时来说,跨出这一步很不容易,主要还是因为有危机意识。那个年代,我的母亲实际上是一个字都不识的,但在家族的传统里,就一直不缺创业的基因。她在很多年前就告诉我们:"生意有路,人无路。"这个话的意思是,你想要赚钱,还是要做生意,干活路(做工)始终还是赚不到钱。我的父亲有点文化,我的母亲没有什么文化,但是她就很有这个意识。而且我的祖辈们都是做生意的,也都是这个行业的人。

陈 您建厂时遇到过什么困难吗?

肖 困难的时候那是太多了,我都给我女儿上了好多课的。1996年,刚刚建厂的时候,我们几个合伙人都没有什么钱,我在里面相对来说条件还稍微好一点点。那时候特别困难,我们当时是两个厂,现在这个厂加上我们在旁边的镇上还承包了一个厂,欠外债就欠了一百多万,差一点点就倒闭了。

陈 当时为什么会欠那么多外债呢?

肖 当时办厂的条件不好,经营起来很难。每月要付两个厂工人的工资,加上原材料,自己本身没赚到什么钱。那个时候煤炭生意也不好做,但也需要我们这种固定客户,所以可以向煤矿赊账,我们也没有办法付现钱,就先把煤拉来用了。我还记得最后一批煤炭的尾款是用我们收回来的一批酒去抵的账,我们卖出去的瓶子也收不到钱,然后酒厂拿了一批酒给我们,我们也没办法,最后去和煤矿协商,拿酒去把欠债还了。

最困难的时候,过年的时候我身上剩的钱也就四五百块钱,特别穷。那个时候酒瓶是用谷草包装，旁边有个荣隆镇，那边的农民基本上都是从事这个行业，专门给附近陶厂编织篮子，那个时候卖一块多钱一个，当时就穷得没钱去给这些人付包装费。那个时候几乎常年身上都是没钱的。开厂一切都是从零开始，那时没电，镇上派了个办事员跑了很多次才把电的事情办下来，在我们那个年代，全荣昌县的企业估计也就三五十家，特别少，不像现在是大力提倡地方开办工业园区，并且是集中给你建好，配套设施水电气这些都是给你安装好了的，我们那个年代几乎是一无所有。

张　当时那么困难有没有想过要放弃改行？

肖　没有想过，我最擅长的还是做陶。也知道要想过更好的日子肯定还是要付出，相信这个行业会越来越好，毕竟陶器也是大家生活中离不开的东西。说实话，我们那个时候也很茫然。1993年刚建厂时，我才27岁左右，文化也比较低，父母也是普通工人，也没有钱。都是靠自己，白手起家，一步一步走过来的。

李　当时厂里主要生产哪一类产品呢？

肖　我们最开始做的是花器类的，是那种韩国、日本流行的绢花用的花瓶。但是做那个我们没有怎么赚到钱，那个当时做了两年，差一点破产。赚钱是在1998年，全国都在流行一款陶，就是里面是陶，外面裹着一层皮，叫"皮陶"，我们就做加工皮陶的坯子。还有一个流行的品种叫"彩陶"，我们也是提供做彩陶的坯子。在1998年的时候做的就是白坯，专门给成都的两个公司提供这个坯子。1999年的时候我们也开始做彩陶，这个做起来也比较简单。在我的工作室门口就有一个半人高的彩陶罐，已经二十多年了，色彩和坯体的情况还是很好，上面的颜色不是釉，而是一种专用技术。就像我们穿的衣服，有的衣服在成型前都是白色的，通过一种上面染有颜色或各种花型的纸，印在服装上，这是专业的技术，看起来复杂，但是做起来还是挺简单的。就是在白坯布上先喷一层漆，然后把各式各样的做服装的印花纸，你喜欢哪种都可以用，用水刷一下贴上去。然后用篾片把它缠紧，缠得越紧越好。在170～180℃烘烤一两个小时，全部的颜色都印上去了，你要白的、红的、黄的，什么颜色都可以印上去，很漂亮。厂里的产品主要还是根据市场的需求来调节的，产销要对路才行。

李　市场上彩陶产品多吗？

肖　1998年到2000年，彩陶产品在全国都比较流行。做得最大的就是成都的吕艺，做得特别好。还有一家叫"火凤凰"，做得也很好。真正做得好的，全国有好几家，我们就跟他们合作，由我们提供白坯给他们做彩陶。

张 那皮陶呢？质量怎么样？

肖 皮陶与彩陶一样，我们就是提供坯体，他们用胶水把各种颜色的合成皮覆盖上去。是为了外表好看，但是使用寿命始终不长，不如彩陶的使用寿命长。如果胶水粘贴得不好，皮料可能会有鼓包，有缝隙，或者有裂口。我们厂门口的彩陶罐都有二十几年了，和新的差不多，但是皮陶就不行。皮陶如果放在回潮的地方，半年不到就会坏，因为皮陶不稳定。皮陶的流行时间不长，也就是一两年的时间。

李 现在厂里主要生产什么产品呢？都是您负责经营吗？

肖 现在厂子里面主要是按订单生产陶瓷产品。以生产酒瓶和酒罐为主，容量10公斤以内的居多。你们去过的安北陶艺村那边主要是做一些手工的茶具、花瓶和工艺陶这些。厂子这边是由我自己在经营，安北陶艺村是和二哥刘吉芬、侄儿刘冬我们一大家子人一起做的。

李 现在厂里面做的酒瓶子是机械生产还是人工做的呢？

肖 酒瓶只能说有一部分机械生产，大多数产品还需要手工制作，机械不好操作。比如说，在注浆这块采用机械就比原来有所提升。瓶子用模具注浆，原来最原始的方法是采用球磨机制作的泥浆，注浆时，要由人各担两个大木桶，担到每一个台面上去，搬起以后，每个注浆的员工还有一个铁桶，用舀水的瓢把泥浆压到桶里面，可能一桶大概50斤，再一起灌入每副模具，如果是用人端起来去放，确实比较辛苦。十年前，厂里改为管道式注浆，就不再用工人去担，而是用泵来抽，抽到一个大的泥浆池子里面，再通过管道放到每一个工作的员工的台面上，直接用"枪"注入模具里，所以现在劳动强度降低了很多。

张 做酒的企业很多，酒瓶需求量大，你们的客户有哪些呢？

肖 我们的客户主要还是西南地区的四川、贵州和云南。也有安徽、山西、青海、西藏还有新疆的，全国各地的都有。

张 厂子规模这么大，制作用的陶泥是从哪里来的呢？

肖 在荣昌，做陶的陶泥是本地白泥和红泥。白泥是从永川进的，红泥是在国营厂破产的时候，我从国营厂拉了一大堆回来，大概有1000吨，如果是用来手工做壶或工艺品的话，三五十年都用不完。荣昌的红泥储量特别大，但是现在不能私人开采，矿山政府保护得比较严，不像原来二三十年以前，只要跟老百姓说好，这块地就可以挖。

张 你们做的酒瓶申请过专利吗？

肖 做工艺陶我们有两件是有专利的。我们生产的酒瓶是没法申请专利的，因为酒瓶都是客户提供的样品。

陈 现在厂里面大概有多少工人呢？

肖 最多的时候大概有110多人，现在只有70至80人。

李 现在企业的盈利情况怎么样呢？

肖 厂里边前几年效益都还不错，但是这两年订单量少了很多。虽然我们做陶器生产的时间很早，但受市场的影响很大。真正自己做工艺陶是最近几年，到现在我们烧制的工艺陶，利润是非常少的。我的二哥刘吉芬，现在70多岁了，做了一辈子的陶，习惯了。他是纯粹属于娱乐、爱好的那种，但我们就算赚不到钱也要做下去。

张 招聘到厂里的工人，需要掌握哪些做陶的技术？

肖 工人大多数都是在这个行业干了很多年的，一二十年的都有。因为做酒瓶的技术含量不高，就算是没有做过陶的人可能十多天就可以学会了。不像做手工陶这一块，可能得要两到三年的时间去积累。

肖（女儿）：你们看这个罐子，看起来造型比较简单，如果没有一年的时间打基础，就做不好。

肖 做陶还是要讲悟性的。我觉得用手工拉坯，不一定说你文化水平有多高，你对拉坯的兴趣有多大，就能做好这件事情。有些文化水平低，但相对来说悟性好一点的人，学得还快一些。即便现在找一个本科生或研究生来拉坯，还不一定像附近那些农民的孩子反应快。因为他们生活的环境不一样，接触的事物也不一样，这方面的悟性也会高一点。原来国营厂里很多有名的师傅，也没有多少文化，全靠手工的实践和经验的积累，拉得一手好坯。

再说了，只要你能做好第一个器型，就能做好第二个。手艺的掌握大部分就是个时间问题，通过一段时间的实践，去尝试一下，就会领会其中的技巧。只要你基本功好，其他都不是问题。基本功就是可以使整个坯体厚薄比较均匀。如果拉坯没有问题，就是我们说的"递"（注：拉坯的时候，由下往上拔高的动作）没问题，那这个行业你就基本可以做。如果你基本功不好，别人5公斤的泥巴可以拉40厘米，你5公斤的泥巴只能拉20或30厘米，你的技术就不高。或者拉了40厘米之后，也要通过"递"，有的人"递"不走，为什么呢？第一点就是做大型的产品就做不高；第二点就是坯体的厚度不均匀；第三点就是不紧实，没有通过"递"之后的坯体密度高。不"递"的产品始终收缩没有那么均匀。

拉坯只能说是一个环节一个步骤，真正最关键的是"递"。如果是高的产品，纯粹靠拉的话，拉不了那么均匀，很可能下半部分是2厘米或3厘米厚，拉到一半的时候就只有1厘米厚，拉到顶的时候边缘就只有5毫米厚了，那怎么能行？必须要坯体通体基本上均匀才可以算是合格。

李 您觉得现在荣昌陶在发展方面存在什么问题吗？

肖 之前一直有上级领导让我来当陶商会的领导，我一直没同意，如果是作为荣昌陶这个产业，想要有大的提高和进步，或者做得更好，我的建议是最好不要找圈子里的人，圈子里的人来做可能5年、10年都不会有什么大的变化。所以说还是缺乏专业的人才培养。荣昌陶现在应该是还没有专业的博士、硕士，本科生都极少。像你们四川美术学院出来的人也不多，也就两三个人。你想作为一个三大陶都之一的地方，光靠一两个本科生，也不能把这个事情做得特别好，是不是？主要还是缺乏这种创新的专业人才。

张 本地的学校会不会参与进来创新？

肖 好像是从最近开始的吧，本地的每个学校都要办这个陶艺班，但是你说这种办班毕竟还是起步太晚了，如果30年以前就有这样的班，很可能就造就了一大批学员了，最近两年才来培养，有可能会对以后发展起到一定的作用。可以说，在2010年以前，任何学校和组织基本上都没办过陶产业相关的培训班。

陈 学校开办这种陶艺班是专门的学习还是作为兴趣爱好？

肖 有专门学习的班，也有那种培养兴趣的班。前几天我有朋友给我打电话说他在荣昌办了一个陶艺培训班，专门培训那种小孩或者成年人。作为一种爱好，你可以通过短期的半个月或者一个月去学习，对提高制陶技艺还是有一定的帮助。

张 您对荣昌陶创新的问题，有什么看法？

肖 首先我认为荣昌学校那边具备专业知识的人也不是很多，还有一个就是能够到我们这边来，做些陶艺体验的人少之又少，一年可能有那么几批人，但是都不多，或者是荣昌的一些学校完全是为了完成任务，带着学生过来参观半天就回去了，这种说老实话起不到很大的作用。

实际上，像是从四川美术学院这种学校出来的人，无论是搞雕塑也好、搞平面设计也好，他们始终是搞专业的。我们现在荣昌做陶的人，基本上造型都是传统的形式，你要是说去设计一种新的器型，这方面你几乎别去考虑，设计不出来，专业的人就不一样。所以荣昌陶都是在做传统的器型，创新这块很少很少。

李 现在有工艺美术大师进校园，还有传承人培训班，您去参加过吗？有什么收获？

肖（女儿）：2016年我和表哥去四川美术学院进修过，认识了很多老师和同学，还是很有意义。但是这种培训班办得太少了，我记忆里总共可能也就办了一两次，应该每年都要有个两批三批的，而且不以年龄为界限，只要你有这个爱好都可以去培训。

李 政府有没有给过你们一些政策或者经济上的支持？

肖 政府近十多年来，出台了不少惠民政策，对荣昌陶的大力宣传和扶持，应该是有目共睹的。2012年那时候，我们这边修了厂房，政府都给我们拨了钱。最多的时候拨了100万元，这100万元是无偿拿给你，不需要还的。所以说，政府对荣昌陶的发展还是起了很大的推动作用，不然也不会有今天这样的发展局面。

李 作为市级工艺美术大师和代表性传承人，肖老师是制陶世家，在传承与发展荣昌陶方面做出了应有的贡献。今天您谈到了自己从小就随父学习制陶，包括如何掌握制陶的技艺和经验、如何传承、创业等方面的经历和想法等，有时间的话，还想再深入地了解家族传承的情况，只有留在下次再聊了。再次谢谢两位老师接受我们的采访。

肖（女儿）：下面附爷爷肖德森重新撰写的《垭口志》：

《垭口志》

回忆

　　肖氏陶业民国三十七年（1948年）春二月写垭口志，照原来记载换新的手写本。

　　第一代祖先的名字，因房子漏雨，字体不全。肖维东，按字辈正、维、嗣、玉、秀，之所以记肖维东，是因为弟兄排行老二。大哥在老家湖北麻城县东乡十里，半农半工，有一条不大的龙窑，三个出口，自做自卖。年将二十一岁的肖维东，结婚不到半年，麻城人奉诏填川，不愿离家，捆绑列队，初定点永川黄瓜山，此处明朝有人做过陶，夫妇住两年，烧了一窑。康熙二年，荣昌立县城，夫妇迁居垭口，无房住。肖家老房子是一个庙子，暂时住下。有田地十几亩，后山一带约一百亩，想留占，三至五年后产粮。祖先看出垭口是宝地，有发展，人烟稀少，关帝庙只有几家人，丁、王、陈、肖。丁家做纸厂，王家干煤炭，陈家做砂锅，肖氏做陶业。老窑时隔几十年，厂房坏了，新修厂边的木材可用于建房。窑子虽完整也只有一座窑子，前后两年烧出的货好卖。太祖母先生有一女，第二生肖嗣有，是康熙十年（1671年）生，乾隆十三年（1748年）死，享年七十六岁。肖维东埋在隆昌油房与鱼箭的交界处，位于孙家庙子旁边。肖嗣有生二子，我祖先是第二子。第三代祖先肖玉科、祖母程氏，孙家湾人，从事陶业，也收了几个学徒，生产人不多，总计不到两桌人。嘉庆年迁到中兴窑，即现在的荣昌陶厂，又转行永恒玻璃厂。第四代祖先肖秀赞，其技术超过前三代祖先，最早做细陶但不多，全靠自用家具，无釉，用铅粉做釉。第五代祖先肖健崇，在道光年改做粗陶器，光绪十一年（1885年）自修坟，光绪十九年（1893年）七月十九日死。第六代祖先肖项盛，生三子，人老实，只做炮台灯，因受官司害，卖田地也无办法，将我家中兴窑的拉坯辘轳让出，父子几人做粗陶，维持生活，垭口只有三个门面留下，其余都卖了。第七代肖坤东为我胞伯，第八代我父肖坤华、叔爷当家，负责陶泥上釉，我父亲有一门好手艺，会做西绿釉、姑娘耙花。磨子窑周氏老板，民国十年（1921年）两窑的货全是正品。梁海山即梁先彬祖父干不了，把轮子（注：拉坯辘轳）让与我家。彭家又不干走了，家族中大公也不干走了。祖父肖乾汉一起干，在中兴窑我一家负责几个轮子，这是第七八两代的成功，一直干到解放公私合营。

　　第九代人肖体乐，在荣昌武城当坯手供销。肖体德、肖德森，合营以前在庄烧窑上帮两家，自做模型，合营后在厂刻花、上釉、踩泥、拉坯、在生产科与代供销科运煤，后又下车间管窑，做管理，政策落实后加入工会任组长。

　　第十代人刘恒，又名肖文桓，是代我姓刘。肖德森抱与旧爷刘帝方，刘家无后人了，拿肖文桓代姓刘。

重庆市安北陶瓷有限公司总经理肖文桓是原荣昌陶厂工人，改革时，荣昌陶厂自找出路，贵州省习水县陶器厂四人合伙开办安北陶器厂，1996年农历七月十九日（9月1日）新窑点火，政府部门都来贺喜，2006年，三伙人跳槽，由刘恒一人顶住，2010年挂牌重庆市安北陶瓷有限公司，获得政府的支持，公司壮大，现在甩开膀子实干。

前九代人的工人最多只有四五十人，现在的工人比之前多，在生产中用上机器，因改革、政府、工人努力，才有今天公司的发展和成绩。

2014年8月1日
肖德森写于公司大班

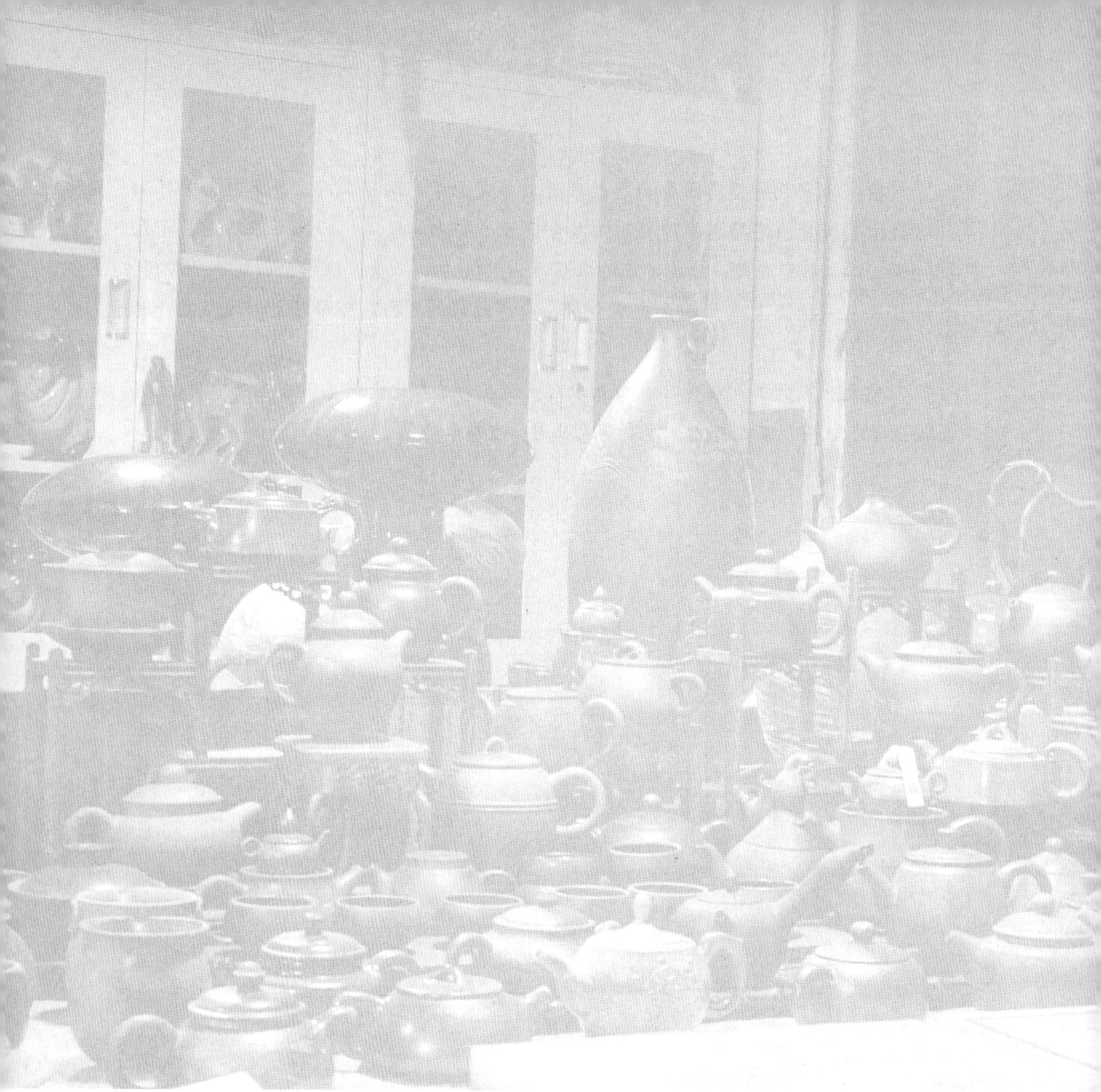

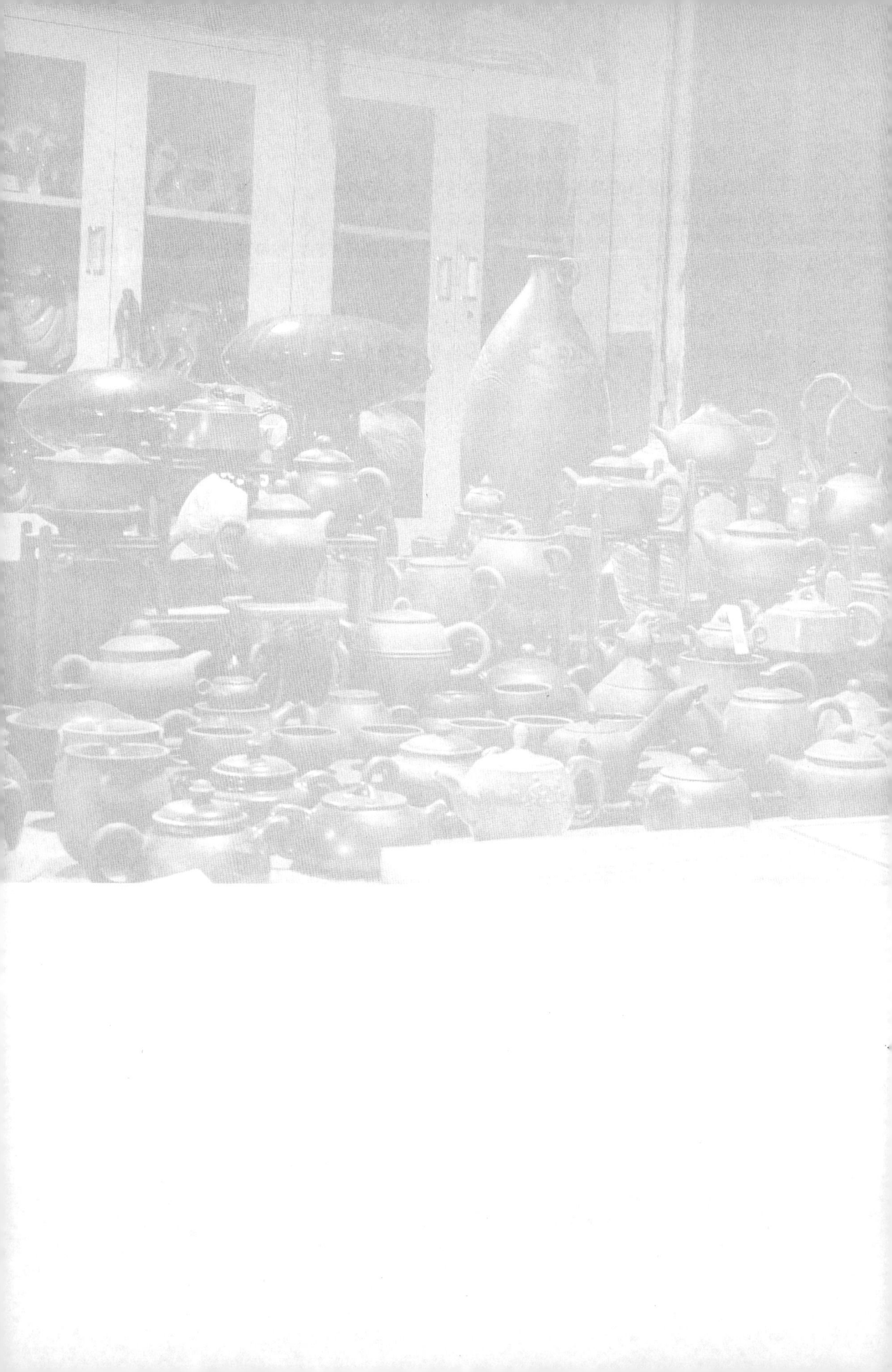

钟鸣

钟鸣

高级工艺美术师,国家级非物质文化遗产代表性项目陶器烧制技艺(荣昌陶制作技艺)重庆市代表性传承人,重庆市工艺美术大师,中国工艺美术协会、中国陶瓷工业协会、中国工艺美术雕塑委员会会员,重庆市工艺美术协会理事,荣昌钟鸣陶艺工作室负责人。

采访人:陈玥晓
受访人:钟鸣
时　间:2021年4月6日上午
地　点:重庆市荣昌区安富街道钟鸣陶艺工作室

陈 钟老师您是哪一年出生的?是荣昌本地人吗?

钟 我1957年6月8日出生在隆昌县,属四川省,与荣昌紧邻,当地人常把二昌称为荣隆地区。

陈 您大概是什么时候开始接触制陶手艺的?

钟 应该说是比较早吧。我不是制陶世家,我父亲是南京大学毕业的,后来在中学教数学,对我的影响很深。1973年我父亲叫人在广东的佛山买了一套很有名气的石湾公仔人物塑像,那是我第一次看到用陶烧制的人物雕塑,真是栩栩如生,它在釉色方面做得相当好,我很喜欢,一下就引起了我的注意。我父亲见我对陶雕很有兴趣,就常常给我讲一些有关宜兴陶、石湾陶,还有荣昌陶方面的知识。其中,我父亲给我介绍的比较多的还是宜兴陶和石湾陶,荣昌虽然离隆昌很近,反而接触得很少,知道一些,但是看到的大多是些泡菜坛之类的,相对于宜兴陶和石湾陶,我对荣昌陶不是很了解,可能是因为荣昌当地在宣传的力度上做得不够,出版的书籍或文字介绍做得不是很到位。相较而言,关于宜兴陶的产品的宣传和出版的书籍比较多。我自己比较喜欢看雕塑,小时候就开始学习国画,所以当看见石湾陶塑造出来的古典人物形象,鲜艳的色彩和生动的造型让我对陶瓷雕塑产生了浓厚的兴趣。

陈 对陶产生兴趣后,您有想过专门去学习这门手艺吗?

钟 当时在学校读高中的时候,都在搞开门办校,有学医、学习机械、学开拖拉机、学修理或者学车床的,同时数学家华罗庚有一个数学方面的推广,叫"优选法"。1975年我上高中时就选择到四川省隆昌美陶厂去推广学习优选法。到厂里研究釉色优选、烧成优选、泥料优选等。就是运用数学方法在一个范围内选择最合适的配方、配比,选出合适的泥料目数、烧制的最佳温度等,给出产品最合理的设计参数。制陶的泥料是用球磨机研磨后,倒入专门的水池中进行三次的沉浮,撇去表面的杂质,沉底的就是沙粒,这样筛选出来的泥料就会更细一些。再一个就是考虑整个陶器的烧成温度,在区域温度中反复进行试验,然后选择出最佳的效果。观察烧制的温度,比如说在1150℃,它的温度够不够。釉色的优选,就是施釉时的浓度怎么样,调整成分配比选择最佳的显色效果。通过不断地试验学习,我就对制陶的整个工艺流程非常熟悉了。

陈 当时开门办校可选择的科目很多,为什么会选择学习优选法呢?

钟 因为有这样一个机会,我可以去生产陶器的工厂,一方面完成学校交给我的工作任务;另一方面,我也可以在空余时间用厂里的泥巴尝试着做一些雕塑。

陈 您是什么时候开始工作的,又怎么进入制陶这个行业的呢?

钟 我1976年8月下乡,在那里待了两年半,劳动之余的时间都在做雕塑。1978年隆昌县招收教师有300人考试，我在全县考了第一名，分配到隆昌二中教高中数学，同样也没放弃做雕塑。有一次当地文化馆的馆长看见我平时制做的人物、动物等一些雕塑作品后就说："现在安富陶器厂做得相当不错，产品还在出口，里面有不少是雕塑性的陶器产品，我看你雕塑作品做得不错，安陶厂可能比较需要你这种人，你可以去打听一下。"因为当时教书，也不认识厂里的领导，我就把自己做的泥塑作品背到厂里去找他们的领导，包括技术科的科长、厂长，这些领导看见我的作品后觉得我在雕塑这一方面还可以，就同意我过来上班了。1982年我就从隆昌二中调动到了安富陶器厂，被分配到技术科正式开始设计制陶的工作。因为之前我没跟厂里说过自己曾在隆昌的美陶厂做过优选法的推广，厂里以为我不了解工艺方面的流程，但是觉得我很有潜力，就让科长刘大华作为我的指导老师。隆昌美陶厂和安富陶器厂都在鸦屿山这一片，作为陶厂，在制作工艺和技术方面其实都是差不多的，由于我对工艺流程熟悉，所以我做得比较好。

陈 做数学老师、医生、画家，为什么最后还是选择了做美术陶器这个职业？

钟 其实让我去做哪一行我都可以做得很好，但是最后选择美术，我把前两门专业的知识可以运用到美术中。我什么都去学习，即便在宜昌被旁人称为"杂家"，我也不会生气。我不喜欢湖北湿热的天气，所以没选择去美院做教辅，我又不喜欢被束缚的感觉，自己自由地创作是最好的选择。

陈 在技术科主要做什么工作？四川美术学院的教师带学生来实习，您有印象吗？

钟 在技术科，主要是搞产品研发，而我主要还是发挥自己的长项，从雕塑造型方面来入手进行创作。之前也学习过一些雕塑大师的风格，想把一些优秀的理念融入产品的设计。当时厂里考虑得都很远，实行的是师徒制，很多在拉坯、刻花、上釉等方面比较优秀的老师都会作为师傅带几个徒弟，所以说国有企业在那个时候是做得相当不错的。早在20世纪60～70年代的时候，就有四川美术学院的老师带学生来厂里实习，直接在厂里对产品的艺术造型、釉色、化妆土刻花装饰等这些方面进行指导，有了这些前期的积累，安富陶器厂从20世纪70年代到80年代中期完全是一个很大的飞跃，从装饰、造型、釉色等方面，在全国来说都是一个比较顶尖的级别。

陈 您有到高校学习和进修的经历吗？有什么收获呢？

钟 我进技术科不久，1983年厂里就推荐我到重庆市轻工业学校的工艺美术班进修。比较幸运的是我阿姨在四川美术学院当老师，我经常周末或者没课的时候跑去美院学习，听到雕塑系的郭其祥、叶毓山教授在做大型雕塑的时候就去帮忙，当时这两位教授已经五十多岁了，但是看起来都很精神，在做雕塑的架子上穿梭自如，给我留下很深刻的印象，不管是在技术方面还是体力方面我都很佩服他们。

我年轻的时候就很怪，一开始画国画觉得画得不过瘾，又画油画还是不过瘾，就做雕塑，最后觉得艺术的最高境界就是雕塑，所以我常去参加一些雕塑展览，希望学习一些大师的作品。当时隆昌县文化馆的馆长很欣赏我的作品，他就拿了一些他收藏的欧美的人体雕塑给我看，当时就引起了我对雕塑的一种冲动和渴望，后来我一直在追随这件事儿。20世纪80年代初摩尔❶雕塑在全世界很流行，那个时候中国正在对外开放，能看到一些西方文化的东西。当时在美院也能看到受摩尔雕塑影响的作品，很多人还不理解这个抽象的形式，我一看见它就觉得很有意思，我就想去读懂它。因为我之前有教数学的经历，我对几何立体的事物很敏感，如今说的三维等空间概念，在那个时候就已经比较了解了。所以不管是在教数学时用启发式思维的教学方法还是后来在做摩尔雕塑，我一直在做超前的事情。我在思考摩尔雕塑为什么是这样的？负空间❷的"孔洞"❸是什么意思？加上我也很喜欢中国传统文化，在看见假山上的一些孔洞造型时，我就想着把两点结合起来，再融入我自己的感受。有些人就说摩尔雕塑纯粹是一种抽象的形式，我觉得如果你没有扎实的功力就去乱抽象是不好看的，没有美感。所以我在做陶雕的时候，也做抽象，至少你要有一种美感。后来知道了这个概念的内涵和价值，是因为我去了重庆市轻工业学校的第一届装潢班学习，我从那里学到了更多的东西。

陈 您当初是在工艺美术班进修，为什么会想着去装潢班学习呢？

钟 因为在装潢设计中，对形态的构成、色彩的运用、肌理的营造等很多专业知识与我从事的工艺美术结合起来就非常好，当时就只有我一个人修了两门课，虽然这门课不让非本专业的学生听，但是我就要去听课，做他们的作业。在重庆轻工业学校进修的一年多，大多是四川美术学院工艺系的教师任课，我学习了三门课，一是工艺美术，二是装潢，三是有空闲就跑去四川美术学院学习的雕塑，这些综合性的知识对我后来做陶器设计有非常大的帮助。

---

❶ 亨利·斯宾赛·摩尔（Henry Spencer Moore）：（1898—1986）英国雕塑家，是20世纪世界最著名的雕塑大师之一。
❷ 负空间：是指建筑之后剩下的开放空间，正空间则是在预先的计划下被有意设计的空间形状。
❸ 孔洞：指在器物上人工做的窟窿。

陈　后来离开了安富陶器厂，您又去了哪里学习和工作呢？

钟　1988年的时候，作为人才引进，我调到了湖北宜昌彩陶厂科研所做设计工作。一些当今很有名的大师如周国桢、韩美林老师都在这里做过非常优秀的作品，对我有很大的影响。

陈　您学习和工作的经历很丰富，后去中国艺术研究院学习，印象最深的是什么？

钟　1989年，在湖北美术学院任教的李正文老师听说我到了宜昌彩陶厂工作，正好美院有两个去中国艺术研究院学习的名额，在他推荐下，我到北京中国艺术研究院学习了一段时间。研究院的授课老师都非常认真，在那里我开始比较系统地学习了宋代文人画和一些西方的美术理论。由于我在学中医的时候就接触过风水玄学，所以在我上艺术与玄学课程时就能很轻松地理解接受。要说印象最深的，是获得了任课老师赠送给我的一本《玄学与艺术》的书。从课程和书中了解到，整个宇宙都有美学存在，宇宙中的光、它的结构、磁场现象等也都算是艺术现象。我虽然没有专门学过环境艺术设计方面的知识，但是我在数学、物理还有美学方面学习到的知识对我环艺设计的帮助很大，我把这些东西运用艺术的元素融入风水文化来做设计。当时，在湖北地区很多人找我来做饭店的大厅改造，这件事又让我体会到自己的知识面要时刻准备好，有了机会就要抓住，所以每次我将要上一个阶梯时都有好运。

陈　为什么会想到去参加现代陶艺研习班呢？

钟　在艺术研究院学习结束后，1990年，李正文老师又让我参加了美籍华人李茂宗先生在湖北美术学院举办的第一届现代陶艺研习班，在那里遇见了影响我一生的恩师李茂宗先生，他早年求学于日本，是中国台湾现代陶艺开拓者之一。看见李茂宗先生的作品，一下子就改变了我的创作风格，就不是之前的较为单一的摩尔风格，而是采用了中国画大写意手法与陶泥随意性相结合后做的一些作品，创作题材主要来源中国传统文化，采用抽象的手法，再加上孔洞透空的方法，让作品变得更为生动，耐人寻味。

陈　当时的研习班是怎样授课的？您从中有什么样的收获呢？

钟　研习班的第一节课并不是讲课，而是由老师点评我们原来做得较为满意的几件作品。李茂宗老师对我的作品很感兴趣，课下在我的提问请教后，李老师支持我现在作品的发展方向，这给予了我很大的鼓励，也由此奠定了我以后的创作风格。

不过那时候由于接触了很多国外艺术家的作品，湖北美术学院老师的雕塑、陶艺作品，的确打开了我的艺术视野。现代陶艺作为当时较为新鲜的事物，在国内的定义还不明确，在国外有比较明确的定义：一是造型；二是装饰。陶艺在中国字面意义就是说：陶是一种材料，艺是艺术的东西。但往往会混淆这个简单概念，所以我发表了《中国现代陶艺的沉思》❶这样一篇文章，批判当时一些错误的理念，父亲怀疑不擅长语文的我能否写好，但是文章内容有针对性，又有发自内心的观点，所以文章就被刊用了。当时一些不明事理的人，要么完全反对西方的文化，要么疯狂追寻自己都没读懂的西方文化。而我认为中国有那么多需要我们学习的优秀传统文化，如能结合西方的优秀文化，优势互补，发展岂不是更好？就像75年我自学中西医，结合两种治疗方法缓解了一位肺心病患者的病情一样，我认为艺术也是一样，中西结合的方法最佳。

我一直认为什么样的题材用什么样的手法去表现，内容和形式应该统一。在我创作的作品中，采用什么样的装饰去表现主题，才能达到最佳效果，是我经常思考的主要问题。虽然很多人不能理解我的作品，但是我知道我是超前的，我的作品不是面向一个维度，而是多维度的，可以从不同的方面进行解读。

陈　为什么后来您要去做园林艺术、建筑这些与陶艺跨界比较大的工作呢？

钟　到了20世纪90年代初，国营企业就开始走下坡路了，彩陶厂的效益也不好，为了生存我开始尝试做其他的职业，寻求新的发展。好在我之前学习过广告、装潢和色彩相关的知识，所以我开始做装潢项目，后来又开始做园林建筑这一方面的设计，我对建筑也很感兴趣，由于我爱好太多，我父亲曾建议我要专心学习一项，还给我举徐悲鸿画马、齐白石画虾的例子，让我专心做好一件事情。看来还是很难，我总是希望能跟上时代的步伐。

1992年，我去了海南轻型飞机广告装潢有限公司并任副经理，同时期策划、指挥、组织了海南第一届椰子文化节；1996年与朋友建立了宜昌市红叶文化艺术策划有限公司，任总经理；1998年在宜昌成立一鸣艺术文化公司任总经理，同时为宜昌、三峡、神农架等风景区室内外设计制作了许多雕塑、浮雕、环艺建筑工程。我这样做，一是为了检验自己的能力，二是想要去学习更多的知识并且去运用于实践，这样就丰富了自己。虽然看起来这几样不相关，但是创作的时候就可以用到。

---

❶　钟鸣. 中国现代陶艺的沉思［J］. 载《美术》，1990（6）：57.

陈 为什么想到回荣昌建自己的工作室呢?

钟 我2009年底回到荣昌安富搞创作,准备参加景德镇国际陶艺展,看到古街踏水桥那边的老街进口的大门上挂了一个"陶都"的大牌子,我认为"陶都"这个名字对这里来说并不准确。所以2010年1月我就给当时的荣昌县陈杰书记写了一封信说:"我们的陶和夏布,任何地方都没有我们这里好,我们应该抓起来。"信中还提及荣昌陶有深厚的文化底蕴,该怎样发展,该怎么做,大家应该一起来推动荣昌陶和夏布的发展。2011年安富陶都博物馆建好了并邀请我过来参加首届荣昌陶器高峰论坛活动,同时做我的工作希望我回来为家乡效力,一开始我有些犹豫,因为我在其他地方有工程,并且做得还不错,我母亲也说:"别人都是削尖脑袋往城里去,你是往山里跑。"好在我父亲是支持理解我的,因为我内心确实是很喜欢做陶,而且荣昌陶的发展潜力很大。

2012年,荣昌县政府开始引进在外面工作的专业人才回乡建自己的工作室,也有相关的优惠政策和配套措施,于是我回到了荣昌重操旧业,专心致志做自己一直喜欢的陶艺创作,我在安富的荣昌陶博物馆首个以个人名誉建立了自己的"钟鸣陶艺工作室"。

陈 我们经常提到陶瓷,陶和瓷有什么区别吗?

钟 陶瓷是一个统称。实际上两个词的使用在学术层面上是有区别的。荣昌有陶,无瓷。陶瓷一般分为陶、瓷、炻(半陶半瓷,即烧成的温度比较高称炻)。陶器一般烧到1200℃,白瓷要烧到1300℃。另外,烧瓷的泥土必含高岭土,瓷器为雪白色,如果较薄的话,还有透明感。而荣昌的陶土用高温烧,也顶多称为炻,但大都采用荣昌陶的说法,更明确一些。

陈 您创作的作品主要属于哪种类型?采用的原材料来自哪里?用什么烧窑方式呢?

钟 我现在主要走的是两条路,一条是设计制作一些生活实用的产品,如茶具、花瓶之类的陶器;另一条是追求自己艺术的东西,纯欣赏性的工艺陶。即使是实用性的产品,我也很注重它的艺术性,实用和美观是我必须坚持的一个理念。现在我主要用荣昌鸦屿山的陶泥进行创作,因为当地的红、白泥具有荣昌的地方特色,烧出来的陶器与其他地方的陶器在泥质上就有区别。现在主要采用电烧和气烧,既能节约能源,也很环保。

陈 您是怎样看待荣昌陶的刻花、拉坯、釉料、烧窑等这些特色技艺的？

钟 刻花工艺是安陶的一大特色。真正的荣昌陶刻花，我认为应该流畅、饱满，剔除的很少，剔得少并不代表着简单，往往简约的东西想要达到一定水平的美感才是需要硬功夫的。现在的刻花是把画面画好然后把不要的部分剔掉，没有理解真正的刻花技术，刻花、点花这方面的技艺，失传有点严重，没有人愿意学，觉得挣不到钱。

拉坯，是做陶的人要掌握的一个核心技艺。看起来好多人在学习拉坯，但要对技术的过硬，还是要花些时间和精力的。现在的拉坯，大都是在制作一些小物件，对技术的要求不是很高，如果要拉一个造型讲究的陶坯的话，技术还是很重要的。

荣昌陶原来都是采用矿物质釉，对于釉色的使用，大多数人都是凭借经验来施釉的，但我发现荣昌陶的施釉跟坯体、烧制的气氛是很有关系的。比如荣昌陶最有名的朱砂釉为什么会反应出铁锈的状态，是因为倒焰窑炉的气氛、陶器放置的位置、火候不同，所以烧制出来的朱砂釉陶器会呈现出不同的色彩。诸如此类的问题我写了一篇有关朱砂釉的文章《荣昌陶朱砂釉的风采》。现在我们更多的是使用化工釉，成分有所改变，想要烧成一些花样还是需要懂得科学原理。

现在的烧窑种类也很多，最原始的柴烧、煤烧，后来出现的电烧和气烧，烧制出的陶器效果都不同，而且采用不同粗细的泥料也会显现不同的形式，不一定细陶就是好的，粗陶也同样有人欣赏它的美，粗陶的状态就像是回归自然，两者终将是为我们所用的。我用荣昌陶泥烧制的粗陶茶壶，看起来就很粗犷，原料混合了粗泥、细泥、炉渣等，手拉坯难度较大，烧制考究，砂器透气性好，受热均匀，有活性炭的作用，可吸附水中的农药、异味和重金属等，用它喝茶和酒，会使茶味更清新，酒味更香醇。我最近创作的《三个穿旗袍的女人》，是将重庆人家中司空见惯的泡菜坛子，转变为优雅、尊贵的花器，三个坛子、三套旗袍，投射出三种中国古典气质的意象之美。这套陶器就采用了荣昌经典的粗陶手拉坯工艺，用朱砂釉、白釉、黑釉调出红、青花蓝、孔雀绿的釉彩制作的。

陈 柴烧是最早的烧陶方式，需要注意哪些问题呢？

钟 现在做有个性的工艺陶，都喜欢用柴烧，是因为有落灰自然形成的窑变，有丰富的肌理和金属感。有两种结果是要避免的，一种是硬伤，在300~500℃的时候炸开的，炸了口但是不会再炸没有炸穿，还可以使用；另一种是软伤，这个是在1000℃多冷却的时候通风冷炸，就是风丝了，和硬伤声音都不一样，这个会漏，而且会继续炸丝，烧制靠近坡下。之前有人烧了三窑都烧炸了，跑来和我交流，我说你没有掌握好窑后面风口的问题，风口掌握不好的话，从前面拉风进去，后面全部给你拉丝，因为冷却的时候越有金属感的陶越经不起风越要炸，所以所有洞口都要扎住。

陈 您做陶雕比较多，制陶时还会用拉坯工艺吗？

钟 我不主攻拉坯，我主要是做雕塑，现在很多人在认识上也有一个误区，认为手工拉坯才是真正的传承，才是真正的技术，不是这样的。这也就是为什么我之前说雕塑是艺术的最高境界，会拉坯不一定会雕塑，雕得像，或一眼能看懂也不一定就是好的创作，最主要是要知道自己的优势在哪里，要往哪个方向去发展。

我回荣昌已经九年了，之前在三峡做过策划公司，做过很多好的项目，为什么我会回来荣昌做陶，是因为我觉得陶有塑性、接近人，我现在做的作品在没有丢掉荣昌陶文化的同时也没有耽误我做雕塑，雕塑也不一定非要用金属、石材或木材，水、空气、雾都可以作为一种塑形。我们所看到的建筑是立体三维的，都与雕塑有关，用什么材料去造型，塑出一个什么样的形态来，才是最重要的。现代的建筑设计看起来就像雕塑，甚至比雕塑更好，因为同时需要兼顾内部空间和外面装饰的协调统一。

陈 您做了这么多年的陶器，认为从哪些地方可以去学习别人的经验？

钟 我们能学习的地方很多，除荣昌之外，还有江苏的宜兴、云南的建水、佛山的石湾、广西的坭兴等名陶，他们都做得不错。我想第一是到基层去看，如一些个人工作室，虽然没有什么名气，但是有文化底蕴；第二到有自己创作风格的大师那里去看，我说的是到真正的大师那里去学习；第三是到生产陶器的企业去看，了解新工艺和生产流程。

陈 您夫人也是从事这门手艺吗？是否想把这门手艺传给子女？

钟 我夫人范鸣和我一样，也在做陶。她擅长传统的刻花、点花工艺。我们只有一个女儿，她小时候也喜欢画画，现在是她母亲在教她一些传统的制陶工艺。

陈 老师您现在有学徒吗？

钟 我现在有几个徒弟。有一个是做器型研发的，有一个是研究易经的，但他从来没有做过雕塑，是在考察完荣昌陶后，怕我不同意，联系了一个中间人来问我是否收徒，我说可以呀！我这个人不是那种非要以刻板的形式收一个徒弟的人，我觉得他做的作品很有灵性，我就愿意教他。

陈 老师您是怎么带徒弟的呢？

钟 有时候不需要专门去教。他能通过看你怎么做从中受到一些启发，所谓言传身教，我更多的时候是在创作时与学生相互交流，就像之前李茂宗老师给我们授课，我们是观察他的作品来得到启发而后进行创作的。

陈 学这门手艺需要多长时间？徒弟学成后，一般去做什么？

钟 在我这里学习没有时间规定，主要是看一个人的悟性，现在有个徒弟在云南那边开店，也在做一些雕塑。

陈 您怎么看待荣昌陶的发展？

钟 荣昌陶早就有自己的定义。做陶一方面是为了生存，要适应市场化的运作；另一方面也要把自己的东西融入进去，传统的东西不能生搬硬套，要有自己的创新。我有三把陶壶被选入《中华茶器具通鉴》一书，一把是《壶中壶》，一组是《三君子》，另一组是《憨哥·憨妹》。《憨哥·憨妹》的设计就非常具有巴渝文化特征。用荣昌的泥料做的粗陶壶，有一个功能，就是在使用过程中可以改变水质，就算是夏天泡菊花茶也不容易馊，这是需要宣传的。

我认为如果想要让荣昌陶达到一个比较高的地位，引起别人重视，就必须要有自己的能够超越别人的东西，不仅仅是有传统的制陶技术，而是要从艺术的角度去超越，从艺术这一最高的境界去超越别人，别人才会发现荣昌陶的优势和亮点。有好的艺术作品才能不断提升你自己的品位，提高自己的眼界，提升当地陶文化的内涵。

2010年，我在景德镇参加首届现代陶艺展，组委会的专家看见我的作品，马上就要收藏，因为没见过这种形式，觉得很有意思很独特。荣昌陶不能一味地去模仿别人的东西，就算是模仿了前沿的技术，终究是很难超越。你要拿出你自己的东西，要在传统的基础上有新的创造。荣昌陶的传统工艺在原来国有企业的时候发展得非常好，但现在并不是说传承几代或几十代也会发展得非常的好，还是要靠个人的技术和创新。能够称之为大师的人，都是通晓各种制陶工艺流程的，不仅是懂得自己所擅长的一部分，而且要不断地学习和精进。20世纪60到70年代的荣昌陶能够开发出许多新产品，一部分功劳在于当时四川美术学院的老师和实习的学生来一起参与了创作。现在荣昌陶的从业者更多的是匠人，与艺术家或者是大师还是有一定的差别，我们不能混淆匠人和艺术家的概念，同时我们还需要思想家，社会才能前行。

陈 您认为当下的荣昌陶该怎样去发展?

钟 荣昌陶的工艺很独特，是其他地方没有的，况且我们有很好的原材料，享有"泥精"的美誉，但是在发展的过程中，没有把有才能的人聚集起来。之前我们去龙泉青瓷考察时，了解到他们建博物馆，后面的土地由政府象征性地出价卖给各位传承人，让他们自己建工作室，唯一的要求是每年创作出三个亲手做的作品，要有自己拿手的特色，不能和他人一样。这三个作品带来的价值远远超过了土地的价值，因为这些作品一起被当地政府带到国外展览，拿到故宫或者全国各地宣传，这不仅仅体现出青瓷本身的价值，更是代表了当地的文化，给后人留下了宝贵的财富。现在荣昌也成立了研究所，把传承人们聚集起来，也在改善，只能说慢慢来。

陈 作为荣昌陶的传承人，您认为最需要具备的品质是什么?

钟 我认为作为传承人或者是艺术家，拥有优良的品德是最重要的，如果想要整个荣昌陶找回原先昌盛的状态，那么这里的每一个人都要齐心协力而不是只注重于自己的利益，传承人应尽自己最大的力量去延续这门手艺。

陈 平时除了艺术创作外，您还喜欢做哪些事情?

钟 我最喜欢到各地去参观博物馆和参加一些专业比赛、学术论坛。我曾在湖北省博物馆参观了馆藏的铜器、玉器、漆器、丝绸，都很精彩，现在技术都很难超越，特别是铜器多层穿插的结构，估计现在的人都还没研究得很透彻。三星堆出土的一些器物，又把人类文明推向更远。玛雅文化中的一些图腾和三星堆文化中的图案符号有相似的东西，就像文字一样需要去认识它，读懂它。现在很多图案符号作品没有文字，去读懂它，就是检验你的思维、你的认知是超前还是落后的，这是很关键的。保持你的思维超前是很重要的，不要怕因为超前而别人不懂你，假如你去世了，今后的人们还觉得你的东西还不落后，那才是好事。

还有为什么我喜欢去参加一些国际性的活动，就是为了检验自己：你的思想观念相对于那些大师来说差在哪里? 有哪些先进的理念是需要你来学习的?

陈 参加那么多陶艺活动或者国际比赛，让您印象比较深刻的事情是什么?

钟 我曾去参加上海国际陶艺节，有个地区的代表说他们的柴烧落灰釉是非常厉害的，但是我当即发言否定了他的观点。我说柴烧落灰釉得从材料来判断是否需要采用

陈 这样的烧制方式，就像我们的荣昌陶就不能落灰太多，否则就遮盖了我们最优秀的特色，因为我们的柴烧落灰釉金属感比较好，烧出来比其他地区的火痕感更明显。而景德镇的柴烧在最白净的瓷上反映出红红绿绿的火痕，就像是一幅抽象的油画，这也不是落灰。

陈 虽然您觉得在每向上一阶段的时候都是很幸运地度过，但是我觉得是因为您在不断地努力学习，所以才能把握住每一次机会，不惧怕任何挑战，那么您是怎样看待困难的？

钟 在我的经历和创作中肯定是遇到过困难的，但是我认为困难都是暂时的，不要把问题看到一个小点上，要看得宽泛一些，这个世界很大，谁能笑到最后谁才是赢家，聪明的人都会坚信眼见为实耳听为虚。

陈 人生中对您影响最大的人是谁？

钟 我的父亲对我的影响比较大，他原来读的是南京大学的政治经济学专业，他又会画画又会写文章，数理化好，外语也很好，是个全才。我对天文地理的热爱就是从他那里学习来的。

陈 您能给我讲讲这些作品创作时的构思吗？您做了哪些创新设计？

钟 我的作品从1983年到现在，每个时期的作品风格都有差异。这件动物陶就是我1983年创作的作品，你可以看见摩尔风格的孔洞，表现的是伸长脖颈的羚羊和蓄势待发的鸣鹿。这是一个当时出口比较多的羚羊形花器；另一个同样是出口比较多的菱形酒具，这两个器物在具备实用性的同时也具备了前卫的造型和美感。这是一件当时和重庆一个石英钟厂合作做的石英钟钟套。是一个异形装饰品，传统的刻花都是在圆形上雕刻，这个是由我夫人来刻花装饰的，因为形状特殊，所以构图雕刻起来比较困难。

后来我又尝试把异形运用在人物陶雕上面，有一套作品叫《青衣·水袖·出浴》，加入了中国传统文化中的戏曲元素，刻花装饰出的华丽戏服，衬托出女性优美的体态。这个作品叫《胭脂女》，是我1990年在湖北美术学院开设的现代陶艺研习班时创作的作品，这两个作品都是当时研习班第一课李茂宗老师点评的我的大写意手法的人物雕塑作品。

《壶中壶》茶具九件套在2014年获得联合国教科文组织颁发的世界手工艺品杰出

徽章证书，此件作品是采用荣昌陶的红白两种泥料相互揉合，挤压形成自然纹样的陶器装饰技法做成，然后由两个壶重叠而成，大壶中装小壶。此壶装上茶叶不会倒出，便于清洗，倒茶水方便，而且外表美观，因其特殊造型，又称为"母子壶"。

《憨哥·憨妹》作品采用荣昌粗陶红泥，手拉坯、塑形，结合传统的二方连续刻花图案，图案采用荣昌白泥化妆土，线条流畅，纹样饱满富贵，壶身和花器浮雕塑形，以1200℃素烧而成，而荣昌粗陶有改变和净化水质的功能，泥土含铁量百分之七点多。作品运用重庆渝文化中的"憨哥、憨妹"形象，意为"老实人"，作品将传统的意义与现代的装饰性手法相结合，是一套实用与艺术性结合的茶具佳品。

这组作品叫《彝族兄弟的梦》，具有装饰性、夸张性，采用中国画大写意及摩尔雕塑手法，作品大气，又有细微的处理，体现出形与似，神与真。材质采用荣昌陶的粗泥，纯手工制作，以1200℃天然气还原烧成，尤其是烧成乌金色！金属感的特质，更体现了彝族男士的矫健之魂，体现出彝族人的民族风情！

《三君子》作品采用荣昌粗泥红陶，手拉坯，这件传统刻花作品采用拟人手法，把三件高、中、短的壶型，用拟人和抽象的手法描画了三个身材不等的书生，君子喜爱读书，也喜爱喝茶。2020年参加了第九届大地奖中国陶瓷创新与设计大赛作品《三君子》荣获金奖。

这两件作品用的是荣经的砂锅陶做的砂器陶艺《彝族父子》，参加了台湾苗栗陶艺术博物馆"陶裡天下——李茂宗师生陶艺巡回展"。

陈 今天，钟老师回顾了在荣昌陶器厂做设计，后又去湖北宜昌做设计的这段工作经历，尤其是2012年回到荣昌后，您潜心于陶艺的创作，涉及的种类很多，既有传统的工艺技法，也有现代陶雕的艺术观念，取得了丰硕的成果，为荣昌陶如何传承与发展提供了新的思路，谢谢您接受我们的采访！

《憨哥·憨妹》 　　《彝族兄弟的梦》 　　《三君子》

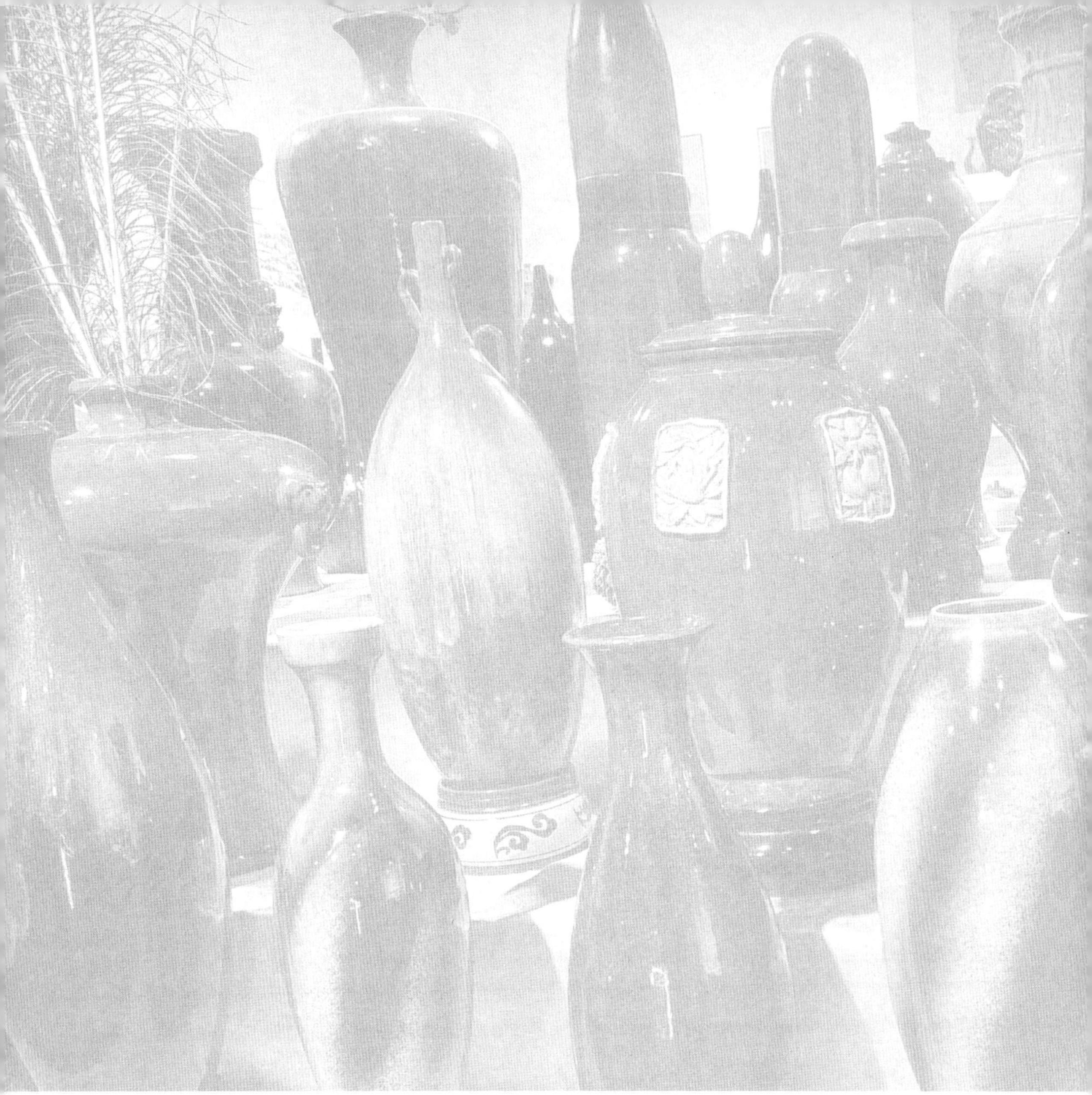

肖祥洪

肖祥洪

1965年2月出生，荣昌安富人。国家级非物质文化遗产代表性项目陶器烧制技艺（荣昌陶制作技艺）重庆市代表性传承人，重庆市工艺美术大师。荣昌区陶瓷学会理事。

采访人：陈玥晓

受访人：肖祥洪

时　间：2021年5月11日上午

地　点：荣昌安富街道安陶大师园肖祥洪
　　　　工作室

陈　肖老师是什么时候开始接触和学习这门手艺的呢？

肖　我9岁就开始学习这门手艺了，从小就在拉坯机前打转，跟着家人学做陶器。那时候是边读书边学习陶艺，我父亲肖慈金是安陶厂的老艺人，我家祖祖辈辈都以制作陶器为生。

陈　作为制陶世家传人，传承到您这里是第几代？您是什么时候进陶厂当工人的呢？

肖 历史上我的祖辈是湖广填川的时候从湖北孝感迁来荣昌的，和肖文桓他们家族是一个祠堂出来的。祖上制陶的技艺传到我这一代已经是第十代了。我女儿罗莎是第十一代。据老人讲，新中国成立后，政府把民间艺人集中起来成立合作社。后来又将私营的大小陶厂集中起来成立了公私合营的荣昌安陶厂。陶厂刚成立的时候我爷爷肖体先和我父亲肖慈金就在厂里工作。我父亲当时在技术科管理试制组，是试制组的组长，被四川省轻工业厅评为"四川省十大老艺人"之一，当时在厂里算是具备顶尖技术的一批师傅了。

我是1983年进厂的，主要从事釉色调试和样品检验的工作，因为我从小在家里就学过制陶，是熟练工进厂的，所以两三个月后我就可以做图纸了，我可以做像那种二号菜坛大小的器型。我一进厂的时候也在技术科，我在试制组大约做了十年的时间，七几年八几年是荣昌陶器发展很旺盛的时候，那个时候产品主要是靠出口，一九九几年的时候产品主要是包装罐，像泸州酒瓶、各个地方的包装酒瓶。像我们同期的现在还在做陶的有李绍云、我们师兄周光建、刁显超等，都是荣昌陶厂出来的。在试制组的时候，我就学到了很多东西，包括翻模、雕塑、刻花、施釉等。当时我进厂的时候就已经能做比泡菜坛还要大的陶罐了，我是向张俊德老师拜师的，那个时候他还很年轻，也在技术科的试制组，现在他是荣昌陶器制作技艺重庆市代表性传承人。当时我不仅向张俊德老师学习，还向何天荣、钟华富这些老师傅学习，加上我父亲，那个时候他们四个人教我一个，所以学习条件非常好。施釉装饰这方面的知识我就是向钟胜全老师学习的，雕刻刻花这一块我是向何光齐老师学习的，杨剑夫老师还教了我怎样刻卷草纹，他主要是做工业设计的，擅长设计这些图纸，这些老师都很好，都有自己擅长的工种，像我师傅张俊德就比较擅长做小的陶器，何天荣师傅和钟华富师傅就可以做一米多两米高的大花瓶，打泥砂我也是向他们两位学习的。

陈 这些师傅的子女现在还继续传承他们父辈的手艺吗？

肖 基本上没有了，现在好像只有何天荣老师的大儿子何鸣还在做，他之前在厂里是属于生产部门的，现在在梁先才那里做陶，他的小儿子和我是同学，在做一些大的坛子。

陈 张俊德老师是厂里的拉坯高手，您跟他学习拉坯学到哪些制作的技巧呢？

肖 张老师的技术很好，肯定会教授我一些技巧和手法，比如拉坯和捧泥的时候要求手要稳得住，揉泥的时候要求泥巴要揉得很匀称，就像做馒头揉面一样，你揉得越好收缩得就越好，泥也是一样的，要看揉的时间，揉到没有气泡就均匀了。

陈 当时学习这门手艺的人多吗？

肖 多，当时很多，有一大部分人都是为了生活来学习的，原来荣昌这边的陶厂可能有两三百家，安富桐子桥那边做陶的就有两百多家。

陈 您能给我们介绍一下您制陶所用的工具吗？

肖 不同的工序，使用不同的工具。一般拉坯的时候只需要一种工具，就一个尖头的刮片，主要用于拉坯成型。拉坯成型后用这个工具把陶坯从板子上割下来就行了。修坯就需要三四样工具，这个绿色的刮子就是我抛光用的胶片，这个发条是修坯用的，这个篾条是修饰陶器内部的，能够让坯体变得光滑和厚薄均匀一点。

陈 老师您现在用的泥料是荣昌本地的吗？是从哪里买过来的还是您自己采挖的？

肖 是本地的，有些是我自己采挖的。像我现在用的这种泥料就是买回来的，是工厂专门处理过的。基本上好的泥料都需要我自己去挖回来，比如说上釉用的泥料就需要好一些，上釉的泥料必须要收缩比例小才行，收缩比例过大会与釉料不匹配，就会产生裂口。

陈 收缩比例有固定的要求吗？

肖 对的，比如说泥巴老一点收缩比例就会小一点，泥巴新一点收缩比例就会大一点。因为泥巴有几层，基本上最上面一层是水泥，水泥下面就是纸岩泥，纸岩泥下面是岩泥，岩泥下面是老岩泥。所以说要看你取的是哪一层的泥，收缩比例是不一样的，现在用得比较多的是紫岩泥和岩泥。

陈 在手工拉坯的环节有没有什么需要注意的事项？

肖 你看我现在修坯，第一就要修到没有印子，要光滑；第二要注意形体的问题，你看它的线条要流畅，曲线要富有美感。有些人做了一辈子，你看他修出来的坯体虽然是很光滑，但是它的线条始终不美、不自然，有可能是杯口弧度很死板或者是开口很低，线条始终不流畅，看起来不舒服。

陈 老师您是怎么样做到同款的陶坯都保持基本一致或大小的？

肖 习惯了，做得久了，就能感觉得到。我不用手比划都可以做得差不多，我坐在这里手放的位置，从上到下的范围和宽度基本上都是固定的，我知道我的手应该处于身体的和陶坯的哪个位置，这是一个长期琢磨出来的习惯。

陈 制作茶具会精细到用料的多少吗？

肖 制作一个茶杯大概可能要600克的泥料，一斤二两，修出来之后可能还剩300克，再轻薄一点的可能100多克，可能200克都不到。你看这些干一点的陶坯是昨天修的，剩下是今天修的，泥巴干了后会收缩8%～9%，新一点的泥巴是收缩18%，做坯的时候要求泥巴收缩到18%，修坯的时候还要收缩个9%，烧坯的时候还要再收缩9%，所以说掌握泥巴的收缩比例很重要，这也是很深奥的，都要慢慢去摸索。如果收缩比例掌握不好，做出来大小就会不均匀。茶壶和茶盖的匹配度一般是按照丝米（1丝米=0.1毫米）来算，不讲毫米，因为按照毫米误差算的话，盖子容易放不进壶身，壶盖和壶身的误差保持在0.01毫米就算不错的，就能配套起来。另外一个叫负缩水，负缩水也要注意精确度，所以我配壶盖就比较多，配不到的都到我这里来配。

陈 泥料的收缩比例您是靠什么来判断的呢？

肖 都是有尺寸比的，为了使壶盖和壶身保持一致，还需要掌握器壁的薄厚程度，坯体越厚收缩比例就越大，我基本上做3～4毫米的厚度，然后就是注意坯体的缩水，烧制的时候把壶盖顶起来就不会变形，烧好后就可以完美地扣在壶身上。有些盖子就很好配，大过2～3毫米都没问题，但是茶壶、落井盖，就是那种落下去的盖子大一丝丝都不行，相对来说难度就会高一些。

陈 用化妆土刻花装饰的时候有什么要注意的吗？

肖 有些陶器会上釉，有些只是素烧。一般在做表面装饰的时候，会在器物表面铺一层化妆土。我们用的是白泥浆，在陶坯刚刚开始吸收水分时，就要浸白泥浆了，浸浆的厚度相当于鹅蛋壳，像鸡蛋壳那么厚的话就显得薄了，会露出坯体的红色，就不好看，厚一点能显示出均匀的白色，这需要掌握好泥浆的浓度和厚度。开始刻花的时候，化妆土不能太干，太干会打滑，在上面刻一些花纹，有的在盖子上面一圈，陶肚上刻一圈，比较多的是卷草纹，图案都是根据自己的想法来进行剔刻的。

陈 有新闻报道说您恢复了荣昌陶的一些特色釉料，您是通过什么样的方式把它恢复的呢？

肖 如果我不努力调试，想办法恢复失传已久的荣昌陶的特色釉，那么这些传统的釉色很可能就会永远消失。我是在原有基础上进行了改良，现在的原材料和以前的原材料不一样了，化学元素改变了，所以每一样釉料能够做出来都要经过成千上万次的实验。每一种矿石原料的加入，都需要精确到毫克。作为荣昌陶技艺传承人，我能恢复这些釉色，不仅是一种幸运，更多的还是一份责任。

陈 您能给我详细叙述一下吹釉的步骤吗？

肖 吹釉需要专门吹釉的小壶做辅助，你把壶拿在手上用嘴巴吹，看坯体表面哪里需要什么颜色，哪些地方需要厚一些的质感，吹的时候就停留久一点，需要吹得均匀的时候就旋转着吹。图案会形成窑变的效果，但是需要最少双层釉或者三四层釉才能形成窑变效果，单层釉出不了效果。上釉的步骤是：先浸头层釉，然后吹釉，有些地方可以点釉，釉料的薄厚可以自己来控制，釉料在1150~1170℃的高温下，会自然流动形成窑变的效果。窑变的效果是有讲究的，比如说温度和湿度的不同都会导致烧制的效果不一样，这样窑变出来的作品都称为孤品，没有第二件重复的产品。

陈 您现在一般是用什么窑烧制陶器呢？

肖 以电窑为主，电窑的温度都是提前设置好的。即使是同一时间浸的多层釉料，今天烧制的和明天烧制的效果都会不一样，但是若只采用一种釉料那效果就不会变。还有要考虑装窑的位置，如果相同款式的陶坯在窑内摆放的位置不一样，受热后遇冷空气或者其他气流会对最后的效果产生影响。一开始窑内有空气，当温度升到300℃就没有空气了，需要全部封闭好。在升到200℃的时候需要把泥料中的水蒸气放完，不放完的话会导致陶器开裂。

陈 怎样能分辨出陶器是电窑还是气窑烧制出来的呢？

肖 一般不讲的话都分辨不出来的，我用电窑也可以烧出柴烧的效果，也可以电窑和柴烧两用烧制方法并用，比如说你要烧到1150℃，当电窑烧到1100℃的时候你加柴进去烧，这种和那种正式的柴烧又不一样，专门的柴窑有很多种类，如馒头窑、斜喷式、倒焰式、翻仓式等。

陈 您烧电窑会注意些什么呢？

肖 电窑比较高的话会有温差的问题，电窑的开口有从侧面打开观察的，也有从顶上面打开观察的。侧面开门的窑，靠近门这边的温度要低一点，它的温差要大一点，烧好后保温时间稍微长一点就会让整个温度变得均匀了。如果烧制大一点的陶器，保温时间就需要长一点，反之就短一点。电窑宽一点都没事，只是越高的话温差就会越大，现在的电窑都做得比较好，基本上是五方都盘有丝，但是烧起来时热量始终是往上面走，这个时候上面温度始终都要高一点，下面就会低一些。所以烧制的时候就需要注意到这个问题，比如说烧1150℃，烧好了后，窑上面都达到要求了，但是下面可能就只有1145℃，底下就还没烧好。保温时间达到一个小时后，窑内的热量朝下面降，等到窑内上下达到一样的温度时，就代表着烧制好了。

陈 保温时间长会对上层的陶器有影响吗？

肖 到了一定温度后不升温了，就要把顶层的温度降下来，像原来烧煤窑的时候都是我们自己烧，煤窑炉有3.2米高，上面的温度要达到1170℃需要八九个小时，然后上下要烧制温度均匀都要烧制八九个小时，需要达到上面烧不坏，下面还要烧好，都是靠自己添加燃料，要加多少煤、烧多久都是需要技术的，得全程守着，两三分钟添一次煤是很累的，我1994年自己开厂的时候就是烧的煤窑。

陈 怎样来判断这个釉料烧制出来的好坏呢？

肖 烧出来的时候你就可以看出来色彩，从灯光下看，同样一个器型，一是看整体的效果，二是要看周身釉色的窑变效果，从不同角度看会呈现出不同的效果。我们能清楚在陶坯上涂了什么釉料，但是釉料烧制后谁都不知道会烧出什么样的效果，烧制出一个精品可能要经过千百次的过程。你看那个花瓶，它浑身都是淋上去的西绿釉，但是流动性的釉料会导致花瓶上每一片的釉色都不相同。上釉的时候会有意识地涂画线条，当高温烧制时，釉料流动后就会形成器物表面光滑的釉层。如果想要呈现礼花绽放的效果就要上三层不同的釉料，没流动的釉就缺少一种韵律感，不是那么好看，就像瓷器那样比较生硬。这个盘子上人物图样的形成不像景德镇釉下彩，最少要烧制三四次，最后还要上一层透明釉，纹样线条是固定的，图案比较写实，我这个人物纹样釉料流动导致人物比较抽象，都是一次性烧成的，陶坯也不需要提前烧制，就是陶坯干了后就浸釉直接烧制，朱砂流动的效果和西绿釉流动的效果都是不一样的，所以釉色的变化更丰富一些，瓷器上是看不见这种效果的。

陈 景德镇瓷和荣昌陶的最大区别是什么？

肖 一个是瓷一个是陶，工艺上讲，主要的是拉坯的手法不一样。景德镇瓷坯主要是靠捏和捧，而荣昌的陶坯主要是靠提的手法，拉出来是整整齐齐的，是很规范很标准的。我们的陶坯很薄，最多3~4毫米厚，景德镇是用两面修坯的方法，大小不同，器壁厚薄不一，但一般都要有一公分的厚度。

陈 您制作微型陶器的流程和制作正常体型的陶器有差别吗？微型陶器的制作需要工具辅助吗？

肖 没有什么差别，都是一样的做法，除了那种大型的陶缸一只手做不起，需要接一截泥料的，其余手做的东西都是一次性拉坯完成的。像"泡菜坛"器型虽小，揉泥、醒泥、制坯、晾晒、修坯、刻花、上釉、打磨、装窑、烧制、出窑等二十余道工序一样也不能少。微型陶器直接用手就可以了，最多用一块很小的板子就可以成型，不需要其他的工具。

陈 您一天要花多少时间做陶呢？

肖 多的时候四五个小时，创作的时候基本上一个多小时就够了，图纸都在我们大脑里，什么形状，怎样装饰，上什么釉料我早就想好了。有时十天半个月可能就只做一件产品，而烧制就要两三天的时间，冷却就要一天多。冬天空气比较干燥就好晾干一些，夏天比较湿润，到了反潮天地下就要起水，干得就很慢。

陈 您在配这些釉料时比较稀少的材料是从哪里来的呢？

肖 有些是自己去采购的，包括朱砂和锡，做朱砂釉用的是老锡壶，里面的锡都要炒半天，有的至少要几天才行，所以现在的朱砂很贵，一斤水釉的价格都在500块钱左右，现在朱砂的产品很贵也是因为原材料涨价。

陈 现在不少文章里用朱砂、珠砂和硃砂，三种写法，哪种更贴切呢？

肖 珠砂，形容色釉像珍珠一样宝贵，也有人用化学元素的硃砂，但我认为用朱砂更贴切，就是指朱红的釉色。

陈 稀少的元素越来越少，纯度越来越低，是否会出现用其他元素代替的情况呢？

肖 朱砂釉基本上都快断代了，其他材质代替也不行，现在那种纯锡条炒成灰都达不到原来的纯度和效果了，因为加了化工元素在里面了。我们买的最好的铅（红丹）基本上是四十元一公斤，拿来只能勉强用用，不像原来买的云南铁盒装的红丹就很好，现在也买不到了。我之前买的医药上专门做膏药、做药材用的红丹来做，当达到900～1000℃的时候就溶解了，像玻璃一样的透明度对人体就没害了。现在这种吹釉用的锡壶几乎都买不到了，像氧化锡、黄锡这种锡都是酸发锡，就不能配很好的朱砂用，只能用在白釉、锡白釉、西绿釉中，朱砂必须要用火化锡。现在的砂金釉也是一样的，原来是氧化铁，现在是氧化二铁、铁红这些，金砂釉也是各种各样的，我能做出这些效果就是因为我一直在摸索，我知道哪些材质我能够用，能够掌握它们的属性。为了很多釉不至于断代，我一直在想着怎么去恢复和创新。今年我就试验了几种灰釉，比如说柴灰，是哪种柴烧制出来的釉，它的色彩是不一样的，像柏树、松木、青冈那种带油脂的树木是最好的柴，本地山上那种长得很怪，几年都长不大的老松树就很好。草木灰也很讲究，像谷草和酒谷草（糯米谷草），它们的含量都不一样的，酒谷草灰上的颜色就要深一点，看起来泛油，饭谷（大米）的谷草看起来就没有那么光润，没那么好。

　　我配的釉料很多，起码有几十种釉，我烧哪种产品用什么釉，釉料种类之间的结合和变化效果、浓度匹配我都很清楚，都是慢慢摸索慢慢做出来的。现在很多釉的原材料都变了，比如说现在的氧化铜有一百多元一公斤的，几十块钱一公斤的，我们都要用最好的，以前工业技术没有那么好就只能用铜粉，现在用的是氧化铜来做西绿釉。还有不同产地的原材料也不同，像柴灰、草泥这种要买产地好的，草泥我就在重庆江津的松溉那边去买，只有那个地方才有。

陈 烧制的时候器物是怎么摆放的呢？

肖 上釉料的器物会用座子❶顶起来烧，流下来的朱砂釉就用磨砂纸打磨掉。

陈 您创作的题材取自哪里？

肖 比较传统的老纹样都是从生活中来的，比如植物纹、动物纹、人物纹等。也有

---

❶ 座子：指上釉的陶器烧制时放的底座，1厘米多高，避免釉流到板上。

日常生活中的场景加上自己的创作的,这个盘子里的图样就是荣昌手艺人在编织夏布的场景。

陈 您有几个孩子?子女也在从事这一门手艺吗?

肖 我只有一个女儿,我女儿从小就一直喜欢玩这个泥巴,她正式学习做陶的时候差不多是2013年二十岁左右的时候。

陈 家里除了您女儿,还有其他人从事这门手艺吗?

肖 我家里人都是做这门手艺的,弟弟和姐姐是向父亲学习的。我是最先向父亲学的,然后拜师张俊德学习拉坯,那个时候国企都要求师傅带徒弟,还需要签合同的,我们属于特殊工种(特繁、高温、有毒有害)里的特繁工种,需要学习三年才能出师。我们的拉坯工种很费力,有时需要做很大的泡菜坛,我们吃的粮食都要比平常人吃得多,平常人一般一个月吃20~25斤,我们要吃到37斤。以前的拉坯机是在地底下,是用手摇的,后面有电机带,但是始终强度比较大,我们主要是按图纸试制产品这一块,现在我们都采用电机了。我妻子她主要是做点花刻工艺,我女儿的学习就要更全面一些,她和我一样整个流程都要学习,我的工作室的物品都是我自己亲手做的,要把整个工艺流程学会才行。不管是哪一样东西,都需要你慢慢专心学习,只要是你爱好这个东西,慢慢做都会做好的,任何东西,只要你喜欢就可以做好。

陈 老师这门手艺的传承有什么要求吗?

肖 原来听说家族传承,会有传男不传女的说法,现在就没有了。现在的徒弟什么都可以学,而且吸收的东西也比较多,但涉及一些需要保密的技术问题,师傅还是不太愿意教。比如釉的配方就不会讲,这个我就不会讲给徒弟听,其他任何东西都可以讲。因为釉料配方是祖辈传下来的东西,加上我又研发补充了一些新的釉色,就只能传给女儿。

陈 学习这门手艺是怎么看出来学的人是否有天赋的?

肖 在学习制陶的过程中,没有悟性的徒弟学东西学得很慢。悟性高的徒弟很快就接受了,有些你一说他就会,有些教了几个月,捧泥巴都达不到要求。

陈 您收徒弟的话，对徒弟有什么要求吗？

肖 我收徒弟的话，一般要先试用一个星期，主要是看他能不能静得下来，有没有耐心。如果有悟性的话就继续学习，不行的话我就建议他去学习其他适合他的专业。一般来拜师的徒弟都是在网上认识，或者熟人介绍的，前一阵就有一个考研的学生来我这里学习和住了16天。

陈 您现在大概有多少个徒弟？他们需要学习多久才能正式出师呢？

肖 我正式的徒弟有十几个，一九八几年一九九几年的时候有好几十个。有些学了几个月的，也有学习几年的，学成之后他们就自己开个工作室，平时遇到什么问题，会来再找我请教。如果再像原来那样跟师傅学三年的话，基本上现在徒弟都承受不起，因为现在费用也高，还要养家糊口，不像以前我们肖家收的徒弟都是三年跟师，三年过后你可以出师，可以出去自己做，也可以留到厂里面做，就是这种。

陈 您一般采用什么方式教徒弟呢？

肖 一般都是手把手地教，我有个徒弟想学成后自己开个工作室，学了一个月左右对于做茶壶的工序就掌握得差不多了，后面就需要不断地总结经验了。学习的阶段一般是从拉坯成型开始，到修坯再到壶嘴壶身的衔接和壶身的装饰，如果是素烧的话还要学习装窑和烧制，学完后就能直接开一个陶吧之类的工作室了。

陈 这些徒弟现在是处于一个什么状况呢？

肖 情况不一样，有些已经转业了，有些还在做。现在我带的徒弟有的在重庆或者荣昌老街那边开了自己的工作室。从现状来看，还是有一些愿意学习这门手艺的年轻人，他们只要掌握这门手艺就能够养活自己，有恒心的话，勤学苦练，就可以去参赛拿奖，带徒弟或成为大师都不是问题。徒弟学成之后，收入水平一般都可以达到一个月三四千块钱。

陈 您在传承这门技艺的时候，遇到些什么困难呢？

肖 现在遇到的困难可能就是政府对于荣昌陶的重视问题和学习场地的问题，比如说外地的游客过来，可能他们就只是买一点东西，对于我们文化的了解或者是宣传还是缺少一定的渠道和方式。你也看见现在我的工作室就这么大，要是多一些人来工作室可能周转不开了，对于我们平时的创作还是有一定的局限性的。

陈 您担任过制陶技艺的社会培训工作吗？

肖 我在荣昌陶瓷培训学校挂职上课，也在子弟学校代课，其他地方的课程也有上过，我们会给他们发专门的技能证书，有短期只培训几种项目的，也有专业集训。

大班的话有五六十个人，专业培训最多有四十多个人，小班的话就是一二十个人，一个老师最多带三十个学生。学生的年龄段比较分散，从十多岁到五十多岁的都有，培训的内容主要是教泥片成型、泥条盘筑、泥片点花、泥片贴花、模具注浆这些，我们都是提前把泥料、模具都给他们准备好。如果遇见比较有天赋的学生，我就会建议他们去工作室长期学习，我们工作室就有几个专门来学习拉坯的学生。

陈 一般的课程需要学习多久？需要专业基础吗？

肖 一般都是十多天和几天，学生基本上都是没有基础的，十多天可以学会拉得起一个桶桶，我们基本上教的时候会教整个手法，比如怎样做、怎样提坯等全部都要教给他，因为时间关系，不能像平时带徒弟那样教，可以按步骤慢慢学。培训的学生不会做的时候，我们还要手把手地教，所以他们很快就能够接受。

陈 现在拜师还需要举行什么仪式吗？

肖 正式拜师，一般要拟一份合同，就是投师志。与我们原来拜师的时候是一样的，双方手持一份合同，然后要请几桌客，再进行拜师仪式，就是敬师傅的茶。基本上制陶这一块的人都会在，做一个师徒关系的见证。

陈 您觉得您的作品与其他人最大的区别是什么？

肖 我主要还是钻研釉料的研制方面，这样我设计的产品在釉料的配置上都不可能与其他人一样，每件作品的款式或施釉，可能只有几件或只有一件孤品，比较适合收藏。

陈 能介绍一下您的作品有哪些特色吗？

肖 你看看这件陶器，表面就是上的金砂釉，里面发光的就是铁元素，西绿釉覆盖在白色的背景釉上就不会显得很死板，配合在一起很自然。这个就是荣昌陶很有名的釉色朱砂釉。施朱砂釉需要配合收缩性小、淘洗得很干净的泥料做成的陶坯，原来的朱砂釉烧得很红是因为把泥浆的砂粒全部淘洗掉了，做的陶坯很薄，烧出来的颜色就很红润。这两款茶壶都是红泥烧制的，但是因为烧制方法不同，呈现的红色也不同，一个是还原焰烧制的表面泛黑，一个是氧化焰烧制的表面泛红。这个是双层釉，底层上了一层白釉，外面又上了一层西绿釉，烧出来的感觉就像森林、海草一样。这一件陶器是上了黑色和白色釉料就变成了蓝色，在红的上面呈现黑色，在白的上面就翻蓝，因为它是氧化钴就翻蓝。我们每一种釉都有接近十种配料在里面，就像配中药一样。

陈 在建工作室之前您自己开办过工厂吗？主要生产什么产品呢？

肖 是的，开了很多年了，我从荣昌陶器厂改制后1994年就出来自己建厂了。那个时候主要是做泡菜坛和花瓶等一些民用产品。

陈 您的工作室是什么时候开办的呢？现在工作室大概有多少人？

肖 2012年，我在安富街道的安陶博物馆刚建好的时候，和钟鸣一起开办了工作室，2013年后我们就分开做了，我后来在江碧波教授的荣昌工作室里做了几个月的陶，2014年我就自己成立了现在的工作室。工作室一共就四五个人，都是家里的人，有我弟弟、姐姐和我女儿，但是平时都没在这里做，我们都是分开做的。

陈 您工作室的作品是通过什么样的方式销售的呢？您对现在工作室的经营状态满意吗？

肖 我这里的客户基本上都是收藏者或陶器爱好者，一般产品的价位比较高，主要是靠口碑宣传。现在荣昌陶的市场价比较混乱，有些人可能为了卖出去东西就把价格降得很低，我的茶壶都是自己亲手做的，与那些请工人做出来的肯定是不一样的，价格都是有差距的。像我们这种大师级别的手艺人做出来的茶壶，如果说你卖得很便宜，就会让顾客觉得大师的称号很容易得到，和普通工人的技术差不多，实际上不管是用料还是技术，肯定都是有差别的，这个只有懂行的人才知道，但是在顾客中懂行的人又不是大多数，大多数的人首先看的还是价格，价格便宜相对就要占优势。我们去宜兴考察的时候，人家省级大师的茶壶都卖到十几万一件，他们就说我们荣昌这些大师的茶壶卖得太便宜了，我们的茶壶也就一两万或几千块钱一件。

陈 政府会组织你们这些传承人外出学习或者参加比赛吗?

肖 会的,2020年我就去云南建水参加了四大名陶的技艺比赛,作品作为展品参展,这不仅是一个比赛,也是交流技术和学习的机会,还宣传了我们荣昌陶的文化。全国四大名陶的拉坯比赛我参加过好几次了,2021年9月四大名陶展还会在我们荣昌举办比赛。

陈 您做的一些作品有考虑过怎样融入我们的日常生活吗?

肖 除了做比较传统的泡菜坛子、花瓶等器型,我还会做一些比较现代的茶具,这个壶壶盖上有个苹果的果把,你看就比较像一个苹果和梨子的结合体。我创作的时候都和生活习惯靠近,这个就是蟾蜍,寓意也比较好,然后通过釉料表达出蟾蜍背上真实的纹路和肌理,还是会考虑当代人的审美。

陈 您怎样评价您现在做的这门手艺?

肖 我对我现在做的这门手艺很满意,打心底感到自豪,年轻的时候我就觉得多学习一门手艺总是好的,我在做陶的时候就感觉很休闲,我一天都可以不站起来一直做,只要我静下来,四五个小时连续刻花都没问题,拉坯和修坯的过程你不能想其他东西,要专注。如果说我这一个器型没做好,那么做下一个的时候我就要去思考哪个线条不对,哪里需要补充,怎么把它做好。当我烧制出一个完美的作品后我就非常有成就感,我家里就有很多孤品是不卖的,自己收藏欣赏,每一行都有它的乐趣,我做了几十年从来没有对这门手艺有过烦躁的想法,越做到后面成就感就越大,原来做得不好的产品能通过练习做到精益求精我就很满足。像我做一把壶,壶的整个部件都是我亲手做的,不需要任何人来帮我。我从小做到现在五十多岁了,这一辈子做下来还算是不错的,我对自己总体还是非常满意的。

陈 肖老师是制陶世家传人,从小随父习得制陶技艺,又在荣昌陶器厂拜师学艺,掌握了荣昌陶的核心技艺,并有自己独到的审美,这次的访谈让我们对荣昌陶的配釉和烧制技艺又有了更进一步的了解,非常感谢肖老师接受采访!

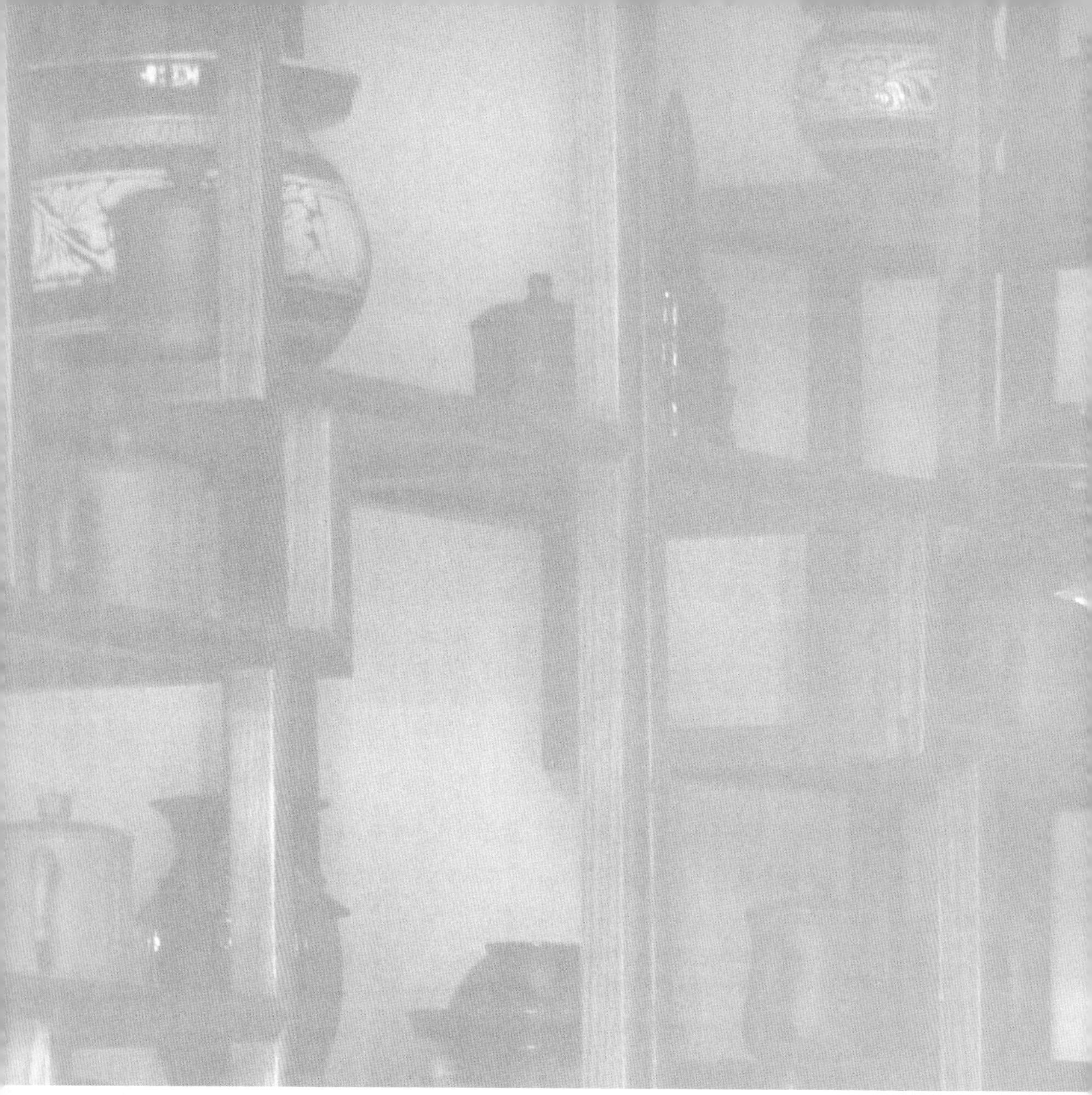

周光建

周光建

国家级非物质文化遗产代表性项目陶器烧制技艺（荣昌陶器制作技艺）荣昌区代表性传承人，重庆市工艺美术大师，原重庆市荣昌陶器厂试制组技术工人。

采访人：张力文
受访人：周光建
时　间：2021年4月6日上午
地　点：重庆市荣昌区陶宝古街周氏陶艺工作室

张 周老师，能向我们介绍一下您的基本情况吗？

周 我是1962年2月10日出生于四川省隆昌县。祖辈历史上都是制陶的，传到我这一代已是第六代了。1978年，我初中毕业就进入荣昌陶器厂工作，拜师张俊德学艺，到现在已经从业四十多年了。

张 您什么时候开始接触这门手艺的呢？

周 我做陶离不开从小的生活环境,我们家六代人都是做陶的,我的父亲周吉临当年也在荣昌陶器厂工作。我读的小学旁边就是陶厂,放学后很喜欢跑到厂里的车间去玩,特别是冬天,厂里面有煤和柴,一直都暖烘烘的,我每次下课后就跑去厂里烤火。我印象最深刻的是,冬天的时候,父亲与他的很多徒弟和老工人,休息时都围坐在一起烤火,大家关系都很好。当时抽的是那种水烟。一支水烟在大家手里传来传去,抽完把烟杆擦一下就递给下一个人。我在厂里玩的时候,不算是去学习的,只是耳濡目染,对做陶有了一些印象,当时看见父亲他们能把泥巴做成漂亮的器具,觉得非常神奇,就觉得以后我也想在厂里做陶。

张 您正式的学习经历是怎么样的呢?

周 1978年,我的父亲过世后,我开始醒悟过来,那年9月15日我就参加工作。进厂后就向厂里面的老师傅张俊德拜师学艺。最开始的时候是一边学习一边打杂。很多老工人都叫我先去体验生活,因为新人不可以一来就做陶罐。我打了十几天的杂后,还是想去做陶罐,就跟我的师傅张俊德说了我的想法,经过师傅的允许后我才开始在车间做陶。我最初接触的就是拉坯工艺,我觉得学习拉坯,还是主要靠自己的悟性。那时候我的悟性比较高,学技术很快。人家学几个月,结果拉坯时连捧个泥团都捧不正。我当时两三天就可以捧正泥团,学了一个星期左右就能自己顺利拉坯,一个月左右我就可以做坛盖了,到了10月就可以拉一些碗之类的简单器具了。

当时大家做出来的陶罐摆成一排,李孝明老师傅就在旁边挑选,评价"这个可以,那个不行"。荣昌陶厂的好技术,都是靠这些老师傅们带出来的,他们带徒弟都很认真。我在我的车间做拉坯,旁边就是试制组。在车间里杨学礼师傅的拉坯技术相当好,一般学徒在他们的车间里是不允许做陶的,但我可以去做、去学。不仅是因为父亲的关系,还因为一些趣事儿。当时的酒七毛九一斤,需要用票才能买到,我跟厂里负责卖酒卖烟的姑娘们关系很好,喜欢互相打趣。所以我不需要票就可以去打一点高粱酒。老师傅们喜欢喝酒,酒量也很好,他们时不时喝完就叫我去打一点酒,我就用高温瓶裹在大衣里偷偷揣着拿回来。那时候电、煤很稀缺,但是我们车间有,隔壁车间的老师傅们有时候会到我们车间来煮点面条,改善一下生活。一来二去,大家关系都很好。我去他们车间做罐子,都会很热心让我做,并愿意给我讲技术。

张 能讲讲您是怎么学做陶的,有什么体会吗?

周 我很好学,学手艺也是需要动脑筋的。有时候有些老师傅的产品做好了在他们旁边放着,我就故意试着去碰一下老师傅们的作品。碰掉了,他们就会跟你讲,指点你。其他人别说去碰了，连进这个车间做东西都不行。我在自己的位置做陶的时候，老师傅们碰巧看到的话就会指点我说你这个方法不对。比如说做一个压口杯，已经晾干得有点发白了，你如果周身都去浆水，这个产品就会变得很容易碎。所以老师傅们就会告诉我说，你浆水的时候只浆口部那一圈，周围的都不要弄到，不然打湿了就会变得脆。我回自己车间就用这样的泥坯尝试，发现真的是对的。这些平时我们都没有注意到的这些细节，老师傅们都注意到了。

张 您的父亲也在安陶厂工作，能不能讲一下您父亲呢？

周 我的父亲以前当过荣昌陶器厂的厂长。他很优秀，既会做陶又会设计。当年厂里很多烧陶的窑都是他设计的，原来有阶梯窑、倒焰窑、隧道窑。隧道窑的建造在重庆算是第一例，当时的隧道窑跟现在有一些不同，那个时候是烧煤，导致成品率有点低，如果像现在烧天然气，也能成功多一些。那时候，四川有三四个陶厂，厂与厂之间都会交流学习，陈楚国当时是另外一个厂的工程师，父亲就申请把陈楚国调到我们厂里来，我父亲也会去其他厂帮忙，大家互相交流学习，互相帮忙建设窑炉。

　　后来父亲自退后去当工人，但是父亲很受工人尊敬，工人们还是支持父亲继续当厂长。厂里的领导也说，如果父亲实在不愿意任厂长的话，就去当机电班班长，于是父亲就去了机电班。机电班涉及用电的问题，需要牵电线，把高压线从广顺拉来我们厂。这里面还包括距离、电桩的坑、电杆、拉线、组织工人等问题，父亲都能很好地解决。后来父亲负责管厂里的建筑，当时厂里的很多建筑，包括厂里的房子，都是父亲设计并主建的，包括还在使用的玻璃厂的高烟囱都是父亲设计和建造的。

张 您的父亲做厂房设计有经过专业的学习吗？

周 父亲做设计没有经过专业的学习。他初中都没有读完，主要是通过后来看书来学习。父亲的一手字写得非常漂亮。父亲做陶的技术也很好，在厂里很有威望。在搞建筑的时候，父亲也都是靠自学。现在建房都是用仪器来测量，以前建房子的长宽面积都是人来控制，父亲会用绳子来拉成一个三角形，比如等腰三角形、直角三角形之类的，比照着把建筑角度弄得很规整。一个房子需要多少砖、多少灰浆，父亲都算得很标准，很准确，基本没有太大的浪费。父亲在1978年因为意外去世，然后我就开始正式做陶。

张 您对荣昌陶厂应该有很深的感情吧，您记忆中的荣昌陶器厂是怎么样的呢？

周 20世纪50、60年代的时候，当时我们是从荣昌川心店（洗布潭村）那个地方搬到厂里的。现在山上那个安陶厂旧址的地皮很久以前是我们周家私人的，当时的宿舍也是我的叔叔和爷爷住的楼屋改建的。所以我们周家跟安陶厂联系比较紧，对陶厂感情很深。

当时厂里的很多老师傅们都很优秀。比如我的父亲周吉临，我的叔爷周敬国，钟华富，贺天云，钟华章，庄荣林，李孝明，刘孝全，杨学礼，肖慈金（肖祥洪的父亲），向月明（向新华的父亲）等，都是技术很好的老师傅。我的父亲当时是管全面的厂长，向月明是负责管生产的厂长。

张 您还记得荣昌陶器厂的具体情况吗？主要生产些什么产品呢？

周 当时我进厂的时候厂里总共大概两三百人，后来做酒瓶的时候有五六百人。七几年、八几年的时候，厂里还在制作少量粗陶。八几年开始生产花插，也接私人订单，九几年就开始搞承包，后来体制改革变成国营企业，后来又卖给私人成为民营企业。我对陶器厂感情很深，当时的窑址没能保留下来很可惜，如果旧窑址不卖掉，现在留着用作旅游之类的也挺好啊。

我们厂是县团级的企业。除了华夏兵工厂，其他单位有时连工资都发不上。我们做酒瓶，不仅每个月工资都按时发，有保障，其他待遇也都很好，每个月都有福利，比如发清凉饮料、烤火费、每个月的月奖，偶尔还有几箱白酒。自从酒厂把酒器从玻璃瓶改成陶瓷瓶，酒瓶的需求量变得很大，师傅们经常要加班，晚上做到十一二点才下班。当时厂里一个月基本工资二三十元，我能拿到一百多元的工资。当时酒瓶的制作有点问题，因为烧制用的是煤，煤存在温差问题，技术好一点的师傅能够做到上下层温度一样，出产量就高。如果技术差一些的，温度高的破裂了，温度低的没烧熟，产量就低。现在的气窑就更稳定。

张 当时的荣昌陶厂有些什么部门，是怎样工作生产的呢？

周 前面讲到七几年、八几年，荣昌陶厂有两三百人，到九几年有五六百人。当时厂里的管理部门很多，我们那个时候有党委、生产科、技术科、劳资科（管人事的）、财务科、供销科。生产科下面有试制组，下面又分几个车间。一共有四个车间，一车间是负责打泥巴的，就是做原料的。二车间、三车间都是生产车间，一整套工序和设施都在里面，包括烧制陶器的窑炉也在里面。四车间我们以前还做过琉璃瓦和地砖，那个时候我们做地砖的技术已经成熟，能够做1平方米的单块地砖了，我们生产的陶砖烧出来的釉质非常漂亮。刻花工序也是每个车间都有，比如说生产的产品需要刻花工艺，交给每个人都是有定额的，生产科下达任务到车间，车间安排哪些人做坯，哪些人来刻花，哪些人做烧制等，这些工作流程就是这样定下来的。

张　您在陶厂的工作经历是怎么样的呢？

周　我一九七几年就是在拉坯做手工陶器。后来由于生产的需要，大部分人都被调去做酒瓶，我也去了。酒瓶没做两年，我就被调入试制组，去试制组就要做试制产品。为什么叫试制产品呢？那时不像现在有手机之类的很方便，我们这些工人很少有机会能接触到外面的产品。当时的技术科就可以到处学习交流，他们去外面考察的时候画张草图，回来再补充详细的图纸。试制组就需要先做出样品来，叫试制产品。技术科等我们把样品做好，釉色也上好，检验合格后，再拿到其他车间进行生产，试制组相当于技术科下面的一个开发小组，我师傅张俊德是组长。

张　荣昌陶厂的师徒制怎么实行的呢？

周　我们厂的师傅们专业技术能力都很强。当时进厂大部分人都是零基础的，领导会安排专门的老师傅来教，那时候，学徒安排的是两年的学习时间，两年时间后才开始接受任务。在统一学习的时候，好多人都没有学得很好，后来我的师傅张俊德也去教、去带徒弟，大家都能学到东西。所以我的师傅学生很多。师傅一般在荣昌的时候，会有二三十个学生去看他，但是正式拜师的只有我和我的师兄肖祥洪两个人，后来的几十个徒弟都是由厂里安排统一学习的。当时学不出来也没有办法，学好了，能拉坯的就去拉坯了，不能拉坯的就去做酒瓶。

张　当时荣昌陶厂的技术力量如何呢？

周　厂里的师傅们技术都非常好。当时的技术科科长是四川美术学院毕业的刘大华，还有钟德江、朱红林、叶思群当时都在技术科。技术科虽然人不算多，但都是大学生，不仅会做设计，手上功夫也都不错，当时做设计都是靠先做或者雕一个产品拿出来当样品。刘大华退休之后就是罗天锡任技术科科长，钟德江、梁先彬、黄连红都在技术科，还有郑建平也在，他的水平非常高，现在是国家级的大师，钟鸣也在，是作为学校的老师调任到技术科来的。技术科的人才很多。

　　当时厂里的要求严格，有次要做拍摄电影需要的一个托盘，要求当天晚上必须要做出来，第二天翻模后生产。老师傅们加班一晚上就做出来了，有一个手臂这么高，细节也都有。可想而知，当时老师傅们效率又高，工作又精细。

我们厂为什么到后面有很多人没有学到技术呢？是因为一九八几年的时候，我们厂开始生产酒瓶，虽然有很多人来当学徒，但是学了不到两年就开始做酒瓶。酒瓶这个东西，没有什么技术含量，都是用模具注浆来制作的，最多修一下注浆口，然后浸一下浆就制作完成了。我们这一代的工人呢，后来虽然也要做酒瓶，但是已经有十多年的技术基础了，所以我们这一代人是真正学到了手艺的。

张 四川美术学院的师生每年要来厂里交流，对陶厂的发展推动很大，您有印象吗？

周 当时厂里跟外面的交流还是很多的。曾经有北京高校的老师带学生来厂实习。记得大概在1962年，四川美术学院的梁启煜教授来厂指导，也带了很多学生过来实习，他自己还在厂里做出了大量的优秀作品，现在来看都非常有收藏价值。和梁教授一起的还有罗明遥教授，我印象中他瘦瘦高高的。

梁启煜教授对荣昌陶非常热爱，他们带来了很多刻花、画花的技术和图案。当年，陶厂里面主要的产品是粗陶，他来荣昌安富陶厂就想要把粗陶改成细陶，他们对荣昌陶做出了很多贡献。当年荣昌的细陶不多，那个时候细陶不像现在可以用球磨机，工序很复杂。要先让泥巴自然风干一点后，加水把泥巴淘成泥浆，用类似耙子的木棒来淘，淘杂质，然后流经五六个大池子，从最上流到最下面。留在上层的才是能使用的泥浆，下面有沙子之类的含铁量太高，而且有杂质。经过这样淘出来的泥浆基本没什么含铁量，做出来的器物又轻又薄，敲击能发出很清脆的声音，所以荣昌陶才有"声如磬"的美名，就是因为泥巴经过很多道工序的提纯。当时因为有这样的泥巴，厂里做出来的压口杯、泡菜坛都是非常有名的产品。目前我自己做陶使用的泥料也是用这样的淘泥技术。

很可惜的是现在很少有这样的泥巴了，原来陶厂产泥的土地被建筑覆盖了。虽然现在细腻的泥巴也能通过技术淘出来，但是成本太高，需要政府的支持，需要大量的投资，涉及房屋地皮，建造大池子，大量的泥料，所以现在荣昌陶这样的泥料产量比较少。

张 当时有国际方面的交流吗？

周 20世纪80年代的时候，四川美术学院的马高骧教授带来了一个美国学生查尔斯，后来听说查尔斯在美国开工作室，比较有名气。查尔斯当时和我们厂的师傅们一起做陶，因为他做的陶在外形和技巧方面很特别，引发了很多关注。他在厂里喜欢制作绞泥，将荣昌的红、白泥混合到桶里，稍微搅拌就拿去做灌浆产品。绞泥的技术厂里面的师傅们还是第一次看到，大家都很惊讶绞泥的效果，还会去学习。查尔斯喜欢做异形的产品，他当时让师傅们帮忙拉坯，他或者甩几下放在那里，或者用拳头打一个凹陷，创作出很多不一样的形体，有点现代陶艺的风格了，跟我们陶厂的传统风格和技艺完全不一样。

张　您自己的产品都是荣昌陶泥做的吗？荣昌陶泥怎么挑选呢？

周　我的产品从采矿、制泥、生产、销售都是一体的，泥是在工作室的后院我自己制的。原料都是我在荣昌本地的山上找能用的矿，看好后叫人帮忙用推土机挖出好的泥料。怎么看矿的好坏呢？可以把泥巴在手中轻轻捻一下，如果表面呈现自然的油光就是好泥料，就是正宗的荣昌陶泥。如果泥料不够光滑，可以用球磨机打一下。如果不用球磨机或者球磨机磨出来不够纯的话，我就会用自制的工具来淘泥，我的后院有一套小的制泥器具，用以前陶厂用的那种方式来淘。我制泥都是只使用纯的矿原料，没有加化工原料。冬天制泥太冷了，而且不易干，我都是夏天多打一些备用。打好后，就用细密的筛子手工仔细地筛，能筛出来的都是可以使用的好泥，上面筛不出来的就是废料。作为制陶的艺人，像我们这样自己做全套的很少，很多人都是买的现成的泥料。

　　荣昌本地陶也不是每种都很油亮，泥料需要选择性地搭配。泥土就像煤一样有很多层，我们叫最上层的是水泥，然后下面是纸泥、纸岩泥、岩泥，过了就是老岩泥。我们一般挖中间层，使用纸岩泥。水泥虽然好塑形，但是太硬了，而且泥料收缩太大，烧成率就低，老岩泥又太老了，这都是多年总结的经验。

张　您工作室的产品都是手工制作吗？

周　我工作室的产品都是自己纯手工制作的。我的生意也都靠我自产自销。我开工作室的时候是从零开始，然后做到现在。现在我觉得还要努力，为什么这样说呢，因为你做的东西，不是你能做就行，而是别人要看得起，有市场才可以。

　　我这里基本不做注浆的产品，第一个是场地问题；第二个原因是我觉得注浆产品没有意义，没有收藏价值。如果有人来买产品，你拿注浆的充当拉坯的东西卖给别人，别人还拿去收藏，这样的行为是不对的。像我工作室的东西都是自己做，如果拿买的货品倒卖给顾客就算骗人。比如我这里有几个东西是朋友开模的时候有点问题，让我帮忙处理一下，有人来我店里看到了想买，我就会明确告诉他这个产品质量我不保证，因为这个东西不是我纯手工做的，是别人做的，而且是注浆的，这样的情况我都会给顾客说清楚，做事情还是要实事求是。

　　注浆的产品一般会比手工的摸起来更粗糙，因为在制作时为了好烧制，好看一点，加了一些化工原料。比如我桌子上这一个茶杯，是我自己的泥巴自己烧制的，摸起来的质感完全不一样，我自己手工做的东西是可以保证质量的。

张 您工作室的产品一般针对哪些人群销售呢？

周 我的产品大部分靠游客，现在也有很多人订货。大部分销往重庆、乐山、成都，宜兴周边也有。泥土很重要，原料的加工也很重要。我很坚持这些原则，所以我有很多回头客，或者是客户介绍客户来购买我的产品。我最近正在接一个比较大的单子，因为纯手工还需要加班加点地做，不能辜负别人的信任。

张 您的产品跟荣昌其他陶艺人的产品有什么不一样呢？

周 我的东西都是凭我自己的构思、自己的想象来做的。很多东西我没有跟别人做过一样的，都有变化。比如说像店里左边货架上的那件产品。这件产品的造型看起来跟周围其他普通的产品对比起来是很特别、很好看的。我那天上釉的时候，朋友就在问我这个釉能不能烧出来，我说这个要烧制是很有难度的，这都是我自己研究的釉色，是独一无二的。还有，我背后货架上的这两件产品，在整个荣昌陶里你是找不到同样的，这个器型是我自己构思出来的。我做出这件作品来后有很多人喜欢，包括我的朋友都在模仿，但是都没有成功。这个器型的做工跟普通产品的做工是不一样的，全部都是用拉坯的技法做的，很独特，器型很难一次拉坯成型，最主要的是那个转折的边相当难拉，极细的圈口也很难拉。我在产品上施了三种釉，上面细的部分是朱砂釉，中间是黑釉，下面是砂金釉。如果拿灯去照，能看见黑釉和砂金的区别，这三种釉烧制的温度都一样，但是呈现的效果却不一样。这类比较特别的产品我是不卖的，就是放在货架上展示的，有人出高价我也不卖。架子上黑色的陶器也是荣昌的陶泥，这类器件很多人都喜欢，因为敲击起来会发出很清脆的声音。这是在烧制的时候是用了一种特殊的工艺，你们见到的陶宝古街房子上的小青瓦就是用这种烧成工艺烧制的。

张 您的产品有什么独特的创作想法吗？

周 产品是要有创新的。比如货架顶部的那件产品，是因为当时我跟着一些老师傅去了上海东方明珠参观，我就在构思如何用陶把它做出来。

店里面很多产品都是我自己原创的。再比如左边货架的下面有一个器物，加上釉色有点像复古的文物，形态就是有点类似以前的油灯，这个油灯也不好做，不仅里面是空心的，这个空心的细柱子和上面的小碗都不是分开做后粘贴的，都是整体拉坯的。

张 您的作品获得过哪些奖项呢？

周 我的作品在《中国梦·劳动美》荣昌县第二届职业技能大赛暨岗位练兵技术比武活动中，曾荣获陶瓷手工成型工项目三等奖；《金砂釉黑瓶》在第二届"中国四大名陶展"中荣获铜奖；创作的陶器《千年陶韵》在2018年第七届中国（重庆）文化产业博览会工艺美术大师作品暨国际工艺美术精品展上获铜奖；同年获第三届"工匠杯"工艺美术精品奖；《窈窕陶细颈花瓶》在2019年获重庆文博会暨第八届"工匠杯"设计创作大赛银奖；创作的陶器作品《鸳鸯糖罐》在第54届全国工艺品交流会上荣获2019年"金凤凰"创新产品设计大赛优秀奖。

张 您的技术这么好，有学徒来拜师吗？

周 不算来体验学习的学生，我收了四个徒弟，都是正式拜过师的。当时拜师都需要请酒仪式，要把我们安富厂做陶的人都喊来喝拜师酒，大家都认可这个徒弟，才能拜师。我的徒弟们都是十几岁的时候来拜师，他们的父母亲都是安陶厂的同事，互相推荐来当徒弟。原来学做陶的人很多都不做了，因为以前很多人都是家长想他们学，而且当时的荣昌陶不像现在"四大名陶"这样名气很大，实际学这门技术的意义不大，只是为找个工作。现在的话，荣昌陶名气大了，条件也好多了，学陶也变得更容易，教学的理念也不同，徒弟们看的东西更广阔更多，学东西也很快。

我的三个徒弟快到退休的年龄了，就不再继续做陶了。现在剩下一个徒弟还在坚持做陶，叫许罗西，今年23岁。他的悟性稍微差一点，但是很勤奋，基本有空都会来工作室里做陶，所以基本功非常好，拉坯做出来的东西也很好，他现在偶尔还会去荣昌培训基地去帮忙培训新的学生。

张 您收徒弟有什么要求吗？

周 首先徒弟一定要有学习和坚持做陶的恒心，要肯干，如果他学习中半途而废我用心教学就没有意义。还有一个，如果有些徒弟培养出来，他不用心干，也会砸我的招牌。我收徒弟的时候会问他们，你们选择做陶这一行，是不是真的想做，一定是要发自内心地想干，应付家长和老师是没有意义的，必须要承受得住做陶的这些压力，我才会收他们当徒弟。还要看他们适不适合这个行业，有没有悟性，有些学生一眼就能看出来他不能静下心来做陶。

张 您觉得怎么样才能出师呢？

周 我觉得至少做出的泡菜坛，拉坯能拉得出跟我水平差不多，就能出师，出师后徒弟就可以自己研究做陶了。我以前做徒弟的时候，老师一般不看我们的制作，我比较怕老师，有点不敢问。我学艺也靠自己去找了很多技艺好的老师傅们学，周围的师傅都对我帮助很大。特别是李孝明老师对我指点非常多，钟华富、杨学礼这些老师也是倾囊相授。像我们当时做那个大泡菜坛的时候，李孝明老师在旁边一看到有问题就马上给你讲。他们教给我很多技术，我对他们很尊敬也很感激。

所以像我的这些徒弟，我从来不会凶巴巴的，要讲究方式方法，侧面给他指导，他们都会听进去的。如果这些年轻人认认真真地学出来，对荣昌陶的发展还是很有帮助的。我们荣昌陶的技术本来是相当好的。

张 您平时是怎么教学的呢？

周 刚来的徒弟都没有基本功，要先讲要求，如果觉得有压力，就不要来拜师。我教学都是守着他们，他们在旁边做，我就在旁边看着随时指点。之前有个安富二中的学生，经过他父亲介绍来体验学习。那个学生平时都在学校，但是坚持每个星期都要来。学校的学习压力很大，他能通过拉坯来放松一下。像这样的体验学生，我也会一直在旁指导，没有什么保留。

正式的徒弟学习的时候，几乎天天都会到店里面，每天从早到晚练习。如果有什么事情耽搁了都会向我提前请假，这些都是靠徒弟的自觉。我教徒弟是做陶的每一个环节都要教，比如选泥料、打泥浆的时候都让他在旁边一起帮忙。不是说需要他们什么都精通，但是一定要了解做陶的所有工艺流程。今后出师了，如果他们要自立门户，这些技艺都是用得上的。而且现在不懂的地方都可以问我，我都会解释得很详细，如果以后我不在了，能问谁呢？谁又像自己的师傅这样肯讲呢？所以做陶的流程都要搞清楚，都要学会才行。

张 您的徒弟都出师了吗？

周 我的徒弟都学成了，只是有些年纪大了不愿意再做了。年纪小一点的这个徒弟，我是想让他能够自立门户。目前来看，我自己制作是能忙得过来的，如果忙不过来的话，他会来帮我，能在我这里多做几年出去，累积经验，对自己以后制陶也有帮助。如果徒弟要出去自力更生，我也不反对。我们这个行业不是说拜师后必须留下来帮助师傅多少年，只要外面别人认可你的作品，能有市场就可以自己出去做。

但是现在很多人都不愿意做陶，因为没有这么好的条件了，很多老师傅退休了或者去世了，像我们这批人在世的都不多了。能够教学的师傅更少了，学习的人也少。现在到陶宝古街上去看，没有多少人在做陶这个事情了，很可惜。荣昌陶想要发展，还是要人多力量大。

张 您家族里还有其他人在做陶吗？

周 我们家六代都是做陶的，包括我们家的亲戚，包括我的母亲、我的妻子也都在荣昌陶厂当过刻花、点花的技术工人，掌握这些技术都需要硬功夫，画花刻花不是那么简单的，需要用好的化妆土调成一定的比例才能上浆。在我们店里面忙不过来的时候，我妻子的弟弟也要过来帮忙，他的技术比学徒的要高很多。我想把我的儿子周子超也动员起来做陶，他是1985年出生的，现在学习都还不晚，而且周围有很多技术好的老师傅也能帮助他。前年他回来学了十多天，都可以拉手臂高的坯，还是希望我们家做陶的传统能够延续下去。

张 听说您之前到外地做过陶，为什么又想到回荣昌来了呢？

周 我最开始是在温州做陶，然后又到了浙江义乌，当时在义乌小商品市场看到很多没有看到过的优秀陶瓷产品，让人大开眼界。到了义乌，我有时候帮忙拉坯，在浙江龙泉也在帮着拉过坯。主要是因为当时荣昌陶厂因为体制改革停产了，荣昌陶在外面的名气也不大，没有机会做陶，就只有跑到浙江一带去寻求发展。到后来我还在外面做陶的时候，发现荣昌陶已经恢复发展得差不多了。我以前的同事和师兄们就告诉我，叫我不要在外面漂泊了，可以回家乡来做陶了。看到家乡发生的变化，做陶的环境也好了，我对荣昌和荣昌陶也有很深厚的感情，2017年，我就决定回安富来创业。

回来后我申请过古镇前面红绿灯的那几个店面，但是没有成功，还好现在也能让我们艺人租了。以前我在浙江的时候接待过安富的书记薛小军，他邀请我去荣昌陶博物馆对面楼上建一个工作室，但是我没有去，因为人流量较少。说实话，我现在做生意靠自己销，如果没有人，基本生活费都无法保证，怎么生存呢？后来我就选定在荣昌陶宝古街开设了"周氏陶艺店铺"，自己付租金。

张 除了做陶之外，您还有什么其他爱好吗？

周 那肯定有！之前我原来的领导都劝我不要做陶了，可以放手玩一玩了。我想说玩，怎么玩呢？你说去玩，去钓鱼的话，天天钓鱼，鱼吃得完吗？我以前在安陶厂的时候喜欢打猎，但是现在也不允许了，我也不可能干了。说打牌，我也不会打。你说纯玩，一天天的玩不就把人玩呆了吗？我就认为还是要做我的陶，不能把手上功夫生疏了，人嘛，动一点脑筋反而还活得年轻一点，所以我还是在坚持做陶。这些东西还是看个人，玩有什么意义呢，或者拿着固定工资三千多元，但是三千多元又能用多久呢？还不如做陶，既是我喜欢的事情还能够赚钱。

我的师傅张俊德现在已经73岁了，不再做陶了，在家颐养天年。这次师傅来荣昌，身体看起来就有些差了。我就在想，人如果一直做事，气力都会好一点吧。一旦老了不做陶了，手脚和脑袋都活动不起来，我就害怕得老年痴呆。做陶就像锻炼，锻炼身体也锻炼脑筋，所以我还是在坚持做陶。

我是这样想的，如果到一定的时候，我的孩子要做陶，我还可以去帮着他们做。如果能帮他们，他们的专业知识也能增长得快一点。如果去跟着别人学，别人讲多少你学多少。像我这样指导，他们学习起来也方便一下，学得也多一些，技艺也就传承下来了。

张 您现在有什么遗憾或者心愿吗？

周 我对荣昌陶厂的旧址不在了感到有点遗憾，毕竟这是荣昌陶的发源地，要是能够保留下来作为一段历史加以保护就很好。旧厂址有一个采泥料的地方，现在已经被新建筑覆盖了，里面的矿料都是现在市面上很难找到的，是最优质的荣昌陶泥。

还有一个，像我们这样只知道做陶的人，一心钻研技艺，就错过了很多机会，我希望能有更多的机会能让我们展现荣昌陶的技艺。我也希望能够适当地给我们这样名气没有那么大的老艺人们多一点帮助，比如能稍微补贴我们的房屋租金，补贴收徒的费用。这样才会有更多的人愿意来学陶和制陶，也会有更多的人愿意收徒弟，荣昌陶的传统技艺才能传承下来，荣昌陶才能获得好的发展。

张 周老师来自制陶的世家，从小生活在陶器厂，而后又在陶器厂拜师学艺，全面掌握了制陶的工艺技术，尤其是拉坯工艺，技术娴熟，经验丰富。今天他聊到的这段人生经历，为我们提供了真实的历史记录，再次谢谢周老师接受我们的采访。

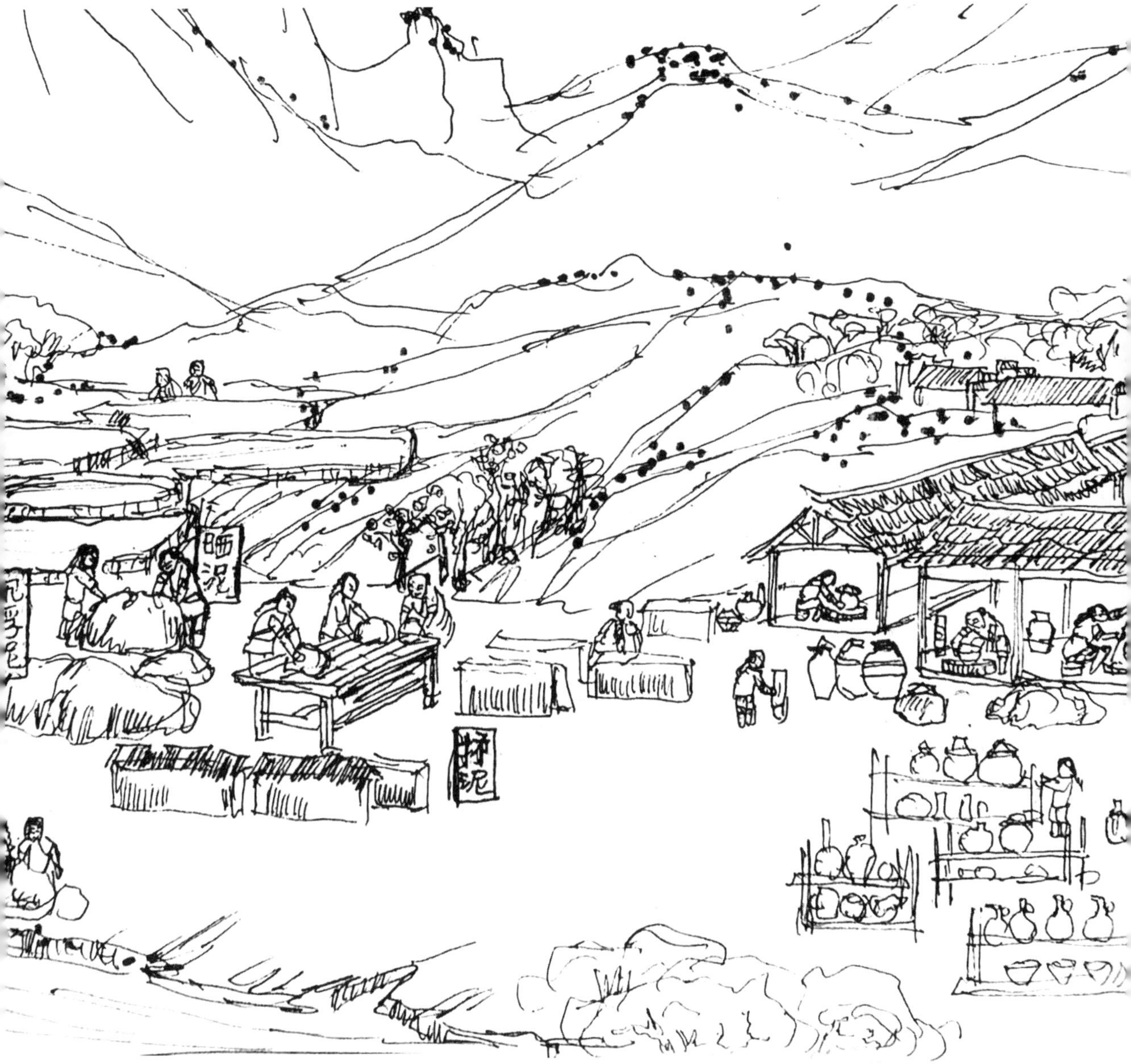
晒泥

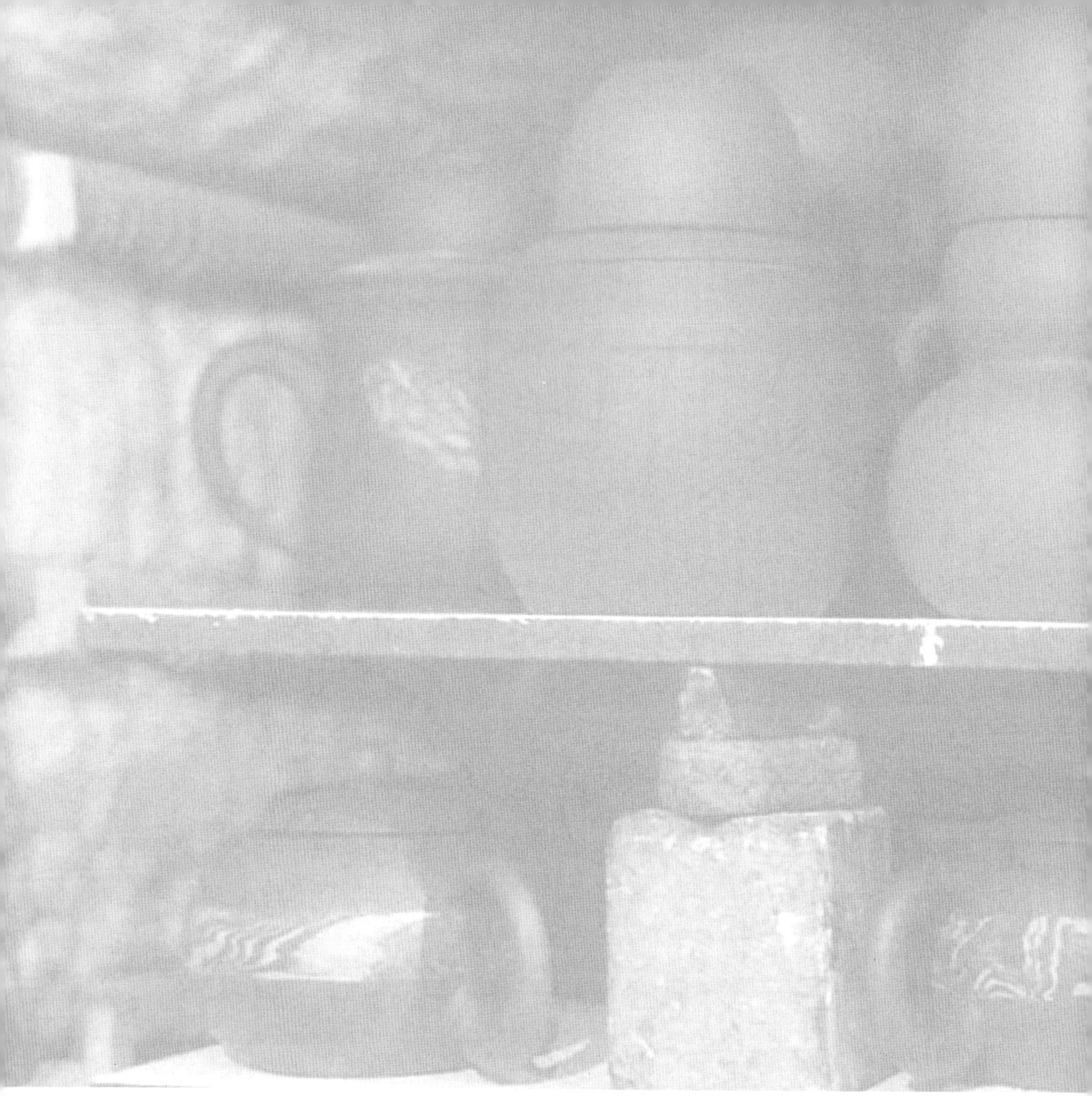

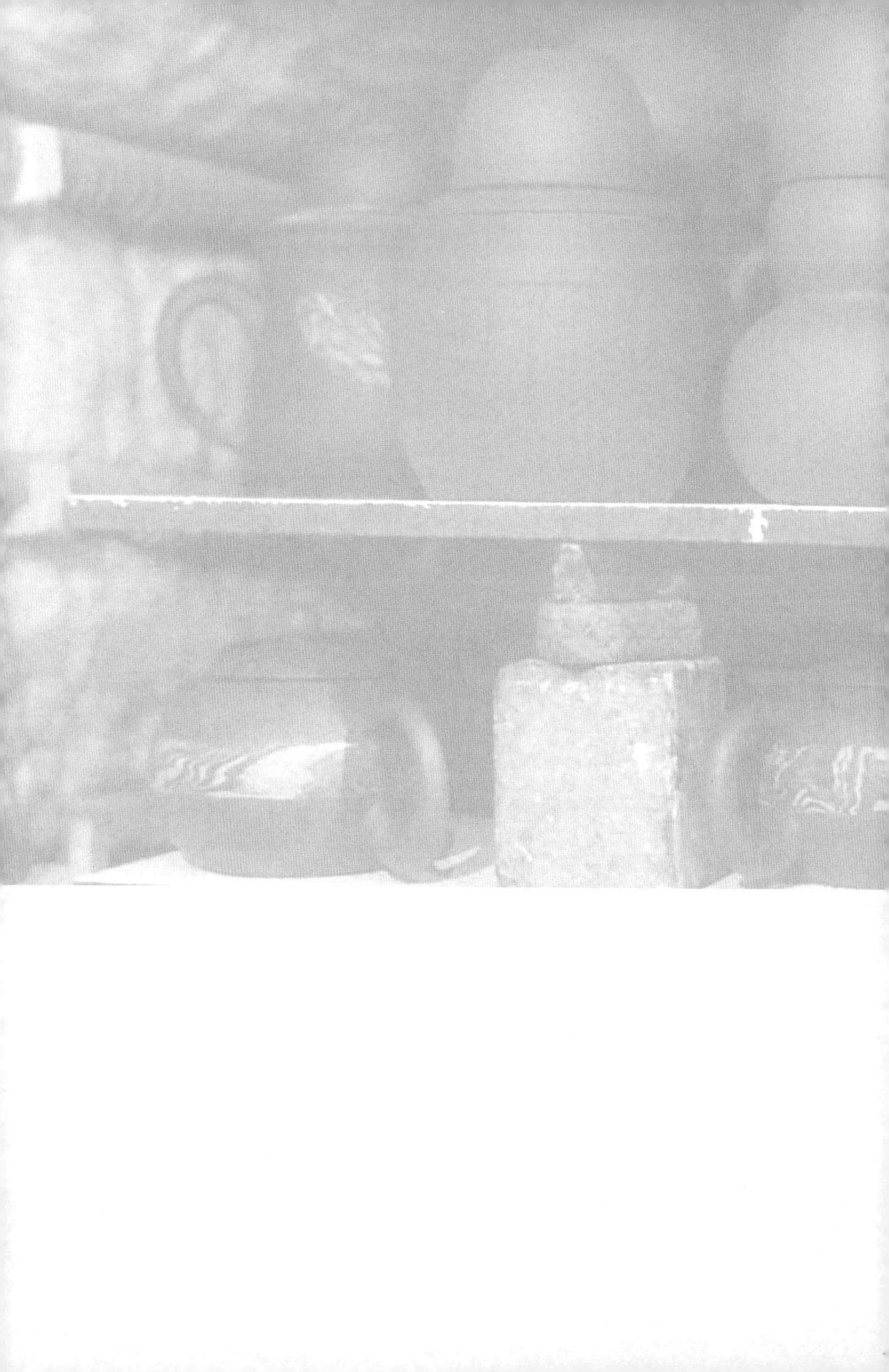

刁显超

刁显超

国家级非物质文化遗产代表性项目陶器烧制技艺（荣昌陶器制作技艺）荣昌区代表性传承人。原荣昌陶器厂技术工人。曾获"重庆市工艺美术优秀技艺人才""荣昌区技术能手"称号，2016年在安富街道创办"汇陶轩"陶艺坊。

采访人：张力文
受访人：刁显超
时　间：2021年5月12日上午
地　点：荣昌区安富陶宝古街"汇陶轩"刁显超陶艺坊

张 您今年多大岁数？什么时候开始接触这门手艺的呢？

刁 我1965年3月28日出生于重庆市荣昌县，今年56岁，是荣昌本地人。我是初中还没毕业16岁的时候，也就是1981年进入国营安陶厂开始学习这门手艺的，到今年2021年已经40年了。

张 您怎么想到要从事制陶这个行业呢？

习 我还是小孩的时候就在摸泥巴，我的父母两个人都是在陶厂里面工作，父亲是安陶厂的，母亲是夏兴窑的。当时不像现在可以把小孩交给托儿所，当时都是带着我们小孩去上班，我们放学了也很喜欢跑到工作坊玩。我从小就受到做陶氛围的熏陶，从小就跟泥巴打交道。父母做这一行的，我就有一点做陶基础。我那个时候也不是想着做陶，是因为有机会了，一些老师傅们包括我的父母要退休了，我是接替我父亲进厂的。当时我们一批人进安陶厂，企业给我们安排位置，做陶的哪个环节差人，我们就补上去，女性一般就安排到刻花部门，男的基本上负责拉坯烧窑之类的。当然，分配的时候企业也会考虑个人自身的意愿。

张 您家里人还有做这一行的吗？

习 我进厂是因为当时我的父亲退休了，我的父亲也是安陶厂负责搞修建的，父亲就是泥匠、石匠都在干。厂里面的很多房屋都是他做的，还有以前厂里面手拉坯的车盘，也是他专门用石料打制的，他的车盘做得很好。我的母亲叫杨运荣会做陶，她当时在另外一个陶厂夏兴窑厂里面工作，她在里面负责的是拉坯工作，主要做罐、杯等粗陶，她也是年轻的时候在夏兴窑里面学的技术。我没有去夏兴窑做事，因为夏兴窑属于生产大队的窑厂，不属于国营企业，我们安陶厂是国营企业，待遇更好一些。那时候夏兴窑主要做粗陶，我们荣昌陶厂做细陶比较多。

张 您的老师是哪位？您的学习经历是怎样的呢？

习 我的老师叫谢富全，是安陶厂的。那时候我们新的一批学徒进厂后，厂里分配哪个老师教我们，我们就拜哪个老师，像我们那时候进去了十多个学徒，也都不是一个老师教。一进厂后，老师在哪个工作室，你就先跟着老师到哪个工作室去学习。揉泥、拉坯、修坯、配釉、烧窑老师都要教。厂里面需要生产的时候，师傅规定你做什么你就做什么。当时厂里面需要的器型随时都在变化，而且生产的器型很多，厂里来了什么产品任务，老师就教做什么产品。老师如果不讲，自己摸索很久都不会，但是老师一给你讲清楚，就能一点就通，很快把产品做出来，老师都是很有经验的而且讲的都是重点。

我在厂的时候也有其他的师傅来教我，我跟师傅们关系都很好。我们分了工作室后，有时候老师跟我不在一个工作室，问工作室其他的师傅，他们也都很肯讲，经常来指导我们。作为一名学徒，我当时的工作就是拉坯，每天都重复不停地干这件事情。那时候大家都一起喝酒吃饭，冬天的时候，徒弟们都一起先去厂里发炉子烧火，然后叫老师们来烤火，大家一起聊天。老师傅们对我们都很好，有什么不会的问老师傅们，都会跟我们说。

张 制陶有什么口诀吗？

刁 制陶这个东西都是靠自己学，也没有什么口诀。老师怎么教你就怎么做，大都是老师先做示范，你自己再尝试，慢慢体会。一开始是比较难学的，最先要学会揉泥巴，基础的揉泥巴不会的话，后面也做不好，学揉泥巴就要学一个月。一般学三四个月能做一些简单的产品。学得好的话大概半年后厂里面就会下达任务到个人了，开始的时候学徒大概分配到20%的任务。如果做陶有进步，分配到的生产任务就慢慢增长。我们那个时候工资很低，大约十块钱，需要完成20%的任务交给车间，车间收了坯，就有那个月的工资了。进厂半年之后逐渐接到更多的任务，一年后就有大概50%的任务了。经过两年的学徒生活，我顺利地成为陶瓷厂的一名正式陶工，拉坯造型仍然是我的主要工作，做陶器要特别注意器型的美感，主要体现在口、底、肚三个部位的结合上，尺寸、线条、指力强弱把握全凭指上功夫。

张 当时有什么拜师仪式吗？

刁 我们因为在厂里面就没有这么讲究，在外面私人厂就会有一些仪式。我们主要就是有拜师酒，把老师的朋友请来吃饭喝酒做个见证。逢年过节的时候我就会给老师提肘子，端午节就要买粽子、扇子，八月半就要买鸭子之类的，我很尊重老师。我的老师对我们也都很好，以前学习的时候问问题也不会凶我们，老师前几年因为高血压去世了，他在世的时候经常来我这里玩。像有些老师对徒弟好，就教得多一些，但是一般老师都对徒弟很好。我觉得老师教学生还是要严格，不严格学不到东西，当时有其他老师的徒弟因为老师不严格，自己也不肯学，有好几个人还是学得不好。当时我的老师有好几个徒弟跟我同期进厂学习，只有两个人学得比较好，跟我差不多，我的师兄李少荣也是荣昌陶的工艺大师。

张 当时厂里面的情况是怎样的呢？

刁 那时候在厂里面我主要在生产车间做拉坯的工作，做泡菜坛比较多，还做过酒瓶、花瓶，要是列举起来就太多了。陶厂主要生产包装罐、生活日用陶。厂里面的工人大概有五六百人，多的时候上千人。有几年生产量大来不及的时候，还招了一些外面的制陶师傅来帮忙。大家一般都是十几岁进厂，男的60岁退休，女的55岁退休。但是特殊工种不一样，像烧窑上釉这些工种，因为有化学物质比较伤身体，所以就会提前退休，像男的就是55岁退休。我进厂的时候，厂里面设置的机构多，管理人员很多。厂长都分得很细，当时的总厂长是刘全龙，生产厂长是朱红林，这些管理人员做了几年又会换。

张 当时您在安陶厂里面有没有见到过四川美术学院的师生？

习 当时陶厂里面有很多四川美术学院的老师来，还有很多学生来实习。像现在比较出名的许燎源，他在成都还开了一个博物馆，当时他来实习的时候，设计的产品图纸都是我来帮他实现的。我还见到过四川美术学院的梁启煜老师，他们当时在试制车间，我们在生产车间。梁启煜老师是长期都来，每到学生毕业或者他搞创作的时候，他就会来。陶厂还专门给他分配了房子，他就住在厂里。他在厂里面搞创作的时候，会给厂里留一些样品，当时留下了很多新产品的样品，留下了很多技术。梁启煜老师来的时候各种产品都做，还会创新一些新产品，贴花方面、形体方面、釉色方面他都在试着创新。刻花方面，他主要创作一些新的花型，分析哪种器型刻哪种花好看，都会画图纸出来看，他觉得不错后，其他工人就照着他的图纸做。

张 您做陶过程中有遇到什么难题吗？

习 在厂里面就有很多难题。我当时很不服，因为厂里面生产的产品结构经常变化，有时候一个月换一次，有些产品类型做起来难度很大，都要摸索几天才能做出来。因为我技术比较好，还被厂里评为"技术标兵"，所以经常被安排换车间做。每次做一个产品比较熟练后，就又被调到其他车间了，又要重新开始熟悉。像手艺差一点的人就做简单一点的工作，很多时候我们技术好的反而更累。

张 您的产品都是用的本地的泥料吗？

习 工作室的产品都是用的荣昌本地的陶土，都是以前安陶厂用的那些山上的泥料，是我们专门选的地方，泥料都是从前用惯了的。现在山上没有陶厂了，都是住的农户，所以只能向这些农户买泥料。山上的泥巴分上中下几层，一般都是中间层最好，我们都取用中间层。选泥的时候，我们一看就能看得出来泥料的好坏。拿回来后也会先打磨然后试着烧制一下，看看泥料是不是真的好，泥料适宜什么温度。我们产品烧制温度一般都在1150℃左右，这样产品才能烧得结。

我们的产品都是纯的泥料，都是原矿，我的工作室都是不加其他材料的，加一些化工原料就失去了本来的意义了。泥巴也都是自己加工，拿回来先风化，再用球磨机打泥浆，然后用箩筛来筛掉粗的小石子之类的杂质，根据要求选不同目的筛子，一般用的是160目或200目的筛子，筛子的选择关系着泥料的粗细程度，最后沥干后就能使用了。

张　您使用泥料有什么讲究吗？

刁　泥料没什么特别讲究，都是一样的泥料，只是在揉泥还有制作的时候的手法不一样。揉泥也没有特别的讲究，但首先就要揉均匀，如果不揉均匀，再好的技术也没办法拉起来坯的。其次，会根据器型稍微改变一点，有菊花式、羊头式之类的揉泥方式。我一般揉泥的时候，先用菊花式就会均匀一点，就是把泥料一圈一圈地揉，之后就用羊头式，就是朝一个方向，揉成两边细中间粗的像羊头的形态。多揉和少揉一会儿的效果也不同，多揉就会细腻一点，少揉纹路会粗糙一点，凌乱度也不一样。高的器型和矮的器型揉泥的方法都是一样的，只是泥料多与少的区别。泥巴都差不了多少，主要是工艺方面有差别，看拉坯技术的级别。拉得好的效果也不一样，拉得不好的人连修坯都修得久一些。

张　您制陶使用怎么样的工具？

刁　我制陶都是用的自制的工具，工具有很多种，像修坯有修坯的工具，拉坯有拉坯的工具，我都根据自己的手感来制作合适的工具。做陶的师傅们都会制作顺手的工具，我这些工具都用了好多年了。

张　您一般使用什么釉？

刁　釉都是看器型选择釉，以好看为主。釉一般也是自己调的，以前在陶厂里面学习过配釉，会一些普通釉的配比。如果要创新釉，就是要慢慢地尝试来配比看效果。我的产品都是根据客户需求、市场需求来看，现在有些客户要求上釉，有些不要求，一般工作室里面上釉的产品都是客户订的。

张　您一般用什么烧窑方式？烧窑有什么讲究吗？

刁　主要用电窑、气窑，柴窑也会使用。主要现在产品还是电窑烧得多。我们工作室有一个自己的窑，在最早创立的刁显超陶艺工作室里面，现在陶宝古街的工作室做好后，就拉上去烧。那边的窑更大，使用更方便。以前在厂里面各种烧窑的方式都要学，我学得很多，造型、绞泥之类的创作学过，烧窑、翻模也都去做过一段时间。我们烧窑一般没什么讲究，偶尔就是祭窑、祭窑神，一般点火的时候或者开新窑的时候就会有一些仪式，看看日期之类的。祭窑也就是跟祭祖的仪式差不多，上香和放鞭炮之类的。

张 您的产品都是手工制作吗？

刁 都是纯手工的。我们这里场地有限没有机器，而且机器都是死板的，比如说用机器压泥，泥巴要符合器型、高度这些，机器不像手工这样好控制。机器都是快速、批量生产。我们这种手工做的陶都更好看，更灵动一点。

张 您的产品跟其他师傅的产品有什么区别？

刁 主要是在绞泥的技艺方面不一样，绞泥就是将红白两种泥料混合，不同的就是揉泥的时候方法不太一样，这还跟拉坯的技术有关，就算是讲出我自己怎么制作的，别人也不一定做得出来。绞泥有几种方式，可以先拉坯后，再加颜色不一样的泥，一般是白色的化妆土，然后继续拉出想要的器型。一般这样的绞泥方法很多人是做不出来的，不能继续拉坯。所以，拉坯技术不好的师傅也做不出好的绞泥效果。绞泥要看要什么图案，白泥和红泥加上去的搭配。白泥红泥的多少，出来的图案也不一样。绞泥还可以在制泥的时候，一层红泥一层白泥搭起来做，搭的层数不一样，效果也不一样。以前厂里面一直都在生产绞泥，不同的就是看个人绞泥的程度，怎么样绞泥才好看，这都是不一定的，人没办法控制形态。绞泥都是凌乱美，注重花纹的特殊性。

张 您的产品有什么创新吗？

刁 一般做产品的时候，就要先构思，考虑产品的器型、高低这些问题，有时候构思想象得比较好，但是结构没有设计好，烧出来就会失败。我创作一般都会自己画图纸，构思的时候还是要考虑器型的创新，市面上的器型都是差不多的，没有什么意义，我的创新产品都是别人没有做过的。这些产品的器型、结构都是偶然的，说不出具体的想法构思。绞泥方法不是说你想要怎么做都能做得出来，都是不规则的。

我设计都是自己设计，我的儿子也会设计。画设计图都是自学，有时候不想画，自己脑海里面有个想法了就开始做，要求达到器型的好看，如果不太满意就调整就好了。

张 能分享一下您的创作想法吗?

刁 像我们现在做陶,就是想做的时候就做。但是要做一个好产品的时候,就要慢慢构思,要想怎么样才能体现它的美,怎么样才能达到形态的协调。

像《风起云涌》这个作品是一个绞泥球瓶,这个作品是获得了金奖的,当时创作的时候我构思了很久,思考怎么创新。这个器型非常特别,都是我纯手工拉坯,绞泥的东西都是没办法用机器制作的,手工拉坯才能产生这种漂亮的纹路,作品上下两端不一样,是因为在拉坯的时候得先做成上下两节然后合上去。

《锅中有乐》工艺陶这件作品曾获得过银奖,它和《风起云涌》虽然都是绞泥花纹,但也有不同。在构思的时候我就想创新花纹,绞泥花纹是没有一模一样的,但是想要达到这样的云纹效果我也是费了很多心思的。如果想要瓶身的一部分有绞泥的效果,就需要在拉坯的时候,到了这一部分就开始加泥继续拉坯,其余部分不变。

《彩云之蓝》绞泥泡菜坛的产品造型也是我自己创作的,获得过金奖。我在每次创作前要先规定一个大的方向,是要绞泥产品还是上釉产品。这个产品花色很特别,瓶口是朱砂釉,中间是白釉,底部是黑釉,这几个釉色的烧制温度差不多。但是在烧制过程中,朱砂釉产生了流动性,瓶身中部白釉产生了窑变和瓶身底部的黑釉产生了一些反应,中间就变成了像孔雀蓝的颜色,最后出来的效果很好。

绞泥作品《锅中有乐》

张 您能介绍一下您的"汇陶轩"刁显超陶艺坊吗?开设工作室有没有遇到什么困难?

刁 这个工作室是2016年成立的,最开始就是我们一家人。我的儿子、儿媳妇、老婆都会制陶,我们一家人有三个工作室,这边主要是我在守着,最早2015年创立的古街外的"刁显超陶艺工作室"主要是我老婆负责烧窑,我儿子有一个"陶里陶器"工作室,也在陶宝古街。我老婆周玉芬也是以前安陶厂的,当时她在厂里主要负责刻花、粘接的工作。儿子刁扬洋是我在教做陶,儿媳妇是我的老婆在教。儿子真正的学习是从2013年开始,2018年就学得不错了。他也是很小的时候跟着我到厂里面上班,在厂里玩、看做陶,当时我们夫妻刚开始做个人的工作室,他本来在装修公司上班,工资不算高,我就劝他回来学习做陶,一家人来做也能互相帮助。儿媳妇也是跟儿子结婚后才开始做陶,学习了五六年了。我的孙子五岁了,现在也经常来工作室玩泥巴,如果有机会我也想让他做陶,一家人都在做陶,这样的熏陶下,孙子要是学习起来也很快。

我做工作室没有遇到什么大的困难，主要是我有这个技术，技术比较好，就稍微容易一些。选址的时候，本来当时给我分配的是大师园二楼，但是那里人流量太少了，正好这边在招商，我就搬到陶宝古街来了，现在那边是空置的，一般不过去。我以前帮其他大师干了几年，现在我们一家人都在做陶，都在一起做也好互相帮忙，自己开工作室在创作、销售方面还是更自由一些。

张 您的产品一般销往什么地方？

刁 全国各地都有销售，有些客户是熟人介绍来的，有时候产品卖出去后别人喜欢就会再向别人推荐。一般茶具、花瓶销售的比较多，都销售得不错。销往重庆方向的最多，外地的话广州、泸州、山东最多。我们信誉比较好，当地人买的也比较多，也是什么类型的产品都在卖，有时候销售好一些，有时候差一些，都不一定的，我们一家人一般一年收入几十万元。

张 您的工作室主要生产什么样的产品？

刁 工作室不只是茶具，各种各样的器型我们都要做。平时也会参加一些展会，参加评比获奖，会开发一些新的产品。

张 您有申请什么专利吗？

刁 一般陶的东西申请专利比较不好申请。我拿我的名字注册了商标，也是店铺的商标，我的产品底部都有商标名字，都是自己做的章在陶器烧制前刻上去的。

张 您有收徒弟吗？

刁 我教过徒弟的，但是很多徒弟都不再做这个了，或者在帮别的工作室。本来学这一行比较特殊，不是一天两天就能学会的，都要学习几年。学了一年没有经济收益，好多人都不愿意学。我们荣昌有个陶艺传习所会提供学习补助，每个月要发1000元的工资，所以大部分的学徒都愿意在那边学习。

我当时在厂里教了几个徒弟，都是厂里面分配的，大家都是学着学着就不做了。一般学修坯都要学半年的时间，拉坯就要学两三年都不一定拉得好。后来我在别的工作室帮忙，帮忙带过其他大师的徒弟，那个徒弟现在还在做陶。但是他们学得都不是很好，都是拉小的器型、简单的器型做得好，后来我自己开工作室出来后也没有收徒。

现在我也在招收徒弟，愿意来学的我都愿意教，欢迎有学徒来。但是现在没有很多合适的人选，而且很多人都不愿意学，毕竟这一行很辛苦，学的时间也久，至少都要一年多才能有一点成果。收徒弟的时候主要是看他的手法，手法有很大的讲究。还要看他肯不肯干，有没有那个意向。零基础的一般很难教，也不怎么收，很难有成果。

张 怎么样才叫出师呢？

习 以前在陶厂学制陶是规定学三年，一般出师就是三年。早些时候拜师是有协议的，拜师后徒弟要帮老师干三年，拜师也要请酒，喊一些老师的朋友来吃饭喝酒，要大家公认师徒关系。最近有个画家拜师就宴请了很多人，还挂了横幅。

张 您有没有去其他机构教学？

习 梁先才大师有个荣昌陶传习所，我在那里帮过几年忙，梁老师那里很好的是会给学徒发工资。传习所里面也有我的师兄李绍荣，还有一些一起在陶厂工作过的师傅，但是现在有些师傅也不教了，或者自己开工作室，或者年纪也大了。当时是2013年，因为刚开始发展的时候梁先才大师的工作室做得比较好，我就去那边帮忙，现在这个传习所还在收徒弟，梁先才大师也经常来看，指导徒弟。重庆水利电力职业技术学院建了一个陶艺大师工作室，也聘请我为指导老师，学校安排有课的时候我就去教学，指导学生进行陶艺技术的培训。

张 您都参与了什么展览？获得过什么奖项呢？

习 我参与展览的信息来源，一般都是重庆市工艺美术协会和经济信息委员会发信息告诉我们有什么展览，如果有参加展览的机会就会准备作品去参赛。

2013年，我获得第五届中国美术陶瓷技艺大赛陶瓷造型技艺项目优秀奖；2016年被评为非物质文化遗产荣昌陶器制作技艺区级代表性传承人；2018年获得第一届荣昌区民间工艺师称号。《锅中有乐》工艺陶在第54届全国工艺品交易会上获得2019年"金凤凰"创新产品设计大赛银奖；创作的《彩云之蓝》绞泥泡菜坛，获得2019第四届"工匠杯"设计创作大赛金奖；2020年，作品《风起云涌（绞泥球瓶）》在第九届"大地奖"中国陶瓷创新与设计大赛中获得金奖，还获得第五届"工匠杯"设计创作大赛银奖；《雪山飞萌（朱砂均釉萌）》在2020年第九届"大地奖"中国陶瓷创新与设计大赛中获银奖；在"第二届中国·建水紫陶文化节"——陶艺技能邀请赛成年成型组比赛中获得银奖。

张 您自己有没有去外面学习过做陶？

刁 钦州、建水、宜兴还有景德镇我都有去看过，都是2013年以后去的，一般是参加比赛或者参观交流学习的时候去。我们这一行都是干到老学到老，要学习别人的先进技术，看别人做产品的结构、手法、风格，这些都要学习。

张 您打算做陶做到什么时候呢？

刁 我目前打算做到六十几岁就不做了，就让儿子他们来做，我偶尔去帮忙指导就行了。虽然我们这一行一般都是越老做得越好，因为经验更丰富。但是我想让儿子分开做，一是这里场地比较有限，二是儿子愿意自己出去做。我们这边的店铺也是在帮他累积经验，累积客源。始终跟父母一起做事和自己出去做事不一样，接触的人也不一样，在这边他没有压力，也没有接触的经验，他慢慢自己干就能成长，像他学习的技术都是父传子的技术，和外面老师教也不一样。

张 您还做过其他的工作吗？

刁 1998年的时候安陶厂效益就不太好，陶厂倒闭后我就出来开车了，没有做跟陶有关的工作了。后来又开始做陶主要是因为2011年政府开始打造荣昌陶，作为非物质文化遗产，有了一些好的政策，鼓励我们做陶，荣昌陶的发展前景也比较好。而且本来我们在厂里面学到了相当好的技术，所以又回来重新做这个。后来做陶期间没想过改行，以前做陶环境不好，出去开过几年车，我们到了现在这个年纪了也不可能改行了，做到不想做就不做了，自己去玩就行了。

张 荣昌陶的泡菜坛器型非常有名，泡菜坛怎么才叫做得好？为什么出名？

刁 我认为以前陶厂的泡菜坛就是好的，也是打响荣昌陶名气的一个器型。以前我们厂有很多泡菜坛器型，根据师傅们的审美不同有很多图纸，大家制作的形态也很多。以前图纸的审美是比较好的，我的泡菜坛都是照着以前厂的标准来做的，我在厂里面也是泡菜坛做得最好，在厂里制作的泡菜坛也获得过很多金奖。所以我的器型和其他人的有差别，因为我是照着以前的要求来做的，现在市面上泡菜坛的尺寸、大小都不一定好看，都没有达到标准，所以我们这些泡菜坛就会看起来好看一点。

　　荣昌的泡菜坛之所以出名是因为它的泥料好、技术好、器型好，泡出来的泡菜好吃。泡菜坛密封性很好，不会进空气，如果没有烧结，就会漏气，烧成的时候如果有其他问题，也会容易发霉。我们家的泡菜坛都用了有五六十年了，有几个都是老一辈的师傅做出来的。以前厂里面做的坛子，有我自己做的，也有以前其他师傅做的泡菜坛，都还在我家里面拿来泡菜，包括现在我有一些产品都是以前厂里面的老东西拿来刻花的。我们家里的碗、碟、茶具也是自己制作的。

张 为什么说荣昌陶具有"薄如纸，声如磬"的美誉呢？

　　刁 主要还是荣昌的陶泥好。泥料是做细陶的根基，泥料不好，再好的手艺也没用。所以泥料的选择和加工也是有讲究的。以前荣昌陶厂的泥巴非常细腻，能够拉很薄的器物，以前我们厂有池子，还有专人来负责淘泥，在淘泥的几层池子里一层一层地流下来、筛下来，留下最后一层来使用，这样淘过的泥料非常的细腻，能够做出"薄如纸"的器物。荣昌陶"声如磬"，能够有很清脆的敲击声是因为荣昌本地的泥料里面含有多种矿物质，特别是铁的含量很高，就像敲金属的声音。泥料里面矿物质的含量不一样，敲起来的声音也不一样。荣昌陶泥的细度能够达到200目的话，烧制出来就非常细腻，当然陶面的光泽度跟做工也有关系。再有，泥中含有很多矿物质，如果是做茶壶的话，经过长年泡茶之后，对茶壶不断擦拭、抚摸、把玩，时间一长壶面吸收了茶的汁水，会形成一层微弱的光面，民间叫"包浆"。❶

张 您怎么看待荣昌陶的传承问题？

　　刁 以前主要是学的年轻人比较少，做陶学习时间长、学习过程累。但是荣昌陶现在已经是国家级的非物质文化遗产了，想学的人也渐渐多了起来，有些人自己找师傅学，有些在学校里面培训。现在的话一般私人带徒弟都会遇到一些问题，还好现在有政策支持大师带徒弟。重庆市很多中小学都有一个课外兴趣班，都有陶艺课在教学生，培养学生的兴趣，传承的方式也越来越多样了。

张 与刁老师谈了这么多，让我们对您从学徒到优秀技术能手的人生经历有了深入的了解，对您所执着的荣昌陶，无论是工艺的传承，还是产品的创新，都有了更多的认识，谢谢刁老师接受我们的采访。

---

❶ 包浆：指器物经过长年久月使用之后，在表面上形成一层自然的光泽。

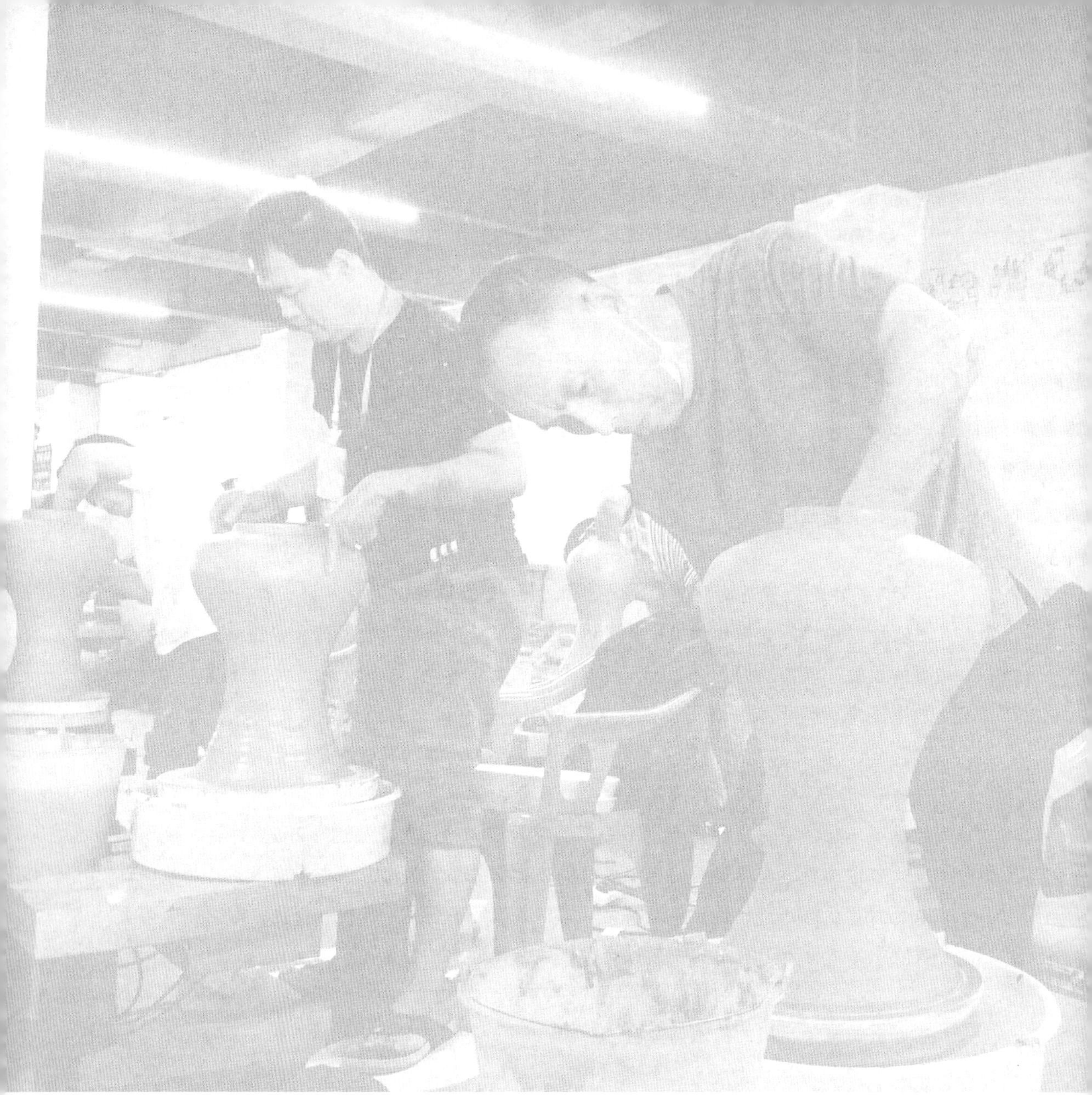

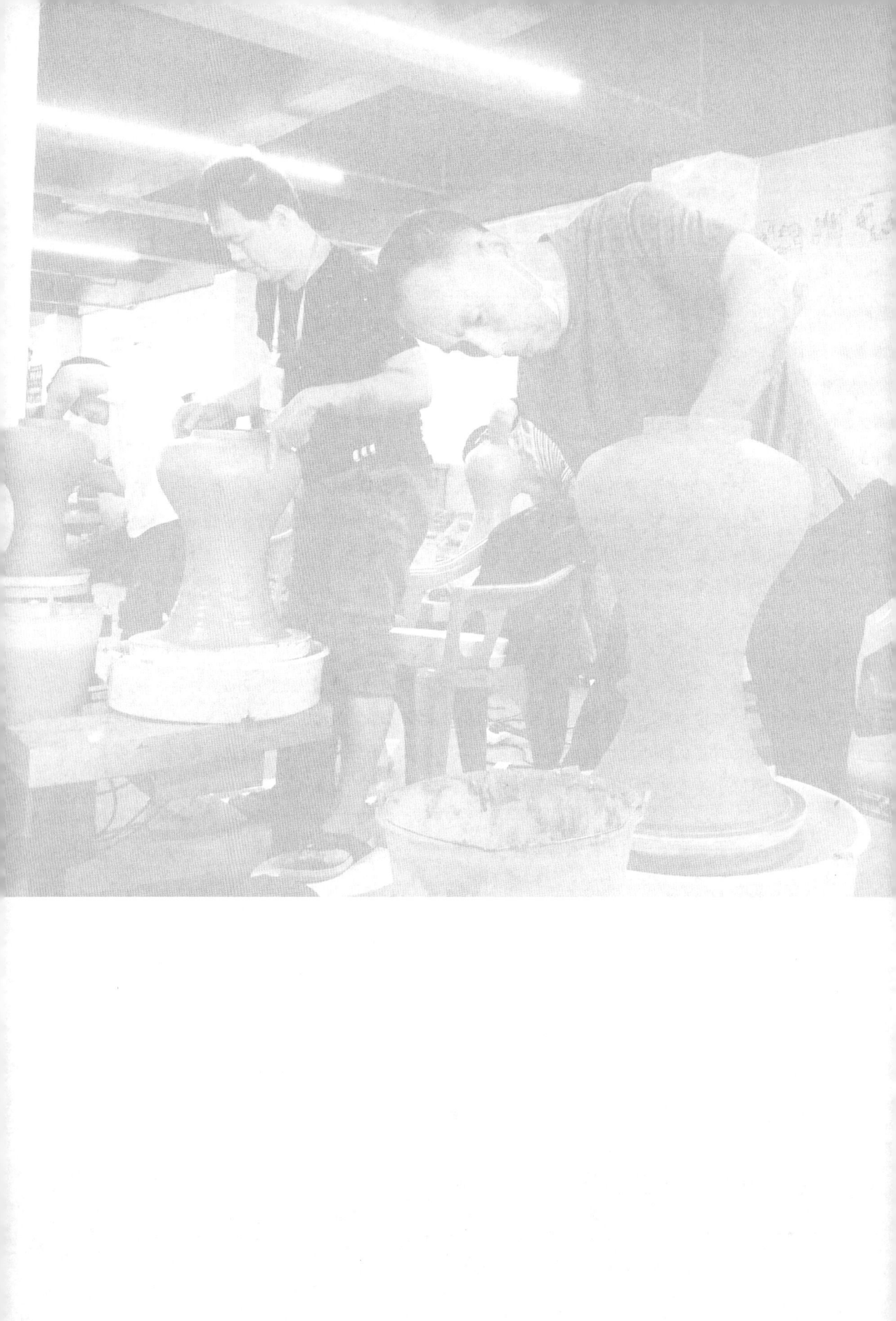

郭绍全

郭绍全

1970年6月27日出生于四川省隆昌县，国家级非物质文化遗产代表性项目陶器烧制技艺（荣昌陶器制作技艺）荣昌区代表性传承人。从小学习拉坯，从事制陶工作至今已有三十余年，在安富街道大师园建有自己的工作室。

采访人：李文丽
受访人：郭绍全
时　间：2021年5月11日上午
地　点：荣昌区安富街道荣昌陶大师园郭绍全工作室

李 您是多大开始学习制陶技艺的？学习陶艺的契机是什么？

郭 我十二三岁就开始学习做陶了，当时因为我的叔叔郭荣高之前也是在下兴窑做陶工，技术很好，我就从小跟着他学习做陶，所以我开始接触陶的时间比较早。我叔叔之前一直都是在民营的公司工作。他小的时候是跟随我们当地一位姓潘的陶艺师傅学习的制陶技术，我们都喊他"潘工"，但是他年纪很大，很早就去世了。我叔叔应该有三四个徒弟，是他的三个侄子，他带的徒弟都是自己家的亲戚。

李　可以讲一下您当时学习的经历吗？

郭　主要是我小时候不太重视读书，所以就花点时间学习一些手艺。那会儿还小，也还不知道做这个事情到底能不能挣得到钱。但是当时年纪太小又没有办法出去打工干活，只能参与手艺的学习中，一边玩一边学。我们都是从揉泥开始学起，然后逐渐开始学习拉坯、修坯这些，一学就学了三十多年。

李　您是什么时候开始通过这项技艺赚钱的呢？

郭　大概十四岁吧，但是一开始挣得不多，当时是八几年的时候，一个月只有几十块钱，但是那个时候的钱也比较值钱。到十六七岁的时候就完全可以像一个成年人一样来做陶了。那个时候一个月的工资能有五百元钱。

李　在学习制作陶器的时候有没有什么专门的口诀或者手法之类的？

郭　没什么口诀，就只有自己不断地去练习。手法还是有一些的，比如在揉泥的时候手需要不断沾水，这样才能保持泥料的湿度，可以更好地塑造形状。捧泥的时候要捧正，不然做出来的东西都是歪的。开坯的时候手一定要稳，不能急。但是手工艺这个东西说出来的经验都是次要的，最重要的是自己去实践，通过手去触摸泥巴，掌握到的真实的手感才是自己真正学到的东西。

李　您之前除了做陶器，有没有从事过其他的工作？

郭　没有，我一直都在做陶。原来一直是自己做陶，自己烧窑。之后到20世纪80年代后期就去新疆了。去新疆也是去做陶。因为在那边挣钱比较多，在老家挣的钱少。当时在老家一个月只挣得到四五百元钱，在新疆一个月就可以挣得到一千多元钱。

李　新疆那边的陶和荣昌陶比有什么区别吗？

郭　在陶器的质量方面，两个地方看起来是差不多的，但是新疆那边的陶土没有荣昌的好，做出来的陶也没有这边的陶好。新疆是以粗陶、土陶为主的，都是做大件的实用陶器，与我之前在隆昌的时候做的类似，比如缸子、坛子或者花盆之类的，他们那边小件的陶器做得不是很好。

李　您在新疆的时候是用机器做陶还是手工做？

郭　都是手工做的，原来我们做的时候比较早，那时也没有机器，不过现在新疆那边也开始有机器制陶了。

李　您在新疆工作了多长时间？

郭　我1988年就到了新疆，在新疆工作了二十多年。刚到新疆的时候只有十几岁，一直干到前几年才回来。我在新疆的时候先是在新疆的玛纳斯县做了几年泡菜坛和缸这一类的器物，然后1989年又到石河子市的一个陶瓷厂里做了几年陶缸。1996年又到一个花盆厂做花盆。1997年感觉自己积累了一定的经验，就自己在当地开了一个花盆厂，那个时候也招了几个陶工来一起做，从设计、制作、烧窑到销售全程都是我自己来经营。应该是2011年底的时候才从新疆回荣昌。到荣昌以后就继续做陶，不过回来以后，大件、小件都在做。所以我开始做小件的陶器也没有几年，原来也做过小的，但是没有做过像现在这么小的。

李　您最早来自隆昌，那边也有好的陶土吗？

郭　对，隆昌那边的陶土也很多，和荣昌的土质差不多，因为它们属于同一条山脉。但是隆昌做大件粗陶陶器的比较多，荣昌这边做茶具、酒瓶这类小型细陶陶器的多一点。

李　您为什么当时会想到来荣昌做陶呢？

郭　因为那年荣昌陶的制作技艺已经评为国家级非遗了，各方面的宣传力度都要大一些，在外面的影响远比隆昌大，吸引外面来荣昌这边做陶的人也比较多。比较的话，隆昌那边做大件陶器的比荣昌多。我从新疆又回到荣昌，之前在新疆都是制作大件的陶器，到荣昌以后才开始制作小件陶器的。

李　隆昌的陶和荣昌陶的区别大吗？

郭　区别不是很大。只是隆昌的陶器以大件的粗陶为主，比如吨缸（就是装酒用的大缸）、泡菜坛这类的大型陶器，当然也有一些小件的陶器，以酒瓶为主。隆昌陶主要做的就是酒坛、吨缸，这些类型的产品是做得最多的，安富这里有三个吨缸厂，也都是隆昌人来办的厂子。在做细陶方面，隆昌的政府近几年也在推广细陶，做细陶的人慢慢地也开始多了。但是相对来说，做粗陶的人还是要占大多数。其实隆昌烧陶的人比荣昌还要多一些，有很多隆昌的手艺人来到荣昌从事陶器的生产，包括坛子、酒瓶、吨缸，还有一些人也会在荣昌制作细陶。因为荣昌和隆昌离得很近，很方便往来，一定程度上也促进了两个地方陶艺传承人的交流。

李 您做陶器的时候，在材料的选择上有什么讲究吗？

郭 肯定有讲究。材料不好的话做出来效果就不好。泥土里面如果含沙子的话做出来的器物表面会比较粗糙，也不行。现在有人专门做陶土生意的，他们也是要到山上去找，找到土质比较好的泥土才会去挖掘，如果土质不好的话就没有人会买。我们都是去找这些专门卖陶泥的地方买的，其实也可以自己准备陶泥，但是自己弄起来比较麻烦，我们一般都是到外面去买，达到200多目数就可以。

李 粗陶和细陶有什么区别呢？

郭 这两种陶的做法没有什么大的区别，用的是同一种泥料。只是粗陶的陶泥在加工过程中工序要比细陶简单一点，细陶陶泥的加工要复杂一些。相对于细陶来说，粗陶的透气性要更好一点，所以粗陶一般都是做大件的陶器，小件制作的比较少，因为用粗陶制作小件不是特别好看。但也有一些做工艺陶的，喜欢用粗陶来做，因为粗陶外表看起来虽然不如细陶那么细腻，但是它表面的粗糙感有人喜欢，尤其是在里面加入活性炭的成分，这样陶器的气孔就稍微大一点，吸附能力更强，可以吸走水里面的异味，用来喝茶或酒的话，味道会更好些。细陶的陶坯相对要薄一点，因为表面细腻，需要抛光，粗陶是大件，胎坯就要厚一点，也是为了防止渗漏，做素烧的时候，就不需要抛光。而云南建水窑的陶器，做完之后，大多要用抛光机来抛光，所以表面很亮。

李 您能否讲述一下烧制陶器的基本工序呢？

郭 荣昌陶传统的手工制作工艺，工序十分复杂，有二三十道工序。一般第一步首先要练泥，练泥也有好多道工序，先是晒泥，然后绞泥、过浆、晾晒去水，最后要揉泥。一般是把陶泥买到后，放到晒坝上晾晒一两个月，再把晒干的泥土用石碾子碾碎之后在水中一遍一遍地过滤、晾晒，最后做成可以揉的那种泥团。第二步是拉坯，把练好的陶泥放在木板上反复地揉，赶出里面的气泡，这样产品的表面才会比较光滑。把揉好的泥团放在拉坯机上，一边转车盘一边用手拉泥料，按照制作的产品的样式拉成各种形状的毛坯，再把拉好的坯体晾到半干。第三步就是修坯，把之前晒好的坯放在辘轳机上,一边转动转盘,一边用抛光片或者修坯刀在陶器的内外进行修正,修坯的时候要注意坯体的厚薄程度,不能有的地方很薄有的地方很厚,那样做出来的不均匀。修好坯之后还要将陶坯晾干。第四步是对坯体进行装饰。装饰的手法有很多,比如刻花、剔花、堆花、贴花、点花等。最后一步就是入窑进行烧制,有一些素烧的可以直接入窑烧,还有的入窑之前还要上釉,上完釉以后可以入窑烧制。一般柴窑烧制的时间要长一点,要十几天,电窑和气窑只需要烧两三天。窑里面的温度可以达到1000~1300℃。可以把竹片放进窑里面,借助燃烧竹片的光查看陶器是不是烧好了,冷却两三天之后,就可以打开窑门把烧制好的产品搬出来了。

李 在这些制陶的过程中都需要用到哪些工具?

郭 练泥的时候先是需要用锄头从山上把泥土敲下来,晒干之后需要用"石碾子"把它碾碎,过滤的时候要把泥土放进水缸里面进行沉淀,再用海绵或者细筛不断地筛出更细的泥浆。揉泥主要是在桌子上进行的,需要用到割线把泥团进行切割。拉坯会用到拉坯机、木板、布条、刀片这些,最后需要用割线把坯体取下来。修坯主要是用辘轳机,还有抛光片、细竹条、修坯刀这些修坯工具。装饰阶段所用的工具有小刀片、刻花刀、铁钎和转盘。上釉要用到喷壶、海绵和刷子。装窑的时候会用到塞子、垫片,以前烧柴窑的时候还会用到匣钵。

李 如何把作品做得很薄?

郭 在拉坯和修坯这两个步骤中都可以让它变薄,主要还是在修坯的过程中修薄。拉坯只是器物的一个雏形,确定了它最基本的一个形状、大小和厚度,但是最重要的还是修坯,通过修坯确定陶器最终的厚薄程度和最后的样式。

李 机转成型和辘轳成型有什么区别?

郭 机器做的和手工做的差别不是很大,但是我们这边没有机器做的,都是手工做的。机器一般都是用来做大的泡菜坛、水缸这种大型的陶器。我们这边如果发展好了、销量大的话,可能会用机器打,但是现在产量不是很大。

李 手工拉坯有没有什么需要注意的地方?

郭 手工拉坯主要是双手要稳,双手稳才可以拉得高,如果手不稳的话就会打晃,如果"打摆"❶得比较厉害陶坯就坏了。要想双手稳也急不得，要经过长期的练习才可以实现。

李 修坯的作用是什么？修坯的时候都需要注意什么？

郭 修坯主要是将坯体修薄、修光，把毛坯抛光。拉好的坯要经过两三天的晾晒到半干，这个时候才可以修坯，湿的时候是不能修的。拉坯方法不同，用到的修坯方法也不一样，但是不管是修坯还是拉坯，最重要的是找到整个坯体的重心。修坯的时候用的修坯工具要选择适合器物形状的工具。修坯的时候还要注意手上的力道和轻重，修一会儿就要停下观察一下坯体的厚薄程度，防止坯体被修破。修坯比拉坯更重要，修坯的好坏决定了坯体的命运。

李 可以具体介绍一下装饰手法吗？

郭 我们这边主要有刻花、堆花、贴花、刁填，还包括绞泥。绞泥也是我们的特色，就是在拉坯的时候把白泥和红泥混合在一起。别的地方也有做绞泥的，只是做得比较少，荣昌这边做得相对比较多一点。刻花就是把修好的坯体外部浸上白色的泥浆，再用刻刀在上面按照想要的图案进行刻画，剔除掉不需要的地方，剔掉的地方就露出红色，其他的地方是白色，最后形成红色和白色相间的装饰图案。堆花是把陶泥堆在坯体上进行捏塑，或者捏好以后粘在坯体上，然后上釉进行烧制。贴花是把刻好的花纸粘在坯体上，然后整个浸入白色的泥浆之后，再把花纸撕下来，形成和刻花一样红色和白色相间的花纹。刁填是在修好的坯体上先刻划出花纹，再用不同颜色的陶泥（以白色为主）填入刻划的地方。

李 绞泥这种效果是如何做出来的呢？

郭 绞泥是把红色和白色两种不同颜色的泥相互交叉叠加之后，进行揉泥，但是要注意揉的程度，不能揉得太均匀，两个颜色之间必须要有明显的分界线，然后用这种红白相间的泥料来制作陶器，尤其是做一些花边纹饰，很抽象，效果比较特殊，做素烧陶器的时候常用绞泥来做装饰。

李 白泥除了做绞泥和装饰以外，还有其他的用途吗？

---

❶ 打摆：地方语，摇晃的意思。

郭 白泥的用处比较大，我们做酒瓶必须要用白泥，因为它收缩性没有那么大，它的缩性只有13%，而红泥的缩性是18%。所以基本上都要把白泥掺在红泥里面，不掺白泥不行；另外一方面就是在白泥上面上釉会更好看一些，釉的变化没有那么大，什么颜色的釉都可以上去，但是红泥就达不到这样的效果。

李 刻花和剔花是不是都需要用到白泥？

郭 刻花要用到白泥，剔花不用。刻花是用红泥作胎，再把白泥浆料敷到上面，稍干些的时候，再根据图形剔掉不要的地方，形成图案。听上去很简单，但是做起来还是有一定的难度的，想要剔得好还是很不容易。如果像有一定美术基础的美院学生来学还是很快的。

李 可以讲一下如何施釉吗？

郭 做好的陶坯要先晾干，然后把釉料涂上去，再进行烧制。这个非常麻烦，需要调配釉料。但是我做的陶器以茶具为主，全部都是素烧的，没有上釉。一般茶具都不上釉。因为上了釉之后它的透气性就没有那么好了。像泡菜坛啊、花瓶啊这类的工艺陶器可以上釉，上釉之后的颜色更鲜亮一点、更好看一点。

李 抛光用的工具是什么材料做的？除了抛光的工具还需要什么工具？

郭 这个叫胶皮，这个很简单就是把装洗衣液、洗发水的瓶子剪成合适的形状作为抛光用的胶片。除了胶片，拉坯的时候会用到拉坯机，把揉好的泥块放在拉坯机上，用手拉出器物的毛坯的形状。然后是修坯，修坯主要在轮盘上操作，轮盘就是用来修坯的，一边旋转轮盘一边用修坯的工具对陶坯进行修整，修坯确定了器物最终是什么样的形状和样式。修好坯之后，根据不同的装饰手法，使用刻刀或者其他的工具，对器物进行装饰。

李 你们一般烧陶的话是用柴窑、电窑还是气窑？

郭 电窑、气窑都有，主要还是以电窑为主，柴窑用得比较少。电窑和气窑没有特别大的区别，但是气窑不同于电窑的是它可以烧制黑色的陶器，电窑就不行。黑色陶器的制作就是在即将烧制完成的时候，把烟筒盖上，我们称为"还原"。柴窑各种各样的都有，有阶梯窑，也有平方窑，都是自己建的窑，要根据地形和经济状况决定建什么样的窑，每个人建的窑都不一样。我们偶尔也会用柴窑烧制陶器。

李 如何区分这些不同的窑烧制的器物呢？

郭 一般柴窑比较容易识别出来，柴窑烧制出来的自然的肌理效果是电窑和气窑烧制不出来的，因为在烧制的过程中温度不能够准确地掌控，所以器物常常会有一些轻微的变形和不规整，形成一种比较质朴的美感。电窑和气窑烧制的作品一般不好区分出来，它们的烧制温度都很均匀，烧出来的陶器的器型都很规整。

李 您是很喜欢做陶才能够一直坚持做过来的吗？

郭 我自己本身很喜欢，但是也是为了生活。想去做别的也不行，做陶做习惯了也很有趣，自己也很享受做陶时心无旁骛的感觉。而且做陶是永远都学不完的，活到老学到老。

李 您做的陶器都是通过哪些渠道进行销售？平均一个月大概可以卖多少把壶？

郭 一般是顾客到实体店里面购买或者是在网上进行售卖，还是有不少人从全国各地来买我的陶器，都是散客，没有固定的。卖多少把壶这个没有具体算过，但是应该有几十把，因为只有我们两个人在做，所以产量不是很大。

李 您之前有没有参加过一些相关的陶艺比赛？

郭 参加过很多次，获得的奖项有：
2017年在"中国梦·劳动美"荣昌区第三届职业技能大赛"陶瓷手工拉坯/开片成型"竞赛中获得二等奖；2018年1月作品在"2018中国·建水紫陶·世界艺术大赛——陶瓷技能邀请赛"手工拉坯成型比赛获得铜奖；2019年12月，作品《瓶中有坛》在2019重庆市荣昌区"陶都杯陶艺技能大赛"中获得陶瓷拉坯组一等奖；2020年9月，作品《金钟有壶》在云南建水举行的"中国四大名陶展（4+N）陶瓷技艺大赛"获得金奖。

李 可以介绍一下您的代表作品吗？

郭 我的代表作品就是曾获奖的《瓶中有坛》，这件作品在2019年荣昌的"陶都杯陶艺技能大赛"中获得了一等奖；另一个代表作品是在云南获得金奖的《金钟有壶》，这件作品的下半部分是一个金钟的形状，金钟的上面是一个葫芦的造型，造型非常独特，很考验拉坯和修坯的功力。

李 您现在是市级传承人还是区级传承人？

郭 我是区级传承人，2015年11月获得第二届重庆市荣昌区工艺美术师称号。

李 您觉得非遗传承人都应该做什么工作呢？

郭 无论现在是不是已经有了非遗传承人的称号，凡是从事这门手艺的，都是传承人，应该相互支持、相互帮助。同时也应该相互促进、共同发展，发展出各自不同的风格。虽然大家都是在做荣昌陶，但是每个人都不会和别人完全一样，都有自己独到的见解。但是在打基础的阶段，一定要扎扎实实地打好基础，不能天马行空地胡乱创作。要学到一定程度和阶段，再去发展和创新自己的陶艺风格。

李 您觉得过去做陶和现在做陶有什么区别吗？

郭 过去做陶要费劲一点，因为原来的陶车都需要自己来蹬，现在是机器带动的就要轻松很多。还有原来的泥巴质地比现在粗一点，现在的泥巴很细腻。原来烧窑都要用煤炭来烧，现在都用电窑和气窑，比较干净的同时也方便了很多，原来用煤来烧的时候的话就太麻烦了，所以现在的各种制作条件都要比以前好很多。

李 您的工作室是什么时候成立的？

郭 我刚来荣昌的时候做过吨缸，吨缸就是一种装酒用的大缸，最开始一年左右的时间是在别人的工厂里面做大件的陶器，那个工厂大概有两百人左右。因为那个时候我刚从新疆回来，这边发展的情况还不是很好，没有几家人做这个东西。由于隆昌那边主要是以生产日用陶为主，比如像泡菜坛、酒缸、酒瓶这些。荣昌这边就是以生产工艺陶为主。我有一个朋友在2012年的时候在这边成立了工作室，所以2013年左右我也开始在这边成立工作室。这个工作室是政府扶持的，不需要交付租金，这对我们传承人来说是很大的帮助。

李 除了对工作室的扶持，政府还有什么其他的扶持政策吗？

郭 原来做得比较大的工作室一年要补贴几万块钱,但是现在没有了。因为现在大家都做起来了,形成了一定的规模,政府就不再进行补贴了。但是工作室还是不要租金的。不过如果没有生意的话还是要补贴的,不然就没有人做了。现在都在慢慢地好起来了。

李 政府有没有向你们介绍一些展会让大家去参加?

郭 像我们出去参加的那些比赛基本上都是政府组织的,基本上每年都有一些这样的活动,这个还是挺好的。一方面宣传了我们的作品,另一方面也有机会出去和其他地方的传承人交流学习,多出去看一看还是有好处的。

李 您有没有收过徒弟?

郭 收过两个,他们现在都已经自己开工作室当老板了。我不会大量收徒弟,像专门搞培训的可能收得多。我的徒弟都是经过朋友介绍认识的,所以都没有收学费,免费教他们。我对徒弟的要求不多,但是要对行业中的其他手工艺人足够尊重,要有一个虚心的心态,以及做事的耐心与专注。

李 您在做陶的时候有没有遇到过什么困难?

郭 我做陶三十多年来没有遇到过特别困难的事情,相对困难的时候应该是刚开始成立工作室的时候没有什么生意,那个时候有点困难。不过慢慢地时间长了做得好了,生意就慢慢变好了。其实大家都是一样的,任何一个人在刚开始做的时候都会遇到这样的问题。

李 您的生意是什么时候开始好转的?是申请了传承人之后吗?

郭 和申请传承人关系不大,申请到传承人对我来说没有特别大的影响,主要还是要看你做的陶的质量好不好。申请传承人是顺其自然地去办,并没有刻意去办。因为我们那个时候还没有想到去申请这些称号,2015年的时候是他们打电话来问我们才去申请的。当你拥有了传承人的荣誉,肩上担负的责任会更重。你既要把上一辈的这门优秀的技艺传承下来,还要负责再把它传承给下一代人。其实作为传承人的话,在研究技艺的同时,还要把技艺更高地发展一步,然后传承给年轻人。

李 在产品设计和经营方面,您觉得哪些方面还可以做得更好?

> **郭** 还是希望大家一起努力把荣昌陶做好。从我自身来说还是要多做一点新的样式,多开发一些新的产品出来,这是我一直在思考的问题,只有创新才有出路,但是创新说起来简单,其实还是挺难的。

李 您有几个孩子?他们有没有在学习陶艺?

> **郭** 我有一个女儿,今年28岁。我在陶宝古街还有一个店,她在那里学习做陶。其实她接触陶的时间比较久,因为她从小和我们一起生活,我们在拉坯的时候她也在旁边跟着看、跟着学,只是那个时候没有说专门地去学习,专门学习陶艺是从这几年才开始的。也没有说刻意让她来继承这门手艺,因为她现在还没有定性。

李 学这门手艺需要多长时间?

> **郭** 要看什么程度,这个很难说。你要是学习做一种样式的话一两年就可以,如果想要全面发展,做得好的话,就算用十几年的时间也很难。做到老学到老,我们现在还都在努力地学习。有些人只学了一两年都比别人做了一辈子的做出来的东西好,但他可能只是学习了一种或者两种样式,不全面。现在学这个的都是想马上就能挣钱。

> **郭** 我之前还在四川美术学院上了将近一个月的课。

李 是非遗传承人的培训吗?您觉得培训的效果好吗?

> **郭** 是的,这个培训对我来说还是有帮助的。在进入四川美术学院培训之前,我在创作的过程中经常会出现头脑中的想法不能够支持创作的情况。在四川美术学院的学习是以理论学习为主的,比如讲了一些陶的历史,还有现代的拉坯、装饰还有泥塑等等,主要是理论方面的提升。回来之后,感觉思路要宽一点,想法更多了。主要是审美方面提高了很多,四川美术学院在这方面确实很厉害。在这之前,我们从来没有接触过审美这方面的内容,但是这个又很重要。另外在实践的时候有时理念好像就在眼前,但是实际操作的时候又很难把理论和实践结合得好。

李 除了带徒弟以外,您觉得陶艺还可以通过哪些方式进行传承?

郭 可以通过开培训班吸引一些陶艺爱好者来学习陶艺。其实"传承"只是一种手段，而不是我们的目标。我们的目标是要让荣昌陶这项非遗技艺发展出一种全新的面貌，新的技艺传承人把传统的技术学习好就是一种传承，我们这一辈的人一定要把手上的技术完完整整地介绍给年轻人，让他们慢慢学，不要拒绝。我们还要积极地宣传，去开各种各样的展览会、宣传会，让大家都来了解荣昌陶，通过宣传让越来越多的人了解和荣昌陶有关的知识，要明白荣昌陶的艺术性好在哪里，它为什么值得去传承。这样人们才会比较有目的地来学，让我们这门手工艺可以更好地传承下去。如果不去宣传，荣昌陶的技艺就会在我们这一代丢了，那真是太可惜了！

李 您有到中小学里面教授过陶艺吗？

郭 之前有人邀请我去，因为我不是很擅长表达，就没有去。但是我女儿会到陶艺培训基地里面给中小学的学生上课。我认为这种传授技艺的方式还是特别需要有人去做的，这样荣昌陶的技艺才可以不断地传承发展下去。

李 您怎么看待近几年国家和政府出台的保护民间文化的政策和措施？

郭 这些年国家很重视非物质文化遗产的保护，这些保护政策非常及时，如果不对非遗技艺进行保护，渐渐地就没有人去做这件事情了，这些技艺也会逐渐失传。而且荣昌安富街道对荣昌陶技艺的保护与传承也是相当支持，不仅建立了荣昌陶博物馆，还帮我们创办工作室来进行展示和销售，每年都会组织我们到各地去参加展会和比赛。只有政府和我们一起努力保护和传承传统技艺，传统技艺才会得到更好的发展。

李 现在有很多人都开始使用机器制作陶器，您觉得纯手工制作有必要吗？

郭 肯定是有必要的，手工技艺是不能丢掉的。机器达不到纯手工制作的陶器的质量，纯手工的要更精致一点。现在也有很多机器制作的陶器，卖得很便宜，手工做的价格要高很多，这个里面更多的就是手工的价值。我不担心手工会被机器取代，他们不矛盾，没有冲突。因为批量化生产的东西和手工的东西毕竟还是两个层面的，手工制陶做的是富有人文精神享受的艺术品，而机器做的是日用的产品，手工和机器针对的消费人群是不一样的，解决了人们不同的需求。

李 您有没有以后特别想做但是现在还没有做的事情？

郭 有，有很多产品的款式现在都做不过来，想要去做更多的样式、开发新的款式。因为现在就只有我和夫人两个人在做，现在招不到其他人一起做，技术高的不好找。我们这边可以系统操作的人太少了，很多人做不好，要学习的话需要很多年。所以有三点是我最想做的，第一点就是把这项技艺磨炼得更好，开发更多的新产品；第二点是把荣昌陶这门艺术进行推广和发扬光大，让大家对荣昌陶了解得更多，吸引越来越多的人来学习这项技艺，这是我们身为传承人的职责；第三点就是前面说到的理论与实践结合的提升，但是这也是目前最难的。

李 您对未来的发展道路有没有什么困惑？

郭 肯定有。第一个就是如何把技艺、专业传承好、创新好。这是一辈子都做不完的，也是一辈子的追求。俗话说，活到老学到老。第二个是呼吁来学习荣昌陶的年轻人要放平心态。毕竟做泥巴肯定又脏又累，不是那么容易，一定不要浮躁，要静下心来，扎扎实实地学好一个方向。第三个就是除了自己的本职工作之外，如何把荣昌陶和社会大众连接起来，能不能在这方面做得更好。但是这是很多人都在认真思考的问题。

李 您对现在的年轻人学习传统手工艺有什么期望？

郭 学习陶艺一定要有耐心、要有恒心，要经得住寂寞。陶瓷技艺学习的时间比较长，很多年轻人耐不住寂寞，坐不下来，在开始学习的时候感觉挣不到钱就不干了。所以我们一些有经验的老师傅虽然也为荣昌陶培养了很多人，但是有一些人最后到了别的行业去了。但是如果坚持下来，长期干下去是可以挣到钱的。所以现在学习陶艺的年轻人很少，基本上都是年纪比较大的人在做。但是要想把荣昌陶发展得比较好的话，还是需要更多的年轻人来学习这门技艺。现在也有一些坚持下来的年轻人做得很好，他们一个月可以赚一两万块钱，这在他们这个年纪已经很好了。其实传统的陶艺想要得到传承，需要让更多对陶艺感兴趣的年轻人甚至儿童感受到传统手工技艺的魅力，然后参与进来，让他们看到一些水平比较高的作品，这样他们的眼界就会慢慢提高，这对荣昌陶未来的发展作用很大。现在的年轻人很了不起，他们是祖国的未来，也是荣昌陶的未来，他们接受新鲜事物和信息的速度很快，能够很快掌握各种信息。所以很多年轻人都很有想法，虽然有一些想法不太容易实现，但是都可以进行尝试。

李 今天我们聊到了您学习陶艺的经历，以及如何掌握制陶的工艺技术，这些经验让我们从手艺人的角度，对荣昌陶有了更深的认识。谢谢郭老师接受我们的采访。

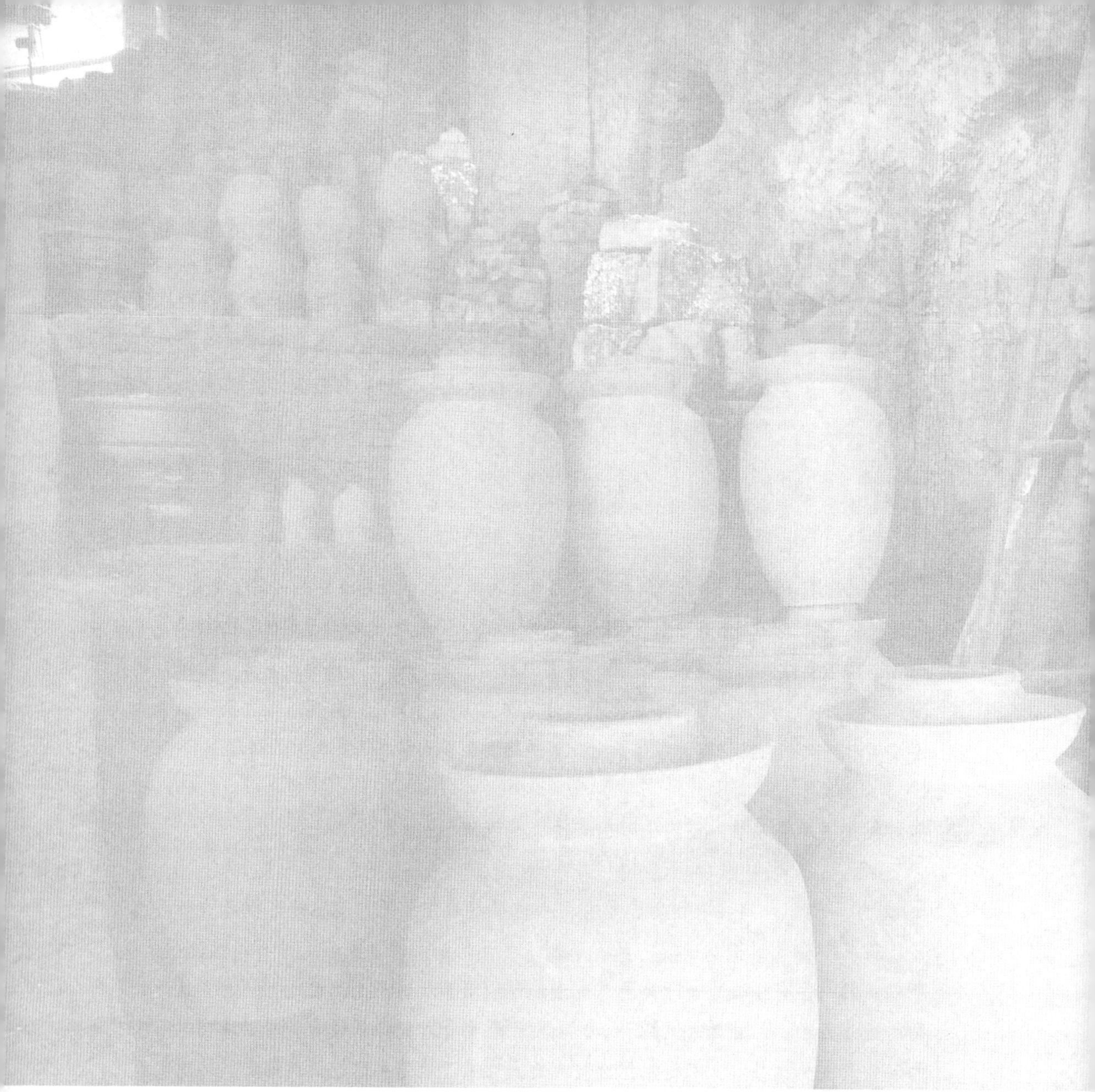

袁心权

袁心权

1964年7月21日出生于重庆市荣昌县。1981年进入重庆市荣昌县武城陶器厂工作，曾任该厂厂长、书记。现任重庆市荣昌区高瓷陶器厂厂长，为重庆市荣昌区陶商会副会长单位。2003年制作的《天下第一缸》获得了荣昌县科学创新三等奖。2018年，被评为非物质文化遗产项目"土陶烧制技艺"区级代表性传承人。

采访人： 张力文
受访人： 袁心权
时　间： 2021年5月12日下午
地　点： 重庆市荣昌区高瓷陶器厂办公室

张　我看到这个厂还在使用阶梯窑，它的历史很久吗？

　　袁　阶梯窑烧陶，在清代就有了。1956年初，武城的永利、永华两家粗陶厂合营为"永合土陶厂"，随即实行公私合营，1958年转为地方"国营武城陶器厂"。我是后来买下了这个厂自己经营，20世纪70年代重新建的阶梯窑。

张　您今年多大岁数？是什么时候开始接触这门手艺的呢？

袁 我今年57岁。最早接触这门手艺是从1981年12月高中毕业后进入荣昌县武城陶器厂当学徒开始的。进厂的契机是因为当时我参加了高考，但是落榜了，在复读补习的时候，正好我的母亲到了退休年龄，我也想能够找个工作替老母亲赚钱养家。正好国营武城陶器厂有个政策，招收两名厂里面员工的子女来当工人，我的母亲就是武城陶器厂的职工。当时家里生活比较困难，作为国营企业待遇还是比较好，于是就进厂了。武城陶器厂跟安富陶厂不太一样，安富陶器厂是市级单位，我们这个是地方单位。两个地方都是国营，只是行政级别不一样。

张 您家里的情况怎么样？怎么想到要到陶厂当工人呢？

袁 我家里的情况是这样的，我的父母一共有六个孩子，当时家里经济条件比较差，我是老大，就想先出来分担家庭负担，高中一毕业就直接进了武城陶器厂。当时我的父亲是荣昌矿务局的，母亲是武陶厂的会计，叫何学玉，因为有这个条件所以才拿到计划的指标进厂参加了工作。因为我是在武陶厂出生的，小时候经常跟着母亲在武陶厂玩，所以从小就经常看到工人拉坯、上釉和烧陶，受此影响，对做陶也慢慢产生了兴趣。

当时进厂的工人，要由厂里统一安排师傅。于是安排我拜了师，我的师傅叫严正义。一开始学习都是从最基础的做泥料学起的，然后学习制坯，制坯这方面我学得比较皮毛，到后来要学习烧成工艺，因为对此比较有兴趣，所以学得比较好，之后我工作的重点就放在了传统的烧制技艺，我现在也是当地土陶烧制技艺的传承人。当时学烧成就是学习和掌握烧窑的全部过程，要求通过肉眼来观察和控制温度变化，温度的高低主要就是看火苗及火槽的亮度，这需要长期的学习和经验积累才行。

张 进厂的工人都要拜师学艺，当时有拜师仪式吗？

袁 我们当时拜师也没有特别地搞一个仪式，就是请了几个厂里的老师傅一起来吃个饭做个见证，然后给师傅敬一杯酒，就相当于是拜师酒。我拜师傅的时候是1982年左右，那时候对传统的拜师帖之类的仪式就不是很讲究了。而且我们进厂当学徒，是由厂里安排的师傅，所以不像民间拜师需要签拜师协议，协议要求徒弟要帮师傅干满三年才能走之类的。

张 师傅是怎么带徒弟的呢？有什么口诀没有？

袁 口诀倒不是很多，学做陶主要是师傅言传身教，手把手地教，做陶工艺的全部过程都要教。有一个烧成工艺的口诀我记得很清楚，就是"一看、勤添、多拨"。"一看"就是说烧窑的时候多看火苗，把控温度。"勤添"就是要勤快一点添煤，适当的煤火才旺，才能帮助把陶器烧结。"多拨"就是在烧窑的时候要多去拨动窑炉里面的煤，让火能够烧得更旺，烧器物能更均匀。我记得烧窑的时候还经常熬夜，因为烧窑中途不能停火，烧一窑大概十天左右，八小时左右换一次人。当时我们厂里面有两个阶梯窑，有两个平方窑，厂里面总共有一百七八十人。

张 听说您后来在厂里工作干得不错，还当上了厂里的领导？

袁 我1981年入厂后，制坯、烧窑的工作其实没有干多久。因为1984年的时候，由于我是高中生，在厂里面还是属于文化程度比较高的，加上自己肯学习在政治上要求进步，1985年的时候入了党。我入党之后就没有搞生产了，被分配去干财务工作。之后我就负责搞经营这块，后来慢慢当了武城陶器厂的工会主席、支部副书记，在1995年的时候我就当上了厂长、书记。

张 您在武陶厂工作期间，四川美术学院的师生来实习过吗？

袁 当时四川美术学院的师生到我们厂来的比较少，主要还是去荣昌国营安陶厂，因为那边与四川美术学院是协作单位。我们武陶厂主要是粗陶，生产的是日用品，安陶厂主要是细陶，生产的是工艺陶。所以美院师生的创作与他们的联系更紧密。当然也有一些师生来考察过，记得是2001年的时候，四川美术学院的一些老师，包括罗中立院长都来过厂里。2006年四川美术学院在建设大学城校区，装饰校园用的陶缸和陶罐都是从我这个厂里购买拉过去的。所以，我对四川美术学院还是很有感情的。我们当时跟安陶厂也有合作，职工内部会互相调动，缺什么专业人才的时候，我们也会调动人员过去帮忙。

张 您是什么时候开办高瓷陶器厂的呢？

袁 2008年的时候。由于我们武城陶器厂是国营企业，受市场经济的影响，面临经营的困境。政府当时要把土地收回去，我们厂就解体了。收回去了土地，政府引进畜牧科技学院，把陶厂变成了重庆畜牧种猪厂。当时政府就拿了几百万元来安置我们陶器厂的员工，我们拿安置费的时候，这个厂正在售卖。陶器厂虽然是一个比较小的厂，但最好的时候能够产七百件左右的产品。当时的安置费不多，我们两夫妻加起来只有三十万左右。但我还是决定把它买下来。重新建厂的投资大概要八十万元，加上安置费和自己的存款，再到处去借一点，最后还是把它买下来了。买过来的时候，厂房和设施都比较老旧，于是我把整个厂房和窑炉全部推倒了重新建，当时就只有我们夫妻俩，我的妻子以前也是武陶厂的职工，是负责机压成型的，我们都对这块地方很有感情。这个厂从开建至今制陶就有六七十年的历史了，而我在这个厂也干了几十年。

当时购买下这个地方就是因为我对做陶有一个心结。我当时也想过把安置费拿来做餐馆之类的，但是想了想还是做自己的老本行。而且相对来说投资风险比较小，毕竟在陶厂工作了几十年，我也懂这一行。一方面从生产到经营到销售，我都比较熟悉；另一方面，陶厂生产日用陶的知名度也有，所以给了我信心建自己的厂。我个人的名气主要是给重庆市三耳集团做了一个巨型陶器，叫《天下第一缸》，现在放在重庆白市驿的火锅博物馆里陈列。当时是由他们出资，由我来做制作的。

张 自己经营高瓷陶器厂，与当年的国营陶厂有区别吗？

袁 肯定不一样，会遇到不少困难。之前国营武陶厂的工人拿了政府发的安置费，就离开了陶厂自谋生路去了。自己建厂的时候，只能重新招收工人。之后，我的产品结构在经营的时候也发生了变化，最开始产品在销售上并没有后来这么顺利。以前陶厂主打产品是花盆，当时重庆市面上百分之九十的花盆都是出自我这个厂，后来厂里才开始生产日用的粗陶。

作为私人办的小厂与国有企业的管理方式完全不同。厂里请来做工的都是些技术工人，又都是熟人，因此，不是靠管理，而是靠感情来维系的。像我的办公室里就有一坛白酒，工人吃饭的时候可以随意来打一点酒。厂里的上班时间是比较自由的，我都不管他们请假的问题，有事就自己去办事。只要装窑的时候产品能够做出来，不影响装窑的进度就可以，如果要大家都来等一两个师傅补上做工的话，这样就会影响十几个师傅的时间，缺工的师傅自己都不好意思。厂里的师傅们都很有职业道德，都能够在规定的时间内完成自己的工作。

张 高瓷陶器厂的生产是怎样的一个规模呢？

袁 现在厂里生产最多的是日用陶，主要是生产不同规格的泡菜坛和晒缸，大都是大型的产品。我们厂里制作的泡菜坛最大的能装1000斤的盐水，晒缸可以装1200斤。能装1000斤盐水的大罐子一年能产出三千多个，各种规格的加起来总共大概两万件。现在主要就是生产泡菜坛和晒缸，酒坛生产只占一小部分，生产得比较少。因为我们这里都是手工制陶，相较于一些大厂，他们的机械化程度比较高，产量大，成本也就比较低。我的主要竞争力就在泡菜坛，所以要发挥自己的优势。厂里生产的泡菜坛都比较平价，小的泡菜坛二三十元一个，便宜又很好用。我们上色釉都很少，因为色釉本身就有重金属，但是不上釉就没有装饰，产品附加值又低了。

我现在生产的泡菜坛在全国做得还是比较成功的，包括有名的统一食品和康师傅食品，他们泡的酸菜都用的我的坛子。他们不喜欢天然气烧制的泡菜坛，我们厂里都是用煤烧制的，烧制的时候温度能达到1280℃，泥料中的重金属就能够全部氧化。如果烧制温度偏低，腌制泡菜的时候，坛子里的重金属跟泡菜里的盐作用后，泡菜就会变色、变得不好看，特别是姜之类的会泡黑。我的晒缸也是，经过夏天最高温度的时候，缸在太阳下的温度达到70℃，长期使用也不会开裂，因为我们的温度高，陶器都"烧结"了，就是指泥料已经全部变成陶瓷了。

张 厂里大概有多少工人呢？

袁 以前武陶厂，一般的时候有一百多人，最多的时候有两百多人。现在厂里面大概有十六七个工人。厂里面的师傅们的产量还可以，如果要拉制能装1000斤水的产品的话，平均一个人一天能拉一个半到两个左右。现在厂里面主要有制坯师傅，制坯师傅也要负责上釉，因为我们器物不多而且上釉比较简单，还有烧窑师傅。粗陶不用刻花，所以没有招收刻花工人。现在厂里的工人大概都有三十年的工龄，大多五十岁左右了，都是有经验的老工人。也不是不想招收年轻人，主要是现在年轻人都不学拉这样的大型器物了，这种工种劳动强度大，而且要学两三年。我招到厂里的工人都是自带技术，没有办法带进厂里面教，现在是私人企业，大家想走就走了，教学成本私人企业承担有困难。

张 厂里烧陶都是用荣昌本地的泥料吗？

袁 是的，我们厂使用的泥巴都是荣昌本地的陶土。本地有个螺罐山，山脉上的红泥非常好，上山大概走二十公里到三十公里的地方，就有比较好的黏土。有句民谣"前山矿子，后山炭，中间泥巴烧罐罐"，说的就是这个山的地质结构，里面"矿子"指的就是石灰石，这个山的后山就产煤矿，中间段的泥巴就很适合烧制陶器。以前武陶厂的泥巴都是规定好后，划分了一片山地给我们做原料基地，现在我自己的厂就只有自己去农村找承包那块地的农户买。买回来的泥巴都不用挑选，都很好，也不需要过筛，拿回来后只需要干燥，对滚，碾压，然后挤压成型，就可以使用了。我的产品都是红泥做的，也不用白泥、化妆泥，这些都是装饰的时候用。厂里工人们制陶也都是纯手工制作，一点都没有使用机器设备，全是师傅们一截一截地拉坯成型。

张 您这里生产的产品主要销往哪些地方呢?

袁 主要是销售给专业泡菜厂和大型的酿造厂。因为酿造厂主要就是生产豆瓣、腐乳之类的,需要我们的产品。个人的订单比较少,我们生产的产品大多是针对大型企业的。客户的订单少的一两百件,最多的买过一万两千件。我的窑场如果一年出产一万件陶器,一半以上都要销到四川。其他主要销往贵州、湖南、湖北、广西、广东、安徽这些地方的企业。

张 您有申请什么专利吗?

袁 我没有申请专利,因为我们的陶器都是比较传统的、简单的器型。我申请过一个商标,取自"武城"这个地名,因为被别人抢先注册了,我就改了一个字,把"城"改为"诚",注册为"武诚"。主要是拿来刻在个人的产品上面,这个商标在这个行业还是很出名的。

张 粗陶生产使用的是什么釉料呢?

袁 我们厂的产品主要是上的金堂釉,也是一种天然泥料,烧制温度比厂里的陶低一点,所以玻化效果比较好,能够产生流动性。这个釉流动性强有一个好处,制坯过程中如果遇到有气眼的问题,在烧制的时候,流动的釉就能将它覆盖,避免浸漏。另外,我们也在使用一种潮泥釉,这种釉来自长江边上,有个地点叫回水沱,取自里面的一种淤泥,这个淤泥在长江枯水期的时候就能够显出来,都是树叶草木腐烂后形成的,很天然。以前没有这个泥的时候我们都是用柴灰来制釉,烧出来也是黑色的,像柴烧的质感。金堂釉是成都金堂县产的一种釉料,就像我办公室的酒坛,烧出来釉色带有绿豆色、黄色和金色,不仅可以防渗漏,也有简单的装饰作用。

张 厂里为什么不使用电窑或气窑来烧陶呢?

袁 主要是为了延续传统的烧制技艺。传统是非常重要的,现在土陶烧制的技艺都很少有人做了,我也是土陶烧制技艺的传承人,所以想通过继续生产来保护好这一传统的烧制技术。厂里面的制陶和烧窑也未采用机器,仍然沿用的是很古老的制陶方式,泥料里面也不加其他配料,都是纯天然的。包括釉料都是厂里自己配的,也是纯天然的,实际上就是本地产的另一种黏土,也叫"土釉"。

张　现在烧窑之前还有什么仪式吗？

袁　现在很少搞什么仪式了。不过会在正月回来开班的时候祭拜一下，为的是保佑平安。平时烧窑的时候也没有什么仪式。

张　为什么选择继续使用阶梯窑呢？

袁　以前的国营武陶厂以平窑为主，生产的陶器比较小，就算是比较小的平窑也都能一层一层地堆放很多。但是现在要制作大件的产品，产品对窑炉就有要求。第一个原因是阶梯窑分出的窑室用来烧制较大的器型比较实用，平窑是装不下的，而且阶梯窑也不像平窑那样容易倒。所以采用阶梯窑是由产品的特点来决定的。还有一个原因就是这里的地形，买这个厂的时候就知道这个地势就不适合建平窑，原来武陶厂的时候这里建的也是阶梯窑。再就是因为阶梯窑烧煤比较节能，因为阶梯窑能够预热，烧前段的时候，第二段就可以预热，如果陶坯不够干燥，放在窑里自然而然就可以帮助烘干，既实用又很方便。但也有缺点就是劳动强度大，阶梯窑是依山而建，都建在陡坡上，装窑取窑的时候工人比较累，烧窑的时候也比较辛苦。

张　能介绍一下您现在使用的阶梯窑吗？

袁　现在能烧陶的有两条阶梯窑，我没有取名字，有六十年的历史了，都是五六年一次大修。阶梯窑从前面的火道口到最后的窑室大概有90米的长度，宽8米，一个窑口大概2.6米。一般称阶梯窑为"一座十二仓"，因为有十二个仓口。窑是我和现在烧窑的师傅一起建的，会烧窑的师傅都会建窑，建窑的砖都是专门制作的黄沙泥砖，耐火耐用。阶梯窑的建造都是根据实际情况，包括场地的大小和地势来决定的。还有，建个窑要跟制作半成品的数量相匹配，避免烧窑的时候产生浪费，所以厂里面的工人们制的坯正好是十二仓能够装完。一般整个窑能够装下180个大件产品，1000多个小件产品。我们这个窑烧窑都是15天，要两个师傅来轮流烧，一仓一仓的烧，第一仓大概要烧78个小时，开始烧的时候升温慢，需要的时间要久一点。15天烧成，装窑5天，出窑3天，大概24天是一个周期，25天左右又烧一窑，每次都需要把窑仓装满。如果半成品不够，阶梯窑后半段也能够封起来，烧一部分，后半段就当一个烟道来使用。

张　阶梯窑为什么要做成拱形顶呢？

袁 因为烧窑的时候烟是从窑的开端被风带到终端，一层一层的，然后从最后面的烟道出去。弧形方便过烟并且能够控制烟的方向，火气也能从拱形顶运到后面去，火气在每个仓内一圈一圈地循环，每一个产品才都能够烧到、烧好。这个窑不像一般的平窑，不是每一个都有烟囱，我们是用最后一个烟囱来排烟的。

张 使用阶梯窑是怎么运作的呢？

袁 整个窑的前面设有三根木棒，上面垂吊着石头，都是为了支撑整个窑重力下倾。因为窑使用久了以后，里面的干墙会往前倾，怕窑塌所以需要把它支撑起来。

　　装窑的时候都是从窑的两侧放置的，小件的产品就挨着空隙摆在后面。烧成的时候不怕粘板，我们都专门垫了一层石英砂，石英砂的温度比产品温度高，产品玻化的时候就不会粘住。装窑的窑门都必须要封严实，如果没封好，烧制的烟会到处跑，烧制温度也达不到，都是用废弃的红泥做成红砖来封窑门的。

　　点火都在正面的三个口子，用木板来点火。最开始添煤是从正面添，侧面一半左右也都有一个火口，加煤的时候都是两侧对加。烧窑一次大概要用16~17吨煤，煤都是专门用的烟煤，能够帮助陶器烧成，而无烟煤火苗不够长，发热量比较小。窑内我们制作了很多能够帮助烧制产品的圆座，防止陶器摇晃，还有避免火直烧把产品烧坏。烧制情况都在加火口用肉眼观察，看产品有没有烧制的问题。

　　烧制完成后闭火，在窑内大概还有一百多度的时候，就开始慢慢开窑降温。每一个仓门都要在出窑的时候打开，都是砸开的。窑两端都有出口，要开左侧的产品就打开左侧的窑门，要开右侧的产品就打开右侧的窑门，进窑和取窑都是相同的门。因为这个窑比较长，两侧的窑门都有梯子，能方便师傅直接从窑顶上走到另一边的窑门，装窑取窑更方便。窑旁边专门建了轨道和推车来运输器物，但师傅们都不愿意用，出窑都是两个人直接抬下去的，虽然这里大概有40°的坡度，但是师傅们都很有经验，运输也不会有什么问题，他们也觉得这样方便快捷一点。

　　取窑完成后就要"打渣子"，把里面的垃圾全都清扫出来。有专门的工人来打扫窑室。我们清除的窑渣能够用来铺路，还能用于装修，比如说卫生间的地面铺砖前可用它铺一层，因为它是轻质材料又能够吸水。窑渣我们都不浪费，全都能消化掉也不会产生污染。厂里比较注重环保的，废弃的泥料拿来做封窑的砖，也都有自己的一套污水处理系统。

　　你现在看到的这个窑正在烧陶，也不需要加煤了，就等它慢慢冷却，也不能完全打开，里面是红的还有明火，降温太快会导致里外温差太大，陶器会容易破裂。

　　围绕窑址两侧就是生产车间，师傅们在这里拉坯、上釉、阴干。生产车间建在窑旁边也是为了方便装窑。

张 烧窑里面的杂质会对产品产生影响吗？

袁 一点点杂质没有什么问题。而且一般产品上不会有杂质，因为装窑前后都打扫得很干净，比如清理煤渣等。落灰的话也不会有影响，有时候烧窑烟灰没被火气带走的时候就熄灭了火，炭灰就会到处飘，可能会覆盖在一些坛子上面。烧出来后摸着会有点粗糙，但是不影响外观，这也是传统土陶的特点。

张 现在都在搞柴烧，为何没有用柴来烧陶呢？

袁 日用陶器的制作、烧制、器型都是几千年传下来的，沉淀下来的，既实用又美观。我们都是保留传统，釉也是使用的传统釉料，用了很多年。烧窑之所以没有采用柴烧的方法，是因为我们产品体量太大了，落灰情况都不太好，我有尝试过，但窑太大，拉风力比较强，草木灰都被风带走了，像我们这样大的产品都不适合柴烧。

张 能讲述一下您的《天下第一缸》是怎么试制出来的吗？

袁 当时主要是三耳集团想要做一个具有企业形象的产品，刚提出来的时候，要求这个缸的尺寸要口径3.28米，高2.88米，底宽1.68米，而且缸的外面要刻有99幅火锅文化的对联，制作难度的确很大。《天下第一缸》的大小跟我现在的办公室差不多大。在造型期间，我就去了重庆大学建工学院去请教老师，根据力学原理来解决比例等问题。因为烧这样大型的陶器，温度到了1200℃左右就会产生玻化现象，整个坛子是软的，很容易塌下来。

这个缸子做了三年，第一次因为烧制的时候火不均匀，缸内的温度过高导致烧破了。第二次也失败了，当时烧窑正在产生玻化现象的时候，我们荣昌发生了5.2级的地震，缸子就在窑里面被震烂了，虽然这个缸子没有完全倒下来，但是变了形取不出来，只有打破一部分才能取出来。最后第三次制作成功了，每一次的制作周期大概一年，这三年耗费了我很多的心血。第二次损坏的时候，我的心脏病都复发了，去医院住了院。三耳集团的老板就来看望我，劝我不要着急，拿出资金鼓励我继续做，最后还好试制成功了。没烧好的那两个缸子，老板还专门造了一个池子来安放。从2000年开始，到2003年成功，最后从荣昌拉到重庆的时候，因为装缸的车限宽，要占用两个车道，都是前后两个警车保护走的，直到白市驿下道。我还专门烧了一个架子来保护这个产品，免得路上损坏了。

张 《天下第一缸》让您一炮走红,有什么经验可以分享呢?

袁 因为这个缸的体量很大,在制作的时候都是在窑址里面制作的,大概制作七八个月。制坯、刻字、施釉都完成后再封窑烧成,最后再拆窑把它取出来。窑址都是为这个缸专门建的,只烧这一件产品,取出来的时候窑也得拆了。当时主要是我完成的,刻字是我和来帮忙的两个弟弟一起刻了一个多月。这个产品不像其他产品可以拉坯,都是挨个挨个砌起来的,一次做33.3厘米高,总共高大概3.3米。先做33.3厘米等到有点干了,能承受重量以后,再做33.3厘米高。厚薄均匀都是我们拿尺子比着做,便于掌控,做到上面的时候还要搭架子做。当时中央电视台的财富故事会来我这里采访,采访在电视上播放了半个多小时,做大缸的名声一下子就打响了,后来根据这个我才有信心投资这个窑厂来做陶。

张 您的家人还有从事制陶有关的工作的吗?

袁 都没有了。我的母亲以前在武城陶厂工作过,我的妻子也在武城陶厂做过机压成型的工作。我的兄弟姐妹中只有一个妹妹在陶厂也是做机压成型的,她现在已经退休了,像这种特殊工种都是45岁就退休了。

我有一个女儿一个儿子,都没有从事这个工作。女儿女婿的工作还是比较好,我儿子的志向是成为军人,都没有想过要做这项工作。他们看着我做企业还是很艰辛,生意好坏都是人预测不了的,工人方面也比较难管理,而且现在很缺技术工人,年轻人都不愿意做,大型传统制陶的技术有可能会断代。

我现在想的就是尽量守着这个厂,能守到哪一年我就守到哪一年,我现在都57岁了,我想的是干到65岁左右,到那时候我的工人也差不多60多岁了,也干不动了。如果那个时候还有新人愿意继承这个行当的话就再说。丢了这个厂还是比较可惜的,现在整个四川重庆地区,像这样用最传统方式烧陶的可能就只剩下我一家了,包括烧煤也是很传统的,因为烧煤不太符合环保要求,所以这个属于非遗的烧制工艺,经过我的多次整改,要达到环保标准,不能冒黑烟,经营起来还是比较难的。

张 年龄大了,您有没有想过招收学徒呢?

袁 没有,烧制粗陶很辛苦,我自己的子女都不愿意学,更何况会有其他人来找我来学。制陶的话,我可以做泡菜坛,但是已经很久没有拉过坯了。实际上我在手工制作这一方面,只是学了表皮,现在可能拉坯有点困难了。但是烧窑我还是可以自己烧，不过岁数大了也比较困难。现在烧窑我都不守着了，如果烧窑出了问题，我去看一下能发现是哪道火出了问题，就给他们讲一下，目前主要是指点其他师傅负责烧窑。

张　学徒什么时间能出师呢？有学生愿意学习传统的制陶技艺吗？

袁　大概学两三年能够出师，以前武陶厂也是三年的学徒期，出师主要看你制作的产品是否合格。如果要追求器型的形态精益求精的话，都是出师以后在工作中自己去摸索。如果现在有徒弟来找我学习，我也不一定能收，因为制坯、烧窑这些工艺教起来很复杂。我一直都在建议，现在的职业中学里应开设一个专门教制作荣昌土陶的班，每年招收二十个人，专门学习手工传统制陶，如果每年毕业能有五六个人做这个，十年就是五六十人，传统制陶的技艺就能传下去。如今，学生需要补助才能完成学业，而且不一定毕业后会从事这个工作。私人企业没有这么多的资金能够投入，所以企业和学生对学习这种工艺的积极性都不高。

张　您有没有跟学校进行过合作？

袁　以前我们厂跟九龙坡区有个小学校进行过合作，在我们厂建立了一个学习基地，让学生来体验学习，后来可能是因为距离有点远，就没有继续合作了。现在我个人年纪也大了，还要管理这个厂的产销，也没有精力，没有去外面教学上课。

张　您厂里的产品获得过政府的奖励吗？

袁　我们厂的得奖比较少，因为我们厂的产品比较特殊。厂里的产品如果去参展，比较有难度，因为产品很大很难运输，而且传统产品也没什么特别大的变化和创新。师傅做的产品都是些生活中使用的粗陶，也比不上安富那边用细陶做的工艺品有竞争力。我制作的《天下第一缸》获得了荣昌县科学创新三等奖。2018年，我被评为区级非物质文化遗产项目"土陶烧制技艺"代表性传承人。

张　都说传统制陶很辛苦，您以前有没有想过放弃这一行做其他工作呢？

袁　我没有考虑过。现在想的是守着自己的厂，守到干不动为止。以前也没有考虑过转行，我以前就很喜欢陶。当初我把厂子收回的时候，本来考虑过将这个位置做成一个饭馆，但是思来想去，还是想干自己的老本行，我对陶比较有感情。我的朋友也建议我去建一个现代化的大厂，我没有去做。我想守住这个小工厂，工厂小风险也小。我做陶做了四十年，像陶器产品的销售每隔几年就会有一个周期，生意好坏是周期性的。"好几年，差几年，不好不坏又几年"，我没有必要去担这个风险。而且现在做粗陶的人很少，以前我们这条路从入口到原来武陶厂的地方，一公里路有13个窑址，包括我的窑2个，还有2个平窑，一共17个，现在只剩下3个窑址，传统的粗陶产品越来越少，很可惜，所以我还想继续做下去，保护好这个传统的烧制技艺。

张 荣昌陶历史上被称为"泥精"，包括粗陶吗？

袁 我理解的是，从字面来说就是荣昌陶泥料好，制作工艺好，制作出来的是精品。

张 荣昌泡菜坛为什么比较出名？

袁 一是荣昌本地和川渝地区人比较喜欢吃泡菜，用泡菜坛比较多，因此无论是粗陶还细陶做的产品都比较行销；二是荣昌陶本身就比较好，用荣昌陶土做的泡菜坛泡出来的泡菜很脆，而且泡出来的泡菜无"火风"，这是泡菜的专用词语，指的就是泡菜不鞠、不臭、不卡喉、没有怪味。相比花坛这类产品当作摆设，泡菜坛在生活中的使用更有实际意义。

张 您认为荣昌陶应该如何发展，有什么建议呢？

袁 我认为荣昌陶的发展还是需要在传统的基础上去发展。荣昌正宗的土陶传统制作技艺和烧制技艺没有被关注到。现在制陶的工艺大都还是学习别人，一窝蜂地去制壶很难，比不过宜兴，论瓷又比不过景德镇。我们荣昌陶真正的精华就是传统的装饰技艺和烧制技术。以前我们武陶厂的产品是用来装食品的，因为釉里面含有重金属，所以没开发出什么釉。但是原来荣昌安陶厂的釉就开发了几十种，以前的孔雀釉、均釉都弄得很好，形成了传统特色，在全国也很有影响。荣昌本来手拉坯就很出名，造型和器型都很好看，釉色如果能够加以装点，就能成为艺术品。还有荣昌的特色化妆土做的刻花装饰，这些技术应该继承下来。还有日用粗陶和传统土陶烧制的技艺等，荣昌陶需要发展这些特色工艺。同时，荣昌陶的发展还需要跟着市场来发展，有市场的话就可以保持比较原始的传统工艺，如果没有市场的话，也可以进行适当的转型。现在发展比较困难的是，很多产品失去了荣昌的特色，生产和销售的问题难以解决，怎么有机会发扬传统。真正荣昌陶的发展不应该去学别人，还是要保持荣昌制陶的特色，才能在市场上有一席之地。

张 今天袁厂长给我们讲述了自己亲历武城陶器厂发展兴衰的一段经历，在陶器厂难以适应市场而谢幕的时候，袁厂长接收了这个厂，并继续把这一传统的烧制技艺完整地保留了下来，殊为不易。荣昌粗陶的生产迄今仍然有部分市场需求，这是荣昌传统陶器制作赖以发展的基础，相关的工艺技术的介绍，也帮助我们了解了尚存的粗陶制作技艺与古窑烧制技艺的历史及演变。再次谢谢袁厂长接受我们的采访。

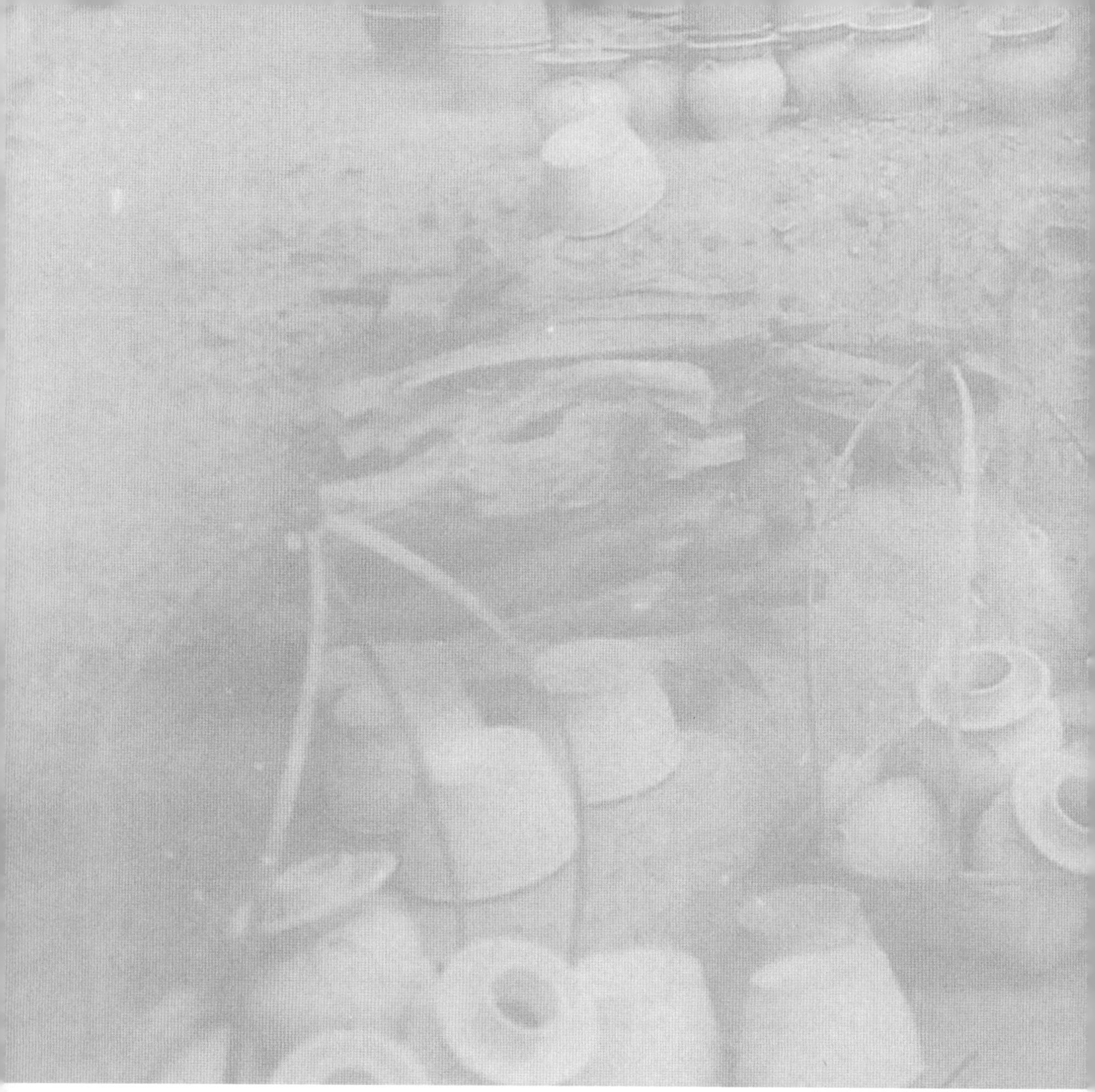

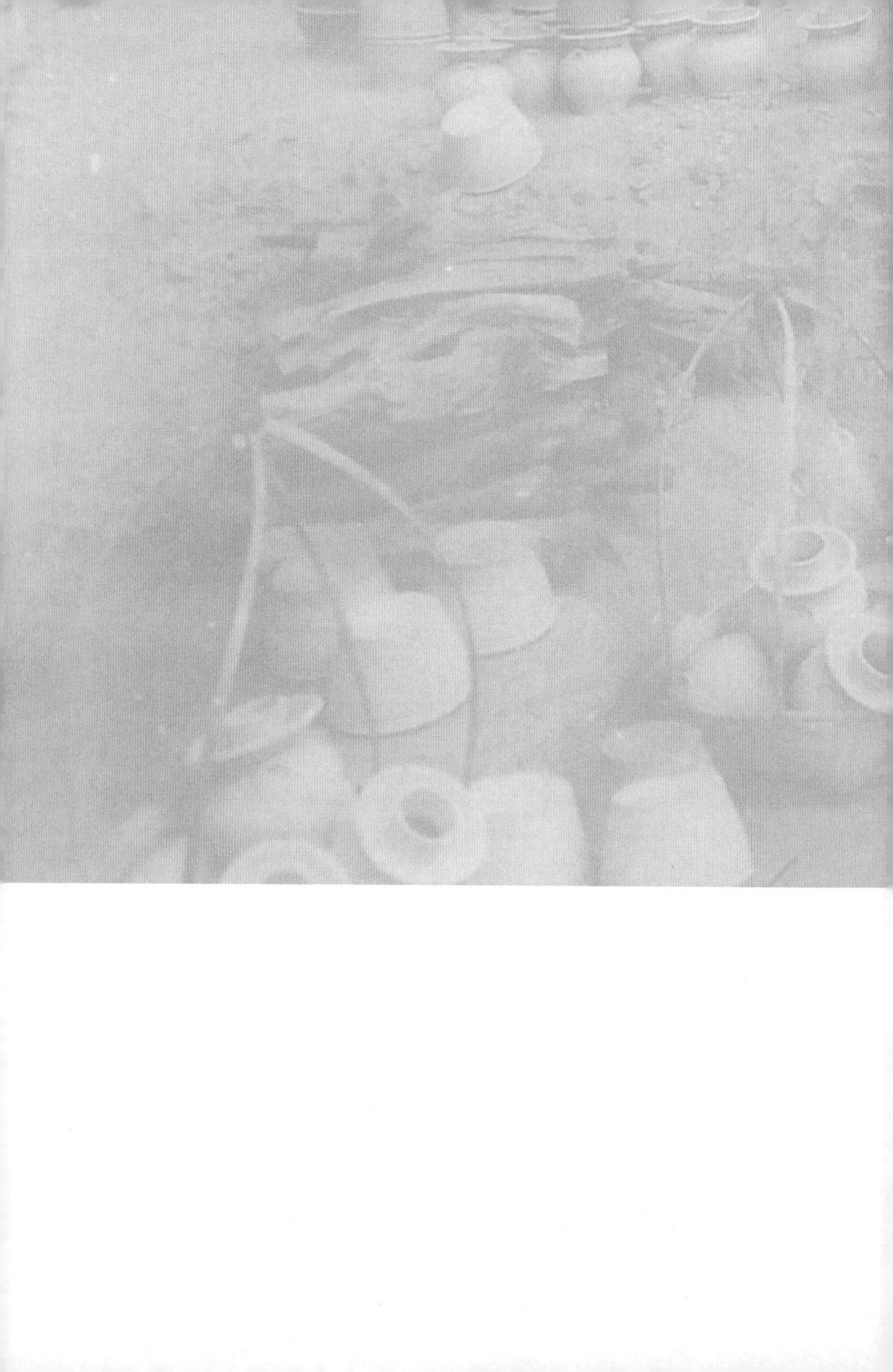

梁大

梁大

从小师从父亲梁启煜教授学习制陶工艺，曾任四川美术学院陶瓷实验中心教辅，在荣昌安富大师园建有自己的工作室，2016年，被评为重庆市第四届工艺美术大师。

采访人：李秋
受访人：梁大
时　间：2021年6月8日上午
地　点：四川美术学院实验中心民族民间工艺陈列室

李 梁老师是什么时候开始学习制陶的呢？

梁 是1977年，父亲梁启煜退休时我开始在学校的陶瓷工厂上班。一个月后，因为学校正忙于恢复招生，陶瓷实习工厂要培养一些既能做教辅工作又能搞生产的工人。学校就安排了六位教辅人员外出学习。最先是由张富先老师带着他们在合川实习了一段时间，发现不行，后又转到荣昌安富陶器厂学习了半年。我没有去合川，而是直接被安排到安富陶器厂学习了一年多，吃住都在厂里，主要是学习手工拉坯、翻模和烧窑。

李 主要是跟哪些师傅学呢?

梁 印象最深的是杨学礼师傅,厂里安排我跟他学拉坯,当时说他的脾气不好,喜欢喝酒,但他对我很好,还约我去钓鱼。在厂里的拉坯师傅中,杨学礼的技术最好,没有人能超过他,主要是因为他理解能力强,看图纸就能拉出来。我父亲设计的器皿都要请他来拉坯,学校建陶瓷厂的时候,父亲还请他到四川美术学院教学生拉坯,在学校待了好几年。其他教过我拉坯的师傅还有钟师傅,记不得名字了,有肖慈金,还有一个叫周俊国的师傅。还有其他师傅也教过我,有烧窑的陈师傅,还有刻花的师傅。罗明遥老师为了让1978级的学生能更好地实习,还让我在厂里请了一名技术好的师傅到学校做教辅。

李 从厂里回到学校,您主要做哪些工作呢?

梁 当时班级不多,有1978级和1980级两个班。除了教学之外,我主要烧些作品到学院的外宾小卖部销售,赚外汇,每个月都要拿筐子装起来去卖,月底结账。其中罗明遥老师和马高骧老师设计的作品比较多,主要小件的东西多,很受欢迎。

李 校办工厂有条件上釉色吗?烧制的作品怎么处理呢?

梁 我们可以素烧,也可以烧上了釉的陶器。釉料都是在安陶厂买的,厂里一点都不保守,有什么釉都可以提供给我们,价格很便宜。煤炭也是在荣昌陶厂旁边的那个煤厂拉过来的。学校陶瓷工厂就建了一个小的倒焰窑,供学生实习和生产使用。我和王新树负责烧窑。学校不要的桌子凳子,全部堆在我们这里,先用煤烧,最后两个小时用柴来烧,温度升得快些。除了陶瓷专业师生的作品外,雕塑系老师,像叶其宗、毛超群老师他们做的小雕塑,也拿到我们这里来烧制。小卖部的工作人员会来厂里选作品,选中的作品,写好作者的名字,再拿回小卖部陈列,让外宾选购,卖了之后,小卖部、陶瓷厂和作者几家按比例分成。

李 学生在厂里实习,有需要拉坯的陶器吗?

梁 少得很,如果要做拉坯的工艺,一般要到荣昌安陶厂或西昌会理去做才行。学校烧的陶器,一般都是小件的艺术陶。1978级和1980级的师生的作品,大多还是在外面烧的,毕竟正规的陶厂条件比学校要好得多。我父亲和罗明遥老师、马高骧老师他们经常要带学生去荣昌安陶厂实习,帮他们设计的陶器,很多都是要拉坯的,因为要结合厂里产品生产的需要。

李 学校是什么时候建的实习工厂呢？

梁 不知道了，我听说建专业的时候就开始建了实习工厂。四川美术学院的前身是由几个学校合并的西南艺术专科学校，最早有染织和漆器美术专业，没有陶瓷专业。我父亲1954年起就去荣昌帮助陶厂做设计，后来罗明遥、毛超群、陈尚俊几位老师也常去荣昌陶厂，他们为陶厂设计的作品还收入了父亲1957年主编的《四川省工艺美术选辑》这本内部发行的刊物里，全部为黑白照片。其中部分产品参加了1956年全国工艺美术展，父亲还去北京参加了研讨会，并在会上发言，介绍荣昌陶的特色，产生了很大的影响。也就是那年学校开办了陶瓷专业，我父亲担任了第一任教研室主任。

李 您后来还经常带学生去荣昌吗？

梁 当时张富先老师带学生去荣昌陶厂的时候，我也跟着去，主要做些教辅工作，那时陶厂是国营企业，学生去实习都由陶厂负责安排，学生和厂里的师傅都比较熟悉，学生的很多图纸设计都是厂里安排师傅给他们制作的。

有一阵，学校没有招生，我有了点时间，就去荣昌陶厂做陶，赶火车，走路，背着模具去，我当时比较拼命，一到厂里，就把学校翻好的模拿出来，在厂里注浆，忙到12点才到寝室去睡觉。这些翻好模的作品，注浆后就上釉，最后烧制，全部都是学校老师的作品，雕塑系老师的多，比如唐俊生老师设计的各种狐狸造型。

当时罗明遥的研究生吴时敏设计了一组变形人物陶雕，是让我用石膏翻好模后，带到荣昌陶厂去烧制的，用的是古铜釉、黑釉还有砂金釉。雕塑都要翻模，但陶器就要拉坯，马高骧老师设计的"太空"绞泥罐和双耳绞泥花瓶，就需要拉坯，是向新华和张俊德他们制作的，都是在陶厂烧制的。厂长同意我们到库房里去选这些出窑的作品，拉了一车回学校来卖，那时学校的小卖部关闭了，我就在校办厂里卖，十几块钱一件，很多老师家里都收藏了这些作品。记得是安陶厂倒闭之前，罗天锡承包了一个车间，张俊德、向新华、肖祥洪他们几个又承包了一个车间，按比例交钱给厂里。我们拿过去的图纸设计，就与他们联系订货，因为他们都曾做过这些老师设计的作品，非常顺手。比如马高骧老师设计的作品，要烧制五十件，给他们十元钱一件，我们拿回学校就要卖二十元钱一件。

梁先才都是后来去承包的安陶厂。实际上，荣昌陶厂倒闭前后，企业都转由私人承包，学校与荣昌陶厂的联系也开始断了，老师和学生就再没有去荣昌。我与唐英老师带学生主要去西昌会理的陶厂实习，我主要帮学生翻模等。有段时间因为市场需求的原因，学校陶瓷班招的学生很少，到后来就没有招生了。

李 厂里烧陶是用的什么窑来烧呢？

梁 倒焰窑呀，推板窑这些都有，推板窑是半机械的，主要是用来烧酒瓶，可以批量地生产。

李 您做陶的技术主要是在荣昌陶厂学到的吗？

梁 是的，在荣昌陶器厂，我主要学的是拉坯、翻模和烧窑的技术。其他技术还是从父亲那里学的，因为父亲他们经常到荣昌陶器厂帮助搞设计，将创新的作品拿去参加各种展览或外销，并搜集了很多资料，我根据这些资料学到了不少东西。比如如何配釉，父亲都做了详细的记录，所以有关配釉的技术，我还是从厂里回学校后慢慢摸索的。

原来厂里掌握配釉技术的司徒铸他们最早是学硅酸盐的，很懂配釉，因为年龄大了都离开了厂里。现在从厂里出来的人很少能做朱砂釉了，主要还是材料和配方的原因。

李 您知道朱砂釉的配方技术吗？

梁 也是在实验，做朱砂釉，不仅涉及配方，还有泥土的土质，烧成曲线等，缺哪样都不行。朱砂配釉用的就是老锡壶做的锡料，我看见学校的陈列室就搜集了不少，但有不少是铜壶，只有几件是锡壶。早些时候，我父亲为学校搜集过200～300斤的锡壶，装了两麻袋，很多都是坏了的，没有收藏价值，所以收购得比较便宜，三十多元钱一斤，直接秤斤数就行。现在文物市场一个完整的锡壶就要卖几百元钱，在成渝两地的文物市场还是能够收集到一些。

朱砂釉配料就是用老锡壶加工成"黑锡粉"，加入红丹（也叫铅丹），再加点泥料来配的，要取得"黑锡粉"，最麻烦的是把锡壶拿到铁锅里面去炒，还不能炒得太细，锡很容易熬化，有点像水银一样，把面上的一层刮开，翻出来就有一些是黑的锡粉，剩下的再炒又起层，再刮，反复进行。然后把刮好的"黑锡粉"颗粒拿筛子来筛，细的留下，颗粒粗的继续拿到铁锅里再去炒，层层刮出粉末来。然后用水与红色粉状的红丹与当地的红陶泥混合调匀，配成釉料，因为红陶泥含铁，配在一起会产生化学反应。我曾经烧制过一件三只足的鼎，是有盖盖的朱砂釉陶器，被学校的一位教师拿去了，想要拿回来复制一件都不可能了。现在做朱砂釉的人很难搜集到老锡壶，都是拿焊锡条或保险丝来代替，达不到原来的要求，用来配釉效果就差很多。

我知道的是梁先才、肖祥洪他们都在做朱砂釉。我有时也做，常常是先在梁先才那里做好器型，自己在家里配好釉再拿过去上釉，看烧出来的效果，做过几次实验，都不理想，可能是加的泥巴不行。一般影响朱砂釉的因素比较多，一是在铅釉中加入老锡壶炒的黑锡粉，不能磨得过细，不然显砂不明显；二是施釉的釉料，调匀后要用笔涂法来上釉，厚度要均匀，厚薄要一致；三是烧成温度一般在1100～1150℃；四是烧成时要求较强的氧化气氛。以前厂里有专门配釉料的技术人员，现在材料、配方都要自己来做，就比较麻烦了。

李 陈列室里有一件荣昌的《朱砂釉耙花金瓜坛》，您能分析一下吗？

梁 这件《朱砂釉耙花金瓜坛》作品，是罗明遥老师设计的，学校收藏了一件，安陶博物馆也有一件。造型是仿金瓜的形态特点，分成了几瓣，上大下小，四个方向装饰有四季花果的方形镂雕图案，以耙花的方式粘结，形成四面窗棂一样纹样，呈现出艳丽喜庆之感。从成色上看，烧制的效果非常好，尤其上面的一圈，包括盖子周边的朱砂釉色红得透亮，翻砂也很均匀，由猪肝红往下渐变为樱桃红色，看得出釉上得比较薄，釉色有深浅的变化，是造型与朱砂红相得益彰的好作品。现在就是拿十件柴窑烧的陶器也没法与它比。这类好的作品原来很多，在荣昌现在都找不到了，不知道弄到哪里去了。以前看到过很多漂亮的荣昌陶很可能流落在民间，在私人手里，安陶博物馆和私人博物馆里能看到的已经很少了。

《朱砂釉耙花金瓜坛》

李 您是否知道哪些釉是传统的釉，哪些釉是厂里自己研制的呢？

梁 朱砂釉和西绿釉以前就有了。钧釉、铜釉、砂金釉这些，是20世纪70至80年代，厂里技术科的司徒铸他们试制的。比如钧釉，要看哪种釉色，有黄钧、蓝钧、紫钧和绿钧等各色钧釉，都是双层釉，先上底釉，底釉一般是用熔块、玻粉、铁粉（现在用氧化铁代替）、红泥配置的，上得要厚一点，阴干后再上第二道面釉，要薄一点。钧釉的材料主要是熔块，是锻好了的，加上氧化锡、方解石、长石、云石等这些材料来配，比起配朱砂釉，技术要复杂得多。技术科在釉房配好釉后，再交给上釉的车间，釉料都有好几大缸子。在厂里我曾去过上釉的车间，很多工人抓起陶坯，往缸子里浸釉，釉的浓度不能太稀了，也不能太浓了，浓度多少也要测量的，比如要达到50%会有个表显示出来，还需要掌握好浸陶的时间，比如底釉要浸几秒，在上面釉的时候，几乎是浸下去就要拿上来。他们有种说法，釉的厚薄，有鹅蛋壳厚的，有鸡蛋壳厚的，一般在0.7~1毫米。

司徒铸、杨剑夫他们在原有的基础上还创新了贴花钧釉，釉色更为丰富，釉面窑变的色彩、纹路、斑点、意境看起来感觉是自然天成。

在安陶博物馆里展览的藏品中，有不少釉色是既有传统的，也有后来技术科研制的。比如传统的绿釉、西绿釉和新研制的翠绿釉（有的叫"鹦哥绿釉"）。传统的绿釉是以玻璃为基釉，"黄锡粉"为乳浊剂，用"铜灰"着色的不透明绿釉，后改变配方，提高了绿色的稳定性和光亮度；西绿釉是以红丹为基釉"铜灰"为着色剂，配制成的透明铅绿釉，在红泥坯上显泛绿光的深褐色，在白泥坯上显墨绿色，后来也做了一些改良，以"熔块"取代大部分红丹，氧化铜取代"铜灰"，降低了铅毒的危害；翠绿釉是一种新的透明绿釉，采用"铜—铬"复合着色，使釉色显得更加葱绿，这种釉在陶罐和花瓶上使用比较多。

传统的黑釉是以玻璃为基釉，以本地的"土子"（一种铁锰矿）为着色剂，由于含铁较高而呈黑棕色，在煤窑中烧成很不稳定。后来用"熔块"作为基釉，多种金属氧化物为着色剂，这样配制出来的黑釉，无论是光度、黑度还是稳定性都大大超过了传统的黑釉，有点类似瓷器的"乌金釉"，效果好，厂里很多陶雕作品都是用这种黑釉来做的。

在学校这个陈列室的展柜里陈列有一件蓝钧釉的大花瓶，是荣昌安陶厂在四川美术学院校庆的时候送给学校的，可能有80厘米高，由于它体积比较大，上了几层釉，烧制的时候还是有些瑕疵，部分釉色渐变显得比较生硬，当时可能条件有限，都是用大缸子，把陶坯放进去浸釉，提起来的时候，釉料附着不易均匀。如果能用喷釉，色彩过渡可能要自然些。

李 您认为四川美术学院的老师去荣昌陶器厂，主要做了哪些贡献呢？

梁 我认为主要还是丰富了陶器的产品设计。20世纪50至60年代，我父亲和罗明遥、毛超群等老师去荣昌陶厂的时候，主要还是帮助他们做设计。比如陶器的造型、装饰的纹样、釉色的设计等，给厂里创新了不少产品。现在陈列室展柜里陈列的这部分卷草纹刻花产品就是他们设计的，有泡菜坛、茶罐、豆瓣罐等，也有部分礼品的设计，最具代表性，这些图案非常漂亮。到了20世纪70至80年代，陶器厂也有了自己的一批设计人员，后来还成立了技术科和试制组等。许多产品通过校企合作，开始对外展览、订货外销，在国内外都产生很大的影响。

李 川美老师们主要设计的是实用陶，还是艺术陶呢？

梁 川美教师去厂里，主要还是设计与生活相关的实用陶，如泡菜坛的器型和装饰设计，各种实用器皿的设计等，当时轻工业部对工艺美术产品的要求是"实用、经济、美观"，所以在设计上，主要还是围绕生活用陶来设计的。一方面是为了通过设计来提高民众的审美水平，以及在社会层面的影响；另一方面也为了促进陶瓷专业的教学和科研方面的提升。虽然当时也创作了一些艺术陶，但不多。安陶厂的老师傅们对四川美院的老师最了解，现在年龄最大的钟德江老师已经八十多岁了，他还没有进厂就认识我父亲了。

李 听钟德江老师讲，安富中学的图画老师曾带您父亲去过他家里，看到一些动物的模具，就搜集了一些，那时钟老师还在读中学，就认识了您父亲，他是1962年才进的安陶厂。

李 您是什么时候退休的呢？

梁 我在学校一直干到65岁，本来学校的教职工60岁就该退休，但因为实验室学生实习还需要我做些教辅，我的主要工作是翻模和烧窑，以前是烧倒焰窑，现在学校都是用气窑和电窑烧陶。平时我也做些釉色的实验，有时候做些小品，就在学校的实验室烧，也拿到我女儿的学校去烧，她在南方翻译学院上陶艺课，用的是电窑烧陶比较方便。我主要是实验烧朱砂釉，在红陶泥上烧，当然白陶泥也可以烧，但烧不出那样的效果，颜色偏黄。其他釉色用得少。所以我是退休后返聘的。那个时候，我还评上了重庆市工艺美术大师。

李 听说白陶泥上可以烧各种釉色，是这样的吗？

梁 不一定。白陶泥上烧钧釉没有问题。早年的朱砂釉是以柴为燃料，在龙窑中烧成的，氧化气氛比较好，改煤烧后，烧成气氛比柴窑差，为了提高朱砂釉的稳定性，陶厂在传统配方中添加了部分稳定剂。听说也研制出了白泥朱砂釉，使其在白泥坯上也能显现红色，但我认为，如果要烧朱砂釉最好还是在红泥陶坯上烧才有效果。我以前在学校的倒焰窑里烧朱砂釉成功过，就是在泥浆里加30%的红陶泥，加20%的白陶泥，再加10%的瓷泥，是为了含铁量不要那么重，现在烧不出来了，很可能是泥巴不对，如果要烧朱砂釉，最好先在陶坯上喷一道泥浆，再上釉料。1977年我去荣昌陶厂的时候，看到陶厂的泥巴是经过风化之后，再用球磨机打碎。山上有三个很大的池子，一层一层地把泥浆过滤淘洗出来，所以陶泥很细，已经达到很高的标准了，烧制朱砂釉，或做精品陶器都没有问题。现在的泥巴是挖起来就打，什么杂质都打碎在里面，达不到那个标准了。有的人试着用几只水桶来淘泥，把这只桶里的水舀到另一只桶里，沉淀下来的泥巴不要，反复多次比较，一样可以得到很细的泥巴，但量少又很麻烦，没人愿意这样做了。

另外，在白泥巴上烧黑釉，烧出来是蓝颜色的。原来厂里烧黑釉的陶器，比如罗天锡设计的黑马儿，都是用红泥巴来烧制的。

李 您父亲他们在白陶泥做的化妆土里加瓷土，是为了颜色对比更好些吗？

梁 是的，在红泥的陶坯上，使用白泥的化妆土，烧出来是米黄色的，所以里面一般要加一些瓷土，就是高岭土，这样刻花的纹样要白些，与素烧的深红色对比要强烈一些。

李 现在学生做的设计，大多是艺术陶吗？

梁 对，学生做的都是些雕塑类的陶器，所以要翻模、注浆，然后上釉和烧制。拉坯我学了那么多年，还是拉得不好，所以学生拉坯都是拉变了形的，追求一种自然的效果，严格意义上的拉坯是很难学的。大都是手捏的，异型的东西多，属于当代陶艺，作品都比较抽象。

李 您是因为什么原因到荣昌去办了一个工作室呢？

梁 2015年，为了吸引更多大师来安富做陶，荣昌区政府通知我说市级工艺美术大师可以到安富大师园申请一间工作室，免费使用。当时我与唐英和张海文一起开车去了荣昌，找到梁先才引荐，我和张海文都得到了一间工作室。我在那里吃住都不是很方便，毕竟家在学校离荣昌远，有了这间工作室我也很少去，还是住在荣昌的大师使用方便。张海文常去那里，也做得比较好，他是学陶瓷设计专业的，有这个情结。年龄大了，准备在荣昌买房做陶，还在陶宝古街租了一套大房子，付了十年的定金，现在他的装修队伍正在那里装修。他一直喜欢做素烧的剔刻陶器，工艺是很传统的，但器型和装饰很现代，设计的各种茶具、花瓶和重庆吊脚楼风景图案都很有当代的审美意识。

李　您不去荣昌的工作室时，都做些什么呢？

梁　现在有时间，还是想多去荣昌做点陶，有作品也可参加展览。但我要搞就要搞精品，最近做了几件陶器作品，在梁先才工作室的小电窑烧了几次，设备比较简陋，所以烧出来的陶器上面颜色很嫩，下面又烧老了，温差大，是因为电窑没有设计好，效果比较差，现在还在实验，看是哪方面的问题。还是学校的设备好，全部是德国进口的设备。我现在去荣昌，常与肖祥洪、向新华、钟鸣，还有梁先才他们一起聊天，我在学校以前做的一些作品也放在楼下向新华的工作室里卖。其实我都是在厂里订货的时候认识他们的。

李　您认识熊宁吗？他就是最早来荣昌搞柴烧的。

梁　我跟他不是很熟悉，张俊德和谭忠诚他们在他的公司干得久，我只在他的公司工作了一年。最早是在中梁山隧道那里搞了一个小的柴窑，做柴烧。

李　我采访张俊德就是熊宁带我去的，张俊德住在北碚的一个小区，是在他家里采访的他。熊宁在重庆开了一家品茶体验馆，摆放了一些他收集的荣昌陶，主要卖一些柴烧和素烧的茶具，规模做得比较大。

李　我在张俊德家里看到一个他做的双层镂空花瓶，感觉很新奇，您知道是怎么做的吗？

梁　我听说过双层镂空花瓶这个工艺，但不知道是怎么做的。张俊德他自己就是一个拉坯的高手，技术很在行。我知道他在江碧波工作室制陶的时间比较长，各种工艺都很擅长，还收藏了不少陶厂的东西。1977年我去陶厂里实习的时候，张俊德还是学徒，比我大不了几岁，他就在我对面，我经常过去看他们拉坯，所以我和他比较熟悉。

李 您很擅长翻模，翻模的工艺复杂吗？

梁 我翻过很多大雕塑的模。比如这个花瓶要翻模，就对半把泥巴包起来，扎紧，把石膏倒进去，干了就把泥巴撤了，接着又灌另一半，最后形成对称的两半。当然也要看是什么造型，有的造型比较复杂，可能就要翻几片模。翻模的好处，一是可以通过注浆批量生产；二是陶雕可以空心，不会烧炸。因为实心的陶器是会烧炸的。即使做单件的陶雕产品，都必须用手掏出空心来，才能拿去烧。很可惜，许多好的作品模具没有保留下来，另外，石膏模具使用过多，湿度和温度高也容易坏，不然现在还可以复制很多。

李 四川美术学院的师生到厂里搞创作，都是请技术工人制作吗？

梁 是厂里安排的老师傅。因为负责技术科的是刘大华，他是四川美术学院毕业的，川美老师去厂里都是他拿着图纸安排工人制作。我在厂里请师傅制作也要给点辛苦费，也就是象征性地给点，因为他们本身也有工资。后来学校的老师与工人熟悉了，就可以直接找这些师傅做，比如拉坯的、刻花的、上釉的和烧成的师傅，那时的生产和技术条件都太好了。

李 后来安陶厂怎么倒闭的，您知道原因吗？

梁 原因很多，我知道的是当时为了适应市场的变化，安陶厂大量生产酒瓶，厂门口都是排队的车来拉货，产品供不应求。但好景不长，一些私人企业把酒瓶的模具拿到后，大量复制生产，低价销售，把国营的陶厂挤垮了。安富老街附近就有好多家做酒瓶的企业，往隆昌方向走，有家做酒瓶的企业就很大。

李 现在荣昌很多人在做柴烧，您怎么看？

梁 荣昌陶还是应该发展自己的特色陶，就是在实用陶的造型、装饰和釉色上下功夫。柴烧茶壶之类的各地都有。前几年柴烧很红火，大家一窝蜂地搞柴烧，卖得又很贵，乱喊价，现在不行了。景德镇柴烧的茶壶，有机压的，也有手工做的，各种价格都有。即使是手工做的，如果价格喊高了就没有市场。

其实柴烧的茶壶到处都有，很难说是荣昌陶的特色。管永双夫妇是四川美术学院毕业的，最初是在熊宁的公司，后来在安富自立门户，也受到了政府的重视，成了网红，产品还比较好销。但他主要还是做柴烧的作品，做了不少柴灰釉的实验，还做得不错。实际上，柴烧的东西看起来是都是独一无二的，有种偶然的效果，尤其是落灰釉，变化比较多。适合爱好者收藏。相较而言，张海文原来是搞瓷器的，擅长釉上彩、釉下彩这些，但他现在却致力于荣昌陶的创作，他的素烧剔刻作品沿用了荣昌传统的工艺特色，是地道的荣昌陶，造型很有设计感，剔刻的图案也很细，价格同样卖得很贵，因为造型和工艺在那里，值那个价。如果要说荣昌陶特色工艺的话，就是剔刻花、点花、绞泥、硃砂釉、钧釉等，器型有泡菜坛、蒸鸡汤用的鼓子等，都很有特色。

李 荣昌安富有很大的培训基地，您去看过没有？

梁 我去看过，规模很大，窑炉还可以，来的人也比较多，很多都是学校的学生上手工体验课的时候，来基地玩一天，了解做陶的工艺，体验做陶的过程，在那里吃住都方便，但时间很短，对荣昌陶的人才培养作用有限。还是要政府重视，不是说安排了工作室就各做各的，还要组织传承人开展各种设计的培训和评比活动，才有凝聚力。荣昌的东西应该有市场，当年在全国的工艺展览中，荣昌推出的釉陶产品影响就很大。

李 您感觉荣昌陶现在的情况如何呢？

梁 不是很理想。原有的国营陶厂消失之后，都是私人企业，基本是一盘散沙，不像景德镇那样形成一股凝聚力。政府的扶持资金都集中用在某个企业或个人身上，没有把大家组织起来搞些项目，形成一个整体发展的优势。比如，由政府出面组织以荣昌陶为主题的创作评比，今年搞朱砂釉，明年搞钧釉或刻花，然后请本行业的专家把最好的产品评选出来，给予各项奖励形成合力，再通过展览的形式把产品往外宣传。你现在看到的东西似乎很多，但真正的精品还是很少，缺少一批有影响力的创新产品。现在素烧的刻花陶器，基本都不上透明釉，它容易吸水，时间长了也易搞脏，像素烧的茶壶，使用久了颜色都要变乌。你要搞釉色，就必须学习硅酸盐的知识，学习配方。仅把以前抄的一些配方拿来做些实验，很难有所突破，现在看到的一些朱砂釉的作品，没有翻砂，不要说超越，就是恢复到以前的水平都很难，如朱砂釉的猪肝红色、樱桃红色，可以呈现出很多种红色，主要是靠配方和烧成的温度。用柴烧或气烧、电烧都可以。荣昌缺乏一个专门研究硅酸盐的机构，来解决配釉的技术问题，也缺乏一所高等职业学校来培养设计和技术兼备的专门人才。另外你老搞些柴烧茶壶、素烧茶壶，没有什么新东西的话，没有自己的设计和特色，就会限制荣昌陶的可持续发展。

李 听说建新校区的时候,您还带老师去荣昌买了很多粗陶,您现在还经常去荣昌吗?

梁 2010年的时候,新校区要搞校园设计,想买些粗陶来做环境装饰,学校的领导和搞设计的老师是我带过去考察的,并在袁心权承包的荣昌高瓷陶器厂采购了一大批粗陶的陶缸、陶罐搬运回学校,在学校的路边到处都是。粗陶的泥巴是山上挖掘出来后用球磨机打碎的,打得不是很细,大概筛过几十个目数就行了。为了不至于渗水,陶坯要上一层矿子釉加一些柴灰等来烧,主要是因为粗陶的器型和质感,对艺术家有吸引力。

应该说,前几年我去荣昌的时间比较少,现在去得比较多了,因为交通方便了,在沙坪坝陈家桥的房地产学院旁边有个长途汽车站,可以直达荣昌,每天都有几班车。当天去,当天就可以回大学城。

李 梁老师一直在四川美术学院担任陶瓷专业的教辅,又是重庆市的工艺美术大师,从小师从父亲梁启煜教授,对陶器的造型和釉色工艺有深入的研究。今天梁老师讲到了20世纪70年代末在荣昌陶器厂学习陶艺的经历,以及后来在四川美术学院一边任教辅,一边从事朱砂釉研究的经历,包括对荣昌陶制作技艺的认识和如何发展的一些看法,这些都给我们留下了一段史实的记录,再次感谢梁老师接受我们的采访。

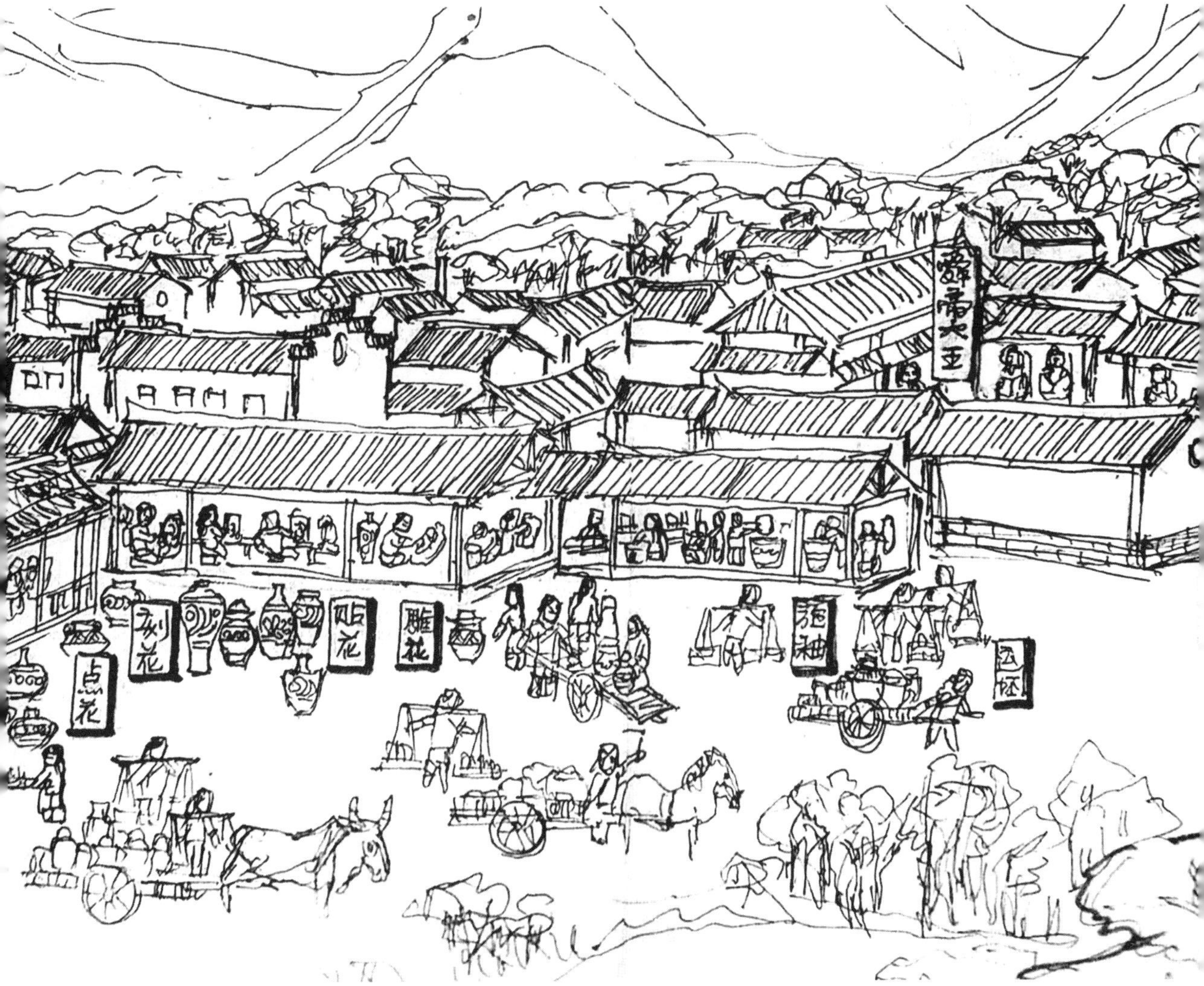
刻花
贴花
雕花
点花
施釉

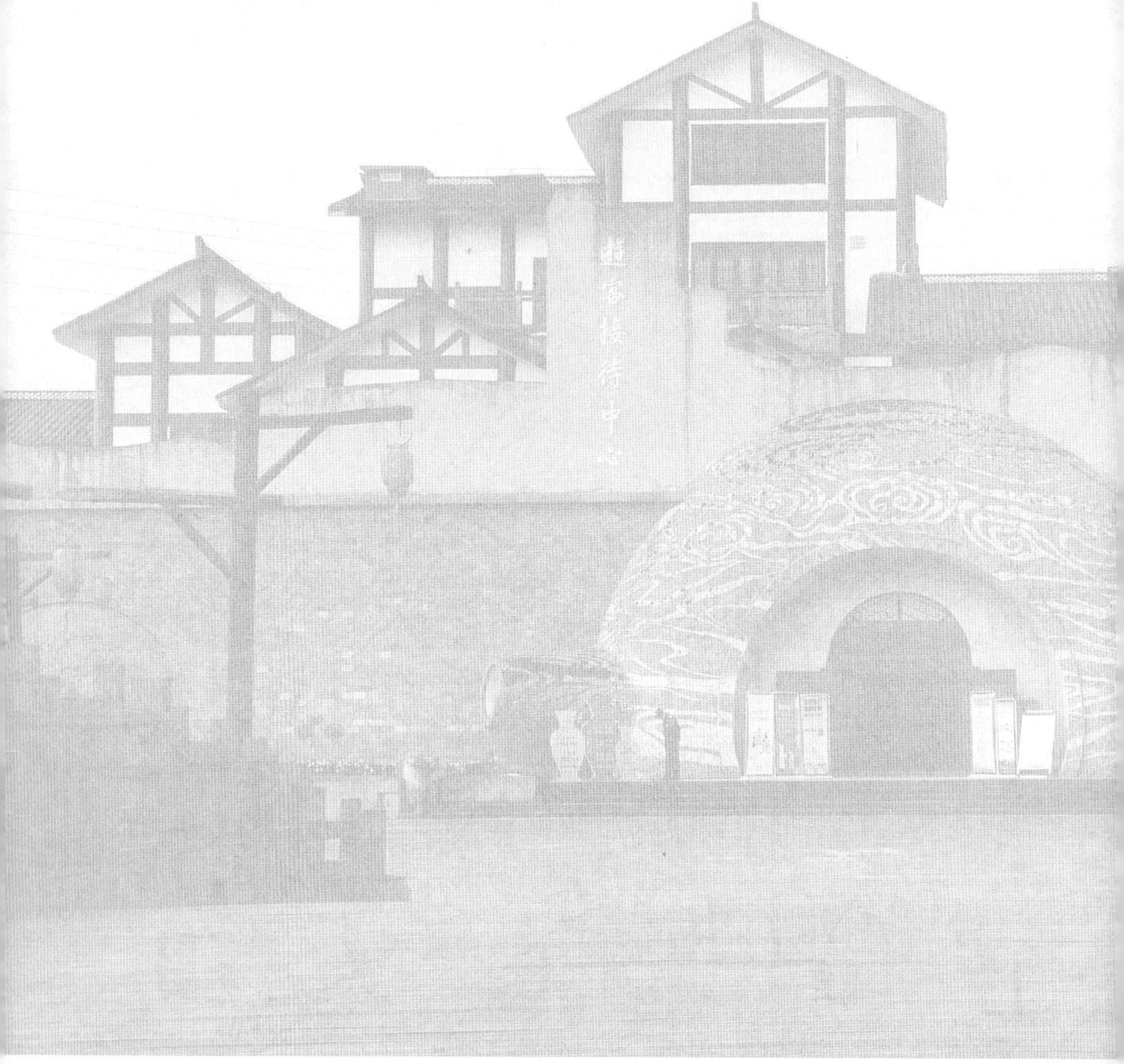
遊客接待中心

张海文

张海文

1983年毕业于景德镇陶瓷学院美术系雕塑专业，重庆硅酸盐研究所任高级工艺美术师。现为重庆市工艺美术大师，重庆市工艺美术协会副会长，中国工艺美术协会理事，中华陶瓷大师联盟常务理事，重庆荣昌陶首届陶商会副会长。数十年来潜心于陶瓷艺术造型、陶瓷壁画与装饰刻花的研究，在多个领域尤其是陶瓷壁画及陶瓷刻花领域有突出贡献。

采访人：李秋
受访人：张海文
时　间：2021年8月11日上午
地　点：荣昌安富街道大师园二楼"泥澄堂"工作室

李 听说您本科读的是景德镇陶瓷学院，学的是什么专业呢？

张 我是1979年考入江西景德镇陶瓷学院的，现在学院已升格为景德镇陶瓷大学了。我当时学的是雕塑专业，四年本科学习，前两年是基础课，后两年学习专业课。

李 陶瓷学院为什么要设雕塑专业呢？陶瓷专业和雕塑专业有什么区别吗？

张 陶瓷专业和雕塑艺术是有共性的，因为两者都是造型艺术，都是具有三维空间造型的艺术形式。但陶瓷雕塑的语言，与我们所看到的架上雕塑相较，主要还是工艺上的区别，陶瓷雕塑的造型形态要受工艺制约，它是通过高温烧制并配合颜色釉等一系列的工艺手段来完成的。最后呈现的艺术效果也不可能一样。

李 学校会安排外出实习吗？

张 到了高年级，学校要安排外出实习，比如到各地的艺术院校学习、调研，观摩各大石窟，以及著名的历史文化遗址，到一些陶瓷企业去学习考察，最后是毕业创作，我和同学唐英去的是西昌的会理，当时四川美术学院的罗明遥老师也带学生在那里实习。

李 我们知道罗明遥老师经常去荣昌，也带学生去会理实习，两个地方的制陶工艺有什么不一样吗？

张 不一样。罗老师早期是带学生在荣昌实习，也设计和创作了很多工艺陶。后期，也就是20世纪70年代后期至80年代初，几乎都是去的会理。因为会理的釉色比较丰富，刻花也很有意思。会理的刻花跟荣昌的刻花工艺不一样，它不是在化妆土上刻花，而是在釉上刻花。刚开始的时候，釉有一定的流动性，对刻花来说，或多或少有一定的影响，对于我现在刻吊脚楼这样要求很清楚的图案，影响会更大些，但是如果刻人物的衣纹或树木、水波等，釉的自然流动反而可以增加一些隐隐约约的特殊效果。罗老师他们主要还是做一些日用器皿，部分作品还吸收了凉山彝族器皿的一些装饰元素和造型特点，特别是一些酒具的设计，看起来很有味道。我是学雕塑的，就想在器皿上刻点纹样，因为是在釉上刻花，本来可以刻得细致一些，但由于釉流动的原因，就没有化妆土那样细致，但釉自身的质感和肌理感又强化了它的特色。即使是没有刻花的部分，釉色也会产生丰富的花纹变化。当时配釉的技术人员叫韩先富，现在买下了会理陶瓷厂，把厂里经营得很好，成了会理十大杰出青年之一，我和唐英跟他私交都很好，有空也常去会理。

李 毕业后您分配到哪个城市，主要从事什么工作呢？

张 因为我考学时来自重庆，所以1983年7月一毕业就回重庆了。那时候大学生的工作都是由市人事局负责派遣，我的同学唐英到了四川美术学院教书，我被安排到市硅酸盐研究所工作。当时，玻璃、陶瓷、搪瓷这几个板块是硅酸盐研究所研究的重点。因此，硅酸盐研究所下设了一个陶瓷研究室，我就进了陶瓷研究室工作，主要任务是研究日用陶瓷，我的具体工作就是陶瓷造型设计。那时，还有一些毕业生被分配去了重庆陶瓷公司。

李 您进入陶瓷研究室，最早接触到的科研项目是什么呢？

张 刚进研究室很快就接到了一个科研任务，是关于重庆华蓥山陶瓷厂金沙釉的研发项目，也是国家科委的一个重点科研项目。华蓥山陶瓷厂的技术员江辉先，是专门做陶瓷配釉工艺的技术人员，是他最早搞出的金沙釉，看起来像夜空中的繁星闪闪发光，金砂粒悬浮于釉中，犹如自然界的砂金石，颗粒又大又饱满，釉色很漂亮。这个项目最初是报到市科委，并引起了市科委领导的重视，认为有了这个基础，可以立个项把它的价值开发出来，这个过程硅酸盐研究所是不知道的。1984年，我刚到研究所，那时重庆还属四川省，还没有直辖，重庆市科委就以重庆硅酸盐研究所的名义报给省科委，再由省科委报国家科委立项，立项后就得到50万元的拨款来做这个项目。我主要负责结合陶器的配釉做些造型的创新设计，从工艺上来讲就是如何让釉色的配方更稳定，这部分要由所里的技术人员来做。但我认为这个项目，最终是不了了之，比较失败。

李 是什么原因导致这个结果呢？

张 从烧制的釉色来看，技术是没有问题的。只是因为有那么多经费，我们可以做很多事情。华蓥山陶瓷厂为此还新建了一个车间，请了一位从事窑炉设计的工程师来设计的窑炉，这个工程师是由市科委的某位领导推荐的，由他负责设计和建造了一个专门烧金沙釉的窑炉，就是半机械化的推板式窑，也叫隧道窑。由于陶瓷在烧制过程中有自己的升温曲线和要求，陶瓷进到哪一个阶段是什么温度，这个升温的曲线必须要设计得很到位才行，从这个角度上讲，这位工程师就常和我们研究所的技术人员在看法上发生矛盾，可以肯定的是工程师忽略了这个曲线的重要性，在做法上也有些武断。最后窑炉建成了，开始试烧的时候，我们全部都在现场，由于升温曲线没有把握好，陶坯进炉，升温的火太急了，就听到烧爆的声音，确实有点不忍目睹。后来又再改，最后改的效果也不是很好。金沙釉的工艺应该还是比较稳定的，失败的原因主要是窑炉没有设计好，没办法烧出金沙釉。

李 听说你们根据攀枝花钒钛磁铁矿渣开发钛渣釉，是如何进行的呢？

张 其实在研究所我最想做的是陶瓷壁画的研究。在做完金砂釉的研究项目之后，1985~1986年，紧接着又上了一个新的项目就是开发钛渣釉，也是国家级的项目。我们研究所陶瓷研究室的主任杨一芹，她是一位女同志，业务能力很强。当时攀枝花的钒钛磁铁矿很多，一座山一座山地挖，堆积的矿渣越来越多，国家就希望能把这个磁铁矿的矿渣利用起来，如果申报单位申报的项目能切合这个主题，国家政策支持的力度就可以往这方面倾斜。于是，我们硅酸盐研究所几个研究室的人都集中起来做这个课题，提出了搞颜色釉的想法，因为只有我是搞陶瓷艺术的，知道从这个角度切入课题的研究，说不定就能走出一条路来。利用钒钛磁来搞颜色釉使我们达成了共识，认为这个想法可行的，就开始做实验，最初烧出来的陶瓷灰扑扑的，虽然有一定的色彩倾向，但烧出来的红颜色不是很好看，杨一芹肯钻研，她发现陶瓷表面玻化的东西，或说是含铅釉的东西少了，她就把金砂釉做了一些调整，相当于是用金砂釉做了一个面层。颜色釉陶瓷烧出来之后，色彩和花纹的效果都很好，从那时起，我们就将钒钛磁矿渣做的颜色釉称为"钛渣釉"，采用这个工艺方法，我陆续设计和创作了很多陶瓷壁画。

李 这个工艺是否受到北京首都机场壁画的影响？能否具体介绍一下？

张 20世纪80年改革开放初期，最新的和最具代表性的陶瓷壁画就是北京首都机场的壁画，受影响是肯定的。做陶瓷壁画，是由白瓷作为基础砖，每一块瓷砖都要根据图案设计来沥线、施釉，掌握了这个工艺技术就好办了。具体地说就是先烧白瓷砖，在瓷砖上用沥线的方式勾勒图像，用700~800℃的低温第一次烧成；施填汰渣釉后再用金砂釉上面层，用1200℃的高温第二次烧成瓷版画，你看这几幅陶瓷壁画（拟出版的画册），一幅是与马一平老师一起为重庆出版社大厅设计制作的陶瓷壁画；一幅是我与罗晓航一起为重庆杨家坪转盘地下人行通道设计制作的陶瓷壁画，有几百个平方；还有一幅是为嘉陵宾馆设计制作的陶瓷壁画，以及为北京西城区工商银行设计制作的陶瓷壁画，这一大批大型的巨幅陶瓷壁画效果非常好，并得到专家和社会的一致认同。作为公共艺术的一种表现形式，当时设计制作了很多这样的陶瓷壁画，出了这么多的成果，在硅酸盐研究所引起了领导和同事们的重视，1990年由重庆硅酸盐研究所推荐我为第九届重庆市青年联合会的委员。后来研究所又将钛渣釉的研究与应用，参加全国科技发明展，我做的陶瓷壁画《傣乡姑娘》作为代表作品参展，获得了国家科技发明展二等奖。

李 当年北京首都机场壁画引起全国轰动，其中就有陶瓷壁画，您还记得是用什么工艺制作的吗？

张　首都机场壁画，在当时确实在艺术界引起轰动，是我们搞公共艺术朝圣的地方，因为改革开放后第一次集中呈现出这样具有艺术震撼力的壁画作品，其中一幅陶瓷壁画《科学的春天》是中央工艺美院的肖慧祥教授的作品，是首次将高温色釉运用于巨幅陶瓷壁画，用传统的唐三彩设计制作完成。她也因此一举成名，她的设计非常当代，但用的是传统的工艺烧制出来的，这对我们学陶瓷专业的人来讲，影响和触动都很大。

陶瓷壁画《科学的春天》

李　钛渣釉获得了科技发明二等奖，在具体实施时有过什么问题吗？

张　杨一芹当时就是拿我设计制作的钛渣釉壁画《傣族姑娘》去参加1986年的全国第二届科技发明展，如果只拿几块以前的釉版去的话，是不可能获得银奖的。她作为发明人，我作为主研人，把科研发明通过创作壁画实施出来，都是功不可没。如果说遇到的问题的话，是因为钒钛釉首先是个单色釉，但一旦上一层面釉，它的流动性就非常强，需要加以控制，因为窑炉在烧制熔化的过程中，面釉可以把底釉的色块也带动起来产生窑变，的确很精彩。

《傣族姑娘》

李 您所说的在烧制时面釉与底釉会相互熔化，产生的变化是怎么控制的呢？

张 这种变化看起来有一些偶然的效果，是因为你在具体施釉的时候，釉的厚薄、釉的多少，还有窑炉温度的高低等，都可能在烧制过程中产生一些意外的变化。但总体来讲还是能够把握得住，比如需要哪种色调、哪种花型都可以。由于面釉的流动性非常大，在高温的状态下，它几乎与水的状态差不多了，为了保证画面形态的完整性，所以图像的轮廓都要用沥粉勾线，实际上唐三彩也是通过沥粉来勾线，以便把釉挡住，防止釉的自由流动。沥粉也是一种白色的陶瓷材料，耐高温，烧制时它能和坯体结合在一起。所以要先用沥粉勾勒出物像的轮廓，再按图样设计的要求来填绘不同的色釉，形成块状，一幅有上千片瓷砖的壁画就是这样填绘出来的，每一块瓷砖都要有编号，一个是便于自己找，一个是便于下一步的安装，当然安装是请工人安装，但自己也必须要在现场指导，不能出错，工作量相当大，也很辛苦。

李 白色的色块，是填的什么色釉呢？

张 是在瓷砖底层的钛渣釉上，直接上一层透明釉就可以了。因为金沙釉也可以调成很多种，有的颗粒很大，有的颗粒很小，在与底釉结合的时候，其微小的砂金结晶颗粒基本上就消失了，成了一层透明釉。当然从工艺上讲，作为面釉，金沙釉的配方也可以加很多玻化的元素在里面，把金砂釉本身应该结晶的东西冲淡了，目的是用它来将就底层的钛渣釉，也就是说变成了一层透明的釉了。

李 如何在釉色的调配上做到丰富多彩呢？

张 在金沙釉配方方面，杨一芹可能也是做了考虑的，如何使钛渣釉作为底色，用金沙釉来做面釉，在烧制的过程中，如何确保钛渣釉的花色能够在与金沙釉熔化的过程中产生窑变效果。所以，在配釉方面，都是由她来负责配方的，但是牵涉到如何调色，釉色的深浅层次等，又必须由我来思考解决。比如人物的肤色用淡紫色，头发用纯正的黑色，服饰上点缀温暖的土黄色和赭红色等，浓淡不一，如何才能把这些釉色发挥到极致，发挥到让人想象不到，这些都要靠经验的积累，才能在烧成中达到想要呈现的表现形态和肌理效果。这些长期的经验积累和一次次的探索在学校里是很难做到的，而在研究单位这本身就是你每天必做的工作，所以这方面的工作就做得特别的扎实，最后研制出的颜色釉既丰富又充满变化。

李 有没有想得很好，最后却达不到想要的效果的情况发生呢？

张 还是有的。因为每次设计的壁画主题不一样，会有不同的设想，都会涉及画面的调子和要表达的内容。从工艺上讲，也要做很多尝试和实验，了解哪些釉能达到什么样的效果，如果达不到的话，就要与杨一芹商量，看采用什么配方才能达到或接近想要的效果。

李 杨一芹是学硅酸盐这个专业的吗？

张 是的，她是1964年四川省轻工业学校硅酸盐工艺专业毕业的，荣昌陶器厂的司徒铸是她的同学。司徒铸当时被分配到了荣昌安富陶器厂，杨一芹分配到了重庆硅酸盐研究所。各自都成了这方面的专家。

李 您在研究所工作时，最倾向于做哪些研究呢？

张 可能是因为学陶瓷专业的情结，我主要还是倾向于公共艺术这一块，比如陶瓷壁画、景观雕塑就做得比较多。后来也做了很多釉上彩的壁画，相当于是两次烧成。第一次用1300℃烧成白色釉面砖，再在白色釉面砖上手绘，在景德镇叫新彩，实际上就是瓷板画，也叫釉上彩，通常是在白色成品瓷板上绘制。在画的过程中，颜色如何过渡、如何变得灰一些，都可以通过深浅来实现，用樟老釉调和新彩的颜色，松节油也可以调和这种颜料。实施起来很自由，画好后，再用700~800℃的低温进行第二次烧成，釉上彩就可以熔入白瓷砖里了。如果要说与画画不一样的地方，就是要掌握一些工艺上的方法。

李 您是什么时候想到要来荣昌做陶的呢？

张 1992年，我创办了自己的装饰公司，所以在一段时期内，有机会接触室内装修、景观和公共艺术，在这个时间段，通过室内设计、景观设计以及公共艺术设计，进一步提高了自己在设计方面的综合能力，这种多领域、不同艺术表现方法以及造型艺术的观念影响和提升了我的陶瓷造型艺术设计能力。2003年，我被评上重庆市第一届工艺美术大师，拿去评审的作品，有在四川会理做的陶瓷作品，以及硅酸盐研究所、四川大竹陶瓷厂和合川华蓥山陶器厂做的陶瓷作品，当时还没有荣昌陶的东西。能评上第一届工艺美术大师，我感觉是件很荣耀的事情，当时重庆市经信委、市人事局的领导都参加了，还在市委小礼堂开了会，的确很重视。我是学陶瓷专业的，一直对陶瓷造型艺术有一种情怀和追求，一直想从事自己所热爱的这门专业，这个情结一直都没有释怀。我开始构思并画好设计图。2013年，通过四川美术学院的梁大，引荐我认识了梁先才，我设计了图稿，并在荣昌做了自己第一批传统刻花陶作品。真正在荣昌开始做陶就是那年，实际上也是一个转折点，我在重庆荣昌终于找到了自己从事陶瓷造型艺术的圆梦之地。

李 2013年，荣昌安富建了大师园，您是如何申请到了工作室的呢？

张 我记得很清楚，当时我是与市工艺美术协会的何发美秘书长，还有四川美术学院的两位教授一起，去荣昌县政府大楼里的经信委评区级工艺美术大师。评完之后，安富街道的纪委书记薛小军和安陶博物馆的刘守琪馆长也来了，就在小会议室聊天，到晚餐的时候，薛小军对我说安富街道建了一个大师园，问我是否需要一间工作室，他在负责管这一块工作，我毫不犹豫地答应下来，我也很高兴，有了工作室，我来荣昌做陶的愿望就可以更快地实现了。

李 工作室有了，您就准备在这里安营扎寨了吗？

张 基本上是这样考虑的。从那以后，我不断过来做陶，一般是在重庆的家里面画稿子，稿子画完之后，就集中拿到荣昌来制作。烧陶的话，我自己也有一个电窑可以烧成。你在这里看到的东西，基本上都是来荣昌制作的。时间长了，发现来回跑起来不是很方便，我就在安陶博物馆后面的小区买了一套房子，这样既可以用来做工作室，也可以在这里休息，可以住下来。而大师园的工作室，主要还是用来展示自己的作品。再后来，因为烧窑还不是很方便，我想把工作室再扩大一点，去年我又在安富的古街前面出资新建了一个比较大的工作室，装修已基本上完成，各方面的条件就更好了。

李 在荣昌做陶，您的主导思想是什么呢？或说想要做些什么呢？

张 客观地说，荣昌陶原来给我印象最深的就是刻花泡菜坛。无论是它的特殊造型还是刻花装饰的形态，都给我留下了深刻的记忆。记得我小时候经常看到山城金钩豆瓣的包装陶罐，是荣昌泡菜坛的造型，上面也有刻花，上了一层透明釉，做工比较精致，一斤装、半斤装的都有，后来才知道是荣昌陶器厂生产的，特色非常明显。直到上了大学我才逐渐感觉到荣昌陶的刻花与其他名陶比较的确很有自己的特点，四川美术学院的梁启煜、罗明遥、马高骧等老师对荣昌陶设计的提升，在当时的确是起到了一个承前启后的作用。

李 您如何看待四川美术学院教师在荣昌陶设计上的亮点呢？

张 比如最典型的卷草纹的设计，仔细看，那些卷草纹就是围绕陶器一圈，只需要将白色的化妆土很简约地剔刻几下，花枝的形态就很生动地表现出来了，我就在想，他们为什么会这样来动这个脑筋呢？我感觉是为了工艺生产的方便，适合大量生产，同时纹样的形态又很丰满美观，任何工人操作起来都很容易上手，只需要几个地方剔刻一下就完成了。

李 陶艺面临新的发展阶段，您是怎么思考的呢？

张 从我个人来讲，我到荣昌来做陶，就不能按部就班地做那些原来已有的东西，因为那些东西在历史上辉煌过，但它已不是当代的东西了，因为我们是在21世纪这个历史发展阶段，作品应该有反映当代艺术的审美语言和表现形态，所以无论是你的陶器造型、装饰语汇都应该呈现出与传统不一样的面貌。即使是在泥料的使用、刻花技术等方面，运用了传统的工艺形式，但在纹样的剔刻方式和图形的构成方面都应该有所突破，无论我们刻绘任何主题或素材，都应该符合这个时代的审美诉求，整个装饰的状态与原来都不应该一样。我就一直坚持走自己的路，做自己喜欢做的事情，不过多地去考虑市场营销或满足一些低俗的审美样式，努力呵护自己的坚持和主张，我觉得这样仍然有自己的价值和意义。

李 除了荣昌陶传统的东西，您还在器型的设计和纹样的构成方面有所突破，是这样的吗？

张 对于荣昌陶来讲，传统的东西体现得最明显的就是拉坯这道工序。因为要通过旋转来使器物成型，必然是圆形的东西，这个原理从原始社会的陶器沿袭到现在，这种转动的轨迹就没有改变过，即使是纹样的装饰方式，也几乎一样。就拿刻花工艺来说，早在宋代，邯郸窑、耀州窑、景德镇窑等都有化妆土刻花的形式。邯郸窑的梅瓶刻花就是在黄底上施黑色化妆土，通过剔刻形成黄底黑花的装饰纹样，都是两个颜色的互用，荣昌陶的化妆土刻花也是如此。如果要说溯源的话，就是这些泥料和成型的方法，它们一直都是存在的。而我认为要有所改变，就应该在器物的造型和装饰上做文章。变不了的是360°的拉坯机的旋转，而可以变的是通过这种旋转而产生出的一种新的形态。转了数千年能不能做些改变？我想器型本身应该是可以千变万化的，无论是它的造型还是纹样形式的意涵，都应当具有当代的审美特质。

李 您在改变传统器型和装饰方面，做过哪些尝试呢？

张 荣昌陶传统的刻花工艺，决定了画面是没有色彩的浓淡之分的，没有色彩过渡或者晕染等手段，你只能利用刀具去剔掉一个色，保留一个色。而且只有坯体和化妆土两种极度简化的颜色，看起来虽然概括、简练、很有力度，但往往也容易流于简单，在已出现的荣昌刻花陶的表现形式上我们更多看到的是传统纹样的再现，以及连续式的卷草纹样，长期以来形成了表现形式的单一和局限。我认为在这两种极度简化的颜色中，我们仍然可以关注画面的形式构架和整体画面的求新、求变以及如何强调视觉张力，强调红与白的对比关系。包括红与白的结构，红与白的色彩变化，红与白的布局与节奏等，这种色彩语言的设计和布局是非常重要的，成功的运用这种语言是我在设计创作中的重中之重，只有运用这种色彩语言和概括方法才有可能把所要表达的物象的简练和真实统一起来，把力和美统一起来，才有可能使这种凝练的语言达到强有力的视觉效果。

也许我是不太喜欢那种不经思考的坛坛罐罐的曲线，所以我更喜欢直线带来的很明确的关系。在瓶的口部和底部找一些变化，在以直线为主的形态中找一点曲线的对比。我构思的壶、瓶类和盘子，都是按这个思路来设计的。比如泡菜坛的刻花装饰走的是一个带状，是以二方连续的形式做的装饰，但圆形的弧度让图案的看面缩小了，也不利于相对完整的画面的表现。我之所以大量地采用直线造型，主要目的就是表现刻花完整的画面，而方形器物恰恰可以把装饰的图案作为独立的纹样加以呈现。我设计的方形的提梁壶，梁是弧形的，壶是方形的，思考的重点就是如何把刻花装饰与器型结合起来，我取名"花之蓝"。不管是采用抽象的图案，抑或是装饰性图案，画面都能得到完美的呈现，让人从不同方向看过去都能显得干净、利落、整齐，以增强画面的观赏性。尽量避免瓶瓶罐罐过多的曲线变化，以及千篇一律的形式符号，所以在强调刻花的形式和不同角度的看面上都会有一种新的感觉。

李 盘子的设计主要是用于观赏，在装饰上有什么特点吗？

张 传统的盘子设计大多是为了使用，我设计的盘子，主要是用于观赏的。其实盘子的设计是可以很多样的，既可以是圆形的、椭圆形的，也可以是方形的、长方形的，但作为欣赏用的盘子，我更倾向于使用圆形。比如墙上的挂盘，采用画框包装或用托架支撑的圆盘等，都可以用于室内陈设欣赏，其中图案的设计就显得极为重要，因为是圆形，图形就非常适合表现当代题材的装饰性刻花，我比较喜欢的山城民居、吊脚楼这些重庆元素的东西都能得到很好的表现。

刻花盘子

李 其实平面的东西，是最好表现独立画面的，就像陶瓷壁画，是吗？

张 是的，我现在就正在用荣昌陶泥做方形的陶板刻花，工艺都是一样的，也是素烧的刻花，完全在一个平面上刻花。这样既可以单独设计一个画面的刻花，也可以将几块陶板拼在一起形成一个完整画面的刻花，同以前我做过的陶瓷壁画的形式是一样的。

李 烧制平面的陶板刻花，有什么困难吗？

张 感觉主要的问题还是在烧成上，当然泥料可能也有些问题，现在的状况，也没有办法对泥料进行一个很详细的研究，基本用的就是当地的泥料。如果在烧成温度上能解决好轻重缓急的话，是可以做一些探索性的实验的。因为底面积太大了，反而不好烧。我现在准备与成都的李青辰合作，他做景德镇瓷板做得非常好，可以做两三米的瓷板，厚度一厘米多点，一点都不变形。但烧制陶板与瓷板在工艺上是有差别的，对我们来说也是新的课题，需要通过实验才能够把陶板烧成，不能开裂、变形或出现任何工艺上的缺陷。如果能把这个技术问题解决好，就很有意思了，它可以增添荣昌陶的一个新的品类，最近我用了近半年的时间创作了一幅陶板刻花画稿，由十二块陶板组合而成，如果能在平面的陶板上刻花就更加直观，同时也丰富了荣昌陶的表样形式和多样性。

李 您为什么一直喜欢选择重庆的地方元素来设计图案呢？

张 应该是由"土"字衍生出来的文化意蕴吧。就泥土而言，荣昌的陶泥，烧出来的红色也够，就是用"红如枣"来形容也不为过，很接近中国红的颜色，很喜庆，有一种乡土味，很亲切，所以我喜欢用重庆的吊脚楼来设计图样，也是为了表达这个"乡"和"土"的感觉。毕竟山城是我从小成长的地方，印象中那种依山而建的民居风貌，随着山形一层一道的逶迤展开，彰显出与自然生态环境完美的契合，远看空间宏大，有山有水，近看从山下到山顶到处是密密麻麻、高高低低、层层叠叠的房屋，画面中既有密集的吊脚楼，又有平常市井的温馨与敦厚，既有那跌宕起伏的历史沧桑感，又有那曾经如烟的往事。如今，面对山城景观的巨大变化，不得不让我触发出一种对原乡满怀记忆的乡愁，采用这种原生态的意象表现，是我内心想追求的东西。我前期在重庆硅酸盐研究所搞瓷壁画的研究，现在反而不想做比较花哨的东西，内心一直有一种情怀，一种返璞归真的感觉，加之我原本就是学造型艺术的，对单纯的画面所要表现和手工刻绘的东西更执着，创作起来就像流淌的小溪，舒缓而平静、自然而然。

李 采用这种装饰画的形式，画面看起来非常饱满，您为何选择这种表现形式呢？

张 因为山城本身就是一座非常丰满的城市。我一直喜欢将山城具有建筑特色的吊脚楼，以及自然的山水、黄桷树等作为构成元素，将一种全景式的风貌展现于陶瓷器物的装饰上，以主体房屋、远山、近山、天空、大地等图式展开，考虑到器物与剔刻工艺的制约，在表现上，主要采用点、线、面的构成形态，以及疏密、张弛、红白灰关系的处理，以表现山城或江城一体的意象结构。构图上有大的廓形又有刻划的细节对比，这样既可以显得单纯、又不失丰富，在团块式密集的刀痕中又显得精致，表现出山城景观不同的视角与诗意般的意蕴，也是自己想要寻求的一种独特的形式语言吧。

李 手工刻花不像画画，要花更多的时间，也很辛苦，您是怎么看的呢？

张 其实认真搞艺术的人都很辛苦，画画辛苦，搞工艺的也辛苦，习惯了，这就是所谓的苦中求乐吧。做一件陶瓶，包括画稿子，到剔刻花和烧成，至少都要一两个月才能完成。工作量大，有点时间都在做。凡是来看我作品的人都在问，这么密集的图案是怎么剔刻出来的，我就是一刀一刀地刻出来的，就像木刻版画一样，不也是这样刻出来的嘛？我认为，好的作品是经得住时间考验和反复咀嚼的，何况工艺本身就凸显出它的人工之美。

李 您这工作室里也有部分柴烧的茶壶，您对柴烧陶有何看法？

张 柴烧陶我也做过一些，都是在这里烧的。柴烧的东西客观地说，是有技术含量的，也是一种有价值的探索。但是我个人认为，在荣昌大家都在做的话，它的造型、艺术效果没有任何改变，只是通过烧成的方式，去追求那种偶然和奇巧的东西，有些投机的心理，反而削弱了人工的东西，而我是搞造型艺术的，如果把柴烧当成主业，就很难在原有的基础上有所突破，甚至失去荣昌陶的特色。就我本人来讲是不会去玩柴烧那些东西的，我更看重的是人工创作的东西，对荣昌陶来说，需要再设计、再创作，比如怎样把图案的红、白关系研究得更好，怎么把图案与器型结合得更好，这样不断地走下去，虽然很艰苦，但我认为是值得的。

李 您感觉与其他名陶比较，荣昌陶的发展如何走出它的特色呢？

张 我认为它的发展应该是多方面的，就拿宜兴陶来讲，做茶壶名气更大，光造型就非常多，各种方形、圆形，造型非常丰富，也是很商业化的东西。它还有一种泥画，就是调配出的各种色泥，我们叫配方土，各种各样的颜色都有，可以用它在坯体上直接作画，很生动，装饰工艺要比荣昌陶丰富得多，也很精彩。而荣昌陶只有红泥和白泥两种颜色，要说特色，就是在已有的基础上如何发挥其所长了。另外，建水陶也很有特点，一个是色泥填压，另一个是打磨，陶坯烧制出来后，用人工把它磨光，也有专门的磨光机，大小的磨光机都有，磨出来就像上了一层玻璃釉一样，表面的亮度完全是磨出来的。建水陶的发展最早还不如荣昌陶，近年来它发展很快，一个县做陶的从业人员就达到了5万多人，其中从外地去了很多人，给它带来了工艺、造型和设计等方方面面的突破，让我感触很深，彼此间的差距一看就出来了。

李 以前荣昌陶表面上了一层透明釉，现在素烧的陶器，如果不上层釉，会不会在使用过程中把器物弄脏呢？

张 对于素烧陶来讲，刚烧出来，光洁度比较弱，如果没有上釉，就要靠包浆。包浆这个概念，主要是指器物在手上把玩，人的汗水、手渍、灰尘等覆盖在器物上，经过长年累月的抚摸之后所发出的一种非常出人意料、很自然的光泽。很多东西都是这样，包括玉器、牙雕、木器、漆器等手玩的东西，都存在包浆的问题。所以素烧的茶壶在长期的使用过程中，也是越来越成熟，越来越光亮。原来的泡菜坛，因为刻花的原因，白色的花纹在烧结温度上与红泥稍稍有点区别，红色烧熟了，白色还没有那么熟的感觉，浅色就很容易被污染，考虑到这个因素，所以都要上一层透明釉。相反红色比较深，反而看不出来。还有一个原因，可能是泡菜坛如果没有完全烧结的话，时间长了，也有可能会渗漏，所以外面罩一层釉，从生产的角度来看也为了更好的功能和光亮好看。即使是粗陶坛罐的烧制，表面上也要上一层土釉，以防渗漏。

李 您现在素烧之后的壶是怎么防止渗漏的呢？

张 我认为荣昌的泥料很好，有人专门在制泥，荣昌的泥料基本可以达到200目左右，是很细的泥，可以直接拿来做陶，技术很成熟，烧制也很有经验，一般不会出现渗漏的现象。荣昌有的企业，用量太大，有的一天都要出上万件酒瓶，批量生产，所以要自己去挖泥、制泥，都有自己的生产链，我们用料少，直接买已经做好的泥料就行了。

李 荣昌陶最初就是实用陶，造型上更多是要考虑作为容器的用途吧？

张 所以说要发展，除了日用陶之外，也要做一些既实用又有艺术性的陶器，甚至创作一些纯欣赏性的工艺陶，强调它的个性化特征，而不是大量生产的东西，这也是陶艺在当代发展的一个趋势。荣昌陶要说与宜兴、建水比较接近的就是茶壶的设计，只是宜兴陶的成型方法不一样，它主要是手拍成型，荣昌主要是拉坯成型，如果要做方形的茶壶，就只有靠手作了，就像我设计的茶壶几乎是几何形的、异形的感觉，但在造型上很注意方圆结合，有直线，也有曲线，形式上有对比，以寓意天圆地方的哲学观念。

李 荣昌这个地方支持外来的陶艺家在这里创业吗？

张 荣昌区政府和相关领导很重视荣昌陶的发展和提高，这些年来出台了一系列相关的政策、措施和办法来推动和促进荣昌陶瓷事业的发展和进步。无论是从引进人才方面，还是自身发展方面均取得了比较明显的效果，我认为荣昌陶目前仍然处于一种复苏状态，方方面面仍然需要不断地完善和进步。荣昌区也引入了一批外来的陶艺家和陶艺工作者，这批人在推动当地陶瓷事业的发展方面也起到了相应的作用，也带来了一些新的思维、新的设计和新的产品，并做了很多实实在在的工作，这种效果是明显的，荣昌陶的发展也需要大批的陶艺家、专家和人才，需要外来的创新观念，需要一种源源不断的新的艺术思潮和理念，不断提高我们的认知水平和创造能力，这样才能适应新时代不断的发展和变化，使之形成一种开放和包容的氛围，并形成一种燎原之势从而进一步推动荣昌陶的完善和全面发展。

李 您以后有很多时间在荣昌做陶，有些什么打算和思考呢？

张 我认为，在陶瓷系统完整的大系统中，实用仅仅作为生活手段时才显得有意义，而促使实用功能逐渐向审美方式的过渡，却是从形式外部来推动陶瓷形态趋向完善，人们对审美形态的追求开始从自发向自觉转化，因此，审美形态有自己的目标和相对独立的存在价值。只有将"用"升华为"美"，才能更有效地发挥陶瓷制品作为生活手段的作用。其形态美的工艺基础，又与审美关照后的塑造、刻画、烧结等技术有着直接的关联，最终表现出无限发展的可能性，也给陶艺的当代发展增添了前进的动力。

我现在收集了大量老重庆吊脚楼的图片和照片，根据自己的记忆，结合这些图片资料，不断构图，加工整理好设计的图纸，图纸的设计是比较细化的，基本上这些图纸可直接运用于坯体的刻花，同时充分考虑坯体的造型形态以符合设计图纸的最完美表达。在具体表现这些物象时，主要是根据刻花的特点和语言充分思考一种新的表现境界，我比较注重怎样刻绘出一种震撼的、宏大的、有气势的、壮观的，能够充分展示出山城特有的意象构成以及相对完整的地形地貌的场景。这样就需要一些夸张的变形和手法。并强调出一种积极的带有一定装饰意味的感觉。

荣昌陶使用的工艺是很乡土的一种烧造方式，历史悠久，有强烈的民间土味，这是深深吸引我来此寻求发展的地方。当我站在一个全球范围的角度来看待这个点，我感觉最难寻找的是符合自身独特的点。之所以选择刻花素烧的传统工艺，是将荣昌特有的红泥和白泥两种颜色做到极致，以其纯粹性和独特性体现荣昌陶材料的本体语言。我想若能在器物的造型与纹饰的完美结合上有更多突破的话，自会感觉到另一种的纯粹，另一种的宁静，那种单纯中的张力不容易，单纯的东西弄得不好就缺乏张力了。能在这种单纯、这种纯粹的形式中表现出内在张力，是我的一种追求，工艺可以是传统的，但审美一定要是当代的。

李 张老师是重庆市工艺美术大师，对自己曾学过的专业和山城所独有的美有一种深深的情怀，这也反映在您近年来的陶器创作中。今天聊到了您对参加工作后创作的陶瓷壁画的釉色的研究，以及用荣昌当地的泥料和刻花工艺创作的当代陶艺，无论是器型，抑或是装饰，都贯穿了一条主线，就是在传统的基础上需要不断地创新，以适应时代审美的发展，所取得的成就令人瞩目。非常感谢张老师接受我们的采访！

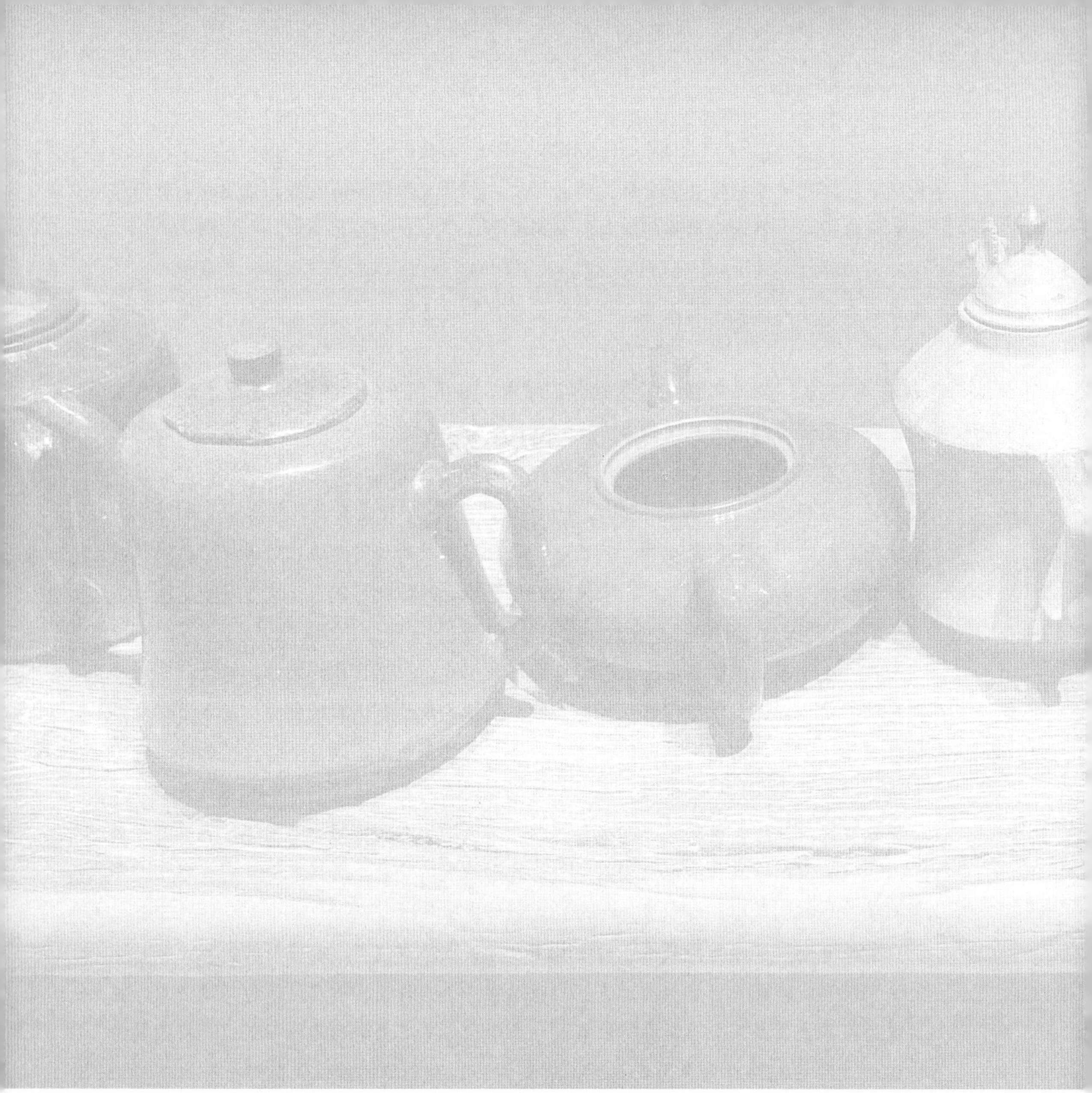

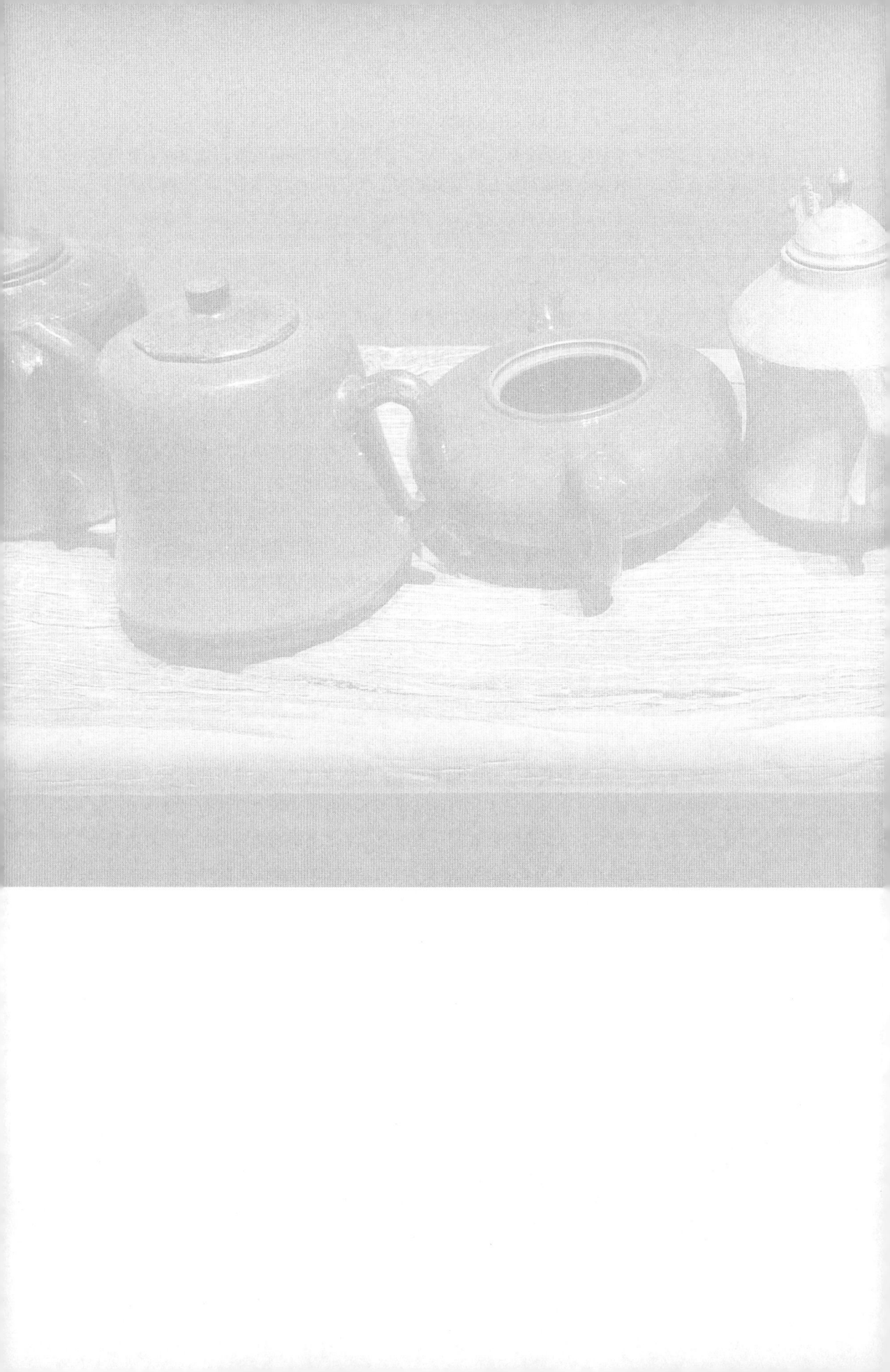

熊宁

熊宁

重庆瓷窑里陶瓷有限公司、重庆夏兴古窑旅游发展有限公司总经理，"荣昌陶"文化体验中心负责人。旗下注册有"瓷窑里"和"夏兴窑"两个商标，生产和销售大众礼品和个性化的高端礼品。

采访人：郁舟
受访人：熊宁
时　间：2021年8月27日下午
地　点：重庆星汇两江艺术商业中心五区三楼"荣昌陶"文化体验中心

郁 您最早是从事旅游行业的，怎么想到要去做荣昌陶的呢？

熊 这个要从起因说起。2009年，重庆市政府和旅游局策划了一个重点旅游项目——重庆旅游商品展销中心，意图激活和扶持重庆旅游商品产业。由当时的重庆旅游控股集团来执行，选址就在重庆洪崖洞二楼整层，租期五年，面积有5000余平方米。中心免费将100多个铺位安排给各区县旅游局推荐的旅游商品制作和销售，可以使用三年，这样可以集中展销全重庆市的旅游产品，便于来渝的中外游客选购。集团为此专门成立了一个旅游商品公司，管理和运营重庆旅游商品展销中心。我当时被集团抽调，与领导和同事一起筹备并运营该项目。在工作中接触到了全市的旅游商品和非遗产品。从来洪崖洞的游客和各单位采购旅游商品反馈的信息来看，发现存在一些问题，比如一些老的非遗也好，老的手工艺产品也好，观念和产品包装都很老旧，实在难以选择。能像万州区拿过来的谭木匠这样，品牌和包装都做得比较好的太少。整体地看，各区县选送过来的产品，虽然都有些文化特色，但品牌设计、文化内容和整体包装欠佳，产品的功能单一，如竹编，仍然是原来的那些竹篓的样式，长时间没有改变，与现代生活的需求有差距。于是我们想，能不能自己来重新研发新产品，做些新的功能和包装设计呢？经过分析后我们认为是可行的。然后我们就把重庆市的国家级非遗名目的资料拿过来研究，比较后发现荣昌陶的技术是最成熟的，又是国家级非遗项目，国内四大名陶之一，技术门槛和附加值高。研发出的新产品，别人要仿制的话，也有一定的难度，最后就选定了荣昌陶作为文创开发的基础。我做了项目方案上报，得到了各级领导支持，并批准了这个项目。

在项目执行初期，我们对产业链的构架想得比较简单，原想请四川美术学院的老师把产品设计好后，拿到荣昌的各个陶厂去生产，然后投放到我们集团的景区和旅游渠道中去销售，但经过几轮考察后发现，各个厂在生产技术和工艺上都达不到要求，我又去找四川美术学院设计学院的段胜峰院长，他说要做荣昌陶，可以到美院来，荣昌陶的核心技术学校都有。于是，我们决定在四川美术学院的支持下，自建工作室进行研发和生产。

随后我去了四川美术学院，听老师们讲了1949年后荣昌陶的一段历史。我也查阅了一些历史资料，实际上，新中国成立初期，荣昌陶的产业都已经衰败了，陶工仅剩100人左右，陶工们生活条件很差，都住在草棚里。为了复兴陶业，党和政府派西南美专（四川美术学院的前身）的专家去荣昌帮助挽救荣昌陶，梁启煜教授是最早去的，他在详细了解安富的泥矿性能、制作技艺、烧成条件等传统工艺后，根据当时的生活需要，设计了一批新产品，同时帮助荣昌整合安富仅余的28个工坊，组建了国营"荣昌陶器厂"，才使荣昌陶产业逐渐恢复了起来，之后还有罗明遥、程尚俊、毛超群等教授的相继参与。也就是说，20世纪50至60年代，由川美的老师帮助荣昌陶器厂建立起了从设计到生产的产业体系。陶厂的师傅手艺很好，但不知道市场需要什么，川美的老师研发出新产品后，由他们制作出来，地方的供销社和轻工业部门下单子来采购，慢慢地就发展起来了。产品参加全国的工艺美术展获了奖，扩大了荣昌陶的影响，被评为了"四大名陶"，说明研发新产品对于企业发展来说，是非常重要的。但到了改革开放后，受市场经济的冲击，企业难以为继，被承包人转卖给玻璃瓶厂，工艺陶产业基本断代。直到2013年，荣昌区政府开始着力打造陶都的时候，为了吸引更多的人才到荣昌，建了大师工作园，我们才有机会在荣昌安富筹建了一个研发新

| 产品的工作室。

郁 建工作室这个想法很好，起点也很高，是怎么开始运作的呢？

> **熊** 组建工作室，首先是制定产品的定位和方向，我们叫需求导向，就是我们先去了解市场需要什么，再回头组织技术力量来生产，不是按原来的生产导向型来生产，这样我们能比较主动地适应市场的需求，市场需要什么，我们就做什么。经过对市场的调查，我们发现茶器和花器的市场需求比较大。茶具是实用功能性的产品，而花器是插花用的花瓶，更具欣赏性，我们将此定位为代表重庆的文化礼品设计，有了这个定位，接下来就是荣昌陶的产品设计如何体现重庆的文化属性，组织设计和技术人员来具体实施，我们搭建了一个工作团队开始运作。整个项目从2012年开始做案头设计和策划，2013年起开始研发、烧制，到年底，大量的样品出窑定型。
>
> 2015年到2017年那段时间，在荣昌大师园工作室制作的生坯（未烧的陶坯）都存放在那里，因为生坯都是张俊德老师退休前的作品，没有素烧前移动运输容易破损，我们比较珍惜，销售一点才会去拿出来烧一点。当时未能在大师园的公共窑烧制的原因是电窑的设计有些小问题，升温段和降温段时容易造成四壁的温度不均匀，产生扭力，当年烧坏掉的不少，很可惜。有时，也把拉好坯的陶运回重庆来烧，一次也运不了几个，很麻烦。2019年时，我们还是想在荣昌建一个厂，但一直没有找到适合的地方，现在工作室还在那里，只进行季节性生产。

郁 管永双夫妇在工作室工作过，当时的情况是怎么的呢？

> **熊** 2014年的时候，管永双和李云杉还在四川美术学院读书，上课的老师让他们参与我们的研发和烧窑。毕业后就到我们荣昌的工作室上班了，公司给他们租了房子住，平时并没有生产任务，主要搞产品的研发，相当于做些样品，如果投放市场后有需求了，再组织生产，这个在市场营销学的书里叫"市场介入期"，所以那段时间就是做市场测试。他俩和钟明三个年轻人在张俊德老师、梁大、谭忠诚老师的带领下都在一起做陶。管永双夫妇是2016年才离开工作室的，小两口在荣昌安富租下一间院子，建起了一个自己的工作室，做得很不错。

郁 工作室研发出来的陶器，集中在哪里烧制呢？

> **熊** 最早是在荣昌安富的大师园，里面设有公共窑，是电窑，大家制作的产品都可以拿到公共窑去烧制。柴窑我们是在美院旁边的曾家镇建了一个倒焰窑。最早是美院

陶瓷实验中心的谭忠诚老师私人建的窑，他是重庆最早涉足柴烧的专业人员之一，他和梁大一样，都在美院任教辅，因为他加入了我们的工作室负责窑烧，柴窑就归我们公司所有了。

郁 研发初期遇到过什么问题吗？

熊 肯定有，比如荣昌陶做出来后，如何与其他名陶产生区别？陶矿里是否需要加其他配料？就是所谓的配方土等，我们反反复复地讨论，最终制定了一个产品线路，就是必须采用荣昌陶土来做产品，这是与其他地区陶器的差异所在。比如拉坯，几乎所有陶土都可以拉坯，但荣昌的陶土很细，黏度大，最适合使用拉坯工艺来做，像茶壶这样小的器物也可以通过拉坯来实现，宜兴的紫砂壶就适合用拍打的形式来做壶。

郁 在产品的定位方面，如何体现荣昌陶的特色呢？

熊 经常听到说荣昌陶的化妆土刻花工艺是荣昌陶的特色，我认为很难代表地方的主要特色，这些工艺都是移民文化的产物，你把某一项工艺说成是荣昌陶的特色，很难有说服力，因为这些工艺其他陶也有，只有从本地独有的材料延伸出来的技术才能成为荣昌陶的特点。材料决定工艺。比如宋代荣昌瓷窑里烧造的陶瓷，就是受北方建窑的影响烧制的黑釉盏，与涪陵、合川的一样，考古界都定为涂山窑系。至于刻花工艺早在宋代的磁州窑就有白底黑花的陶器，图案很美，只要检索一下陶瓷的历史图片，就会发现很多工艺历史上都有。

明末荣昌因战乱、自然灾害等原因，陶业凋零，陶窑熄火，清初湖广填四川，移民带来了原所在地的制陶技艺，利用荣昌当地的泥料，加上有水路运输条件，有煤等燃料这样的自然资源，重新开窑生产陶器，这个时候做的陶器与宋代窑场生产的黑釉系列粗瓷是有区别的。总的来说，宋代是以黑釉粗瓷为主的产品，而清代之后是以陶器为主的产品。它们烧制地点也不一样，粗瓷的烧制在鸦屿山下，而陶的烧制在山上，估计跟当地的取矿点有关。当时的背景是，北宋时中国因北方战乱，金兵入侵，制瓷业中心逐渐从北方南移，大批北方的制瓷工匠南下带来了当地的生产经验和技术，为涂山窑系的兴起提供了必要的生产条件，使得涂山窑系采用从北方传过来的馒头窑烧制黑釉瓷，考古界在当地发现的宋代陶瓷片就在河边。我在那里还捡了不少这种高岭土含量较高的陶瓷片。明末清初，湖广填四川过来的陶工，采用的是龙窑或阶梯窑。龙窑和阶梯窑更适合于山地兴建，有坡度，火的抽力强，进氧量大，温度利用好，节约燃料。我曾搜集到两个温酒壶，一个是荣昌出产的，另一个是广东佛山的，两个器型和工艺几乎一模一样。很明显是移民时期带过来的技术。

应该说荣昌陶最初是融合了移民时的工艺和烧制技术的。所以我们以某种工艺来讲荣昌陶的产品特色,很难说得清楚。我发现荣昌陶与其他地区生产的陶最大的区别主要还是材料,就是陶矿不一样,荣昌只有红泥和白泥,从陶泥的性能来构建荣昌陶的特点,才有核心竞争力,才可以达到核心竞争力必备的两个条件:一是不可替代性;二是长久保持性。舍此都不叫核心竞争力。如果你有,别人也有,那不叫核心竞争力。

如何发挥荣昌陶土材料的特性就成了我们研发的核心。与其他名陶比,我做的东西一定是能代表荣昌陶的东西,不是其他地方的。所以我们的产品体系都围绕这个来做设计的,也包括了柴烧的产品。

郁 烧炻器和陶器的陶矿有什么不一样吗?

熊 材料是不一样的。夏兴窑(下兴窑)是清代延续下来烧陶的老窑,就在山上,烧窑的矿洞就在夏兴窑旁边,方便烧窑。而山下挖出来的就是带高岭土烧的粗瓷,可以看出,山上是清代烧陶的窑,山下是宋代烧粗瓷的窑,学名叫"炻器",介于瓷和陶之间,是含伊利石类的黏土。我和四川美术学院的谭忠诚老师在研发初期,有时间就在瓷窑里的山上山下,漫山遍野地找矿土和釉石。当时重庆工商大学旅游与国土资源学院的赵小鲁院长与我们一起做夏兴窑国际陶艺村规划的时候,他也与我们一起去实地勘测,因为他是学地质专业的,他认为鸦屿山正好是川东和川西地理的分界线,往西就比较平坦了,远古时期,随着地壳的断裂,导致鸦屿山这一带拱起来了,下面的矿藏就露了出来,便于开采,古代的陶工偶然发现了这种材料,才兴起的这个产业,所以鸦屿山一直窑火不断。追溯起来一定是就地取矿,就地烧制陶瓷。从考古实物来看烧黑釉瓷的历史可以追溯到宋代,但冶陶的历史主要在清代。

郁 主要做了哪些产品设计呢?

熊 我们主要做了五大系列的产品,第一是素烧,材料有红陶和白陶;第二是还原烧,用气窑来烧,有意识地让窑里面缺氧,产生还原反应,陶的表面就发黑,有一种素净沉稳的感觉;第三是草木灰釉,古代有"无灰不成釉"的说法,只是比例多少罢了。我们单独把草木灰作为釉料抹在陶坯上,可以烧成草木灰釉,比如板栗木灰釉,这是我们最早研发的;第四是彩釉,比如朱砂釉、西绿釉,都是清代末年就有的,我们把它们恢复过来;第五就是柴烧。我们就是针对这五大系列来研发新产品,以此来凸显荣昌陶土材料质地本身的美。

郁 这五大产品系列，是如何突出材料特性的呢？

熊 第一是柴烧，以前看过日本、中国台湾的柴烧，也看过景德镇和福建的，他们使用的材料几乎全部都是配方土，就是陶土加高岭土，烧出来以后产品形态几乎全部是一样的，主要是因为它的原材料差别不大。而我们决定用荣昌的纯陶矿来柴烧，烧了第一窑、第二窑，到第三窑的时候就成功了。一是产品烧得比较有特点了；二是损耗率没有那么大了。如果说与其他柴烧的区别的话，主要在于温度的临界点，荣昌纯陶矿烧陶温度要高一些，同样是柴烧陶，其他地方的柴烧就不会呈现出这个效果。柴烧也是我们最早开始研发的，因为2013年的时候，国内纯陶矿的柴烧几乎没有，都是配方土的柴烧，这在产品的形态上是有区别的。

第二是还原烧，通过技术来处理，烧成黑色的陶，不是在陶坯上施的黑釉，更原生态，当时国内很少有人做。

第三是研发的草木灰釉，最早清华大学对草木灰有研究，谭忠诚老师对这个研究颇深，他把各种硬木，比如板栗木、乔木、茶树枝这些材料烧成灰来做釉，当然，烧制过程中还有一个升温曲线和供氧曲线的控制，这些要素都会影响到最后的效果。这个与自然的落灰釉不一样，是有意上的灰釉，再烧成。此外，也采用土釉，也就是烧粗陶使用的"矿子釉"来烧制产品，色彩偏土黄色，古代称茶叶末釉，这两种方法都是原生态的施釉方法。

第四是恢复了一些传统的釉色，比如朱砂釉，梁大有资料，他父亲梁启煜详细记录了这些釉色的配方。当然，烧釉陶不仅是一个配方的问题，也有烧成曲线的控制问题，比如产品起泡的话，就是某个温度段升温太快了，还没有把气排完，所以温度和供氧都需要很好地控制才行。总之我们的产品突出的是原生态的设计理念，这就是对原矿泥特性的极致发挥，以此形成我们的产品线。

郁 听说柴烧茶壶那块是你最早在荣昌开始搞的，当时是个什么情况呢？

熊 我们是在2013年就开始搞柴烧了，当时荣昌没有人搞柴烧。最初建工作室的时候，四川美术学院设计学院的段胜峰院长向我推荐的是四川美术学院实验室的谭忠诚和梁大老师，说他们对荣昌的陶泥和制作工艺、配釉、窑烧都很有研究，包括张俊德老师和四川美术学院刚毕业的管永双和李云杉、钟明等，我们就组成了一个团队，把工作室设在荣昌搞研发，也包括搞柴烧，受此影响，荣昌的一些工作室开始接受这个东西，他们大概是从2016年开始柴烧的。

郁 从设计、生产到销售，你们是如何运作的呢？

熊 当初荣昌陶器厂能生产出那么多优质的釉陶，是因为聚合了各种人才，各个工序都与技术人员互相配合，比如技术科、拉坯车间、刻花车间、上釉车间、烧窑车间等，形成了一个实体的产业体系，而现在荣昌的许多工作室或作坊，都是一个师傅在主导，是在比较单一的条件下做陶，难以形成一个集研发与制作为一体的生产体系。考虑到这个原因，我们的工作室就聘请了各道工序的人员，集合产品策划到产品设计、拉坯、上釉、烧成等各方面的专家来组成一个小型的团队。2014年，我们工作室拿出研发的几百件产品，还增加了以前从未有过的纯陶柴烧、还原、草木灰釉系列，复烧了朱砂釉和砂金釉等珍稀釉种。第一次参加市里的文博会就大放异彩。市里面的领导和市民看到后，都感到有些惊异，没有想到荣昌陶还可以做这样的产品，在他们的印象中荣昌陶就是一些红白相间的刻花泡菜坛或酒瓶之类的。产品通过文博会的展销，改变了市民对荣昌陶的刻板印象，也引起了不少客户的关注，我们也从中了解到了市场的需求，哪些更受市场欢迎，这些都可以通过市场的检验来决定我们产品研发的路向，随后2015年，我们还代表重庆参加了中国北京国际文化创意产业博览会。

郁 听说你们公司还做一些大的旅游项目，都做些什么项目呢？

熊 我当时还在重庆旅游投资公司旗下的旅游商品公司工作，当时策划了一个文旅产业链，新产品的研发只是一个小块。最早我们策划的是在荣昌安富垭口村的夏兴古窑遗址打造一个夏兴窑国际陶艺村。当时我们请了重庆市工商大学旅游与国土资源学院的赵小鲁院长和罗光莲博士一起来做这个方案。拟将垭口村打造成集陶文化展示、陶艺体验、烧窑庆典、陶制品生产销售、乡村旅游为一体的陶文化产业基地。我们也请教了重庆市文化遗产研究院的专家，看能否对夏兴窑进行修复，达到能复烧的程度，但受经费和技术条件的制约，目前是修复到保护和观赏的阶段。就这个项目，当时的策划是想把它作为一个文旅景区的项目来运营，市场定位就是成渝两地的都市周末休闲游。我们组织旅行社及其他渠道投放游客，按照每年接待30万人设计，可以达到4A景区的水平。预计一人平均消费150~270元，每年就有几千万的收入。经过专家对方案的评审，认为这个方案是可行的，我们就与荣昌区政府签了一个框架协议，但后来由于旅投集团按照要求收缩投资，就没有继续推进这一项目了，可以说是搁浅了，项目不搞了。2016年，我就从原来的公司辞职，与技术人员和其他同事成立了自己的公司，专事荣昌陶的文创产品研发与销售。

郁 有了自己的公司，产品的研发和销售要由自己来做，您又是怎么运作的呢？

熊 就是2016年，我们成立了瓷窑里陶艺有限公司和夏兴古窑旅游公司。注册了两个商标，一个是"瓷窑里"，另一个是"夏兴窑"，我们定位就是走荣昌陶品牌化发展的路子，不走大师工作室那种路子，比如宜兴紫砂很多就是以国家级大师、省级大师作为品牌，产品靠大师的影响力来定价格，因为他们在历史上传承的体系是很完整的，所以大师很多。而荣昌陶不一样，许多技术和工艺其他陶业也有。我们观察了一下，真心要把这个产业做大的话，就必须走品牌化的路子，所以我们就注册了这两个品牌，也是在荣昌注册的企业。后来我们在重庆主城的幸福广场边上开办了这个荣昌陶文化中心。可以说，我们是近三十年来，在重庆市区第一个经营荣昌陶的专卖店。以前，计划经济时代，荣昌陶器厂生产的产品要拿到供销社或工艺美术公司去卖，他们负责生产，生产和销售是脱节的，改革开放进入到市场经济时代，国营陶器厂就经营不下去了。

我们做项目策划的时候，就是想"让游客走进荣昌，让产品走向世界"。我们在星汇两江艺术商业中心开设近600平方米的文化中心，模式就是文创商业体验店，把产品销售、赏陶、体验、喝茶等几样业务结合在一起，集生产、体验、销售为一体。现在我们这个店就是按五个产品系列分为了几个茶室体验区，比如素烧陶茶室、还原烧茶室、草木灰釉茶室等，客户既可以体验不同的陶器制作工艺，也可以喝茶聊天消费。还有一间大的工艺体验教室，来的学生也可以亲自体验做陶的整个过程。我们把这个体系建立起来，一方面可以宣传荣昌陶，另一方面也可以销售我们研发的产品，成为一个文创体验的实体产业，曾获"重庆文化产业创新奖"。

郁 产品的生产与销售，是怎么组织的呢？

熊 主要看销售的情况，如果销售了一批产品，就要组织设计与生产一批新产品，这两者是不能脱节的。销售往往是季节性的，需要的时候就做，不需要就不做。两个品牌，一个是做大众需要的中低端产品，另一个是做个性化的高端礼品或藏品，就这两条产品线。大众品牌的"瓷窑里"都是走量化的产品，大多是我们负责文创和研发，再拿到有条件的产业基地去制作，主要是泥料高压灌浆或滚压。"夏兴窑"的手工陶就不一样，做的是个性化的高端品牌，主要有张俊德老师的作品，还有陈城的作品，他是向新华和张俊德的徒弟，北碚人，长期在工作室拉坯，做一件是一件，市场比较小，但价值高。总之，市场是需要多元化的产品来满足客户的需求的，低端、中端和高端的产品都要有。

郁 公司通过产品研发，怎么来传达荣昌陶的文化内涵呢？

熊 既然是从事文化创意产业，我认为可以从三个方面来考虑：一是注重文化发掘；二是有创意的特点；三是注重产业配套发展。荣昌陶的文化内涵，可以概括为"包容、坚韧、创新"这三个词。"包容"是移民精神的体现，历史上各地移民来荣昌创业，团结协作，融合了各地不同的文化，打下了一片天地；"坚韧"，是从宋代伊始，移民经历了那么多的战乱，产业被摧毁了，后人又把它重建起来，代表了一种坚韧不拔的性格；"创新"是产业发展的动力。从湖广过来的陶工，面对材料性能的不同，大量的工艺创新是必不可少的。一个时代一定有一个时代的需求，不创新就面临淘汰。如果还用荣昌陶20世纪60至70年代的刻花产品拿到市场上去销售，肯定不行，它不能再代表这个时代的主流需求。

文化创意需要产业的支撑。我们做了一个产业链，从市场端、研发端到生产端，各个门类都很齐全，所以当时做项目策划的时候，也是文化引导、产业配套的思路，也就是文旅融合发展的思路，就产业层面而言，仅靠大师支撑是不够的，所以我们做品牌、做文创，要用品牌来包装大师的作品。

郁 陶器烧制技艺（荣昌陶器制作技艺）属于国家级非遗保护项目，你们是否在这方面做些宣传呢？

熊 荣昌陶器制作技艺作为非遗我们都在宣传，但从产业发展的角度来看，如果一个东西需要国家保护才能存活，就是不被人们需要了，或说是被市场抛弃了。我们应该让荣昌陶成为人们可以继续使用、消费、体验的时尚产品，而不是仅仅拿"非遗"两个字作为产品的护身符。如今市场变了，手艺还是那个手艺，如果从事这个产业的人没有去研究这个市场的变化，用非遗的技艺去创作适应变化的产品，就谈不上保护和传承。所以我常跟非遗传承人说，不要依赖政府补贴来维持非遗，或认为打个"非遗"的旗号，市场就要来买单，那样的观念是不行的，非遗是指传统的技艺，技艺是要拿来做市场需求的产品，才能把它做成产业，只有遗产变成了活产，有了前途，年轻人才会来传承，后继无人的局面才会改变。这才是对非遗保护担负起应尽的责任。

郁 现在还有去荣昌建厂的想法吗？或有些什么建议呢？

熊 现在荣昌的工作室还在，还有些存货放在那里。因为搞陶器生产不能把战线拉得过长，我们一直想在荣昌找个合适的地方建厂，生产这一块我们就可以放在那里了。就工艺陶而言，荣昌缺乏完整的产业链，一些产业技术类型空缺。当年我们想引进外地的技术人员到重庆来，开价到两万一个月都没人来。我们后来思考，是因为他们有完整的产业链配套，如果问我有什么建议，就是希望能尽快推动完善产业链配套。

郁 你们公司已经拥有两个荣昌陶的品牌,哪个品牌好销一些呢?

熊 都好销。比如瓷窑里是大众品牌,但一个订单就是几十几百套。夏兴窑是手工陶,单件销售,价格高,一些客户甚至就点名要张俊德老师的作品,价格从5千元到3万元不等,同时还要准备一套完整的中英文介绍资料,作为礼品送给外国友人。

我们近几年与重庆三峡博物馆❶联手做文博文创,由公司的设计人员对馆藏文物进行详细的研究,通过再设计,赋予它新的功能,而不是简单的复制文物,因为古代的生活方式与我们现在的生活方式是不一样的,所以作品一般都被赋予新的使用功能。主要汲取它的设计元素,比如我们根据三峡博物馆馆藏的国家一级文物研发的"茶匜"就是成功的案例。"匜"在秦代以前,是用于沃盥之礼时为客人洗手所用的器具,体积较大,我们把它缩小,重新设计赋予新的功能,它本来叫匜,我们把它改名为茶匜,做成旅行茶具,个人出差需要泡茶的时候,携带也很方便,器型和釉色都展示了传统器具的审美特点,又有新的创意。我们这类产品很多,比如重庆三峡博物馆收藏的各个朝代的碗,我们把它缩小后变成茶杯,设计成六个一套,每个杯子不一样,喝茶的时候就不会搞混,而且很有欣赏价值。还有馆藏清初名家《逸公款梨形小壶》,我们也做成了实用的文创产品。

我们将荣昌陶的传统制作技艺与博物馆文化精品融合,与重庆三峡博物馆联合开发具有文化性、实用性、艺术性的系列文创产品。同时,我们又把博物馆的原物与创新产品的图文作为产品介绍的手册,附在设计精美的包装盒里,让客户了解传统的器物文化,以及产品是如何创新的,让观众可以把博物馆文化带回家。我们在三峡博物馆开了一个店,在博物馆的带领下,既宣教了文物,又让文物活起来了。

郁 这些产品确实不错,很有创意,能批量生产吗?

熊 能啊,设计出来后,就是做模具,用滚压和高压灌浆生产,重庆现在缺乏这个技术,都是拿到外地去生产的。我们只负责研发,设计好后,交给他们就可以生产。以酒瓶为例,你看这个钓鱼台的酒瓶,上面刻有乾隆御笔几个小字,客户看上了我们的釉色研发找我们订货,我们也想拿到荣昌去生产,但当地的企业只能用传统的注浆工艺,因为缺乏高压注浆工艺,这几个小字生产出来字迹会很模糊,达不到客户的要求。

---

❶ 全称"中国重庆三峡博物馆"。

郁 用陶做茶具与瓷器做茶具有什么差别吗?

熊 材料不一样。瓷器是高岭土烧制的,温度高,坯体无论厚薄都具有半透明的特点,它的吸水率小于0.5%,所以瓷器适合做餐具,便于清洗。而陶器的坯体比较温润,吸水率小于10%,如果拿去做餐具会吸味,洗不干净,所以素烧的陶器更适合做茶具和酒器。荣昌陶上一层土釉,既不会大量挥发,又可以透气,非常适合可以拿来储酒、储茶,做泡菜坛等。技术和工艺只是手段,材料决定工艺,而工艺最终还是要服务于功能。

郁 荣昌陶与其他名陶相比,有些什么特点呢?

熊 宜兴紫砂和荣昌陶因为陶土性能适宜用来喝茶,云南建水陶和广西坭兴陶因为泥料是花泥,必须要抛光才好看,而且使用抛光机抛光后,陶壶表面形成了一个镜面,非常适合雕刻,所以雕刻花瓶比较美。还是材料性能决定使用的工艺,我们也试过把荣昌陶抛光,抛出来就像石头一样光光亮亮,但失去陶的质感,所以没有再往下发展。荣昌陶与宜兴紫砂相似,陶质细腻单纯。还有就是几个陶的烧制温度不同,大概相差100℃吧,带来嗅觉上和透气性上的区别。

郁 你们在荣昌做柴烧是最早的,在技术上有什么特点呢?

熊 柴烧不是用柴来把陶烧熟就行了,当代柴烧的产品应该有审美属性在里面。柴烧的话由于烧成曲线和供氧量不一样,烧成的陶器会呈现出不同的色彩肌理和火痕效果。通过我们的研发,能够控制烧成后的不同形态,比如我们分为四个审美属性,一是金属感,表面呈黑灰色,没有落灰;二是火痕感,表面有火烧的痕迹;三是烧蚀感,肌理自然;四是落灰釉,不同的植物灰,不同的温度段,烧制出来的窑变效果都不一样。

郁 我发现你们还用土釉来烧制茶具,是怎么做的呢?

熊 荣昌的土釉,就是矿土做的釉,也叫"矿子釉"。比陶坯的烧成温度略低一点,比如陶坯1150℃就烧好了,而矿釉一般低一点就可以熔化为一种釉色附着在陶器表面。这种材料要找适合的材料,还要把胎泥土调配在里面,调成不同的矿土的比例。烧成后整体颜色像茶叶末,所以清代就叫"茶叶末釉"。在荣昌,很多做酒缸的企业在用。很多人都没有想到这个土釉能烧成这样漂亮的工艺品,色彩偏黄点或偏绿点,有点哑光都很好看。例如图片里这件清代雍正年间烧制的茶叶末釉花瓶就是，我们把它借鉴过来烧茶具，研发的产品很天然生态。

郁 您的工作室其实是整合了各种社会资源，促成了荣昌陶文创产品研发到销售一条产业链的形成，有些什么经验可以分享吗？

熊 以我们目前有限的经验来看，主要有两点：

一是依托技术，从需求出发，包容创新。

荣昌早在20世纪的下半叶，经历一个历史发展的辉煌期，其实是与四川美术学院教师的设计资源与荣昌陶器厂的技术资源的整合是有很大关系的。当时梁启煜教授他们在设计上也是借鉴了传统的装饰工艺和图案形式等，研发了一大批新产品，主要就是大众生活使用的陶器，在国内产生过重要影响。今天，同样的情况是，我们有好的市场思路和地理人文条件，也需要把四川美术学院的设计和技术力量，包括外地的技术条件，以及荣昌的陶艺大师等资源整合起来，走出一条自己的文创之路，为民众的生活服务。前面我已提到，荣昌的陶土资源是一个不可替代的自然资源，有矿土，才能形成相应的工艺形式，产生出这样的特色产业。其实我们所要做的就是一个集文化、技术、市场三位一体的研发中心。之所以将茶具和花插定位为目前的产品线，也是经过详细的市场调查的。市场从来都是生活需求决定产品，从历史上看，北宋时期四川产的茶叶产量占全国的59%，到了南宋时已达到64%，使得斗茶之风盛行，各地也大量烧造茶盏。古代的移民主要是南北纵向进行的，北方打仗，移民就到南方来了；明末清初湖广填四川又是东西横向进行的，抗战时期，长江下江人跑到上江来，重庆作为大后方的陪都，也是汇聚了各地的企业、大专院校，还有民间艺人等，荣昌陶在这个时期也融合了各方窑系的工艺特点。历史上的移民文化，给重庆带来了不同的工艺和审美，可以说重庆的工艺美术很多都是移民文化的产物，厘清了这些历史线索，对我们的市场定位很重要，就是将荣昌的陶土资源作为核心竞争力来研发新产品，以此突出荣昌陶的地域特色。选中这个市场方向，再发力，所以，我们就围绕茶具和喝茶的消费场景来开发文化产业。

二是坚持品牌化思路和当代审美的观念。

在做策划的时候，我们将荣昌陶作为一个大的品牌，无论商标还是产品包装等，都做了一个统一形象设计，是由四川美术学院设计学院的曾敏教授设计的，这使我们的产品从研发、生产到销售都贯穿了自己的设计理念。从商业模式来讲，各个环节都要针对市场的需求来营销产品，才能把产业做好。在产品的功能和研发上坚持以当代审美观念去适应当代市场、消费者的需求。

郁 您对荣昌陶未来的发展，有没有什么看法和建议呢？

熊 2015年，我与重庆社会科学院的领导讨论过，当时就认为荣昌缺乏一个荣昌陶技术研发中心，因为大量的技术研发不是荣昌目前大多数作坊能够完成的。有了公共研发中心，各个工作室就可以来引进技术创新产品，形成良性循环，把研发和产业整合起来。研发中心可以服务于荣昌现有的产业和从业者，就荣昌陶的性能、形态设计、各种装饰工艺、配釉工艺、烧成工艺搞很多研发，企业要来拿你的研发成果，付一定的费用就可以生产新产品，而无须再自己花时间去搞研发。研发中心应该是产业链的发动机，有了大量的研究成果，从事各个不同专业的从业人员和企业就有了动力，比如专门搞泥料的、经营工具的、搞拉坯造型的、搞刻花工艺的、搞配釉的、搞窑烧的，工种可以划分得很细，需要哪方面工序的技术工人和设备都有人在配套生产，都可以服务于这些研究成果。企业通过购买研发中心的成果，拿到市场的订单，就可以随时分派给这些专业的工作室或作坊来做，这就是产业链。当然，也可由企业来提出生产项目，研发中心针对项目来搞研发，研发中心收取版权费，彼此的利益都拴在一起，也可以继续循环。你看景德镇，有一个陶瓷大学，他们的研发成果就源源不断地向产业输出，毕业的学生都参与到市场来，支撑了整个产业链。荣昌没有这样的专业院校，就需要成立一个研发中心，有一个发动机来带动整个产业的发展。这个研发中心可以由政府、院校和产业三方来组织，政府有政策指导，院校有设计和研发能力，企业有大量的技术工人，把这些资源整合起来，有了研发中心这台发动机后，各种小型微企、作坊都可以根据自己的特长，有订单可做。比如当年我们在荣昌的工作室，其实就是一个研发中心，第一年就是摸需求，搞研发，不产出，待研发完了，再来做市场测试，测试完了再来组织生产。现在成立荣昌陶研究院，是好事，如果结合产业链来做些规划，有可能推动产业发展。

郁 这个建议很好。今天，熊总给我们讲到了创业的经历和如何做自己的文创品牌，以及对荣昌陶未来的发展建议，其中不乏真知灼见，让我们可以从另一个侧面认识荣昌陶文化传承与发展的不同视角和策略。谢谢熊总接受我们的采访。

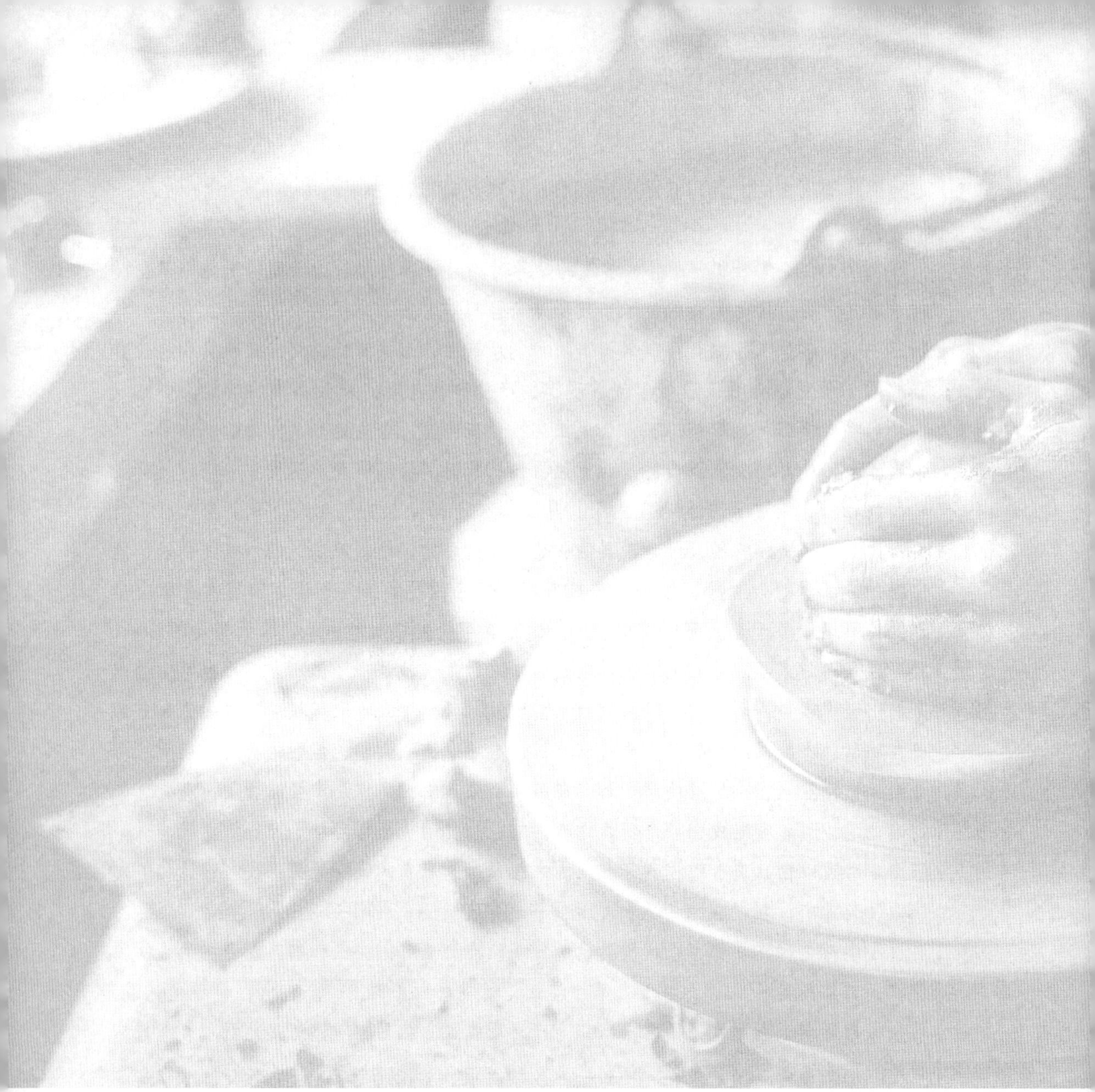

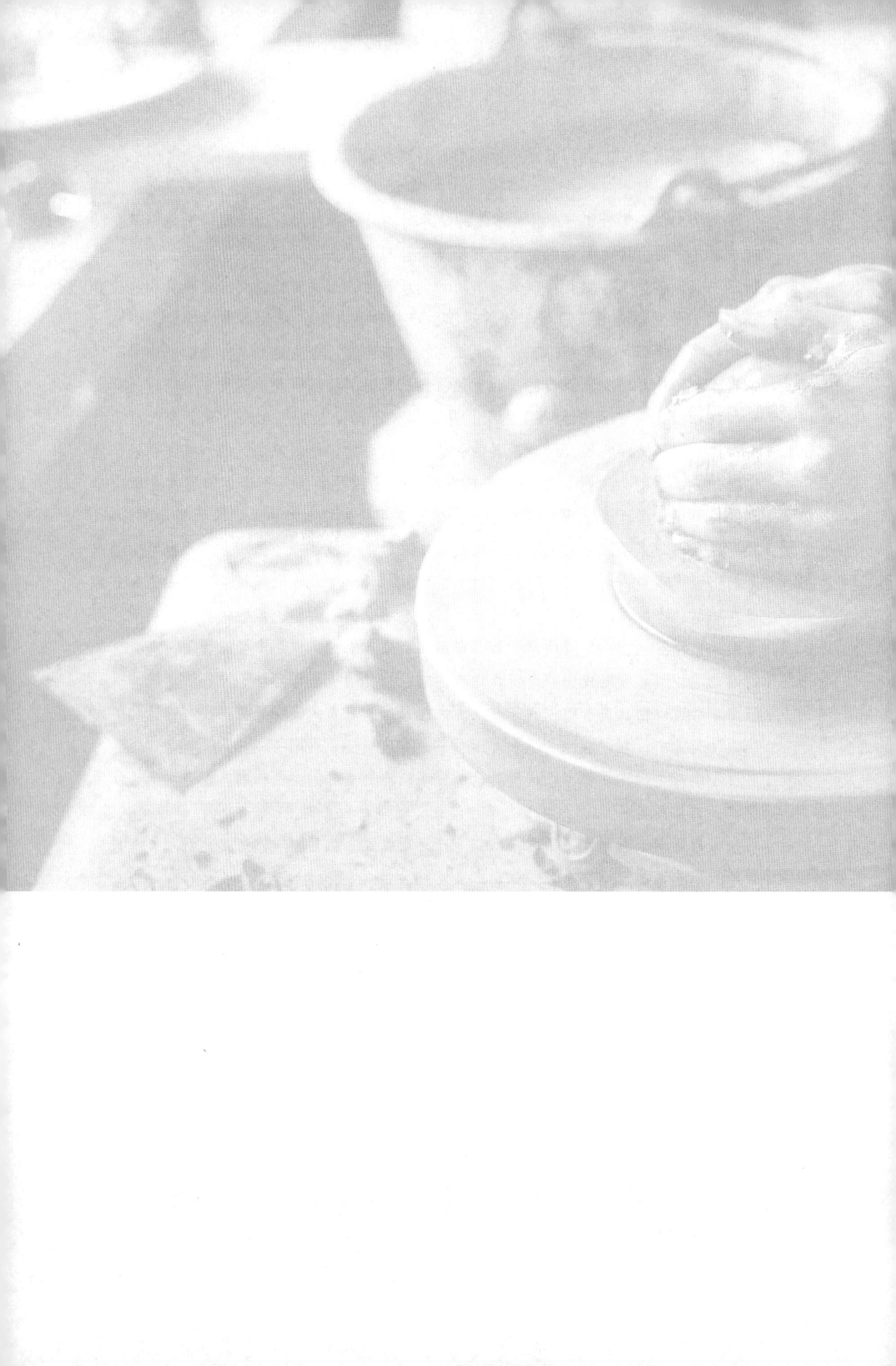

李加兴

李加兴

江西人，国家级非物质文化遗产代表性项目陶器烧制技艺（荣昌陶器制作技艺）荣昌区代表性传承人，重庆市工艺美术大师。作品《鹤鸣九皋》获中国工艺美术博览会首届"百鹤杯"工艺美术艺术设计创新大赛"金鼎奖"（中国工艺美术最高奖项）。

采访人：黄振宇
受访人：李加兴
时　间：2021年11月2日上午
地　点：安富街道加兴陶艺工作室

黄 听说您去过不少地方学习制陶，看的东西多，所以今天采访您，也是想了解您对不同产区的陶器有何见解。您今年多大年龄了？

李 今年37岁，1984年4月14日出生的。

黄 文化程度呢？

李 只读到初中。

黄 从什么时候开始接触陶器制作的呢?

李 我1998年开始学习制陶。

黄 那很早啊,大概是一个什么样的机缘,在什么样的情况下,您开始学习陶器制作的呢?

李 我家里其实也算是制陶世家,因为我外公、舅舅他们就是做陶的。我因为没继续读书,为了要生活,就出来学一门手艺。

黄 您不是本地人?

李 我老家江西的,来荣昌后才把户口转过来了。

黄 您老家那边周围的人都是做陶的吗?

李 在我们那边,我周围的亲戚都是做这个的。

黄 那您主要是跟谁学习制陶的呢?

李 我主要是跟舅舅学的。

黄 您后面有没有进过制陶的企业、高校,或接受一些专业的学习呢?

李 我去过四川美术学院的非遗研习班,但时间很短。

黄 您没有进过工厂系统地学习过做陶吗?

李 没有进过工厂,我是在民间学习,就是现在的作坊或工作室那种性质,跟着师傅学习。

黄 除了你舅舅之外,有没有拜其他老师学习制陶呢?

李 也有。在舅舅的工作室学习的时候，他也请了其他的师傅在那里，我就跟着他们学，但没有正式地拜过师。

黄 你舅舅教你做陶的时候，有没有教你一些口诀什么的？

李 肯定有的，修坯啊这种，现在都忘了。

黄 你舅舅是怎样教你的呢？

李 他做的时候，我就在旁边看，这种学习基本和师傅带徒弟的形式差不多。

黄 你是从什么时候开始出来自己单独做陶的？

李 我在舅舅那里学习了一年半，2000年底就出来了。

黄 出来就自己独立开了工作室吗？

李 是的，经营了半年左右，没有经验，后来就关门了，当时年轻不懂经营，后来好像是2007年我又开了一间工作室。

黄 还是在江西？

李 是的，开到2016年，我就出来去云南的建水了。

黄 在这中间几年您有做别的工作吗？

李 有，非典❶那年到的宜兴，后来又回到景德镇。

黄 在宜兴您也是做陶吗？

李 对的，做陶。

---

❶ 非典（英语缩写：SARS）即非典型肺炎，主要指2003年出现的由病毒感染引起的肺部感染。

黄 那您在宜兴的这一段经历可以大概讲一下吗？

李 2003年我去了一次，遇到非典就回来了，后面2006年我又去了一次宜兴，待了差不多一年吧，因为家里有事就回来了，我是在那里帮一个当地的老板做陶。

黄 是在厂里吗？

李 是的，他们的企业主要是批量生产陶瓷产品。

黄 这段经历对你现在有没有什么影响？

李 有的，肯定有直接的影响，我在景德镇学的是做花盆，在宜兴学习做壶，现在来讲都是受益匪浅，其实做壶的工艺我就是在宜兴那边学到的。

黄 那您为什么选择来到荣昌，在这边安定下来呢？

李 这也是一个巧合，当时我还在广西的钦州做陶，有个朋友，从这边到广西钦州去参赛，他就给我介绍了荣昌这边的情况，听他讲这边政府正在大力扶持和打造当地的陶瓷产业，希望能吸引外地的陶艺家去荣昌发展。听完之后我感觉很稀奇，很早就知道荣昌安富的鸦屿这边有一种很好的白泥和红泥，可以变化出很多东西，就想过来试一下，结果一来就待了这么多年。

黄 能否再把您这段时间的经历梳理一下？

李 好的。我是1998年到2003年在江西景德镇跟舅舅学习制陶，2003年底去的宜兴，遇到非典又回景德镇。2006年上半年又去了宜兴，但年底家里有事又回到了景德镇，2007年在景德镇开工作室，到2012年初关掉工作室又去了云南的建水，年底就去了广西的钦州，到2013年底到荣昌安富这边来开店做陶的。

黄 您结婚了吗？

李 我是2008年结婚的。

黄 那您的家庭对您做陶有什么影响吗？

李 肯定有影响。结了婚以后，有责任感了，会更想去经营一个家，会更踏实，所以还是选择稳定下来，结婚之前是到处跑，总想多学点东西。

黄 您去过那么多地方，在做陶的过程当中，有没有感受到一些当地政策上的支持呢？

李 其他地区没有，在荣昌有。

黄 在荣昌有什么样的政策支持呢？

李 刚来荣昌安富的时候，镇政府就帮忙解决了我孩子读书入学这些事情，我现在经营的这个门面也给我们免了几年的租金。荣昌政府对我们这些外来人各方面的帮助还是很大的。

黄 四大名陶的产地您都去过，您觉得这几个地方产的陶器有些什么不同的特点，有哪些区别呢？

李 那我只能简单地说一下，可能表述得不是很清楚。比如说江苏宜兴陶，它主要是以手拍为主，它的工艺是很成熟的，相对来说比其他几种陶的发展更成熟。然后是云南建水陶，它主要是陶器表面抛光打磨，还有就是阴刻阳填。广西钦州陶，就是所谓的窑变，我桌上这个杯子就是钦州的，它的窑变颜色多，外面也抛光，但是跟建水陶就不一样，它装饰多刻填白泥，并缀以字画为主，而荣昌陶呢，主要就是利用红泥巴和白泥巴做文章，比如化妆土、剔刻花之类的，目前来说比较单调。

黄 现在您在做这些产品的时候，主要是用的哪种工艺方法？

李 我主要还是以拉坯为主。

黄 以拉坯为主，是荣昌这边特有的方法吗？

李 是的，除宜兴之外，建水陶和钦州陶也是拉坯。

黄 你现在做陶器所用的泥料都是本地的吗？

李 都是本地的。

黄 这些材料，比如说泥土，釉料、釉色这一块，您有什么自己的研究吗？

李 我对釉料不是很熟悉，我曾经也搞过落灰釉，那是柴烧过程自然产生的灰釉。但是后来由于比较忙就没有继续研究下去。泥料这块当地有卖泥料的，我们直接买来用就行了，现成的方便一点，这个也跟场地有关系。

黄 您觉得宜兴的紫砂和荣昌的紫泥，有什么区别没有？

李 区别还是有点，宜兴陶在制作的时候不用拉坯，用手拍才行。它的泥料为什么叫紫砂？因为它里面含有砂砾，在泥料加工的时候就要放砂砾进去，比如说40目就放40目的砂砾进去，这样才能方便塑形，手拍的时候如没有砂砾掺进去就没有支撑力，这也是宜兴制陶的一个特点，而荣昌的紫泥可塑性强，粘结度高，不需要加砂砾就可以很好地塑形。

黄 那宜兴紫砂是在和泥之前就要放入砂子，并不是说泥料本身就含有砂，是这样吗？

李 泥料本身不含砂，是和泥的时候主动加入的。

黄 在荣昌这边，泥土不仅分红泥和白泥，还分了粗泥、细泥。

李 是的。粗陶用的泥没用球磨机磨到那么细，主要是跟球磨有关系。

黄 您现在所使用的泥料都是细泥吗？

李 是的。我的产品主要是以细陶为主，有时为了做点有风格的作品，也做点粗陶。

黄 那你现在制陶是用手工呢，还是用机器来做？

李 我们现在都是手工拉坯，这是我最擅长的手艺。

黄 拉坯是手拉坯。然后烧是用电窑吗？

李 用电窑烧陶，有时也用传统的木柴烧陶。

黄 手工拉坯是用传统的辘轳车吗？

李 地辘车那种我就没有经历过，我倒是看到过，但是从我们当学徒那个年代起就已经基本没有了，大多淘汰掉了，都是用的电动辘轳车的转盘来拉坯。拉坯不仅要注意泥料的收缩率，还要注意造型。如遇较大尺寸的制品，则要分段拉制，从各个分段部位，可看出拉坯师傅的技艺好坏和水平高低。

黄 拉完坯后有些什么工序？

李 拉完坯后，还要修坯，做茶壶主要是壶把和壶嘴的粘接。

黄 你擅长的，或者说你比较常用的一些装饰方法有哪些？

李 其实我主要还是擅长做拉坯成型这一块，比如说茶壶这一块，我一个人可以独立完成，包括拉坯修坯都是我做完的，粘接的技术我也会。现在我爱人在帮我做粘接这一块。至于装饰这一块我不是很熟悉。

黄 那后期的化妆土装饰呢，您自己能做吗？

李 因为我美术基础不好，涉及图案这块我都是请人在做。比如我产品中的点画花、刻花这些工艺，我都是请当地的老师傅来制作的。

黄 您来荣昌后，对这边的红泥和白泥这两种材料，有过研究吗？

李 两种泥料都可做化妆土刻花装饰，知道工艺是怎么做的，倒是研究不深，也没怎么去搞。

黄 你在创作产品的时候有没有尝试去使用呢？

李 我们有时候也想尝试去做。比如说为了增加白泥烧出来的白度，我们有时候就要掺一点高岭土，甚至可能还要掺一点湿泥，调和一下它的颜色，尽量做到好看一点，产品主要还是以做器型这块为主。釉色我搞得比较少。

黄 您觉得现在所使用的这些柴窑、气窑和电窑烧制出来的产品，是否存在什么差异，能看出来吗？

李 我个人觉得柴窑烧制的产品，比较独特一些，毕竟有些偶然的因素，就是它的表面因柴烧的温度气氛和落灰所呈现出的那种肌理，可以说是一种古法烧制，也可以说是一种自然窑变的效果，当然它的水渍跟电烧陶看起来还是有一点区别的。由于柴窑烧制成品率不高，现在多数采用气窑或电窑烧制。

黄 像窑变这一块，有些人会利用这个来烧制一些独特的产品，电窑和气窑这一块是没有办法形成这种效果是吗？

李 气窑也可以形成窑变，但柴烧的落灰釉电烧没有，效果还是不一样，比如钦州陶的这个杯子，它也是电烧，效果也不错。这个方法我也会，只是目前搞得少，只烧了一部分。

黄 您能否详细说一下不一样的地方在哪里呢？

李 柴烧，首先是它有火痕，有落灰釉，这是最明显的一个特征，电窑搞的一个窑变只是表皮的一点点，没有落灰釉，可能火痕相对来说看上去有一点点，但是都不是很明显。而柴烧陶的局部一般都会留下火痕，根据火势的走向来决定，火痕和柴烧壶底部颜色一定不一样，内行用眼睛一看就清楚了。

黄 用红泥素烧的产品，采用气窑或电窑烧制有何分别吗？

李 不一样。比如气窑可以烧还原，烧氧化，烧还原就会有点变化，有点那种类似阴阳色的那种，比较偏黑。但如果烧氧化那就跟电窑颜色基本上一致，手感温润细腻无其他表皮肌理。用柴烧肯定不行，柴烧除非你用以前那种匣钵把它装起来，要不然裸烧的话，就会自然产生火痕或产生落灰之类的。其实，用电窑烧制还是气窑烧制，都是为了更好地控制成色，每个烧窑人都有自己的烧制方式以及想要呈现的效果，在使用上两者也没有太大的区别，也不必深究太多。

黄 可以讲一下您个人烧陶的一些体会吗？

李 其实柴窑和气窑我现在没有，都是用别人的窑在烧。电烧，其实很简单，也没什么变化，它一般都是直接控制温度，比较好掌握。柴烧我自己也在烧，要麻烦一些。它有很多讲究，里面的学问比较多，很多都是经验性的东西。首先看你自己想要的是哪种效果，比如你喜欢落灰，可能是氧化的时候就要注意，再一个是火痕，要火痕的话就要氧化的过程氧气比较充足才行。

黄 您现在的工作室主要做的产品有哪些?

李 主要以茶壶为主，兼顾一些其他陶器。

黄 您做这些产品的时候，在创作上有什么想法和构思吗?

李 其实我创作了很多壶，自己设计了很多款式。

黄 有什么寓意吗?

李 就以这把茶壶为例吧。当时我取名叫《涟漪》，你看一下，这个壶的顶部形状是一个水滴状的造型，感觉像水波纹，我给它取名《涟漪》，是因为它一圈一圈的，像是一个水滴状，寓意是可以想象的。

茶壶作品《涟漪》

黄 你觉得现在做陶的工艺流程相对于你最开始接触的时候有哪些变化?

李 其实从我当学徒到现在的话，变化不是很大。因为从一开始在景德镇学的就是拉坯，我以前不会拉，但是看得多了，也可以拉出来自己修坯，这个工艺没什么变化，都差不多。现在来到安富这边，因为陶泥不一样，也还要学习一些新的东西，但有基础学起来就很快了。从景德镇最初接触制陶这一块，观念还是跟以前的想法有很大的出入,因为以前是有局限性的,现在看得多了,也知道该怎样适应这种变化。

黄 从您最开始接触陶的时候,对于陶的认识和你现在对于陶的认识有没有什么不一样的地方?

李 其实还是有很多,包括我自己做的也好,包括看别的老师做的也好,特别是建水那边,它们的外表装饰也是五花八门的,他们用釉来装饰或者用泥料来装饰,你看我这个壶可以说跟其他壶完全不一样,是最近新做出来一款壶。

黄 做茶壶的陶艺师很多,您的这些作品有什么个人特色呢?

李 我以前都是做传统壶,但现在慢慢在改变,我想创作一些自己独有的跟别人稍微不一样的风格,想脱离一点传统,去创作相对有变化的器型。因为我主要是做壶,自己做出来的壶也在慢慢脱离宜兴原有的那些壶型,看起来多少有些改变。

黄 现在有很多将传统和现代结合得比较好的作品,您怎么想的呢?

李 对,我有这方面的想法,尽量让自己的作品能在实用性和审美两方面都结合得更好一点。

黄 您参加过一些比较重要的展览吗,或者说获得过什么奖?

李 2017年,我的作品《瓜瓶》在第六届重庆文博会暨第二届"工匠杯"获铜奖。2018年作品《阴阳葫》在第七届重庆文博会暨第三届"工匠杯"获铜奖。2019年作品《涟漪套组》获中国工艺美术协会主办的第54届"金凤凰"银奖;作品《花花世界》获重庆市第八届文博会暨第四届"工匠杯"设计创作大赛评比金奖;作品《苏韵》获中国工艺美术协会主办的第二十届2019"百花杯"中国工艺美术精品奖优秀奖;作品《涟漪》在第二届中国四大名陶展获铜奖;作品《雅韵》获中国工艺美术博览会百鹤新铜奖;作品《鹤鸣九皋》获中国工艺美术博览会首届"百鹤杯"工艺美术艺术设计创新大赛"金鼎奖"(中国工艺美术最高奖项)。

黄 您现在除了是区级传承人,还有什么其他的荣誉称号吗?

李 2019年,我荣获第五届"重庆市工艺美术大师"称号。

黄 你在荣昌这边的工作室,是您2013年过来建的吗?

李 不是。是我2015年底才建的。

黄 没有成立工作室之前那两年在做什么呢?

李 我在荣昌的世国华陶瓷工艺制品有限公司工作。主要帮公司那边做陶壶。后来公司换老板了,我也就趁机出来成立了自己的工作室。

黄 工作室成立了之后,给您带来哪些变化?

李 变化是肯定有的。比如我从厂里出来之后才认识了更多的同道朋友,以前在厂里面,可以说是接触不到这些老师和朋友的,包括我后面去评重庆市工艺美术大师,如果在厂里面我可能连消息都不知道,到了外面朋友多了,互相了解,人脉都不一样,因为当时我在荣昌这边做壶是做得最早的,技术比较好,所以他们好多人也是过来找我合作之类的。这里的老师和朋友多,相互支持,发展的路子就多了。

黄 您的工作室最开始有几个人?

李 最开始有四个人,但是现在就只剩下我跟我爱人了,我带的两个人都自己出去开工作室了。

黄 他们是您的学生吗?

李 谈不上学生,是我从江西带过来的。

黄 您和您爱人具体负责哪些工作呢?

李 我负责造型,我爱人负责粘接。

黄 您这些作品有没有申请过一些专利或者说商标?

李 商标我有,但是注册外观专利,没有申请下来。

黄 注册的是什么商标？

李 就是"加兴陶艺"。

黄 如果有那种大的订单，需要进行批量生产，您能应付吗？

李 虽然现在没有大的订单，但是如果有的话，我倒是不担心，因为我做了这么多年，同行比较多，我会找同行帮忙，包括前年我在基地做了一批花盆，好像是三百多个，当时是直接从老家请了两个师傅过来。

黄 您现在的这些产品主要的销售渠道是什么？

李 有一部分是帮人家代工，也有一部分是批发，主要是针对重庆或者在其他城市开店的顾客，然后就是散客。

黄 销售比较大的是哪一块？

李 应该是代工跟销售，可能占一半吧。

黄 相对来讲现在这种运营情况，能说是稳定的吗？

李 门面销售这一块肯定是谈不上什么稳定，但是每个月还是有点收入，主要是代工这块相对来说基本上是很稳定的。

黄 您有没有想过把自己的产品作为品牌推广出去，有没有做过这方面的相关工作，去尝试这一块？

李 也有那个想法，所以说北京国际茶业及茶艺博览会我也去跑过几次，本来我是想去广东深圳那边，但是因为疫情就耽误下来。

黄 参加这些展会，是你们自己联系的渠道去的吗？

李 对，茶博会都是我们自己联系的。因为我们有他们展方的联系方式，主要是通过展方去参展的。

黄 那在参展这方面，由政府组织的时候多吗？

李 政府组织的我也有去过，这次北京参展我也去了。一般情况是政府通知到我们，我们才会去。没通知我们也不知道，包括这次成都展览的情况我们就不知道。

黄 您近两年或者说未来这一段时间有没有一些个人的想法？

李 肯定是有的。我是想联合一些人搞直播之类的线上销售，正在找人，找合作商，因为我自己不懂，我自己本身没什么文化，读书少，所以这块我很想找懂网上营销的人一起来做。现在已有人在淘宝上卖我的产品。

黄 淘宝上已经有人在帮您卖陶壶，是用您的品牌吗？

李 店铺名称是他们的，但是每件产品底部都有我的印章，也就是说网店是代卖，我的产品是有自己名号的。

黄 听说这边做网上电商的非遗传承人不是很多。

李 现在不是很多，正儿八经❶只有一家在做，叫"传乙记"，其他都是小打小闹的那种。

黄 在传承这一方面，你有没有收一些学生徒弟呢？

李 在荣昌，虽然还没有正式向我拜师的，但可以说我指点过好多人，比如说茶壶的里面，他们以前都是不修坯的，所以说这边所有人修坯都受我的影响，现在他们都在修里面，包括他们经常过来看，过来问我，我都会说。

黄 您在创作的过程中有没有一些自己的绝活，个人的独特的技艺？

李 那倒不至于说是什么绝活，所有同行都可以过来看我操作，主要是要东西是手

---

❶ 正儿八经：意思是正经的，严肃而认真的。

黄 上功夫，没有一定的功底，你看也不一定能做得到。

黄 学做陶的话从入门到出师大概需要几年？

李 我觉得包括沉淀的时间最起码要三年左右，没有三年左右，你做出的东西肯定是不到位的。

黄 你认为现在的年轻人过来学习的时候，应该具备一个什么样的素质？或者说您对于学生有什么要求？

李 我对学生要求，就是要沉得下心来，因为这个东西你心浮气躁的话，肯定是不行的，毕竟是泥制的东西，你可能一个晃神就碎了，必须沉得下心来是最基本的一点要求。

黄 一般学习陶艺要经过哪些阶段？

李 我去年带过我表姐的儿子，他是跟了我半年，然后就回广西钦州了。我先是教他拉坯，然后是修坯。比如要学拉坯，首先要学揉泥，然后修坯的话就要先学会使用那些工具，这两个是很关键的，我们景德镇有句老话说得好："工具磨得好就学会了一半。"

黄 您表姐的儿子回去后还继续做陶吗？

李 还是做陶。因为他爸妈都在那边。他的妈妈会粘接，他爸会雕刻，所以他相对来说条件很好。

黄 您觉得除了带徒弟，有没有什么别的办法能够让这种技术传承下去呢？

李 一开始政府也在搞传承人的培训，但是我觉得培训的时间稍微短了一点，还是应该搞一所职业学校。比如钦州，他们的职业学校就办得很好，学习的时间比较长，培养出了很多陶艺人才，因为这个毕竟要一段时间去沉淀，短期培训可能不行。现在比较多的形式还是师带徒，这种肯定没问题，会传承下去，天天跟在身边的学的东西不一样，我觉得还是要重视一下学校这块的传承。

黄 您觉得传统的师傅带徒弟和在学校里学习，这两种方式，哪个更有优势？

李 在学校的话，我觉得能学得比较全面一点，比如你可以根据自己的兴趣爱好，选择自己想学的专业，如果要先学拉坯和学粘接的话，可以系统地学习相关的知识，在技术和创意上可以大胆一些。如果你跟着我这个师傅学习，我可能只单独教你这一样拉坯或者粘接，学起来就比较单一，但是学得单一也有它的好处，相对来说进步要快一点，更专精一些。应该说各有各的优势。

黄 您什么时候被评选为区级的传承人，发挥了什么作用呢？

李 记得是2016年。其实所有做陶的几乎都是区级传承人。我也是投入很多精力去经营自己的工作室。经过这么多年的努力这次我把户口都迁到荣昌来了，其实我来这里这么多年还是影响了很多人，最起码就是拉坯修坯这一块几乎颠覆了他们的传统做法。在安富的短期培训班我也上过一些课。就在街道前面那个实训基地，还有安富中学我也去上过课。再就是包括本地的这些年轻人，虽然他们没有拜我为师，该教的东西过来问我，我都会教，包括梁先才老师工作室的那些人过来问我："李老师这个工具怎么搞不了？"我就会示范给他们看，反正技术这个东西我还是看得很开的，相对来说不那么保守，其实我也没有多大的贡献，但是我还是影响了这些年轻人，对工艺与器型这块最起码有所突破有所改进。

黄 被评选为传承人和大师之后，对您有没有什么影响？

李 还是有的，比如卖产品这块，有些人还是认可这个称号，听说是荣昌陶传承人的东西，就觉得可以买一两件来收藏。当然更多的是有了份责任。在我没被评为重庆市工艺美术大师之前，在重庆就一个客户，客户是以传承人的旗号去卖我产品的，特别是老一辈人对传统文化这块还是比较重视，他们就觉得这个是传承人做的，觉得值这个钱。

黄 对于传承人这个群体，政府能够提供哪些帮助，您有什么建议？

李 暂时我倒是没什么好的建议，如果有的话，就是一点希望，既然我在荣昌待了这么多年，也是一个传承人，我还是希望能把荣昌陶的产业做起来，我觉得政府在宣传方面还是应该稍微推一把，让荣昌陶走出去，走出重庆嘛，不说走向世界，能像宜兴陶一样，有更好的品牌效应和市场的影响力。

黄 您对现在荣昌陶发展的现状怎么看？

李 我比较悲观，觉得最起码比其他几种陶的产区相差很远。首先是做陶的人才就很少，应该注重人才的培养，有了人才才能谈得上发展。跟其他产区的人才相比，连它们的1%都不到，不跟宜兴比，跟建水比估计都不到1%，建水肯定有几万人，所以要发展荣昌陶，必须要有人来做这项事业，每个人创造出来的作品都不一样，产品才会丰富，才能产生更大的影响。就拿四川美术学院和重庆大学来说，高校的毕业生和老师，能来荣昌创搞创作的就没有几个。现在看到不少老师参加荣昌陶研究院，但光研究也没用，因为没有时间天天搞创作，老师应该带学生过来搞创作，是不是？不是说每个学生都能沉淀下来，万一有几个人沉淀下来呢？就像管永双他们，现在算搞得不错的，就需要这种学生到荣昌来。老师们搞研究就没空创作，还是要多点这种能过来搞创作的学生。因为学校的平台跟产区平台不一样？他们有理论也有实践，创新这块他们也比我们强多了，我们有些什么东西都表达不出来，他们在搞创作这块肯定比我们在行多了。

黄 学校里的学生来荣昌学习的话，有条件吗？

李 有啊，比如找一个厂，学生可以边工作边学习，你看管永双就是那种，他确实在一个公司里面干了一年多，然后觉得自己可以了就出来了，前期肯定是有一个过渡阶段。景德镇的陶瓷大学，是好多学生在学校里面就学了很多东西，让他们自己出来搞创作，好多学生照样搞得很好，我觉得政府或企业应该提供一部分帮助，要不然没办法吸引学生来荣昌实习。

黄 现在镇政府对传承人有什么扶持政策吗？

李 按照现阶段来看的话，还是可以，特别是这两年如果在由政府组织的展览中获奖就有补助，我觉得这确实给我们做陶的人一个很大的鼓励，也很到位。其他的，说来说去，还是要想办法吸引更多人来荣昌发展，光靠现有的上百人做陶，是很难有一个大的发展的。

黄 您怎么看待传统与创新这个老问题？

李 我个人是这样觉得的，比如泡菜坛，它是荣昌陶的一个代表性产品，但它只是一个品类，你不可能永远只做泡菜坛，你想发展就必须要做新东西，有些东西要突破。比如以前荣昌安陶厂常用的一些剔刻花工艺，有些老艺人现在还在做，是传统有特色的东西，需要传承，但我觉得那只代表一个时代，那样的东西你天天看，你自己也觉得不舒服，时代不同了，还是要搞些新的东西出来才行。

黄　您所说的这些新的东西，具体指哪些呢？

李　比如剔刻花装饰，现在还在用20世纪70~80年代那种卷草纹做装饰。我觉得要用这种传统工艺，至少图案要有所改变，像张海文创作的剔刻花瓶，图案设计的是重庆的吊脚楼，很新颖，也很有现代感。

黄　对于以前的那些传统的手艺、老的技术、老的造型纹样等，如果不去做了，在传承这个过程当中就会流失掉了。你怎么看这个问题？

李　传统的东西也不是完全不做，只要有商品或者展品在那里，肯定是都要留下来一点，但是不可能天天工作都只做泡菜坛这种东西。茶壶与泡菜坛一样，也是传统的东西，但你必须要做新的东西。你看我现在的壶型最起码超过100种。传统器形我也有，但现在我在做自己设计的新款。

黄　您觉得现在这种环境下坚持手工来做这个东西，有没有必要？有人觉得能用机器代替一部分工作，对产品影响不大，有人觉得传承就需要坚持全手工来做这个事情。

李　其实我觉得还是需要根据市场的需求来定，比如市场需求量大了，手工做不出来，就必须借助工业化的机器，这是必须借助的，不然没办法做出来。量大产品单件的价格就比较低。如果工艺陶用手工来做的话，因为做出来独一无二，单件价格就比较高，像柴烧的茶壶，卖价就高。

黄　机器做出来的东西一定是不如手工的吗，还是说因为很多人觉得手工做出来的都要好一些？

李　还是有两面性。比如你手工做的卖1000元一个，我机器做的卖50元，这东西完全是根据个人的需求，万一人家叫你一个月做1000把壶出来，我们怎么做？用手工没办法做，而且它价格又给得不高，这就完全要变通。既然是做市场，手工还是机器做，都得看市场的需求，不能一成不变。

黄 在做陶的过程中，您遇到过什么困难吗？

李 最困难的时候是在景德镇开工作室的时候，因为没有经验，经营不善。后来我就跑出来了，跑出来感觉外面的世界还可以，就是说出来赚点工资稳当一点，存一点钱，再想办法做其他的，做来做去做到现在一直做这行没变动。反正我觉得做陶还是很有意思的一种创作，特别是听到客户给我们反馈，说这个壶很喜欢，我的心里就有一种满足感和成就感。来安富后，倒是没有遇到什么困难，因为我是直接带技术过来的，所以相对来说比较顺畅。

黄 接下来对工作室的发展，您大概是一个什么样的想法？

李 我现在想尽量做一批不一样的东西出来，然后去外面跑市场。这几年可能想把市场打开，主要以商品陶为主。我倒是没什么大目标。在安富能踏踏实实安安稳稳工作，赚点钱把两个小孩子培养出来就最好了，反正尽量往前奔。希望以后事业和生活会越过越好。

黄 简单地说一下您来荣昌创业的一些体会吧。

李 也谈不上什么体会，我不知道怎么表达这个问题，其实做陶这块，酸甜苦辣都有，一言难尽。比如我发现一个作品烧得好，肯定很开心，烧得不好，或烧裂开了，肯定是一个心酸的样子。我刚来荣昌这边的时候，因为当时工艺手法有些不一样的地方，我就向当地的老艺人学习请教，像向新华老师、梁先才老师等，他们也都很愿意教，让人感动。荣昌的老艺人还是很不错的，不保守，所以受他们的影响，我在教那些年轻人的时候，也是毫无保留的，只要你问到我了，我就教。

黄 加兴老师是从江西来荣昌创业的。之前曾去过宜兴、坭兴和建水，应该说四大名陶产地都去过，学到了不同产区的制陶技艺，尤其是拉坯技术和壶型的创新，有自己的独到之处，如今在这里安居乐业，奋发有为，给我们留下了很深的印象。谢谢您接受我们的采访。

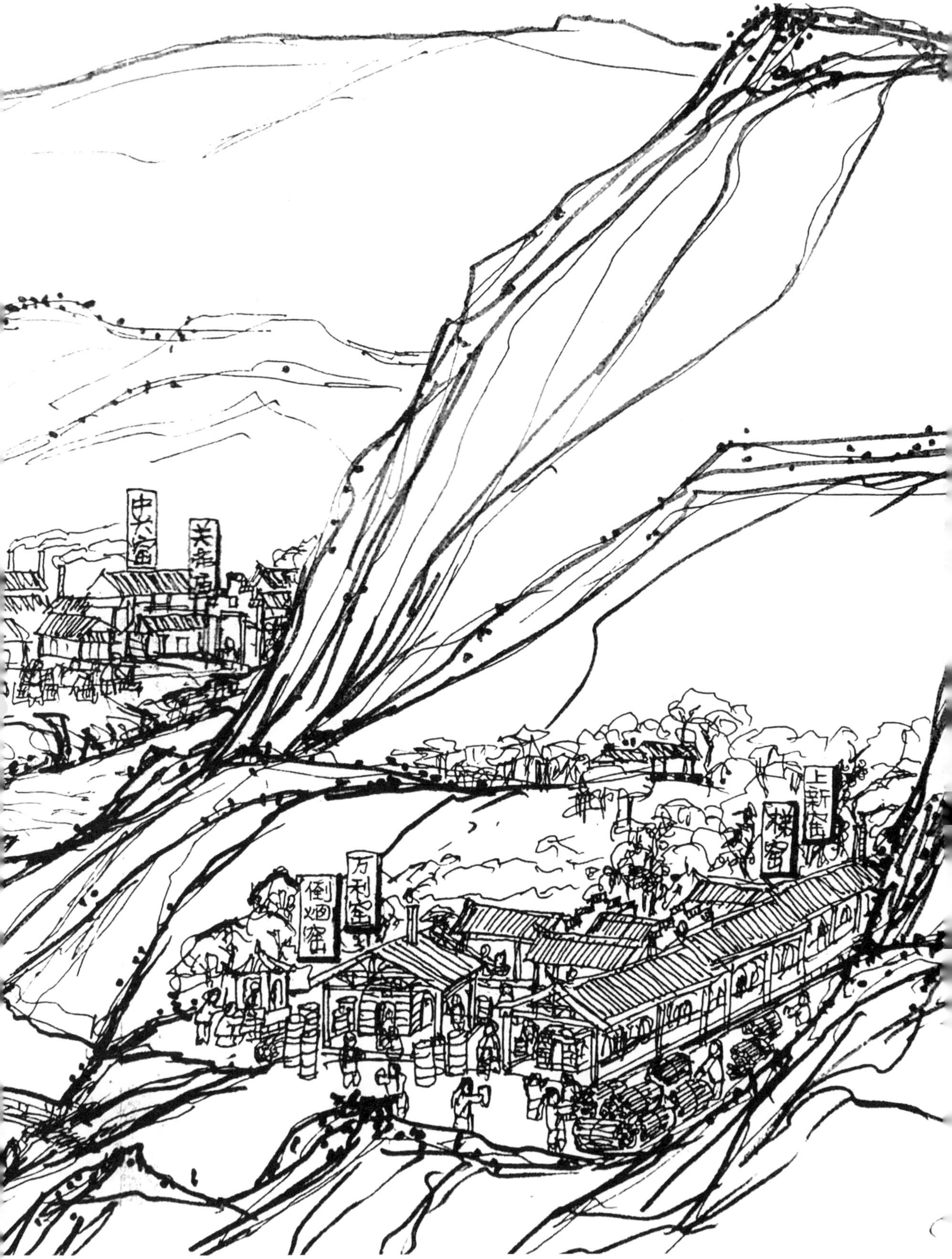
中大窑
倒烟窑
万利窑
梯窑
上新街

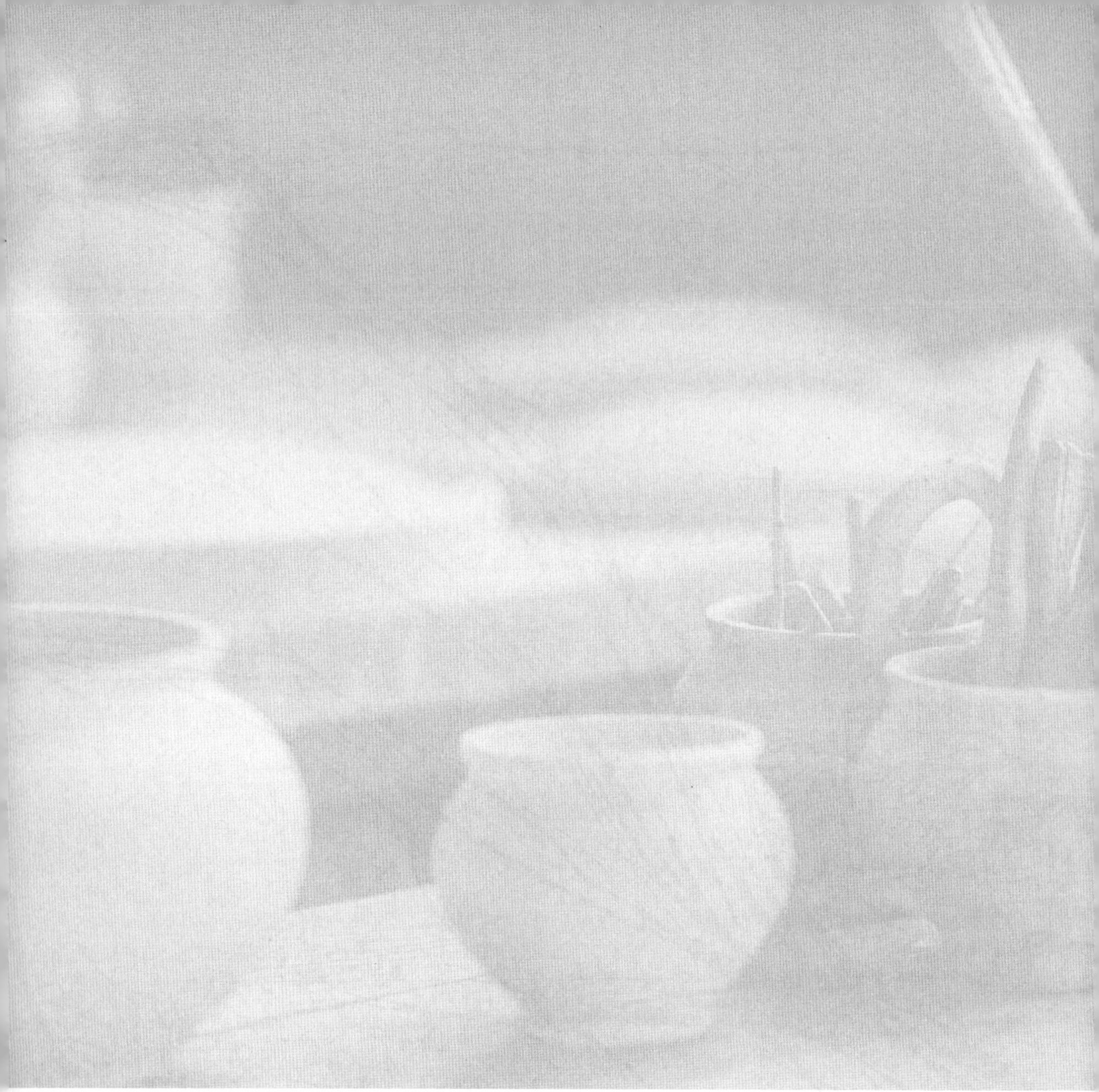

梁洪萍

梁洪萍

国家级非物质文化遗产代表性项目陶器烧制技艺（荣昌陶器制作技艺）重庆市代表性传承人。重庆市鸦屿陶瓷有限公司副总经理。曾先后获得"重庆五一巾帼标兵""重庆市首届十佳手工制作'巴渝巧姐'""重庆市三八红旗手标兵"等荣誉称号。

采访人：李佳怡
受访人：梁洪萍
时　间：2023年3月18日上午
地　点：荣昌陶博物馆对面"荣昌安陶"工作室

李　您是哪一年出生的？有怎样的学习经历？

梁　1975年1月我出生于荣昌安富的制陶世家，今年正好48岁。因为从小就居住在荣昌安陶厂的厂区内，读书的学校也在厂区，爷爷和大伯都在安陶厂上班，所以就常在厂里的各个工作车间跑来跑去，耳濡目染，受到很大的影响。那时候我几乎每天都会利用下课的时间跑到制陶车间去看那些阿姨们贴花、刻花、点花等，时间长了那些阿姨看到我去了也会教我一些简单的技艺，后来年龄稍大点，阿姨们见我可以帮一些忙，自然也就教我更多技术了。真正踏入这个行业是在1996年，我职高毕业后回到父亲的工厂工作，那时，我一边向父亲梁先才❶学习制陶技术，一边兼职管理工作，我下苦功夫学习钻研了二十多年，现在在釉色配置、装饰技艺、器形设计、烧制等方面都颇有心得。

李 您具体是从什么时候开始学陶艺的？

梁 从1996年开始，最早学习的是制釉工艺。学习期间，我跟随厂里的老师在四川轻工业研究所学习釉料知识，由于不是专业学习釉料的，很多时候别人可能只需要试两三次就成功了，而我可能做二十几次都不能成功。为了学到东西，我常常一头扎进车间不知疲惫地琢磨工艺，缠着老师问问题，比如色料有什么用？这个会发什么色？这几种色料混合在一起会发什么色？这个过程有五年时间，但很多时候都是靠着自己在摸索。再一个就是设计当时的"皮陶"，皮陶就是用一种复合皮革裹在素陶上面，形成一种装饰。那时荣昌的皮陶在2000年到2008年是销量特别好的产品。还有就是做彩绘，彩绘的所有图案都是我在设计制作。彩绘陶、皮陶和仿古陶大部分是用于出口，从江浙地区全部对外出口，在国内卖得比较少。关于拉坯成型，因为我是女生，力气小，就玩点小件，无法去做大件，偶尔在厂里的时候跟着工人一起，也会做一些陶器作品。因为陶厂是自己家经营的，所有的一切都要自己主动去学习，我在学习制陶技术的过程中还要兼职管理工作，我想如果我要管理这个厂和管理这些员工，首先我必须对陶器的制作技艺和工序要有深入的了解，否则无法去指导别人做陶，基于这种想法，我学的东西就比较多。这就是我在这个过程当中从一个学徒到管理，到制作后期加工的全过程，我基本上用了十年的时间把这些全部完成。

李 当时您是基于怎样的想法或初衷来学这个手艺的？

梁 其实那个时候并没有对荣昌安陶的制陶手艺有什么想法，我读书的时候学的是会计专业。由于我父亲在1991年创办了荣昌安富鸦屿陶瓷有限公司，1996年我职高毕业就回到自己家的工厂里，我以为会去做会计，结果我父亲直接安排我去制釉房工作。在这个过程当中没有想过自己想要做什么，那会儿根本就没有这种概念，其实就是一家人在一起为了把厂办好而已，所以我就接受父亲的安排去厂里做事情了，我虽

---

❶ 梁先才（1950— ）：重庆市鸦屿陶瓷有限公司董事长。国家级非物质文化遗产代表性项目陶器烧制技艺（荣昌陶器制作技艺）代表性传承人。重庆市工艺美术大师，重庆市首届十佳非遗手工技艺"十佳传承人"。

然没有正式学做陶器，但在不知不觉中爱上了荣昌陶。

李 您从小生活的环境是什么样的？

> **梁** 我在做陶的氛围当中长大，我们家跟荣昌陶器厂就在一个地方，家就在荣昌陶器厂的厂区里面，我一出家门就是原来安陶厂的检验班和工作室，我读书的小学也在厂区里面。1989年的时候，荣昌陶器厂还在做泸州老窖的酒瓶子，上面有麦穗纹样，荣昌陶的装饰手法之一叫贴花加刻花，这种工艺就在泸州老窖的酒瓶上有体现，需要先把麦穗的花纸贴上去，再画上面的麦穗。那就是我小时候经常干的事情，厂里面就在贴花纸，我那会儿觉得特别有意思。所以你问我什么时候喜欢上陶艺的，我觉得就是我小时候的一个玩法而已。

李 那个时候做这门手艺的人多吗？

> **梁** 在我小时候做陶的人特别多，荣昌安陶厂是一个国营厂，我知道的应该是有四百多人。

李 前面讲到您出生于制陶世家，您家里人都会这门手艺吗？

> **梁** 制陶这门手艺，是我家祖辈传下来的。我父亲和伯父都是做这个的，从家谱知道传到父亲这一代是第十代，我已经排到第十一代了。我家祖上是湖广填四川从广东那边迁过来的，有了手艺就不会饿死人，我记得我婆婆也是做这个的，那时候就是一般农村家里都有制陶的作坊。那时能用的土地很少，但是因为鸦屿山上有陶泥，有煤矿，山下有河，有这三样东西，就可以烧陶。我奶奶她们在做这个陶器的时候，我父亲他们很小就在帮忙，都是为了糊口，当他十四五岁的时候，就正式拜师学艺，在家里帮忙做陶，还挑着奶奶她们做的陶器到外面去卖。到了1956年公私合营时就把私营和公家的厂子合起来，就是后来国营的安富陶器厂，老安陶是公私合营的。

李 您当年学习制陶是拜师傅还是家传的呢？

> **梁** 基本上是家传的，跟的师傅也不是专门拜师的那种，我学东西比较快，每一个跟过的老师跟我讲过一次，我就可以举一反三地去做。我现在也是这样子，不管谁跟我讲，我想要学这个东西，我只要看一眼，别人跟我讲一下，我大概就知道该怎么去做。相对而言，我父亲教我最多。

李 对您做陶影响最大的是哪些人?

梁 对我传承这门手艺影响最大的还是我父亲。但父亲也让我广泛地向其他师傅学习。

李 您能不能举例说明一下您父亲对您的影响?

梁 我父亲一直在鞭策我,虽然我跟他之间经常会有争执,会跟他之间产生矛盾和分歧,但是我认为有分歧和争论不是一件坏事。到目前为止,我跟任何人做东西,我只纠结产品本质的东西,我不会跟人讲人情,无论年龄和经验,做完陶器后,我如果不满意,我不管对方心里怎么想,都会要求他必须改,他即便不耐烦也必须得改到我满意才行,这就是我对技术的要求。我父亲可能就会随性一些。所以我觉得从这个事情上能说明一个问题,做艺术的和做技术的对产品的要求是不一样的。

李 您父亲在教您的过程中有没有什么口诀或者形成体系的方法?

梁 没有,我们这种学习的过程都是属于很自然地进入,如果他非要强迫我去学,有可能我不愿意去学。我觉得就像现在的小孩,你要让他去学一个什么专业,你逼他去学,他会特别叛逆,我们那会儿是一样的。父亲对我的引导主要还是言传身教。

李 结婚后家庭对您的事业有怎样的影响?生活有什么改变吗?

梁 我先生是当兵退伍回来的,退伍回来后他最开始是在重庆益民机械厂工作,后来就来我们厂里工作了。结婚后对我们的工作、生活都没有太大的影响和改变,因为我们都在一起从事这个行业。

李 您现在制陶的陶土都是本地的吗?有什么特点?

梁 做陶的陶泥都是来自我们本地的泥料。我们这里现在有五个矿,都是国有公司,现在由万灵山集团负责开采。我们这里的陶土特性是铝铁含量比较高,泥料可塑性特别强,透气性也特别好,它的微量元素的成分比例比较适合我们人体的需要,非常适合做陶器。这是政府通过专门的机构检测过的,是有相关数据可以证明的。

李 根据您所了解的烧陶的具体情况,有些什么特别的烧制方法和个人的体会?

梁 如果从烧制陶器来讲，现在我们的烧制工艺也挺多的，用的窑有气窑和电窑，还有柴窑。在每一个烧制的过程当中，可能会根据泥料和器型或大小，烧制会有变化。比如说烧大件跟烧小件，它肯定是不一样，有些要快一点有些要慢一点，包括入窑的干湿程度。在做陶的过程中要特别讲究，大货没那么好烧，小货的烧制相对而言简单一点。窑的稳定性也不同，电窑比气窑稳定，柴窑的稳定性是最不好的。想要得到稳定的烧制过程也很简单，我们用最平和的烧制曲线去做，就会更容易一些。当然最有特色的还是我们的柴窑，目前柴窑主要用于制作高端的工艺品，因为柴窑面临环保的问题，但是又不能丢失传统的工艺，所以用于比较小量的生产。烧柴窑的时候就会特别讲究，更多地注重它的烧制，对技艺精湛的追求，怎么样烧制能够得到最好的作品，这要靠无数次的实践和试验，才能得到好的效果。我们现在烧柴窑，每一次不同的烧制方法得出的成品都是不一样的，如果要合格率高，就不能用太复杂的烧制手法。气窑较稳定，但也可以求窑变，用天然气烧制还原焰是最容易的，让它缺氧烧成，就会产生黄色、黑色。如果还原不够重，它的颜色可能就不会黑得那么透。如果还原够重，颜色就会特别黑，整个没有氧分在里面，陶土如果缺氧就会发黑。

李 您创作的作品主要属于哪种类型？有什么代表性的作品？

梁 我自己做的就是一些剔刻花的东西，最近几年茶器比较风靡，我就做了一些茶器、茶壶之类的。我的工作性质不一样，自己做的时间特别少，更多的是指导带徒弟，我自己做过很少一部分，也有客户们特别喜欢。

李 对于将荣昌陶融入现代生活，您是否做过创意设计之类的？

梁 从传统的造型转到创意性的设计，我觉得在这一点还是比较欠缺。对我来说，还是主要以传承传统手艺这一块为主，所以传统器型的制作比较多一些。对创新的话，我觉得可能是自己底蕴的问题，因为我没有学过设计，在这方面有所欠缺，我们现在做了一些有时尚元素的咖啡杯，在陶瓷行业里面也是在发掘并尝试制作一些适合现代生活的器皿。

李 您参加过展览或者交流活动吗？

梁 也参加了挺多的，比如说中国四大名陶展、每年的工艺美术博览会都会去参加，包括我们的作品也会拿去参赛，拿过一些奖项。

李 您有没有获得过哪些比较有代表性的奖项和荣誉？

梁 有，这方面还比较多。2017年，我主创的陶器作品《火之韵》在首届中国四大名陶展上荣获金奖。比较有代表性的是中国四大名陶展的金奖有两个，银奖多个。我个人获得了重庆市巾帼标兵、重庆市的三八红旗手、荣昌区的十佳优秀企业家等称号。

李 近些年来，荣昌当地政府为你们提供了哪些帮助和支持？

梁 政府的帮助肯定是有，我们之前成立工作室，政府也有帮助。我们在安陶博物馆的一个销售区，一个有200多平方米的"鸦屿陶艺工作室"是政府免费提供的，包括一些政策上的扶持。当时来博物馆的时候只有我们几家，有我们一家，还有钟鸣陶艺工作室和世国华陶瓷工艺制品有限公司，一共就我们三家。江碧波老师只是在外面有个展厅，当时的荣昌陶的工作室就主要是我们里面的三家，也就我们跟世国华两家企业有员工，钟鸣他都是自己做。荣昌陶在非遗这一块最早的发展是从我们这边开始的，这个过程中一直有政府的鼓励和扶持，我父亲到安陶博物馆的时候就说"我拿20万来亏"，当时我们街道的黄书记就对我父亲说："老梁你一定要下来（从鸦屿山上下来），你不下来怎么行？"我父亲同意了。其实那时候我们自己公司生产营运得好好的，我们的员工就担心我们拿着钱乱用。我们就对员工们说再亏也不会亏到大家身上，他们就觉得我们不应该这样，这是我们厂里的工人自己说的。第一年我们就亏，大概亏到第三年就稍微好一点了，收支就基本上能够持平。

李 您被评为市级非遗传承人以后，对您有哪些方面的影响？

梁 好像我都没去在意这些，市级非遗传承人对我来讲是一个荣誉，但更多的是我要承担的责任应该更大。其实我父亲评上了国家级非遗传承人以后，我觉得我的压力都会更大一些。为什么呢，我想就是我们不能辱没国家级非遗传承人这个称号。我被评为市级非遗传承人，就更不能辜负政府的信任，觉得我有一个市级的荣誉，我就了不起了。其实我平时都没有跟别人讲我是市级传承人，有时我店里的人会跟顾客说："她也是市级传承人……"我认为自己做的东西还不够多，目前更多的是以传承为主，所以我觉得评完市级传承人以后，对我而言是要更用心地去做传承这件事情，而不要为了自己个人的荣誉去做什么。所以压力和责任应该是更大的。你说有什么优势，我倒没有去想到这部分。就像我父亲他评了国家级传承人以后，我们在做产品的时候也会有这方面的宣传。当然，作为国家级的非物质文化遗产传承人的作品，第一，要好；第二，我们对工作室的要求一定是很高的，这个头衔是一种荣誉，同时也是一种压力，所有的产品都需要严格把关，你一定不能去破坏掉产品的形象，你要更严格地要求自己和工作室的人。我父亲说："作为一个国家级非遗传承人，我们工作室里面的所有作品能随便去忽悠别人吗？那肯定是不行的。"对于我来讲，我现在是一个市级传承人，产品方面我没有做得很多，我不能胡说我做了很多产品，我做的就是真正的传承，专门去把技术传授给员工，我给他指导，希望员工做出来的东西能超越我，这就是我目前最想做的，也是最应该做的事。你要让我去做多少产品，对不起，如果我花大量的时间去做产品，花很多心思去做销售，我去挣钱去了，我哪有时间去管理他们做东西呢。我现在做管理和传承以后，我父亲就有更多的时间可以去做东西了。我现在如果集中精力去做产品，那我厂里就没办法正常运转。我只有晚上才有时间做产品，我有通宵做陶的经历，要完成别人跟我定制的把壶，我白天没有时间，马上又要烧窑了，我就在家里做陶，从晚上7点开始做到第二天早上5点多，我一看怎么天亮了。我做陶的时候很投入，那个过程中你没有困的感觉，第二天一早又去上班。我经常对顾客说你们想要我做东西，你要累死我，因为我白天没时间，做这个东西需要安静，如果你心浮气躁，就做不出一件好茶器。我公司里面有个员工叫钟家言，她就是我手把手带出来的，包括从"审型"都是我一点一点教她，她跟我就很亲近。我在检查她做的东西的时候，会发现有时候她做东西没用心，她也承认自己当时心里很浮躁，看着是在做东西，但是做了什么自己也不知道。我就看你做的东西我就看得出来，你这个人有没有用心，一件器物是有灵性的，它能代表你当时的心境，你在做的时候，到底有没有安静下来，真的能看得出来。

李 您今后希望从政府得到哪些帮助，或者说您对最近几年国家或当地政府出台的关于民间文化的政策和措施如何看待？

梁 这些年我作为荣昌区政协委员和人大代表，都提出了一个问题，在培养传承人这个问题上，我希望政府可以出台一些更细致的政策来支持非遗传承工作。因为现在出来的人就想挣钱，但是当学徒学技术的时候，他是没有钱拿的。作为我们自己这个企业，对于来当学徒的人，我要给他们钱，目的是什么？就是让他们安心地学习技艺，有基本的生活费，能够糊口，把他们吃饭的问题解决一下，就最低程度的解决。每一天给几十块钱。我希望政府能出台一个政策，我这一次也向我们领导专门提了，昨天，我们政协的陈主席也跟我讲了，让我给他大致梳理一下要怎么样来做，怎么样来解决这部分传承人培训的相关经费保障问题。通过政府的一些政策引导大家来学习，给予一定的补贴，让大家能够真正沉下心来进入这一行，哪怕只是一年。在我这里做学徒是一年时间，在这一年里，我们能解决他最基本的吃、住、行的需求问题。

我觉得应该还会有年轻人来，他通过一年的学习以后，能够做出成品，基本上第一个月的工资就可以拿到3000块钱。我们工作室的林柏灼，到今年是第10年在我这里上班了，胡国清到今年应该是第9年了，他是21岁到我这里的，今年29岁，他在外面打工时搬砖、砌墙都干过，最后来到我这里来学习陶艺。有个学生毕业回来时是21岁的时候，他父亲在我这里上班，他就没事跟着一起来，最开始让他玩，后来我父亲到了年底发了1000元钱给他，他很惊讶说居然还有钱，年轻人对金钱很敏感，第二年他又来了，到今年他30岁了。你要有经济去促使他来学习，现在他们的工资一个月可以挣到8000~10000元，最少的也有5000~6000元。刚开始学习时，前面这一段时间有很多人都不能坚持，少部分人坚持了下来。那么我们政府如果可以出台一些政策，为入门学习手艺的人提供一定的补助，这样也减轻了我们企业培养人的压力，政府跟企业共同承担培养人才的成本，我觉得可以行得通。

李　在现在这种机械化生产和机器生产的大背景下，您觉得这种纯手工制作还有必要吗？或者它的必要性在哪里？

梁　我觉得这个是非常有必要的，既然我们国家都提出要学习传统文化，我们不能丢了老祖宗给我们留下的手艺，其实它不仅锻炼人做这个产品的能力，更多的是精神上的支持和文化的传承。即便有了机器，也不能替代手工的温度，它是一种情怀，我觉得一定不能丢。其中我非常坚持的就是制作泡菜坛子。在我心中，这是最能代表荣昌陶魂的陶器。泡菜坛个小又常见，看似含金量不高，但泡菜坛的制作技艺可以说真正代表了荣昌陶制作技艺的一个高度，这个手艺如果失传了就很可惜。所以我们还是要把历史和文化世世代代流传下去。华夏五千年的文化传承重要不重要？为什么现在还有很多学者研究历史？就是为了挖掘传统的那些优秀文化，让我们的生活，让我们所有的中国优秀传统文化的故事讲得更精彩、更长久。

李　您现在工作室有多少人？工人的分配是什么样的？

梁　2019年，我们又在荣昌陶博物馆对面租了1000平方米的工作室，取名"荣昌安陶"。目前工作人员有十来个，有做手工拉坯的、做雕刻的、做粘接的，都分得很细。荣昌陶不像宜兴陶器那样，可以一人把所有工序做完。我们是一个工序一个人在做，没有做全套的，也做不了全套，我们这里拉坯就是一个全劳动力的体力活，女性拉坯最多拉小件，拉不了大件，女性大部分以剔刻花和粘接为主，男性以拉坯、雕塑为主，我们基本上这样区分，在传承的过程当中，也是以这种方式来分配学习内容。

李 您在工作室主要负责什么工作呢?

梁 我在工作室里面从头到尾负责全过程。从讲解制陶技术、设备、陶器设计,包括销售我全部都得做。我会跟客人们宣传荣昌陶的一些特点,讲述制陶的工艺,让大家了解安陶的文化,他们才可能会为这个产品买单。另外,我得管理员工,要给他们的技术把关,比如他们制作工艺上的问题,我要去解决。

李 目前工作室的这十几个人,他们主要是在哪个年龄段呢?您工作室有注册商标吗?

梁 我们工作室中年龄最小的28岁,年龄最大的53岁。我们目前就有两个商标。我们在2008年注册了"荣昌安陶"的商标,取这个名字是因为兼并了国营厂以后,就有一种情怀想要保护"老安陶",让安陶能够繁荣昌盛。当时注册挺难的,因为带有地域性,一般来说是注册不了的,但是我们成功注册下来,从2006年到2008年申请成功以后,商标真正到我们的手上应该是2010年。这个过程很漫长,我们很坚持。我们后来就到了博物馆入驻工作室,就一直用"荣昌安陶"商标。在生产过程当中,总能听到人家说日本的柴窑烧得好,但是日本也是跟我们中国学的,我们为什么自己做不好,我们就要去找原因,我们是因为什么原因不能做出这么好的成品,所以我们在2016年也开始做柴窑,到2019年我们就给自己注册了一个商标叫"老梁家"。"老梁家"的来历是因为我父亲他本来也是做陶做了几十年,一定要坚持传承传统的烧制技艺,要保留传统的手法。有了这个品牌,我们就有义务去保护发扬它。

李 您对现在的年轻人学习传统手工技艺有什么期望?

梁 在我看来,制陶工人不只是一个熟练的技术工种,尤其是在今天的市场环境里,艺术性和悟性同样重要。我希望来学传统手艺和非遗的这些人,能够一直坚持,能够将手艺一代一代地往下传,不只是他学会了作为一门手艺来挣钱糊口,而是为了以后我们这个手艺能够传承下去,否则他就是一个学会了这门手艺的机器人。我经常跟年轻人讲:"你不要成为我的机器。"这句话我昨天还在跟这会儿正在做泡菜坛的小伙子说,我说你要想到在我这里学了这门手艺,你还可以出去开门店,你去当老板,你也要教别人做,那不也就传承了,所以我就说你不要成为我的机器。有个年轻人从2015年开始就跟着我学习,到现在8年了,他说如果我能早一点教他,他能学得更好。有时候我看了他们的作品后不满意,我会指出来,我说你除了做这些小的器物,大的你都做不来,从现在开始,你们每个年轻人1个月必须给我交10个泡菜坛子,今年就是练习做菜坛子和刻画花型。我发现他就喜欢做迎合市场的小件的产品,传统的泡菜坛子都拉不好。我对他说:"如果你没有做好泡菜坛子,我不会给你安排其他类型的器物,我不想让你成为只会做小型器物的机器。"我直接跟他讲,你学会的东西是跟随你一辈子的,不会还给我,你现在对我严格要求感到不高兴也没用,我就这样跟他们讲。真的有时候他们觉得你对他要求严,你让他必须做这个东西,他心里不服气,但是把泡菜坛子做出来了,我也会收,我也一样给他钱,这样既练了技术,也有报酬可以拿。我要求他们今年做30厘米的花瓶,明年必须做40厘米的花瓶。在学习和制作的时候,无形当中锻炼了他们的技术能力,以后才有可能有更好的发展。如果我只为了让他给我的企业或者我个人挣钱,那他就是老板的机器,挣钱的工具,我不那么想,也不会那样做。我说你们可以随时学好了,自己出去开店,我说林荣清人家可以做那么大的泡菜坛子,你们会不会做?人家就可以自己开店,因为他的技术过关了。因为从我这里学成之后出去的人是代表了我们工作室的,我不能让你出去丢脸。到目前为止,我的同行做的东西,我同样要去指指点点,我说你这地方要改,你这地方不行,你这地方可以怎么改进一下,我就要讲,管不住我自己的嘴。我希望我们这群人可以共同交流、探讨,促进技艺精进和对产品审美的提高。另外,一定要有自己过硬的手艺,你才可能去继续做传承,是不是!你不要把自己当成一个工具来创造价值,价值的体现不只在于你卖了多少钱,而是在于你这个东西为社会付出了多少,我觉得这才是价值的创造和体现。

李 今后您的工作室或者个人最想做的是什么,或者说您有没有在陶艺方面的遗憾或者心愿想要达成的?

梁 我觉得我以后可能更多还是以现在这种状态去做,希望有更多的人参与进来,包括我的员工都能成为这里的主人,我培养出他们,我可以完全放手,我不用管了,我就觉得很满意了。然后对于我个人什么成就,我都没有那么在意。有一天,他们能够让社会上的人认可,那就认可了我自己,我就这么想,我没有想到我要达到一个什么样的高度。我就希望这里能成为一个培养传承的基地,因为我这个人很实在,有什么说什么,我希望来这里的人能够学到真正的本事,我就觉得心满意足了。

李 您把徒弟带出来了,会不会有"教会徒弟饿死师傅"的担心?

梁 这种话经常有人跟我讲,我觉得这个没有关系,徒弟比我更强,说明师傅厉害,我觉得不存在"教会徒弟饿死师傅"的说法,市场只会越做越大。荣昌现在就是市场太小,所以我希望更多人来学习。像我现在这种规模的工作室,我认为最少要有十家,我们把人培养出来,再来一些新的人,这些人出去他又带人,只有市场越大,你的容量才会大。技术的东西，我觉得其实不难，讲究的就是技艺一个窍门，教徒弟你要讲到关键，窗户纸一捅就破，你讲完了人家一下就醍醐灌顶了，很多人把这个东西搞得花里胡哨的，弄得人家根本就搞不明白是什么，你还不如直接点破那个地方他就明白了，确实有些传承人、有些师傅他不会跟你讲核心技术。就像当时钟家言他做壶嘴时，他拿了两个壶嘴给我，他说你给我看一下哪个好看。他当时做好了，我看后跟他说这个地方不行，我给他修改完以后，问他觉得修改后好不好看，他当时不能理解，他就又做了两个来对比，他说看完以后感觉我做的东西越看越好看，他自己这个看完以后觉得有点腻，其实就差那么一点点。他说："在这方面我真的很佩服你，你能一眼就看出我的问题所在，但是我要看很久、要对比完以后才会有感受。"就觉得哪个更耐看，哪个不那么耐看，就是相差那么一点点。当你做师傅的时候，你要跟他提出来，他为什么会这样，你只要把这个讲完以后，他就会顺着你那个方向走。有时候他们做出来的东西是歪的，我就问他们眼睛怎么观察的？我告诉他们要看器形正与不正，不是两只眼睛睁大看，是虚着眼用余光看，这都是教的方法。当徒弟们做壶时，做好壶身，倒过来粘壶嘴的时候，要怎么粘，我都会一一把细节给他们说出来，这就是我作为师傅从来不保守的地方，要有一种包容心，因为在这个行业里面可能各自都有各自的优缺点。我们经常出去看别人做的东西，看完以后我就跟徒弟们说，发现问题要讲出理由来，不能只是说感觉，你讲不出来，别人不会信你，你讲出来了，你做出实践让人家对比就可以了，我现在基本上以这种方式来要求我的员工。有一次，我怎么样跟胡国清讲，他都领悟不到，他说自己做的不好看，我说对，但是我跟他讲他不明白，也做不到，我就叫他拿过来我给他拿刀削，我就把那个线条给它削出来，有一面削了，另外一面就没削，我就削了一个点，我让他看两边的区别，去观察对比一下，他看了之后就明白。我在实践中发现讲不明白的时候就只能动手实践给学徒看，我要是不会做只会讲，能教人家什么呢？很多东西真的是我们必须要用心去给人家讲到位，真正让他学东西，让他学会，不要学到半懂半会。要挑人家的毛病，找人家的短板，把他找出来以后补足了他不就好了，他就可以成功地从你这里出去了，培养一个人走出去其实是件好事情，你会有成就感，说明他可以独立自主了，你不用担心了。

李 梁老师今天向我们讲述了自己如何学习做陶，如何传承发展荣昌陶业的实际经历，以及带徒学艺的心得体会，为我们深入地了解荣昌新一代在传承与发展陶业的过程中所作出的艰辛努力和付出。再次谢谢梁老师接受我们的采访。

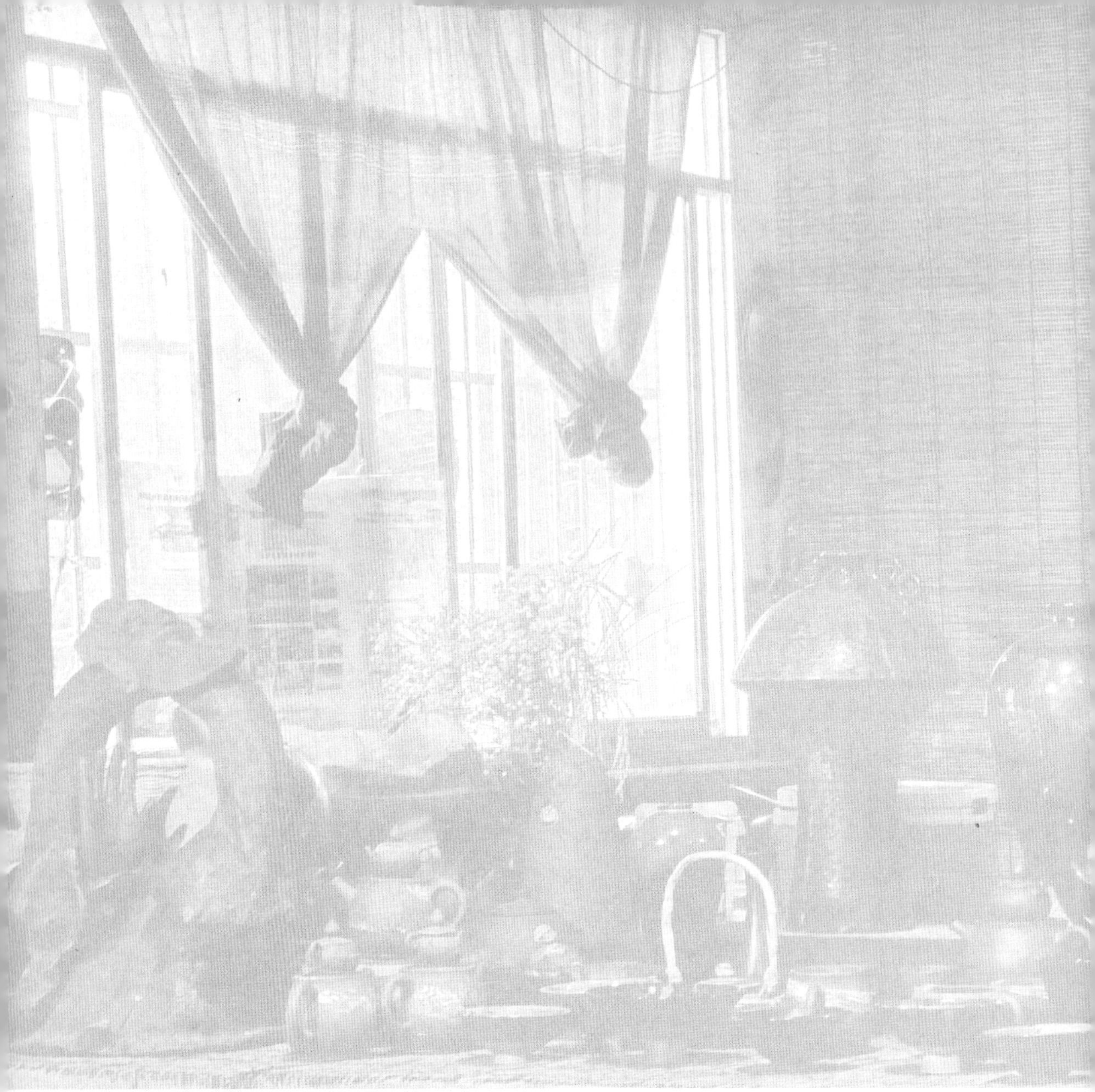

范鸣

范鸣

国家级非物质文化遗产代表性项目陶器烧制技艺（荣昌陶器制作技艺）重庆市代表性传承人、重庆市工艺美术大师。

采访人：杨万豪
受访人：范鸣
时　间：2023年3月18日下午
地　点：荣昌安富街道安陶博物馆钟鸣陶艺工作室

杨 您是哪一年出生的，学习的经历有哪些呢？您是从什么时候开始学习制陶这门手艺的？

范 1957年8月我出生于荣昌，因为家里条件所限，我读到初中就没有再读了。1977年进了荣昌陶器厂当工人，在这期间读了中专，也是专门学习的陶器制作。进入安陶厂后我才开始接触陶器制作。在厂里主要是跟着师傅学习陶器的基本结构、粘接工艺、点刻花工艺，习艺过程为师父示范，我自己再钻研训练。1979年厂里在技术科下面成立了一个试制组，我被选入了，从那时候开始在试制组做陶器的刻花工作，一直到1988年。在这期间我主要学习和掌握刻花、点花及贴花的技术，慢慢地一步一步熟悉起来。我所学的刻花工艺是从基础的"二方连续"纹样开始的，在老师的指导下。自己也不断琢磨，很快就熟练地掌握了这门技艺。我们荣昌陶的"二方连续"刻花与其他地方不一样，我们刻花的图案更加紧凑，纹样的空间也要小一点，花纹丰满，式样也很丰富。

杨 是什么原因让您选择了学习这门手艺的呢？

范 我那时候是知青，后招工进厂，一开始是不怎么了解这个行业的，也没接触过陶器制作。后来荣昌陶器厂（也称安陶厂）有招工信息，而我母亲正好在厂里工作，所以就通知我去厂里应聘，我也比较顺利地进入了当时的陶厂工作。我实际上是基于招工的机缘接触了这个行业，接触之后一直做到现在，一做就是一辈子，从刚开始的陌生，到后来的慢慢热爱，到现在制陶已经成为我生活中的重要部分了。

杨 您家人有学习这门手艺的吗？

范 我父亲母亲都不是专业从事陶器制作的，我母亲当时在我所在的安陶厂工作，她是当出纳的，她也可以画花，我的手艺不是从我母亲那里学习的，我在厂里有师傅传授，厂里安排了专门的师傅带我，我也自己钻研琢磨，此外，其他的师傅也会经常给我指导。

杨 当时进厂的工人多不多？

范 我们那批进厂的大概有20多人，有技术工人子女进厂的，也有招工招进来的。招工进来的有本地和外地的，但真正学好了手艺的工人，目前看来，也没有多少人。当时整个安陶厂有300多人，根据不同的技术划分了不同的工种，并且安排了不同的学习方式。厂内当时对技术的培训有个体系，而我最先是从基础开始学的，先学陶瓷粘接工艺，然后学习刻花、点花以及贴花这类装饰工艺，学习的时候先自己摸索，然后有经验的师傅针对完成的作品再给我指导。学艺的过程中我也很快成长起来，在1986年厂里技术考核时，我的综合技能排在了相对靠前的位置。

杨 您家里人还有人在学习和制作陶器吗？

范 我丈夫钟鸣和我都在做陶，女儿女婿也曾在我们工作室里做陶，后来他们自己在陶宝古街也成立了自己的工作室。其实，我没有专门教女儿女婿制陶，他们是向不同的师父学习的。现在，我女儿她刻花、画花、点花都没问题，尤其是点花，做得比较熟练。我女婿也做陶，除了拉胚修胚之外，他刻字拉坯都没问题。所以，目前我们全家四口人都在做陶，女婿是区级非遗代表性传承人。

杨 您当年是跟谁学习的这门手艺呢？

范 我当时在厂里学习的时候，厂里给我安排的师傅姓吕，叫吕林书，后来又有何光齐、钟德江、梁先彬、杨建夫、吕林华，以及技术科的科长刘大华老师，他们都是安陶厂的大师，对我刻花工艺的学习都做了指导。后来在安陶厂试制组的时候，在创作中也和一些老师交流学习，其中有做图案设计的老师，也有做刻花工艺的师傅，这些人对我技艺的提升都提供了很大的帮助。

杨 当时教您的师傅是怎么教的？有口诀和方法吗？

范 当时，教我的师傅先让我在陶坯上刻花，然后将刻花作品交由老师检查，并就作品的问题提出改进的意见；其次，就是由这些师傅来做示范，然后让我们来观摩学习，通过言传身教的形式教我们。我平时刻花的作品，也要经常请这些师傅有针对性地跟我详细讲解，我们是没有专门的口诀和方法的，主要是靠自己动手，不断练习。实际上，刻花的纹样要看起来流畅，比如，"二方连续"就特别讲究流畅和线条美，很多时候需要自己不断地积累经验，做我们这行就是需要通过自己的摸索和学习来不断地提高工艺水平。

杨 家庭对您的陶器制作有影响吗？您的生活有没有改变？

范 没啥影响，我自己喜欢这个职业，就像上班工作一样。我39岁那年就下岗了，在家赋闲好几年，中间中断几年就没有再做陶器。我和钟鸣是1988年到湖北宜昌去自主创业的，自己设计自己制作陶器，也带了几个徒弟，他们生产上画的比较少，做的实际比较多，比如我自己想做个花瓶，在花瓶上画画都是带着徒弟一起。我们直到2011年才回到荣昌来，当时我们在湖北收了四个徒弟，但是他们现在都退休了，也都不做陶器了，没有把这门手艺传承下来，目前只有一个爱好者还跟我偶尔交流一下。

◉ 范鸣

杨　你们工作室制作陶器用的陶土都是荣昌本地的陶土吧？

范　是的，用的都是我们本地的陶土，都是从有开采证的公司或个体那里买的。我们没有采土那个环节，不是全流程我们都做的。我们只用荣昌的陶土，就是红泥巴和白泥巴，其他地方的陶土是没法做的，也达不到我们的要求。此外，把其他地方的土拿来用，我们用起来也不习惯。再说了，用其他地方的土做出来的陶器就不叫荣昌陶了。一方水土养一方人嘛，我们的东西出在这里，就得用这里的材料。

杨　在材料选择方面有什么讲究吗？

范　有讲究的，我们肯定不会选择荣昌以外的陶土，都是用荣昌本地的土，我们本地的才好用，外面的陶土我们也不了解不熟悉，无法控制，不了解烧造的温度和烧制曲线，烧造效果我们也不好把控。我们本地的陶土，选择也有标准和要求，要求质量、色泽、层次。泥巴拿来以后要先实验，把泥土拿来后经过机器打磨再随手做个杯或者瓶烧制一下，看能不能生产，色泽能不能达到我们的要求。

杨　粗陶和细陶在土质的处理和工艺制作上有什么不同？

范　粗陶和细陶泥质是不一样的，细陶是由精细碾磨后的泥浆做的，需要经过过滤，粗陶是陶泥和泥渣一起做的，不经过过滤，直接烧制，材料不用打得那么细。粗陶和细陶在工艺上是没有任何差别的，只是一个用粗泥一个用细泥。我们荣昌的陶没有紫砂和紫泥的分别。

杨　现在生产所采用的工具和设备主要有哪些？

范　泥土开采以后要风化，风化以后需要用球磨机来打磨。在使用球磨机以前，我们在20世纪60至70年代都是用比较原始的方法制泥，先要晒泥，让泥矿风化成细碎颗粒，再将其浸泡，浸泡的地方为大小不等的池塘，提取泥浆水过滤沉淀。以前的制泥技艺制作的陶泥可以达到200多目，所制作的产品也被称为"泥精货"。现在用机器加工也是先用机器打磨，然后用更大的池子来浸泡，浸泡的时间长点，原料泥土的质量就更好。现在的练泥方式得到的泥料只有100多目，往往没有过去那么精细。

杨　红泥和白泥是如何使用的呢？

范 荣昌陶主要以红泥为主,因为红泥泥矿储备量比较大,所以用的就比较多,白泥一方面不好开采,另一方面存量比较少,所以用白泥来专门做产品的情况就少。我们这里的白泥主要是用来做化妆土,呈现在刻花或者绞泥工艺中,此外,点花用的白泥也比较多。

杨 刻花和剔花有区别吗?

范 刻花是我们荣昌陶最主要的装饰技法之一,在各类不同的器型上,我们可以看到各式各样的刻花。刻花和剔花比较相似,但刻花相比剔花而言要刻得深一点,剔花可能剔除的面积要大一点。剔花是按照轮廓范围来剔的,剔除不要的部分,通过白泥和红泥的明暗关系呈现图案的特点。刻花主要是先绘制图案轮廓,基于图案的轮廓进行刻绘,相比剔花刻得更深一些,直接呈现不同的纹样。但在荣昌陶器的装饰工艺中,刻花和剔花往往是并用的,没有过于直接的区别。

杨 为什么说刻花是荣昌陶最具特色的装饰工艺呢?您是如何理解的?

范 据我了解,江苏宜兴紫砂陶、云南建水紫陶、广西钦州坭兴陶等都没有类似刻花工艺,我们荣昌制陶一直都有,只是以前的刻花相比之下没有现在这么流畅。虽然邯郸那边的陶器也有刻花,但我们这边的刻花更紧密,不像其他地方的空隙比较大,他们剔除的部分面积比较大,而我们尽量不会剔除那么多空隙,一方面可以节省刻花的时间,另一方面也使图案尽量显得饱满,达到审美的艺术效果,可以说,荣昌陶的刻花工艺在四大名陶里是比较有特色的。

杨 安陶施釉和装饰都有哪些技术和方法?

范 荣昌比较有特色的朱砂釉、黑釉、白釉,这些可以一起混搭,混搭装饰出来比较漂亮。上釉手法多变,包括浸釉、喷釉、刷釉等,其中朱砂釉、西绿釉一般不用浸,只有基础釉才会浸,其他釉都是用笔刷来施釉,厚薄、色彩搭配、花纹等都会有所不同。上釉时也通过不同的组合,进一步凸显荣昌陶的釉彩之美,并且可以掩盖胚体瑕疵。施釉根据不同产品进行选择釉彩和工艺,例如刻花工艺往往只施加基础釉,烧制成品比较光亮。

杨 荣昌陶素有"薄如纸、亮如镜、声如磬"的美誉,从工艺的角度讲,是如何做到的?

◉ 范鸣

范 "薄如纸"主要是用细泥，需要300目左右，在20世纪60至70年代的时候，安陶厂采用水池淘泥能达到这个目数，现在用机器很难做到了。陶器要做得薄，需要有很高超技术的拉坯艺人，修改也比较少，才能做出这种效果来，做出的东西非常薄，烧出来的颜色就像红枣一样，比较透亮，敲起来声音非常脆，主要是指素烧的"泥精货"。这里的"薄"主要是拉坯拉得好，"亮"主要是施釉施得好，"声"主要是比较"薄"又烧得比较好，就会声音很清脆有"声如磬"的效果。

杨 烧制陶器所使用的是传统的柴窑、煤窑（阶梯窑），抑或是现代的气窑或电窑？素烧与釉烧有何分别？

范 现在我们主要是用气窑、电窑和柴窑，煤窑在荣昌还有几个阶梯窑在烧，主要是做酒坛子的粗陶。但是目前煤炭管控得比较严，同时也有环境污染等问题，所以面临淘汰。气窑和电窑比较方便，也比较环保，使用也最多。此外，柴窑可能有点受限制，只能小量烧制，我们这边有二十几口柴窑。素烧是不上釉，直接来烧，通常是用电窑、气窑和柴窑来烧，釉烧有限制，柴烧要把要烧的器物装到匣钵里，才不会受到窑里杂质和灰尘的干扰。落了灰尘会导致器物不光洁，即使打磨出来也不好看了。电窑气窑也可以釉烧，但最好用匣钵装起来烧制，其中电窑烧的釉烧比较干净光洁。

杨 您从业这么多年，有些什么样的心得体会与后来的从业者分享或借鉴？

范 我觉得学习陶艺，首先必须你得愿意学。只有愿意学的人，才能静得下心来学习；其次，这门手艺不是说谁给你讲一下你就能会的，在愿意学习的基础之上还要进行大量的练习，要学好陶器制作，你只有在老师指导下不断地练习，才会有自己制作陶器的心得体会和自己对陶的感悟，那样制陶才能转化成自己内在的能力。学习制陶除了需要经过大量的练习和自我钻研，还需要对个人的长时间磨炼，时间越久个人的经验越丰富，各方面的水平也会比较高，那么做出来的东西也会比较上档次。这就是人们常说的"师傅引进门，修行要靠个人"。总之我们做陶是比较辛苦的一个行业，需要十年如一日的坚持和磨炼，你只有坚持到最后，那么越到后面你做出来的东西就会越好，到那时候你做的陶器会反过来给你不错的回报。

杨 到现在为止您在这个行业做了多少年了？作品主要为那种类型呢？

范 我从1977年开始进入这个行业，已经45年了，我主要从事的就是陶器的装饰工艺，在罐、坛和异形器等器型上创作。在创作中，我需要设计各种刻花、点花的花纹和图案，主要是根据不同的产品来创作不同的图案花纹，点、画、刻都是根据具体的产品需要来的，没有特别固定的样式来套用。在创作中我自己创作的花型多一些，比较少用原有的花型，每个花纹图案都是按照器型和大小来设计的，散点式、二方连续的、点花的在不同器型都有不同的用法。

杨 您从业这么久，过去做的和现在做的一样吗？有什么区别？

范 从业至今我还是有进步，我在20世纪70年代刚入安陶厂的时候，感觉一片渺茫，做陶太难做了，我当时线都画不直，也画不流畅，经常会把陶罐的图案刻坏，时常还会被带我的师傅训斥。但是我一直没有放弃，还是坚持了下来。过了没多久，我慢慢能熟练刻花了，也慢慢有了自己的作品，一切都开始步入正轨，我逐渐对刻花产生了浓厚的兴趣，慢慢地也有了自己的创作，我对自己本身要求也比较高，所以我做的作品得到了师傅和领导的肯定。厂里试制组对制作人员的要求比较高，后来领导就把我安排到了试制组，我在试制组时参与了很多重要礼品和重要陶器的制作，当时在试制组工作，有那么多的老师指导我，我的进步也很大，我的刻花技艺有了更进一步的提升。比如点花、刻花我都能自己创作设计了，以前都是根据现有的花纹图案进行刻花，到了后来我完全能够自己创作，并且到现在我已经能使用各种装饰手法，也能根据不同的器型得心应手地进行装饰刻花。

杨 能否谈谈您花纹创作的思路呢？

范 花纹图案的创作也还是基于器型和大小来的，通常杯子我是画工字纹和回纹，茶碗、茶杯通常画散点式的，都是根据器型和大小来决定哪些画在上面更合适。我也想过在创作中融入现代生活，做些创意设计，但现代一些的图案和纹样往往需要简洁点，更随意点，不过也要看器型。

杨 您参加过什么类型的展览或交流活动？取得过什么成绩或荣誉？

范 我在1985年参加了四川省职业教育函授中心的陶瓷专业学习，并考试合格取得了该中心毕业证书。1986年，我在荣昌陶器厂首届青工技术练兵竞赛中荣获"刻花标兵"称号。2013年荣获荣昌县首届职业技能大赛陶瓷刻花项目一等奖。2013年荣获荣昌县首届职业技能大赛暨岗位练兵"技术能手"。2018年生平和作品载入黑龙江美术出版社中华文脉·中国窑口系列丛书《荣昌窑》。2019年3月钟鸣设计、范鸣创作的《梅瓶三姐妹》在第54届全国工艺品交易会上荣获2019年"金凤凰"创产品设计大奖赛金奖。2019年5月与钟鸣设计制作的《憨哥·憨妹》被中国美术馆收藏。2019年作品《陶瓷——龙凤纹瓶》在第二十届中国工艺美术大师作品及手工艺术精品博览会上荣获2019"百花杯"中国工艺美术精品奖铜奖。2019年9月在第八届重庆国际文化产业博览会工艺美术大师作品暨国际艺术精品"工匠杯"陶艺大奖赛中，《春盘》荣获铜奖。2016年11月曾参加了由四川美术学院，文化部、教育部"中国非物质文化遗产传承人群研修研习培训计划"陶艺培训班学习。我还参加过与四大名陶等相关专业领域的比赛，也参加了市里、区里组织的这类非遗展览交流活动。我的点花茶碗还获得过"重庆好礼"的金奖。在1991年我在湖北省曾获得过助理工艺美术师的职称，之后我在重庆评上了重庆市工艺美术大师和市级荣昌陶非遗传承人。

杨 您现在工作室的情况怎么样呢？

范 2012年钟鸣在安陶博物馆成立了现在的陶艺工作室，我一直在这里做陶刻花，也兼顾管理的工作。现在我们工作室有七个人，从拉坯到最后烧制我们都有人负责，工作室七个人岁数也都大了，最年轻的39岁，最大的66了，大部分都是集中在50多岁。

杨 现在您工作室的作品（产品）有没有申请专利或注册商标？

范 我们自成立工作室以来在专利这一块是比较重视的，因为这是我们的知识产权嘛，所以我们陆陆续续有新的产品突破都是申请了专利的，到现在为止已经申请了三十多项专利了，这些专利也是我们在陶艺上不断追求和创新的体现吧。另外，工作室成立以后，也注册了商标，就是现在的"钟鸣陶艺"，因为我们想还是把我们工作室先做出品牌来，要有品牌就必须要有商标，所以商标注册的也比较早，在工作室成立不久，我们就注册了商标。

杨 工作室的作品主要是纯手工制作的吗？有哪些销售渠道呢？

范 目前，我们工作室是以纯手工制作来完成陶制品的，我们没有机械化生产，因为我们是工作室嘛，也就七个人，还是以作坊的形式在开展我们的陶器制作。像工作室这种形式，我们师徒也合作得很熟练了，大家都习惯了，还是不想改成机械化的。我一直认为机械化的东西凸显不出我们荣昌陶的特点来，还是必须要用手工来做。手工做的东西是有温度的，有个性的，有自己思想的。我觉得机械化的东西是做不出个性来的，都是千篇一律的。像我们经常做陶的人，一件作品摆在那里一眼就能看出哪些是机械化的，哪些是手工做的，因为手工做的它有感染力，有生命力。我时常跟我的徒弟们说一定要坚持手工，一定要把手工做陶做好，不要把这门宝贵的手艺丢掉了，这是我们荣昌陶最重要的东西。

目前，工作室产品的顾客多以团体和个人为主，往往是一种口碑营销。团体每次都能定制得多一些，个人客户多是了解我们的人，不管是团体还是个人，大部分都是老顾客，如有团体来定制产品的，通常都是他们直接联系我们工作室。平时也有一些散客来购买，但不是很多。另外，也有部分工艺美术店铺来拿我们的产品去卖，也算是另一种销售渠道吧。我们目前没有做网上售卖，也不懂网络该怎么售卖，但是总体来看，最近几年因为疫情的影响，我们的产品销售都大不如前。今后需要投入更多的精力来推出一批精品，自己开店自己销售，如荣昌的陶宝古街我们就开了一个销售店铺。

杨 目前你们在经营管理和市场方面有没有感觉比较困难的？

范 目前来说我们的销售比较困难，其次就是宣传也没有跟上，很多地方的人都不知道我们荣昌陶，不要说外省的，就重庆市都有很多人不知道我们还有荣昌陶，对于我们来说宣传比较重要，宣传好了让更多的人知道我们荣昌陶，我们的销量才能上去。我们只能在自己产品的设计和新产品研发方面下功夫，当然我们通常也会借鉴别人好的做法，每年都有新的系列产品来面向市场，也是给顾客一个更好的交代。每年我们也会积极参加各类展览展示活动，更好地宣传我们自己的产品。

杨 目前您有招收徒弟吗，是如何教授他们的？

范 目前我们也是招收了徒弟的，对于收徒弟我们要求徒弟必须要愿意学习，之前就有徒弟来学习，但坐不住，学一段时间就走了。现在做刻花的徒弟比较难找，很多都是想来学拉坯的，来学刻花的比较少，传承人也比较少，刻花学好了，一年就能够把基础的学会，但是需要花一辈子时间来不断地提升自己，刻花一开始主要是学习一些线条，要把线条练好，紧接着要学习二方连续，这些都是基本功，我们年轻时都是在破损的陶器上来练手，现在的年轻人学习，在破损的陶器刻花的比较少，都是用比较厚胎的陶器来练习，画完了剔光了再来画，都是这样慢慢练习出来的。二方连续的卷草纹样画起来没有那么快，并且练习的时候就要养成构图能力，在陶器上形成分画面均匀的习惯，刻花最主要是线条和图案要流畅，基本功很重要。我平时教徒弟都是通过言传身教的方式教的，只要有徒弟愿意学我都会教的。

杨 现在这门手艺传承有什么问题吗？

范 现在问题比较大的，主要是愿意来学习的人比较少，来我们这学习也是在做工，我们就得付工资，我们目前效益也不是很好，不可能给这些学徒付很高的工资，付少了只够吃饭钱，没有多少人愿意来学。很多人都要养家，靠这点收入很难维持。包括我们目前工作室要请人来做陶，钱少了也很难请得到。

杨 你有参加制陶相关的培训吗？

范 我参加过传承人的研培计划，就在我们荣昌安富，当时学习了一个月，收获还是挺大的，尤其对我刻花的图案创作提供了新的思路和眼界，当时有请大学的老师过来，对于没有上过大学的我在理论和观念上提升不小，给我很多思路上的启发，希望今后能够多一点这样的学习机会。

杨 近年来本地政府有没有给你们一定的支持和帮助？

范 有的，从我们工作室到这里的时候就有的，当时定期给了我们工作室资金支持，对我们这些刚刚成立的工作室来说帮助挺大的，我们的工作室场地也是政府给我们提供的，一直用到现在。希望以后政府能够给我们提供更多的优惠条件，帮助我们进一步发展。

杨 被评为非遗项目传承人后，对您有哪些方面的影响？

范 有了传承人这个身份以后对我还是有影响，我的作品比一般普通的工人的作品价格都要高一些。同时，我成为传承人之后，一方面是我个人的技艺得到了认可，另一方面也意味着对生产的产品要有更高的要求。我在荣昌陶厂工作的那段时间是在试制组做陶器样品的，养成了工作习惯，对陶器制品质量把控较严，对制作陶器的要求就比较高，所以我的产品本身也比较好，价格也会高一些。

杨 您曾经下岗好几年，是什么原因让您坚持下来重新做陶艺的？

范 能让我坚持下来主要是因为我自己的爱好，当时也没有想那么多，要挣多少钱，就是想继续从事这个行业，自己有的也就是这门手艺，想把这门手艺继续延续下去。后来我在湖北的那段时间，也跟随丈夫钟鸣四处考察，去了孝感、蕲春、景德镇等地方学习交流制陶技艺。直到2011年荣昌陶被列入国家级非遗名录后，我与钟鸣也多次给荣昌政府写信，想把荣昌陶做得更好，在政府的支持下，我相信我们能把自己的工作室越做越好。

杨 在机器生产的大背景下，您觉得纯手工制作还有必要吗？

范 纯手工制作陶器是非常有必要的，我们做的每个器物都是用手来创作的。其实从制作的过程来看，使用磨具制作的产品往往更加呆板，我们在制作过程中手工看到什么、想到什么都可以随时做出来，样式不好我可以重来，而模具是千篇一律的，手工制模翻模到干燥，再到修模都比较费时间。手工我随时都能制作，随时都能创作。还有就是我们做的手工的陶器，每个都有区别，即使是茶碗，每一个也都是不一样的，机制的都是一样的，没有生命力。所有手工的陶器，我们内行都能看得出来，像我们绞泥刻花没有一样的，我感觉我们手工传统做的陶器更快点，效果还更好一些。我们手工还有一个优点就是各种各样的形状都可以完成。

杨 以前的一些老手艺，现在都看不到了，您对此有什么看法？

范 现在我们这个行业，愿意来做的比较少，很多人觉得做陶太辛苦了，虽然也有一些人愿意来做，但是真正做得好的人是比较少的。如果政府继续加大扶持，加强培养，我想还是有更多人愿意来做的。现在从事这个行业的人比前些年多了许多，当然相比宜兴那边做陶的人数还是有较大的差距。宜兴那边产业化程度高，分工也细，从业人员也多，有做全手工的，也有做半手工的，也有机器制作的，参与的人就多。我们这边大部分是靠纯手工，尤其冬天比较冷，做起来也困难，可能在今后的发展中政府需要出更多的力，让更多人参与进来。我也希望有更多年轻人来学习这门手工艺，虽然很多搞美术的表示愿意来学习，但是大都没有时间过来，其实学美术的更适合做陶艺。

杨 对你们工作室今后有什么期望和目标吗？

范 希望我们工作室搞得更好一些，推出更好更多的产品，把我们比较成熟的、有特色的技艺也推出去，让更多的人了解，然后能够带更多的徒弟，希望有更多的人能够参与进来。

杨 您有没有感觉遗憾没有去做的事情，或没有完成的心愿？

范 在陶器制作上,我是比较喜欢施釉的,也曾经做过施釉,之前在湖北宜昌的时候,当时做的沈阳火车站的版画,我们当时的版画制作是分了工的,每个人做版画的一部分,当时制作的效果就很好,我现在要想做施釉是比较困难的。现在我们这边釉色很少,我们工作室也没有专门人来做,我们也想做朱砂釉,但是朱砂釉的制作材料我们比较难拿到,最多把原材料买到,并且釉买起来也比较贵,进入门槛也高。还有就是拉坯成型我没学会,也有点遗憾,现在年龄大了眼睛不好了,手也不稳当了,刻花也不如以前了,手不稳眼睛看不大清楚了,所以很希望有更多的年轻人来学习。

杨 范老师为我们讲述了做陶的工作经历,她在传统的陶器刻花、点花工艺技术方面成绩显著,有许多宝贵的经验和体会,为我们留下了相关的文字资料。再次谢谢范老师接受我们的采访。